Sabine Sauter

DAS TRÄNENDE AUGE

EDITION PJI

Sabine Sauter

DAS TRÄNENDE AUGE

Eine unvorstellbare Lebensgeschichte,
die Hoffnung macht

EDITION PJI

Impressum

Wenn nichts anderes angegeben ist, wurden die Bibelstellen aus der Luther-Übersetzung 1912/1998 zitiert; einige wurden der Übertragung „Die Gute Nachricht“ von 1997 entnommen und mit GNB kenntlich gemacht. Das Vaterunser auf den Seiten 366 bis 369 wurde nach der ökumenischen Fassung zitiert. Die Hervorhebungen in den Bibelversen stammen von der Autorin.

Alle Namen der Personen in diesem Buch sind verändert. Die Ereignisse habe ich so beschrieben, wie ich sie erlebt, verstanden und in Erinnerung habe.
Sabine Sauter

Eine Publikation der
Agentur PJI UG
[haftungsbeschränkt]
Grabenweg 20, D-73099 Adelberg
info@agentur-pji.com • http://shop.agentur-pji.com

Bearbeitung: Gabriele Pässler, Lektorat • www.g-paessler.de
Layout: Peter Ischka
Titelfoto: Bildmontage Agentur PJI UG
Kapitelfotos: von der Autorin bereitgestellt

Printed in European Union
ISBN: 978-3-944764-05-4

Vorwort

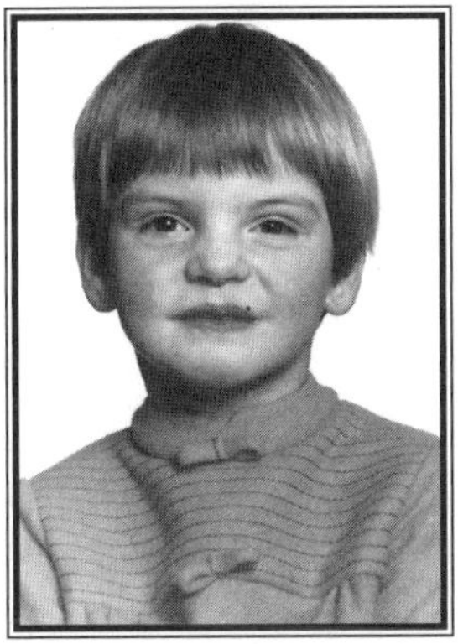

Das tränende Auge

Angefangen hat es mit meinem oft wiederholten, aber nicht wirklich ernst gemeinten Ausspruch: „Ich könnte ein Buch schreiben!“ Eines Nachts hatte ich einen Traum mit den Worten „Das tränende Auge“. Sollte das der Titel sein?

Auf meinem Kindergartenbild war die Welt für mich noch ziemlich in Ordnung, jedenfalls ahnte ich nicht, dass ich das Leben bald allein bewältigen musste! Für die Tränen, die dann kamen, gab es bei uns einfach keinen Raum - - aber sie brannten in der Seele.

Mit Gottes Hilfe konnten die Tränen nach und nach heraus und er hat „das tränende Auge“ getrocknet.

Ein weiteres Jahr verging, bis ich zu schreiben begann: nachts, auf einem Schemel am niedrigen Wohnzimmertisch, die Schreibmaschine meines Vaters auf den Knien. Mein Mann zog mich auf, meine Kinder waren begeistert. Nach einem Jahr hatte ich meine Kindheitserlebnisse fertig und fand auch gleich einen Verleger.

Alles schien perfekt zu laufen: Ein Anwalt prüfte den Vertrag, mein Mann begleitete mich zum Vertragsabschluss, meine Stiefmutter lieh mir das Geld für die Lektoratsarbeiten, und im Januar sollte das Buch veröffentlicht werden. Doch dann kam zwei Tage vor Weihnachten die Nachricht, dass der Verlag bankrottgegangen war. Nicht zuletzt wegen Unterschlagung. Aus der Traum! Das Geld war weg, bearbeitet war gar nichts und die Veröffentlichung in weite Ferne gerückt. Ich steckte den Kopf in den Sand.

Jahre später erst wurde mir klar, dass das Buch noch gar nicht fertig war. Es sollte nicht einfach nur meine Geschichte sein, sondern auch eine Botschaft an die Welt. So begann ich wieder zu schreiben, dieses Mal am Computer. Einfach war das nicht, ich wollte mehrmals aufgeben.

Beim Umzug gingen die Disketten unter, und so schrieb ich meine Geschichte zum dritten Mal! Mein jetziger Mann glaubte an meine Vision, dass ich sie von Gott bekommen hatte, und bestärkte mich immer wieder von Neuem. Ohne ihn, ohne seine Unterstützung während der Lektoratsarbeiten – auch im Gebet – hätte ich das alles nicht gemeistert.

Viele der Personen, über die ich in diesem Buch geschrieben habe, leben noch. Deshalb habe ich alle Namen geändert.

Lieber Karl, dir gehört mein größter Respekt und mein aufrichtiger Dank für die Zeit, deine kostbare Freizeit, die du in dieses Projekt investiert hast. Danke für alle Korrekturen, für deine Geduld und die Liebe zum Detail.

Ich wünschte mir aber, noch eine weitere Person ins Boot zu holen. Auch dieses Gebet erhörte Gott: Es dauerte nicht lange, da kam meine langjährige Freundin Theresia und fragte ganz vorsichtig, ob sie vielleicht mein Manuskript lesen dürfte. Zögernd nur gab ich ihr die ersten fünf Kapitel. Theresia musste die Nacht zum Tage gemacht haben, so schnell war sie durch! So gab ich ihr auch den Rest des Buchs. Aber nicht, weil sie so schnell gewesen war. Ausschlaggebend war vielmehr ihre Bemerkung, sie habe mit Bleistift einige wenige Korrekturen vorgenommen, wolle aber nicht meinen Schreibstil verändern. So begannen wir zu zweit, den Text zu überarbeiten. Liebe Theresia, für diese gemeinsame Zeit und für deine Lektoratsarbeit danke ich dir von Herzen!

Inhaltsverzeichnis

Teil III: Meine zweite Chance – Ein neuer Mensch

Teil I

Ein
Kinderschicksal

Kapitel 1

Eine schwere Entscheidung

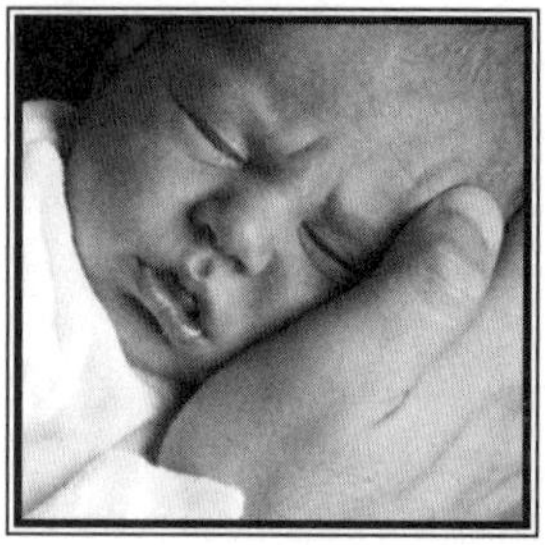

Seit Jahren waren sie verheiratet. Der temperamentvolle Mann war etwas klein geraten, vielleicht einen Meter siebzig groß, mit Halbglatze und Brille und sehr intelligent. Von Beruf war er Diplom-Ingenieur im Maschinenbau. Am Abend las er, rauchte starke Reval und trank gerne ein Glas Wein dazu. Er war ein sehr korrekter Mensch, hielt viel auf Disziplin und Ordnung.

Die Frau war eine sehr warmherzige, hilfsbereite, sehr, sehr rundliche, aber außerordentlich gepflegte Person. Vier Kinder hatte sie ihm geboren, zuerst eine Tochter, sechs Jahre später folgte ein Junge. Bei der Geburt wog er sechs Kilo, deshalb erlitt sie bei der Geburt einen Beckenbruch. Lange musste sie liegen und war auf die Hilfe anderer angewiesen.

Zwei Jahre später folgte nochmals ein Junge. Die Welt war in Ordnung: Drei gesunde Kinder! Das Geld reichte gerade so zum Leben.

Damals waren Familienplanung und Empfängnisverhütung noch nicht so einfach wie heute, und schon bald kündigte sich das nächste Kind an, es war wieder ein Junge. In der damaligen Zeit war es keineswegs leichter als heute, vier Kinder zu versorgen, und das Kindergeld war nur ein Tropfen auf den heißen Stein. Kein Vergleich mit heute.

Meine Eltern bekamen für jedes Kind 25 Mark im Monat. Zwanzig Jahre später bekam ich für jedes Kind 50 Mark im Monat, beim jüngsten kam ich sogar in den Genuss der dreifachen Summe, und auch dieser Betrag wurde immer wieder angehoben.

Der Vater fand keine geeignete Arbeit, mit der er die Familie hätte gut versorgen können, als Hilfskraft erhielt er nur einen geringen Lohn. Für Ingenieure gab es damals im norddeutschen Raum nur wenige Stellen. Mit den vielen Kindern konnte die Mutter aber nicht auch noch außer Haus arbeiten.

Also bewarb sich der Vater im Süden Deutschlands, um auf seinem Beruf zu arbeiten und dafür auch angemessen bezahlt zu werden, und er wurde tatsächlich fündig. Aber für eine so große Familie eine Wohnung zu finden, das war nicht einfach. So entschloss er sich, zunächst allein loszuziehen. Wenn er erst einmal dort war, wäre es sicher einfacher, ein neues Zuhause zu finden.

Schließlich fand er auf dem Land eine geeignete Wohnung. So packte die Familie ihre Sachen und verließ die vertraute Heimat in der Hoffnung auf ein besseres Leben. Die Älteste musste die Schule wechseln, aber auch sie lebte sich ein und alles schien in Ordnung zu sein. Zunächst jedenfalls. Die Vermieter hatten sich Familien mit Kindern aber etwas ruhiger vorgestellt, und so musste sich die Familie nach kurzer Zeit erneut auf Wohnungssuche machen. ***Wer will schon eine Wohnung vermieten an eine Familie mit so vielen Kindern?***

Nach langem Suchen fanden sie eine Wohnung, wieder auf dem Land. Der Haken: Sie war an einen Gemischtwaren-Laden gekoppelt: ohne Laden keine Wohnung. Sie ließen sich darauf ein.

Der Umzug kostete Geld, das haben Umzüge so an sich. Aber dieses Mal musste für den Laden ein Ablösebetrag bezahlt werden. Dabei war sowieso kein Geld vorhanden. Aber sie hatten keine Wahl. So zogen sie in das kleine Dorf und führten den kleinen Laden.

Das hatte auch Vorteile: Die Kinder konnten jederzeit bei der Mutter sein und nebenher konnte sie die Haushaltskasse etwas aufbessern. Irgendwie mussten ja auch die Schulden zurückgezahlt werden. Theoretisch war es ein guter Plan. ***Aber***

in der Praxis? Sich in die neue Tätigkeit einzuarbeiten forderte viel Kraft. Nach kurzer Zeit bekam die Mutter Probleme mit den Beinen. ***Hört es denn gar nicht auf?***

Eine Thrombose, diagnostizierte der Arzt. Sie musste die Beine einwickeln und den Tag über immer wieder die Beine hochlegen. Nach der Schule musste die älteste Tochter im Laden helfen, den ganzen Nachmittag und oft bis in den Abend hinein.

Auch der Mann, wenn er abends erschöpft und manchmal auch gereizt nach Hause kam, legte noch Hand an. Er trug die schweren Pakete zu den Regalen und räumte die Waren ein. Er hatte viel Geduld und Verständnis für seine Frau. Sie konnte ja nichts für ihre Erkrankung. Beide arbeiteten Hand in Hand. Jeder Tag war ein Kraftakt. Und dann waren ja noch die Kinder da, die ebenfalls seine volle Aufmerksamkeit forderten: Papa hier und Papa da. Der gute Papa war stets parat. ***Aber lohnt sich dieser ganze Aufwand überhaupt?***

Eben nicht! Der Laden lief nicht wie gewünscht. Statt des erhofften Gewinns brachte er ihnen Verluste ein. Die zusätzliche Arbeitsbelastung, die Umzugskosten, die vielen Kinder, die kranke Frau. Sie hatten sich übernommen, die Doppelbelastung war einfach zu viel. Es raubte ihm so manche Nacht den Schlaf.

Und nun kündigte sich wieder ein Kind an. Auch das noch! ***Wie soll sie es ihrem Mann sagen? Wird er sich freuen?*** Nein. Er freute sich nicht. Das war eine Katastrophe. Schon das letzte Kind war zu viel gewesen. ***Und jetzt noch eines? Wie soll das nur gehen? Was nun?***

Der Laden musste geschlossen werden. Noch mehr Schulden mussten wirklich nicht sein. Also stand wieder ein Umzug an, der dritte innerhalb von vier Jahren, denn die Wohnung war ja an die Ladenräume gebunden. ***Wird sich ein geeigneter Nachmieter finden? Und wie soll das alles finanziert werden, von nur einem Einkommen?*** Da waren doch schon die Schulden wegen des Ladens, dazu kamen die bisherigen Umzüge – und nun schon wieder ein Umzug.

Die Auseinandersetzungen nahmen zu. Der Mann vergriff sich häufig im Ton. Die vielen Sorgen setzten ihm zu und oft gab er der Mutter die Schuld an der Misere. In dieser Zeit flossen viele Tränen. ***Ist unsere Lage denn nicht schon verzweifelt genug? Auch ohne diese erneute Schwangerschaft? Was machen wir bloß?***

Doch damit nicht genug. Ihr Gesundheitszustand war ohnehin schon bedenklich. Der Arzt riet ihr dringend davon ab, das Kind zu bekommen, das Risiko sei zu groß: „Denken Sie an Ihre vier Kinder! ***Wollen Sie Ihr Leben aufs Spiel setzen und die Kinder womöglich mutterlos machen?***“

Jetzt wurde es wirklich schwierig. Sie mussten sich entscheiden. Sicher keine leichte Entscheidung! Beide waren gottesfürchtige Leute, und im fünften Gebot sagt Gott: „Du sollst nicht töten.“

Wenn man das Kind abtreiben lässt, ist das nicht Mord?

Hat man das Recht, ein Kind zu opfern, auch wenn es einen andernfalls das Leben kosten könnte?

Hat man das Recht, ein Kind zu bekommen, auch wenn das bedeutet, dass die Kinder deshalb vielleicht ohne Mutter aufwachsen müssen?

Wie man es auch dreht und wendet: Es ist und bleibt ein Gewissenskonflikt.

Keiner konnte ihr die Angst nehmen, die während der ganzen Schwangerschaft blieb. Und auch die Entscheidung konnte ihr keiner abnehmen.

Welche Entscheidung ist nun richtig? Was ist vor Gott recht? Keiner wusste es wirklich.

Viel wurde beraten, sie sprachen mit Freunden, Bekannten und Verwandten, jedenfalls solange noch Zeit war für eine Abtreibung. Auch mit ihrer Schwester, mit der sie sehr vertraut war. Vier Geschwister hatte sie gehabt, drei waren schon gestorben. Keiner von ihnen war fünfzig geworden, und auch sie – die Jüngste – war schon 41 Jahre alt. Diesen Gedanken hatte sie immer verdrängt, aber in solchen Momenten kam die Erinnerung wieder hoch.

Wird sie die Nächste sein? Wird auch sie keine fünfzig Jahre alt werden? Es war zum Verzweifeln. Der Arzt riet zur Abtreibung. ***Aber ist das richtig?*** Tag für Tag und Nacht für Nacht ließen ihr diese Gedanken keine Ruhe. ***Abtreibung oder nicht?*** Diese Entscheidung konnte ihr keiner abnehmen, die musste sie allein treffen.

Schließlich nahm sie all ihr Gottvertrauen zusammen und entschied sich. Für das Kind! Alle konnten es verstehen. Und doch auch wieder nicht. Nun begann das Warten. ***Wird alles gut gehen?*** Jeder hatte Angst.

Sie wurde gehegt und gepflegt, aber die Sorgen zerrten an den Nerven. Die Schwangerschaft war wie eine Gratwanderung, und je näher der Geburtstermin kam, umso höher stieg die Anspannung, von Minute zu Minute.

Was Geldsorgen! Wenn nur alles gut geht. Die Medizin war damals noch nicht so weit wie heute. Doch endlich, endlich war das Kind da.

Zur allgemeinen großen Erleichterung war die Mutter wohlauf. ***Und das Kind?***

Alle, die ihr während der Schwangerschaft zur Seite gestanden hatten, versammelten sich im Krankenhaus. Jeder freute sich. Für einen kurzen Moment waren alle Sorgen verschwunden.

Doch das kleine Mädchen hatte erhebliche körperliche Probleme, die Ärzte bangten um das Baby. Mit einer Hüftvereiterung und einem fünf Zentimeter zu kurzen Bein war es auf die Welt gekommen. Die Beinverkürzung kam von einer verflachten Hüfte. Vielleicht gab es noch weitere Auffälligkeiten, wer weiß.

Und wieder kam die Angst, dieses Mal die Angst um das Kind: ***Wie krank ist es wirklich? Wird es gesund werden?***

Dazu die Ungewissheit: Kaum hat man es willkommen geheißen und lieb gewonnen, ***schon muss man es vielleicht wieder hergeben?***

Noch im Krankenhaus wurde die Nottaufe vollzogen. Die Mutter war eine gottesfürchtige Frau und übergab ihr gefährdetes Kind gleich wieder in Gottes Hände. Man befürchtete das Schlimmste. Aber es kam anders: Nach einigen Wochen wurden Mutter und Kind aus dem Krankenhaus entlassen. Das Baby musste ungefähr ein Jahr in einem Gipsbett liegen, um das fünf Zentimeter kürzere Bein auszugleichen. Der Unterschied konnte dadurch um die Hälfte verringert werden.

Um das Baby ausführen zu können und auch für die Arztbesuche, die in regelmäßigen Abständen wahrgenommen wurden, musste ein Zwillingswagen her. In einen normalen Kinderwagen passte das Baby mit dem Gipsbett nicht hinein.

So war der Weg ins Leben für Eltern und Kind sehr steinig. Und das sollte sich lange Zeit nicht ändern.

Man kann nur erahnen, wie schwierig es für sie gewesen sein musste mit mir, dem kranken Baby, zusätzlich zu den vier anderen, sehr lebhaften Kindern, die nicht so einfach zu bändigen waren und die ja ebenfalls versorgt werden mussten. Auch sie brauchten die Zuwendung der Eltern. Unser Vater nahm die Erziehung seiner Kinder sehr ernst. Obwohl er so manchen Fehler machte, bemühte er sich doch wirklich um uns. Er war ein sehr pflichtbewusster Vater.

Häufig wurde es laut im Haus. Immer hatte einer irgendwo und mit irgendwem eine Rangelei. Vater sorgte für Ordnung. Er war sehr streng. Gehorchen war für uns keine Option, sondern ein Muss. Der Vater konnte schon laut werden und konnte auch gelegentlich die Hand gegen uns erheben.

Mutti musste ihn immer wieder bremsen, wenn es ihm zu viel wurde. Sie stellte sich dann einfach vor ihn und beruhigte ihn und ließ ihn nicht zu uns. Unsere Mutter war eine Frau voller Liebe, die für ihre Kinder alles tat. Vater liebte sie über alles, auch wenn er es ihr nicht immer zeigen konnte. Aber er sprach oft liebevoll von seiner Hedi.

Nach langem Suchen fanden wir endlich eine neue Wohnung. Als dann auch die Frage des Nachmieters geregelt war, konnten wir einziehen. Aber das Geld, das meine Eltern in den Laden gesteckt hatten, dieses Geld war weg.

Auch jetzt wohnten wir wieder in einem kleinen Dorf, etwas näher an Vaters Arbeitsstelle als bisher. Wir wohnten am Ortsrand und im Grünen, hier fühlten wir uns alle sehr wohl. Ganz anders als in der vorigen Wohnung, die direkt an der Straße gelegen hatte. Hier konnten wir Kinder unbeschwert im Freien spielen.

Um die Schulden zu tilgen und die laufenden Kosten bezahlen zu können, musste irgendwann auch Mutti außer Haus arbeiten. In der nächstgelegenen Stadt, wo auch Vater arbeitete, fand sie eine Anstellung in einem Kiosk direkt am Bahnhof. Bevor sie ihre Stelle antreten konnte, hatte sie einiges zu organisieren. Eine große Frage war, wo die älteren Kinder nach der Schule betreut werden würden. Doch auch die konnte gelöst werden: Eine nette ältere Frau im Ort hatte sich bereiterklärt, für uns Kinder da zu sein.

Da wir nur ein Auto besaßen, fuhr Vater Mutti zur Arbeit und holte sie nach Feierabend wieder ab. Ich begleitete sie zum Kiosk, jeden Morgen. Sie öffnete den Laden und mit immer freundlichem Lächeln bediente sie die Kunden. Ich setzte mich mit einem der neuesten Comic-Hefte auf die kleine Leiter in der Ecke und schaute die Bilder an, bis ich von der Kindergärtnerin abgeholt wurde. Jeden Morgen kam sie mit dem Zug und nahm mich zum Kindergarten mit. Für die Betreuerin war es kein Umweg und für meine Mutter eine große Erleichterung.

Ich habe gute Erinnerungen an diese Zeit. Im Kindergarten fühlte ich mich sehr wohl. Es war richtig heimelig dort.

Das gemeinsame Frühstück war für uns alle etwas ganz Besonderes. Alle Kinder und die Erzieherinnen saßen in einem großen Kreis, die Brote wurden ausgepackt, und nach dem gemeinsam gesprochenen Tischgebet aßen wir. Dabei erzählten wir alles, was wir so erlebt hatten. Gelegentlich tauschten wir unsere Brote, und wenn ein Kind sein Essen vergessen hatte, wurde geteilt, sodass trotzdem jeder etwas hatte. Danach standen alle auf, um gemeinsam aufzuräumen. Dazu gaben die Betreuerinnen uns genaue Anweisungen. Der Küchendienst wurde im Wechsel erledigt, jeder hatte seine Aufgaben. Es machte richtig Spaß.

Nach der Kindergartenzeit wurde ich wieder zum Kiosk gebracht, um dort bei Mutti auf den Dienstschluss zu warten. Gerne vertrieb ich mir die Zeit im Bahnhof. Am liebsten beobachtete ich die vielen Menschen. Aber auch die Schienen für die Kinderwägen am Treppenrand waren ein wunderbarer Spielplatz: Sie eigneten sich ideal als Rutsche. Am Bahnhof verging die Zeit bis zur Heimfahrt wie im Flug! Heute könnte man sich das nicht mehr vorstellen, ein kleines Kind ohne Aufsicht dort spielen zu lassen, noch dazu ein Mädchen, aber „damals war die Welt noch in Ordnung“. Jedenfalls in dieser Stadt.

Meine älteren Geschwister besuchten die Schule am Wohnort. Damals gab es noch in jedem Dorf eine Schule. Das Dorf war klein und alle Klassen waren zusammen in einem Klassenzimmer.

Am Abend waren wir als Familie wieder vereint. Wir aßen gemeinsam, und bis zu den Abendnachrichten mussten wir die Zähne geputzt haben und in unseren

Betten liegen. Das war ganz normal, hier gab es kein Wenn und Aber. Länger aufbleiben zu wollen war kein Thema. Gehorchen hatte oberste Priorität.

Mutti war häufig krank. Am Abend lag sie oft auf dem Bett. Dann mussten wir leise sein, und wir durften auch nicht ins Schlafzimmer. Aber manchmal stand die Tür einen Spalt breit offen. Von Neugierde getrieben steckte ich dann meine Nase in den Türspalt.

Leise und unbemerkt beobachtete ich meine Eltern. Was sie miteinander sprachen, konnte ich nicht verstehen, aber Vater streichelte mit der Hand zart über ihren Körper. Es war so schön zu sehen, wie liebevoll er mit ihr umging. Sonderbar, dachte ich mir! ***Warum ist sie immer krank? Was hat sie bloß? Sie sieht doch gar nicht krank aus?*** Es blieb bei den Fragen, Antworten fand ich keine.

Ab und zu hatte der Kindergarten wohl geschlossen, vielleicht gab es auch andere Gründe, jedenfalls ging ich ab und zu nicht in den Kindergarten. In dieser Zeit durfte auch ich zu Fräulein Schulze gehen, zu der Frau, die nachmittags meine Geschwister beaufsichtigte. Fräulein Schulze kümmerte sich liebevoll um mich und ich war sehr gerne bei ihr. Sie war für mich wie eine zweite Mutti. So ging ich auch am Wochenende oder manchmal sogar abends zu ihr. Mich begeisterte, wie und wo sie lebte.

Sie wohnte mit ihren Tieren in einem kleinen Häuschen. Es war winzig und etwas heruntergekommen. Die Terrasse war überdacht und eingezäunt. Das Haus stand in einer dunklen Seitengasse. Diese Gasse war so eng, dass man nur zu Fuß zum Eingang gelangen konnte, sie war dunkel und wirkte etwas gruselig. Für mich war alles sehr geheimnisvoll und interessant.

Dieses Haus hatte etwas Besonderes, man spürte sofort eine vertraute Nähe. Fräulein Schulze hatte etwas Einzigartiges an sich. Sie strahlte so viel Liebe und Ruhe aus. Sie war alleinstehend und nicht gerade das, was man sich unter einer Schönheit vorstellt. Ihre Haare trug sie immer streng nach hinten zu einem Knoten gebunden.

Sie lebte ein bescheidenes Leben, glücklich, ausgeglichen und zufrieden. Sie war nie verheiratet gewesen und hatte keine eigenen Kinder, so schenkte sie ihre Liebe den Kindern anderer Leute, zum Beispiel mir und meinen Geschwistern.

Natürlich blieben gelegentliche Streitereien unter uns nicht aus und dabei ging auch manchmal etwas zu Bruch. Dann schoben wir es auf die Katzen. Die Tiere konnten sich ja nicht wehren und sie waren wirklich überall! Je nach Saison variierte die Zahl ihrer Katzen, die sich im ganzen Haus aufhielten – sie saßen auf der Kommode, auf den Fensterbänken und sogar auf dem Tisch. Fräulein Schulze störte das nicht.

Ihre Fenster schmückte sie mit einzelnen Blumentöpfen. Ihre Wohnung war ärmlich eingerichtet und ein wenig unordentlich, überall stand etwas herum. Aber ich war sehr gerne bei ihr! Kaum konnte ich es erwarten loszugehen, wenn ich sie besuchen durfte.

Fräulein Schulze liebte auch die freie Natur. Sie hielt sich gerne in ihrem kleinen Garten auf oder machte lange Spaziergänge mit ihrem Pudel Poldi. Im Winter ging sie mit uns Schlitten fahren, Poldi musste natürlich auch mit! Das war immer ein Riesenspaß.

Begeistert halfen wir ihr im Garten oder im Haus. Auch unangenehme Arbeiten konnte sie uns so schmackhaft machen, dass die Arbeit keine Arbeit mehr war. Irgendwie machte bei ihr die Arbeit richtig Freude. Bestimmt deshalb, weil sie immer so nett zu uns war. Für mich war Fräulein Schulze eine interessante Frau. Jedem gab sie das Gefühl, ganz besonders wichtig zu sein, und sie konnte sich gut in uns einfühlen.

Ich war sechs Jahre alt geworden und sollte bald eingeschult werden. Aus irgendeinem Grund zogen wir wieder um, dieses Mal in den Nachbarort.

Es war nur ein Ort weiter, aber es war nicht mehr wie vorher. Wo wir zuletzt gewohnt hatten, war es so schön gewesen!

Warum müssen wir schon wieder umziehen? Bis heute ist diese Frage offen geblieben.

Auch die neue Wohnung befand sich im Grünen, das Dorf war ebenfalls klein, und auch hier konnten wir unbeschwert umherlaufen und uns austoben. Diese Wohnung war nicht größer als die vorherige. Sie lag im Erdgeschoss eines Dreifamilienhauses und hatte auf der ganzen Länge einen überdachten Balkon. Dieser Balkon diente uns den ganzen Sommer über als zweites Esszimmer. Dazu kamen der Hinterhof und der große Garten, der uns viele Spielmöglichkeiten bot.

Trotz allem: Es war einfach nicht mehr das Gleiche. ***Wie soll ich jetzt zu meiner lieben „Freundin" Fräulein Schulze kommen?*** Der Weg war selbst mit dem Fahrrad zu weit, um am Abend noch kurz bei ihr hineinzuschauen. Die Besuche bei Fräulein Schulze wurden daher weniger.

Es war schon ein komisches Gefühl: andere Menschen, eine andere Umgebung. Man musste sich von Neuem anpassen. Doch lebten wir uns schnell ein.

Es gab hier einen „Tante-Emma-Laden", ein Rathaus, eine Schule und jede Menge Bauernhöfe. In unserer Straße standen ganze vier Häuser, und in jedem Haus wohnten Kinder. Vor dem Haus war ein großer Hof mit Doppelgaragen, die gelegentlich beim Fußballspielen als Torwand genutzt wurden, was eigentlich verboten war. Es gab auch sonst genügend Platz zum Spielen, aber meistens versammelten sich alle Kinder bei uns im Hof, denn hier war immer etwas los – so viele Kinder wie wir hatte sonst keine Familie im Dorf.

Verstecken war eines der beliebtesten Spiele, aber ohne Fahrrad ging nichts. Das musste man unbedingt haben. Auch Streiten war an der Tagesordnung, es fand sich ja immer jemand, mit dem man streiten konnte! Langeweile kannten wir nicht.

Mit meinen sechs Jahren war ich inzwischen eine kleine Persönlichkeit geworden, mit etwas aggressiven Neigungen und ganz schön streitsüchtigen Zügen. Ich hatte eine besondere Art, mich durchzusetzen. Dieses Durchsetzungsvermögen lernt man, wenn man mit drei älteren Brüdern aufwächst.

An den ersten Eindruck von unserem neuen Zuhause kann ich mich noch gut erinnern. Beim Einzug stand ein gleichaltriges Mädchen im Hof. Christine wohnte über uns. Sie war strohblond, etwas pummelig, und sie wusste ihr Revier zu verteidigen. Aus irgendeinem Grund fand ich mich umgehend in einem Ringkampf mit ihr wieder! Aus dem ich übrigens als Siegerin herausging. Doch das sollte sich ändern; als wir älter wurden, war sie mir in jeder Hinsicht überlegen. Christine war körperlich fitter und hübscher. Auch in der Schule war sie mir voraus. Sie war stets meine Rivalin – und trotzdem waren wir Freundinnen. Wir waren äußerlich grundverschieden und hatten auch unterschiedliche, ja gegensätzliche Ansichten. Ich war eher die Schüchterne und Zurückhaltende, Christine mehr der offene Typ. Sie konnte einen leicht um den Finger wickeln.

Kurz nach dem Umzug hatten wir beide unseren ersten Schultag. Keine Ahnung, warum sich alle anderen Kinder auf die Schule freuten. Ich wollte jedenfalls nicht! Am ersten Schultag weinte ich nur. Alle Überredungskünste konnten mich überhaupt nicht beeindrucken. Ich wollte nicht zur Schule gehen und wehrte mich, so gut ich konnte! Schließlich brachten sie mich doch dazu, dass ich mich beruhigte. Ich malte sogar noch etwas an die Tafel, mein „Aber" gegen die Schule jedoch blieb und zog sich durch meine ganze Schulzeit hindurch.

In unserer Schule gab es ein einziges Klassenzimmer für vier Klassen, wobei es in jeder Klasse vier oder höchstens sechs Schüler gab. Irgendwie schaffte es der Lehrer, alle auf einmal zu unterrichten, das funktionierte sogar erstaunlich gut. Bei schönem Wetter turnten wir auf dem Schulhof oder auf der angrenzenden Wiese, bei schlechtem Wetter wurden Tische und Stühle zur Seite gerückt. Jeder half mit, die Kleinen und die Großen, so machten wir aus dem Klassenzimmer eine Turnhalle.

Kapitel 2

Der Anfang der Tränen

Die Tage und Wochen vergingen und wir hatten uns inzwischen gut eingelebt. Doch sollte unsere unbeschwerte Zeit nicht von Dauer sein.

Wieder einmal war Mutti krank. Was für eine Krankheit sie hatte, das wurde uns nicht gesagt, aber es fühlte sich immer bedrohlicher an. Irgendwie konnte ich das spüren. Immer öfter lag sie mit Schmerzen auf dem Bett.

Was sind das für Schmerzen? Diese Frage stellte ich mir damals oft.

Dann stand ein großes Ereignis bevor: Die Großeltern kamen zu Besuch! Mit großer Freude empfingen wir sie, die Begrüßung war stürmisch. ***Haben sie auch dieses Mal wieder etwas mitgebracht?*** Ja, wie jedes Mal: für jeden zwei Tafeln Schokolade. Damals war Schokolade eine Seltenheit, und meine Tafeln waren jedes Mal schnell aufgegessen. Einer meiner Brüder dagegen hatte immer recht lange daran. Das konnte ich nicht verstehen. Ich liebte Schokolade.

Doch dieses Mal kamen die Großeltern nicht einfach so zu Besuch, sondern um Familienrat zu halten. Auch Tante Martha, Muttis Schwester, war gekommen. Warum, das sagte uns keiner.

Sie waren alle so ernst. Sonst standen immer wir Kinder im Mittelpunkt, aber dieses Mal war es ganz anders. In ihren Gesichtern stand eine eigenartige

Angst. ***Was haben sie alle bloß? Was ist nur los?*** Meine Neugierde ließ mir keine Ruhe. Ich musste wissen, was sie da Geheimnisvolles zu bereden hatten, das wir nicht erfahren sollten! Wann immer es irgendwie ging, spionierte ich, um etwas zu erfahren.

Ich lauschte auch, als Mutti sich im Hof mit Tante Martha unterhielt. Meine Ohren wurden immer länger, um irgendetwas zu erfahren. Da! „Ich habe das Gefühl, dass ich nicht wieder heimkomme." Das war Muttis Stimme. ***Was meint sie damit nur?*** Mit diesen Worten konnte ich nichts anfangen.

Dann kam der Tag, an dem Mutti ins Krankenhaus musste. Von jedem ihrer Kinder verabschiedete sie sich mit einer liebevollen Umarmung.

Einige Tage später läutete am frühen Morgen das Telefon! Wir rasten hin, jeder wollte der Erste sein, der mit Mutti sprechen durfte. Aber nein, es war das Krankenhaus und sie verlangten den Vater. Gespannt und aufgeregt standen wir um das Telefon herum. Wir wussten nur, dass Mutti jetzt operiert sein musste. Alle waren gespannt zu erfahren, wie es ihr ging. Wir konnten es kaum erwarten, wollten endlich unsere Mutti wiederhaben.

Aber Vaters Gesicht wurde kreidebleich. Wir spürten: Das musste etwas Schlimmes sein! „Was ist? Sag schon, was ist los?" Wir bestürmten unseren Vater mit Fragen.

Wie sage ich es den Kindern? Wie werden sie es aufnehmen? Vater holte tief Luft und setzte zum Sprechen an. Wie versteinert saß er in seinem Sessel, die Angst war ihm ins Gesicht geschrieben. Dann sagte er mit zitternder Stimme: „Ihr habt ab heute keine Mutter mehr."

Zuerst war alles ganz still. Keiner begriff, was das eigentlich heißen sollte. Wir konnten es nicht begreifen. ***Warum?*** Und dann heulte jeder los, einer lauter als der andere. Angst, große Tränen, Hysterie. Es war ein Schock für uns. Es war der schlimmste und traurigste Anruf meines Lebens.

Was wird nun aus uns?

Als sie sich vor ein paar Tagen von uns verabschiedet hatte, wussten wir noch nicht, dass das die letzte Umarmung von unserer lieben Mutti gewesen sein sollte. Wegen einer Gallenoperation war sie eingeliefert worden. Die

Operation war auch gelungen, aber dann versagten die Nieren. Wie es im Sprichwort heißt: „Operation gelungen, Patient tot."

Wie fühlt sich ein Kind, wenn es plötzlich keine Mutter mehr hat? Entwurzelt, alleingelassen, total leer und kraftlos.

Das Vertraute ist für immer weg. Das Heimweh nach der geliebten Mutter nimmt überhand.

Bei einem normalen Heimweh geht der Schmerz wieder, aber bei einem solchem Verlust bleibt er für immer. Der Schmerz steckt tief und kommt immer wieder hoch. Er geht einfach nicht weg.

Tagsüber ist man abgelenkt. Aber die stillen Tränen bei Nacht, die bleiben.

Der Friedhof lag außerhalb des Ortes, er war von einer hohen Hecke umgeben, am Eingang war ein großes, kunstvoll geschmiedetes Tor.

Unsere Garage wurde ausgeräumt und mit Birken geschmückt. Von der Decke, direkt über dem offenen Sarg, hing das Messingkreuz aus dem Esszimmer. Still beobachtete ich alles aus dem Hintergrund. Ich war gerade mal sieben Jahre alt. ***Was soll jetzt nur werden?***

Jemand sagte: „Mutti kommt!" ***Wie? Was? Wo? Sie kommt zurück?*** Für einen Moment dachte ich, alles wäre nur ein schlechter Traum gewesen.

Aber dem war nicht so. Damals gab es am Friedhof noch keine Leichenhalle, Mutti wurde in der Garage aufgebahrt. Da lag sie nun und sagte kein Wort. Dieses Bild steckt noch heute tief in mir. Jetzt war es endgültig! Es gab keinen Zweifel und auch keine Hoffnung mehr.

Wirklich begriffen habe ich damals noch nicht, was der Tod bedeutet. Ich wusste nur: Es fühlt sich nicht gut an! Es ist, wie wenn einem etwas weggenommen wird und man weiß: Man bekommt es nie wieder.

Die Beerdigung fand am Geburtstag unseres Vaters statt.

Wie fühlt man sich, wenn man am eigenen Geburtstag seine geliebte Frau beerdigen muss? Es war ein Geburtstag voller Tränen und Trauer. Schrecklich schon allein der Gedanke, dass jeder Geburtstag einen nun automatisch daran erinnert, dass die Frau nicht mehr ist und nie mehr sein wird.

Alle standen wir noch einmal um sie herum, dann wurde der Sarg geschlossen. Ich hatte große, unbeschreibliche Schmerzen in der Brust. Meine kindlichen Fragen konnte ich niemandem stellen.

Wieso machen sie die Kiste mit ihr drin zu? Was beten sie da? Warum spricht sie nicht mehr mit uns? Warum muss sie in dieser Kiste sein? Warum ist sie tot?

Ich will meine Mutti haben!

Ich war verzweifelt. Sie sollte mich wieder in den Arm nehmen!

Viele Verwandte und alle möglichen Leute begleiteten meine Mutter auf ihrem letzten Weg. ***Wo laufen sie jetzt hin mit ihr? Wieso kommt sie in dieses Loch?***

Am Tag der Beerdigung konnte ich noch nicht weinen. Die Tränen sollten erst viel später kommen, als alles vorbei war. Als einem bewusst wurde: Sie ist nicht mehr da. Man läuft im Haus herum und sucht nach ihr, aber vergeblich. Obwohl man weiß, was geschehen ist. Ich war nur noch traurig. Meinen Schmerz fraß ich still in mich hinein.

Nacht für Nacht kauerte ich in meinem Bett und ließ meinen Tränen freien Lauf. Hier konnte ich meinem Schmerz freien Lauf lassen, hier, wo es keiner sehen konnte. Ich dachte, man dürfe nicht weinen, die anderen taten es ja auch nicht. Jedenfalls nicht, wenn ich dabei war. Über Tod und Trauer wurde nie gesprochen. ***Wieso eigentlich nicht? Wieso tut jeder so, als ob sie nie da gewesen wäre?***

Das Heimweh nach meiner Mutti nahm mich immer mehr ein. Sie war gerade mal 49 Jahre alt gewesen. Viel zu jung, um schon aus dem Leben zu gehen.

Die Tage vergingen und der Alltag hatte uns wieder. Das Leben musste weitergehen. Da standen wir nun, fünf unmündige Kinder und ein Vater, der hilflos und voller Angst doch der Realität ins Auge sehen musste. Ich war innerlich richtig leer und das Leben schien an mir vorüberzugehen. Wir waren alle ernst geworden. Es gab kein unbeschwertes Lachen mehr wie zuvor.

Schon waren die ersten Anzeichen unserer Mutterlosigkeit erkennbar: Die schulischen Leistungen ließen bei allen rapide nach. Aber wir hielten zusammen und irgendwie schafften wir es, den Alltag einigermaßen zu bewältigen.

Vater besorgte das Mittagessen. Er brachte es aus der Kantine mit, in stapelbaren Behältern aus Aluminium. Die Mittagspause war kurz – kaum war er gekommen, musste er auch schon wieder weg. Zeit für Gespräche, zum Kuscheln oder für Fragen gab es nicht. Die Hauptperson war nicht mehr da, die das alles sonst übernommen hatte. Das Leben musste weitergehen. ***Aber wie? Wie soll das fehlende Glied ersetzt werden?***

Unsere große Schwester traf es vielleicht am schwersten, denn Martina hatte die engste Mutterbeziehung von uns allen. Sie war siebzehn und schon fertig mit der Schule. Die entstandene Lücke konnte sie aber nicht schließen. Wie wir alle hätte auch sie selber noch die Mutter gebraucht. Alle waren wir überfordert. Wir kleineren Kinder verkrafteten den Verlust ebenso wenig wie unsere große Schwester.

Martina musste oft herhalten. Vater wollte, dass sie eine Ausbildung machte, aber sie besuchte nur irgendwelche Kurse, was sie eben gerade interessierte. Der Vorteil war, dass sie tagsüber zumindest teilweise zu Hause war – und wenn Vater es einmal nicht geschafft hatte, Essen zu bringen, versuchte sie eben, irgendetwas auf den Tisch zu stellen. Auch das Kantinenessen war nicht gerade berauschend, aber was Martina fabrizierte, war mitunter wirklich ungenießbar, und wir schütteten es heimlich ins Klo. Wir wollten sie nicht verletzen, deshalb sagten wir ihr nie, dass es nicht geschmeckt hatte. Vielleicht wäre ein Kochkurs zur Abwechslung kein Fehler gewesen! Heute ist Martina eine besonders gute Köchin, aber damals fehlte es ihr eben an Erfahrung.

Abends kam unser Vater meistens erschöpft und sichtlich fertig nach Hause. Aber da war noch so viel zu tun: Er musste Rechnungen bezahlen und fünf hungrige Mäuler stopfen. Wir brauchten Kleidung und Aufsicht. Die Sorgen wuchsen ihm über den Kopf. Es war ihm zu viel. Verständlicherweise. Häufig reagierte er aggressiv, auch an ihm ging die schwere Situation nicht spurlos vorüber.

Manchmal nahm er, wenn wir Kinder schon im Bett waren, Zuflucht zum Alkohol, aber nur selten verlor er vor uns die Kontrolle. Ich habe ihn jedenfalls nie betrunken gesehen. Meine Schwester ist zehn Jahre älter als ich und ihre Erinnerungen an meinen Vater sind nicht so gut.

Die Seele des Hauses war eben nicht mehr unter uns.

Wie oft läuft doch ein Kind mit seinen kleinen Sorgen zur Mutter und vertraut ihr seine Geheimnisse an. Wenn es traurig ist, nimmt sie es liebevoll in den Arm, und es kann ihr alles erzählen. Nach der Schule steht das Essen auf dem Tisch.

Am Abend bringt sie es ins Bett, deckt es zu, und mit einem liebevollen Kuss zeigen sie einander ihre Liebe.

Dazu bewältigt eine Mutter den ganzen Haushalt und noch vieles mehr.

Die zärtliche Hand war nicht mehr da. Ohne Vorwarnung, ohne Erklärung. Einfach weg, von heute auf morgen. Frau Schlick, eine gute Freundin der Familie, sprang als Haushaltshilfe ein. In solchen schwierigen Situationen lernt man erst seine richtigen Freunde kennen. Wie unsere Mutter hatte auch sie fünf Kinder zu versorgen; so kam sie nur jeden zweiten Tag zwei bis vier Stunden, um nach dem Rechten zu sehen. Schon bald gehörte sie für uns zur Familie.

Auch wenn das keine Dauerlösung war, war Frau Schlick doch eine große Hilfe. Noch heute rechne ich ihr das hoch an.

Aber eine andere Frau kann nie wirklich die Mutter ersetzen. Sie kann den Schmerz vielleicht lindern, ihn aber nicht wegnehmen.

Bei uns ging es jetzt zu wie beim Militär, eigentlich ein schlimmer Zustand. Die Liebe, die Zuwendung, das Kuscheln blieben auf der Strecke.

Bad putzen, staubwischen, staubsaugen, aufräumen, Hof kehren oder Kehrwoche – jeder hatte seine Aufgaben, und wehe, wenn sie nicht erledigt waren. Dann bekam man großen Ärger mit Vater. Also spurten wir. Das musste auch sein, sonst wäre zu Hause alles aus dem Ruder gelaufen.

Meine Schwester und ich teilten ein Zimmer, ich schlief unten im Stockbett und Martina oben. Meine Spielsachen und ihre Utensilien bildeten manchmal eine recht abenteuerliche Mischung! Die Fensterbank gehörte Martina, dort standen ihre Kosmetika. Den Schrank teilten wir uns.

Unsere Auffassung von Ordnung und die unseres Vaters waren recht verschieden. Zu diesem Thema gab es zwischen Vater und Martina öfter lautstarke Auseinandersetzungen. Wenn Martina aufräumen musste, aber keine Lust dazu hatte, ließ sie dies und das einfach unterm Bett verschwinden. Unser so ordnungsliebender Vater sah das eine Weile mit an, bis ihm der Kragen platzte: Lautstark kam er mit einem Besen und holte alles unter dem Bett hervor. Die beiden stritten sehr viel miteinander, und Martina gegenüber wurde Vater richtig wütend. ***Warum nur?***

Zu meinen Geschwistern war er auch so laut. Zu mir nie, dabei war ich doch auch nicht gerade ordentlich. Mich schrie er nie an, aber wenn er so brüllte, hatte ich Angst, dass er jetzt gleich zuschlagen würde. Dann zuckte ich jedes Mal richtig zusammen, auch wenn es mich gar nicht betraf. Ich kauerte mich in die Ecke und verhielt mich ruhig, bis alles vorüber war.

In solchen Situationen war früher immer Mutti zur Stelle gewesen. Sie konnte so manchen Streit abfangen und unseren Vater beruhigen. Jetzt war keiner mehr da, um ihn zu besänftigen. Ohne Mutti war es fast unmöglich, dass es zu Hause harmonisch zuging.

Martina war schon fast erwachsen. Abends ging sie immer öfter aus – und kam zunehmend später nach Hause. Sie rebellierte und stellte sich quer, wenn Vater Anweisungen gab. Das war schwierig für meinen Vater, der mit der gesamten Situation nicht zurechtkam, denn er war ja auf Martina angewiesen, für uns und den Haushalt. Aber sie wollte nicht mehr.

Irgendwann wurde ich zu meinen Brüdern verlegt, das gefiel mir sehr gut! Mein Stockbett zog mit um und nun gab es zwei Stockbetten im Zimmer. Ein wahres Kinderparadies! Wir genossen es herumzutoben. Meine Brüder passten vom Alter her besser zu mir als Martina.

Jeden Abend beim Zubettgehen kontrollierte Vater unsere Schulkleider, die wir für den nächsten Tag auf der Truhe zurechtgelegt hatten. Waren sie nicht ordentlich hergerichtet, fegte er alles mit einem Schwung auf den Boden. Das hatte er schon so gemacht, als Mutti noch lebte. Oft stand sie dann in der Zimmertür, um ihn zurückzuhalten, wenn er ausfällig werden wollte. Aber Mutti war nicht mehr da.

Danach hatten wir Zeit, die Kleider ordentlich aufzuräumen. Meine Kleider waren immer perfekt zusammengelegt, aber eine Schwäche hatte ich doch: Mein Kleiderstapel wurde immer höher, die überschüssigen Kleider fanden irgendwie nicht den Schrank. Auch dies konnte Vater nicht dulden. So landeten immer wieder auch meine Kleider auf dem Fußboden.

Er war ein pflichtbewusster Vater und wollte uns zu fähigen, brauchbaren Menschen erziehen. Wobei er manchmal übers Ziel hinausschoss. Bei fünf Kindern ist es eben nicht immer einfach, den Überblick zu behalten. Schon gar nicht ohne Mutter.

Jeden Abend mussten wir unsere Hausaufgaben auf den Esszimmertisch legen, damit Vater sie kontrollieren konnte. Waren die Aufgaben nicht korrekt erledigt, musste alles nochmals geschrieben werden.

Ich hatte eine unsaubere Schrift und auf jeder Seite schrieb ich anders. Deswegen musste ich eines Tages hundert Mal die Zehn Gebote schreiben. Vater meinte dazu, die Zehn Gebote wären gut, um nachzudenken. Dies war eine von seinen Erziehungsmaßnahmen; an diese erinnere ich mich heute sogar gern.

Freitags war Badetag. Im Schlafanzug standen wir dann frisch gekämmt in einer Reihe vor ihm und er schnitt uns die Finger- und Fußnägel. Woche für Woche. Auf eine saubere Erscheinung legte Vater großen Wert, und auch auf Tischsitten:

Wenn unsere Manieren nicht seinen Vorstellungen entsprachen, wies er uns energisch zurecht: „Am Tisch wird aufrecht gesessen!“ Es durfte nicht viel geredet werden. „Das Besteck wird aber richtig in die Hand genommen!" Wenn das Messer mit der Klinge nach oben schaute, klopfte er uns auf die Hände, und beim Sprechen musste das Besteck zur Seite gelegt werden. „Mit vollem Munde spricht man nicht!" Rülpsen bei Tisch war tabu, und beim Essen durfte weder geschmatzt noch geschlürft werden.

Wenn wir das Essen hinunterschlangen, sagte er: „Iss gefälligst richtig." Wenn wir zu viel aßen: „Dummheit frisst." Dies sagte er aber nur, wenn wir unsere Teller wirklich zum Überlaufen gefüllt hatten. Oder: „Der Adel hält auf Taille, der Pöbel frisst sich satt." Dabei grinsten wir, denn wenn dieser Satz kam, dann spürten wir es schon am eigenen Leibe, dass wir es wirklich übertrieben hatten.

Vater achtete auch darauf, dass wir gute Umgangsformen an den Tag legten: Erwachsene werden gegrüßt. Älteren oder Gebrechlichen sollte man Aufmerksamkeit erweisen und ihnen behilflich sein. Wenn zwei sich unterhalten, unterbricht man nicht. Man wartet, bis sie zu Ende geredet haben, dann darf man sprechen. Zum Abschied gibt man die Hand. Jungen machen dazu einen Diener, Mädchen einen Knicks.

Alle diese Regeln waren normal für uns. Mit der Zeit wurden sie zur Selbstverständlichkeit. Sicher auch deshalb hatten wir im Dorf einen sehr guten Ruf, und wenn wieder einmal etwas angestellt worden war, wenn jemand dem Bauern die Kirschen von den Bäumen gegessen hatte oder irgendetwas zu Bruch gegangen war, fiel der Verdacht nie auf uns.

Ein Unglück kommt bekanntlich selten allein, und irgendwann erfuhr auch die Obrigkeit, dass sich hier eine mutterlose Familie mit fünf Kindern irgendwie durchschlug. Also bekamen wir es mit dem Jugendamt zu tun, und beinahe wären wir ins Heim gesteckt worden. Als Grund gaben sie an, wir wären zu viele Kinder und für den Vater wäre das nicht zu bewältigen. Eigentlich hatten sie ja recht. Ganztägige Haushaltshilfe oder Trennung, das war die Forderung.

Vater war entsetzt und sprachlos. Auch wir Kinder wussten nicht, was wir davon halten sollten. Es war doch schon schlimm genug, die Mutter zu verlieren. ***Und jetzt auch noch die Geschwister?*** Das war zu viel. Wieder diese Hilflosigkeit.

Wir alle waren geschockt. Tag für Tag dachten wir darüber nach. ***Was nun? Was kann man tun, damit wir zusammenbleiben können?*** Wieder wurde ein Familienrat einberufen.

Die Großeltern reisten an. Immer, wenn die Großeltern zu Besuch kamen, blühten unsere Herzen auf. Auch Tante Martha kam, wie damals, als Mutti ins Krankenhaus musste. Nur dass wir dieses Mal wussten, welche Schwierigkeiten die Stimmung trübten.

Eine Lösung musste her.

Sie berieten sich und kamen auch zu einem Entschluss: Mein ältester Bruder Andreas und ich mussten gehen, irgendwo anders untergebracht werden. Nun wurden wir doch noch auseinandergerissen, was wir eigentlich verhindern wollten. Wir beide mussten zu Tante Martha und Onkel Herbert, weit weg, sie wohnten etwa fünfhundert Kilometer im Norden. ***Warum ausgerechnet ich?***

Ich konnte diese Entscheidung erst verstehen, als ich erwachsen war. Eigentlich war es eine weise Entscheidung, nur nicht aus meiner Sicht. Von uns Kindern war mein ältester Bruder am ehesten in der Lage, mit der Trennung fertigzuwerden. Ich als die Jüngste verstand diese Entscheidung überhaupt nicht.

Vielleicht begriff es mein Bruder, aber wie ich fühlte auch Andreas sich damit alleingelassen. Er hätte Unterstützung gebraucht.

Ich vermisste die Nestwärme und dachte, Vater hätte mich weniger lieb als die anderen Geschwister.

Nun waren Andreas und ich so richtig aufeinander angewiesen. Doch der Altersunterschied war groß und die Interessen waren zu unterschiedlich. Er hätte gleichaltrige Freunde gebraucht. ***Wäre es nicht besser, Bruno und Uwe zu Tante Martha und Onkel Herbert zu schicken?*** Sie waren damals schon sehr eng miteinander verbunden, ihnen wäre es sicher leichter gefallen als uns. Sie hatten einander, und sie waren noch in der Grundschule. Aber das hätte auch nichts an der Tatsache geändert, dass wir nun getrennt waren.

Die Trennung sollte ja nicht von Dauer sein; Vater wollte Zeit gewinnen, um für uns alle eine bessere Lösung zu finden. Das Jugendamt war mit der vorläufigen Regelung einverstanden, und so kamen Andreas und ich zu Tante Martha. Von den vier Geschwistern meiner Mutter lebte ja nur noch diese eine Schwester.

Heute finde ich es bewundernswert, dass Tante Martha uns aufnahm, aber damals konnte ich mich nicht darüber freuen.

Ohne Mutter zu sein bedeutet – Entwurzelung.

Ohne Mutter zu sein bedeutet – Haltlosigkeit, Einsamkeit, Sehnsucht, Heimweh und Orientierungslosigkeit.

Ohne Mutter zu sein bedeutet – keine Nestwärme, keinen Halt und Schutz.

Es ist für verwaiste Kinder schon schlimm genug, den Schmerz über den Verlust des Elternteils aushalten zu müssen. Aber dann auch noch aus der gewohnten Umgebung herausgerissen werden, besonders wenn der andere Elternteil noch lebt – eigentlich ist das herzlos. Inzwischen haben die Jugendämter aber auch dazugelernt, sie bieten trauernden Familien echte Hilfe an.

Kapitel 3

In der Großstadt

Die Entscheidung stand und nun war es so weit: Andreas und ich mussten fünfhundert Kilometer nach Norden ziehen. ***Welche Entfernung ist größer, die auf der Landkarte oder die unserer Umgebung?*** Vom kleinen Dorf kamen wir in die Großstadt. Nur das Nötigste durften wir mitnehmen.

Tante Martha war rothaarig, groß, mit kantigem Gesicht und strengen Gesichtszügen. So war auch ihr Charakter – sie konnte gut organisieren und ihr entging nichts. Onkel Herbert war ebenfalls groß, er hatte schon weißes Haar und trug eine Hornbrille. Er wirkte sehr intelligent.

Das Beamten-Ehepaar wirkte kühl und distanziert, aber sie hatten sich bereiterklärt, uns zwei Kinder aufzunehmen. Wir kannten uns so gut wie nicht, und es war für sie sicher nicht einfach, sich in den veränderten Tagesablauf hineinzufinden.

Irgendwann würde sich eine andere Lösung finden, hatte Papa noch gesagt. Was auch immer das bedeuten mochte. Für mich war das alles nur unverständlich.

Diese Stadt war riesengroß! Und hier sollten wir jetzt also wohnen. In einem alten, mehrstöckigen Haus mit vielen Wohnungen, direkt an einer vierspurigen Hauptstraße. Alles war neu und interessant.

Die Wohnung war kleiner als unsere daheim, aber wir hatten gut Platz. Von dem schmalen Flur aus ging es in verschiedene Zimmer. Die Küche war winzig. Auf dem Klavier in dem großen Wohnzimmer spielte ich sehr gerne. Dann gab es noch ein Esszimmer, das Schlafzimmer von Onkel Herbert und Tante Martha, und das Gästezimmer, in dem Andreas und ich schliefen. Eigentlich lebten Onkel Herbert und Tante Martha nicht schlecht.

Im Untergeschoss, ein paar Treppen tiefer, gab es eine Waschküche und einen Raum, wo man die Wäsche aufhängen konnte.

Einmal in der Woche war Waschtag, das war eine große Prozedur. Zu Hause hatten wir eine Waschmaschine, aber das war damals noch nicht selbstverständlich. Und bisher hatte Tante Martha ja nur ihre eigene Wäsche und die von Onkel Herbert zu waschen gehabt. Jetzt war es auf einmal doppelt so viel!

Mitten in der Waschküche stand ein riesiger Kessel aus Aluminium, der mit Holz befeuert wurde. Dort wurden zuerst Handtücher, Bettwäsche und Leibwäsche gekocht. Anschließend kamen Hemden und Hosen, Blusen, Pullover und Strümpfe in die Lauge, wenn sie nicht mehr so heiß war.

Mit einem Stampfer wurde das Wasser aus der Kleidung gepresst. Danach sah es richtig gespenstisch aus: Nebel erfüllte den Raum und hüllte alles in einen feinen Schleier. Es war heiß wie in der Sauna – nur dass wir bekleidet waren und arbeiteten. Warum die Tür geschlossen bleiben musste, das ist mir bis heute verborgen geblieben.

Die Waschküche hatte nämlich eine Außentür, sie führte auf den Hinterhof. Der Hinterhof war mit altem, verrostetem Maschendraht eingezäunt. Quer über den Hof war eine Leine gespannt, hier wurde die Wäsche aufgehängt. Bei dieser Arbeit half ich sehr gerne. Die Anspannung war der Freude über die saubere Wäsche gewichen und wir genossen beide die frische Luft. Beim Wäscheaufhängen konnte Tante Martha richtig nett sein!

Dann kam der erste Schultag. Ich war schon einem halben Jahr Schulkind, aber hier war alles so anders! Die Tante brachte mich in die Grundschule und der Onkel ging mit meinem Bruder zur Realschule, die in einer ganz anderen Richtung lag. So mussten wir von Anfang an getrennte Wege gehen.

Die ersten Wochen begleitete mich Tante Martha, bis ich den Weg gut kannte und alle Herausforderungen meistern konnte. Der Schulweg hatte gleich mehrere Hürden, die ich von zu Hause her nicht kannte: Da galt es zuerst die große, belebte, vierspurige Hauptstraße zu überqueren. Eine Ampel gab es nicht. Die vielen schnellen Autos! Ich war gerade mal sieben Jahre alt und hatte große Angst. Manchmal half mir auch Onkel Herbert, über die Straße zu kommen. Morgens eben. Aber auf dem Heimweg musste ich es allein schaffen.

Danach kam ein großer Spielplatz, hier verbrachte ich nachmittags viele Stunden. Dann kamen nur noch ein paar Straßen mit Fußgängerampeln und wir waren da.

Die Schule war riesig. Ich kam aus dem Staunen nicht mehr heraus. ***Wie soll ich mich da nur zurechtfinden? Und wenn ich mich in diesem Gebäude verlaufe?***

Es gab so viele Kinder und so viele Lehrer hier. In unserer kleinen Dorfschule kannte jeder jeden. Ich hatte Angst.

In meiner Klasse waren wir 22 Schüler, und wir hatten das Klassenzimmer für uns allein. Zu Hause waren wir sechs Erstklässler, dafür wurden vier Klassen in einem Raum unterrichtet, aber hier gab es gleich zwei erste Klassen! Es war eine gewaltige Umstellung.

Meine Tante lieferte mich in meinem neuen Klassenzimmer ab, redete noch ein paar Worte mit der Lehrerin und überließ mich schließlich meinem Schicksal. Da stand ich nun, ängstlich und mit weichen Knien. Ich kannte hier keinen Menschen! Ich kam mir so verloren vor und so fremd. ***Mögen sie mich hier?*** Hoffentlich.

Die Lehrerin stellte mich vor und wies mir einen Platz an, in der dritten Reihe, neben Petra.

Am ersten Tag hatten wir Turnen. Ich ging zu der Lehrerin und sagte, ich hätte keine Turnkleidung dabei. Für sie schien das überhaupt kein Problem zu sein; sehr kühl, fast abweisend forderte sie mich auf, in der Unterwäsche mitzuturnen. Alle machten sich über mich lustig! Ich sah es genau, sie grinsten und tuschelten hinter vorgehaltener Hand über mich. Da stand ich nun ganz allein in der Ecke und alle gafften sie mich an. Ich schämte mich maßlos. Als ich endlich an die Reihe kam, ging die Zeit schneller vorbei.

Das war kein guter Start! Aber ich konnte mich anpassen und hatte mich bald eingewöhnt.

Der in unserem Dorf übliche Dialekt war mir dabei kein Hindernis, da Vater immer darauf bestanden hatte, dass wir „normales Deutsch“ sprachen; aber ich war eben fremd.

In der Reihe vor mir saß ein netter Junge, den hätte ich gerne zum Freund gehabt. Wie konnte ich Ralfs Aufmerksamkeit gewinnen? Was ich nicht wusste: Petra war schon mit ihm befreundet und wachte eifersüchtig über ihr Vorrecht. Damit war der Ärger vorprogrammiert.

Wir drei wohnten in derselben Gegend, erst nach dem Spielplatz trennten sich unsere Wege. Eines Tages gingen wir ziemlich weit zu dritt nach Hause, Petra, Ralf und ich. Ralf hatte es so eingefädelt, er wollte Petra zeigen, wie stark er war. Dieser Tag wurde zu einem meiner schlimmsten Tage!

Es regnete in Strömen. An jeder großen Pfütze packte er mich am Ärmel und hüpfte so lange, bis ich völlig durchnässt war. Keinen Moment ließ er mich los, ich hatte keine Chance wegzulaufen. Ralf war mir zu stark. Petra schaute uns zu, und das ließ ihn immer dreister werden. Konnte er mich denn nicht endlich in Ruhe lassen?

Nein! Es kam noch schlimmer! Mehrmals schlug er mit der Faust auf mich ein, so dass mir das Blut herunterlief.

Plötzlich wurde den beiden bewusst, was sie da angerichtet hatten, und sie liefen mit schlechtem Gewissen nach Hause. Da stand ich nun, mit zerrissenem Anorak, blutverschmiert, nass bis auf die Haut, verängstigt und heulend. Und es war noch ein ganzes Stück bis nach Hause! Ich hatte große Angst davor, was Tante Martha sagen würde, wenn sie mich so sah.

Andreas kam auch gerade von der Schule. Er wollte mir helfen, aber da ging auch schon die Haustür auf. Zu spät! Vor uns stand Tante Martha. Ich erstarrte.

Aber sie schimpfte mich nicht aus, wie ich befürchtet hatte. Im Gegenteil: Sie war sehr erschrocken, und aufgebracht fragte sie mich, was geschehen war. Zögernd erzählte ich ihr alles und auch, wo Ralf wohnte. Ohne ein weiteres Wort griff Tante Martha nach meiner Hand und zog mich, verschmiert und nass wie ich war, zu Ralf nach Hause. Seine Mutter öffnete die Tür und meine Tante erklärte ihr alles.

War mir das peinlich! Ralf musste sich bei mir entschuldigen und versprechen, dass er so etwas nie wieder tun würde.

Tante Martha hatte genau das Richtige getan – sie setzte sich für mich ein.

Am nächsten Tag in der Schule war es mir nicht wohl in meiner Haut. ***Wie wird er sich mir gegenüber verhalten? Wird er sich an mir rächen?*** Nein, im Gegenteil: Jetzt wurden wir beste Freunde. Damit hatte ich wirklich nicht gerechnet, aber Ralf tat es wirklich leid. Waren die Prügel der Preis, um in der Schule akzeptiert zu sein?

Tante Martha richtete uns jeden Tag ein Pausenbrot, aber es schmeckte mir nicht. Deshalb landete es meistens irgendwo auf dem Schulweg in einem Mülleimer. Eines Tages vergaß ich, das Brot zu entsorgen, erst zu Hause fiel es mir wieder ein. Oh Schreck! Tante Martha würde es sehen und mich fragen, und die Antwort hätte ihr sicher nicht gefallen. Im Schulranzen konnte ich es auf keinen Fall lassen, Tante Martha kontrollierte ihn jeden Tag. Im Abfalleimer hätte sie es auch entdeckt. ***Oje! Wohin jetzt damit?***

Nach reiflicher Überlegung verstaute ich es im Puppenwagen unter der Decke. Hier schaute sie bestimmt nicht nach. Dachte ich jedenfalls! Aber wie das Schicksal so spielt, fing es nach einigen Tagen im Zimmer an zu stinken. Und so wurden die inzwischen vergrünten Schulbrote doch entdeckt.

Tante Martha fragte mich, warum ich das getan habe. Ich war dazu erzogen, die Wahrheit zu sagen, aber Tante Martha konnte die Wahrheit nicht ertragen: Sie beschimpfte mich und gab mir obendrein noch eine Ohrfeige. Von da an beschloss ich, in Zukunft mit der Wahrheit etwas zurückhaltender zu sein. Vor Tante Martha und Onkel Herbert hatten Andreas und ich großen Respekt, vielleicht auch Angst.

Die Hausaufgaben wurden für uns zum täglichen Gräuel. Mein Bruder musste seine Hausaufgaben im Wohnzimmer machen, unter Aufsicht des Onkels, und ich in der Küche bei der Tante. Onkel Herberts Gebrüll hörte man durch die verschlossene Wohnzimmertür hindurch. Mir tat es immer sehr weh, wie Andreas da angeschrien wurde. Sicher waren die Leistungen meines Bruders meinem Onkel nicht gut genug.

Trotz aller Bemühungen meines Onkels musste Andreas später doch noch die Realschule verlassen. Sicher spielten dabei auch die unterschiedlichen Lehrpläne der deutschen Bundesländer eine traurige Rolle.

Meine Tante hatte sich für mich etwas ganz anderes einfallen lassen. Sie schrie mich nicht an, aber auch sie gab sich alle Mühe, meine Leistungen zu verbessern: Jeden Tag machte sie mit mir ein neues Übungsdiktat, und sie hörte erst auf, wenn ich nur noch drei Fehler hatte. Dabei vergingen manchmal Stunden.

Um es für mich interessanter zu machen, stellte sie mir eine Belohnung vor die Nase, noch bevor wir überhaupt mit dem Schreiben begannen. Es war eine Weltkugel mit einem Spitzer drin, und das spornte mich tatsächlich an. Es machte Spaß, anschließend den Bleistift damit zu spitzen! Aber manchmal dauerte es sehr lange, bis ich das Ziel erreicht hatte.

Dabei lockte mich der Spitzer und nicht die gute Note oder dass ich es können wollte. Ich wusste ja genau, morgen kam wieder die gleiche Tortur. Wenn ich dann endlich mit allen Hausaufgaben fertig war, blieb nicht mehr viel Zeit zum Spielen.

Der Drill beim Lernen war sehr schlimm. Ich konnte ihre Erwartungen einfach nicht erfüllen. Vielleicht schämten sie sich ja meinetwegen.

Zu Hause hatte sich keiner groß um meine schulischen Leistungen gekümmert, und hier wurde nach einem anderen Lehrplan unterrichtet. Ich hatte viel aufzuholen.

Ein Lichtblick war das Klavier. Tante Martha meinte, ich würde mich geschickt anstellen, und wollte mir das Klavierspielen beibringen. Das Klavier zog mich magisch an, und das brachte uns einander ein wenig näher. Wenn ich lange genug bei Tante Martha gewohnt hätte, könnte ich heute sicher richtig gut spielen.

Doch ging mir meine Mutti einfach nicht aus dem Kopf. Der Tod meiner Mutter und der Umzug in die Großstadt, die Trennung von der vertrauten Umgebung und der Familie hinterließen tiefe Spuren. Keiner rief an, von einem Brief oder gar Besuch ganz zu schweigen. ***Haben sie mich vergessen? Darf ich überhaupt noch einmal nach Hause?***

Das Heimweh wollte nicht weggehen, es wurde immer schlimmer. Ich aß kaum noch etwas, mittlerweile war ich spindeldürr. Nachts nahm ich meine Bettdecke fest in den Arm und heulte heimlich, und vor dem Einschlafen schaukelte ich meinen Kopf hin und her. Manchmal schlüpfte ich auch zu meinem Bruder ins Bett.

Bei Nacht hatte ich wunderschöne Träume. Ich träumte von einer heilen Welt, in der ich die Hauptrolle spielte. Diese Träume waren das einzig Schöne in dieser Zeit; dafür bereitete mir das Aufwachen jeden Morgen wieder neuen Kummer. Ich freute mich schon, wenn es ins Bett ging, da ließ man mich in Ruhe und ich konnte in meine Träume fallen.

Ich sehnte mich nach Wärme und Liebe, aber vergeblich. Über unsere Gefühle, Sehnsüchte oder Nöte wurde nicht gesprochen. Leider. Wir hatten nur zu gehorchen.

Regelmäßig schickte unser Vater Geld für unseren Unterhalt und auch etwas Taschengeld. Ob mein Bruder das Taschengeld auch tatsächlich erhielt, weiß ich nicht. Ich bekam nie welches. Unsere kleinen Wünsche wurden meist nicht erfüllt. Also versuchten wir, irgendwie an Geld zu kommen. Im Oktober sammelten wir Kastanien und verkauften sie an den Förster. Nur – Kastanien gab es ja nicht immer, so mussten wir uns das Geld anders beschaffen. Aber wo und wie? Am besten in der Nähe: Wir bedienten uns aus Tante Marthas Haushaltskasse. Das Geld hatte sie in einer Dose auf dem Küchenschrank deponiert.

Mein Bruder nahm das Geld und ich stand Schmiere. Wir nahmen nie alles heraus, einen kleinen Teil legten wir wieder zurück, es sollte ja kein Verdacht aufkommen.

Und dann erfüllten wir uns mit dem geklauten Geld unsere kleinen Wünsche. Wir hielten fest zusammen und wenn jemals etwas herauskommen sollte, hätte keiner den anderen verraten.

Diese Zeit war sehr schlimm für mich.

Doch habe ich gelernt, dass jeder auf sich selbst gestellt ist. Dass man dem Leben die Stirn bieten muss und nicht aufgeben darf.

Und ich lernte es zu schätzen, dass ich einen großen Bruder hatte, einen Vertrauten, wenn schon keine Eltern da waren.

In dieser Zeit war meine hauptsächliche Motivation die Angst. Es wäre vielleicht nicht so weit gekommen, wenn ich meine Nöte offen zugegeben und mit Tante Martha und Onkel Herbert darüber gesprochen hätte. Vielleicht wären sie ganz anders auf uns eingegangen, denn für sie waren wir ja fremde Kinder, die dazu noch vor Kurzem die Eltern verloren hatten. Eigentlich waren sie auch nur hilflos. Dass dies für beide Seiten eine Bauchlandung war, lag sicher vor allem an ihrem Unwissen. Sie wussten nicht, wie man mit verletzten und verängstigten Kindern umgeht, dass sie besonders viel Liebe brauchen, und wie man ihnen genügend Liebe gibt. Sie waren für so eine Aufgabe nicht geeignet. Wer weiß, was sie selbst schon alles erlebt hatten und warum sie nicht anders konnten.

Kinder zu erziehen und sie gleichzeitig zu lieben (funktioniert das überhaupt, ein Kind erziehen, wenn man es nicht liebt?), vor allem, wenn es nicht die eigenen Kinder sind – das können viele nicht.

Heute empfinde ich Hochachtung vor Tante Martha und Onkel Herbert, dass sie uns aufgenommen und uns geholfen haben. Gerne würde ich mich bei ihnen für ihren Einsatz bedanken. Leider kam mir diese Einsicht erst Jahre nach ihrem Tod.

Sicher würde Tante Martha sich freuen, wenn sie erfahren würde, dass ich mir inzwischen mit Hilfe von Freunden selber das Keyboardspielen beigebracht habe.

Kapitel 4

Muttersuche

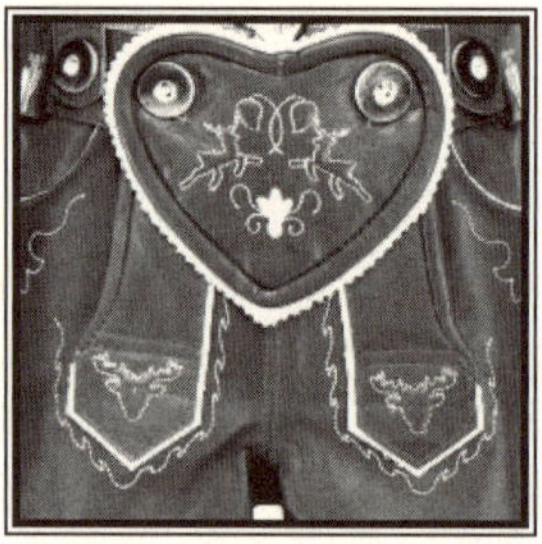

Endlich Ferien! Jetzt durften wir nach Hause. Wir waren überglücklich. Es war wie Weihnachten!

Mein Herz klopfte vor Freude. Ich packte meine Sachen zusammen, aber ich war nicht wirklich bei der Sache. Ständig schaute ich aus dem Fenster, um es nicht zu verpassen, wenn Vater aus dem Auto stieg.

Endlich war er da, und er hatte alle Geschwister mitgebracht. Wie freute ich mich, sie alle wiederzusehen – Martina, Bruno, Uwe und besonders meinen Vater! Voller Freude warf ich ihm die Arme um den Hals.

Dann saßen wir alle gemütlich zusammen. Tante Martha hatte gekocht und gebacken. Anschließend zeigten wir unseren Geschwistern die Umgebung – die große Straße, den Spielplatz, die beiden Schulen. Und das alles in dem befreienden Wissen, dass wir mit nach Hause fahren durften! Unsere Kleider und die wenigen Schätze waren bald im Auto verstaut, jeder packte an. Gegen Abend fuhren wir los, nach Süden.

Nach einer langen Fahrt kamen wir glücklich in der Heimat an und schliefen sofort ein, so müde waren wir.

Am nächsten Tag ging Vater nicht zur Arbeit, er hatte sich noch einen Urlaubstag genommen, um uns beide willkommen zu heißen. Beim gemeinsamen Frühstück wurde es spannend – Vater hatte uns etwas Wichtiges mitzuteilen.

Er wollte für uns eine Ersatz-Mutter finden! Das fanden wir alle traumhaft, einfach genial. Auf die Zeitungsannonce hatte sich eine Dame gemeldet und am Nachmittag würde sie kommen, um uns kennenzulernen.

Also galt es jetzt erst einmal, die Wohnung auf Hochglanz zu bringen. Jeder wusste, was er zu tun hatte. Dieses Mal putzten wir voller Begeisterung, die Arbeit ging uns schnell von der Hand.

Wie sieht sie aus? Was denkt sie wohl über uns? Ist sie auch lieb? Alle diese Fragen stellten wir uns. Und noch viele mehr. Wir waren aufgeregt.

Wir wurden gebadet und ordentlich gekleidet. Jeder hatte seine Lederhose an. Selbst ich hatte eine, eine rote mit Herzchen-Taschen. Bevor die Frau kam, stellten wir uns zur Probe dem Alter entsprechend in einer Reihe auf. Alle außer Martina; warum sie nicht dabei war, weiß ich nicht. Sie war schon 17 und hatte einen festen Freund und wollte mit dieser Aktion wohl nichts zu tun haben. Vielleicht lehnte sie es auch ab, eine neue Mutter zu suchen; sie litt unter dem Verlust unserer Mutti am meisten, und sie hatte auch keine so gute Beziehung zu unserem Vater.

Gleich würde „sie“ kommen! Letzte Anweisungen, wie wir uns zu verhalten hatten: Wir sollten in unserem Zimmer bleiben, bis wir gerufen wurden. Die Spannung stieg ins Unerträgliche, das Herz klopfte bis zum Hals. Das hat man ja nicht alle Tage.

Und nun fuhr der Wagen vor. Neugierig drückten wir die Nasen an der Fensterscheibe platt. Vater begrüßte die fremde Frau und dann betrat sie das Haus. Beide gingen ins Wohnzimmer, um dort miteinander zu sprechen. Wir schlichen in die Diele, von dort aus konnte man wenigstens ein bisschen was hören.

Was reden sie bloß so lange? Wie entscheiden sie sich? „Achtung, sie kommen!“ Schnell zurück ins Kinderzimmer.

Endlich kam Vater und holte uns. „Kinder, jetzt seid ihr dran. Ihr könnt wählen“, sagte er. War das aufregend!

Unser Vater war toll: Er beschloss, dass wir die neue Mutter auswählen sollten, denn wir müssten schließlich den ganzen Tag mit ihr zusammen sein.

Wie wir es geübt hatten, stellten wir uns in unseren Lederhosen dem Alter nach in einer Reihe auf. Als die Frau hereinkam, begrüßten wir sie – die Buben mit einem Diener und ich als Mädchen mit einem Knicks.

Wir vier waren sehr aufmerksam bei der Sache, diese Frau betrachteten wir als Objekt. Nach einem kurzen Gespräch fragte Vater nach unserem Urteil. Darüber wollten wir aber zuerst ohne ihn abstimmen, also schickten wir ihn hinaus. Es war nicht schwierig, wir waren alle einer Meinung: Nein!

Die Frau wurde höflich verabschiedet und zur Tür gebracht.

Vater suchte weiter, und allmählich entwickelten wir Routine. Es mögen wohl zehn Frauen gewesen sein, die sich bei uns bewarben. Die eine war uns zu jung – die würde sicher nur viel ausgehen wollen und dann wären wir wieder allein gewesen –, die nächste zu alt, eine hatte selber zwei Kinder. Eine andere war uns zu streng, und das war unser Vater schon zur Genüge. Bei einer weiteren gefiel uns ihr Aussehen nicht. Bei der nächsten war es ihre unangenehme Art. Dann kam eine, die war zu nett, zu aufdringlich – und die letzte beachtete uns nur nebenbei, sie hatte nur Augen für unseren Vater, der ein charmanter Kavalier der alten Schule war.

Vater war sehr geduldig mit uns. Er meinte zwar: „So hat es keinen Sinn. Bei so vielen Frauen muss doch wenigstens eine dabei sein." Aber unser Nein war ein Nein, jedes Mal aufs Neue. Vater wollte aufgeben, aber dann konnten wir ihn doch noch zu einem weiteren Versuch überreden. Eine Mutter wollten wir schon, aber sie musste eben passen!

Wieder eine Antwort, wieder eine Putzaktion, Lederhosen. Darin sahen wir gut aus und es war originell. Vater holte sie ab, denn sie hatte keinen Führerschein.

Wow! War die hübsch. Attraktiv, elegant! Wie jedes Mal führte Vater sie zuerst ins Wohnzimmer; aber sie wollte zuerst uns sehen! Wir hatten gelauscht und alles mit angehört. Schnell huschten wir in unser Zimmer zurück. Schließlich sollte niemand bemerken, dass wir gelauscht hatten.

Vielleicht war es gerade dieser Satz, der uns überzeugte, ich weiß es nicht mehr. Wie jedes Mal standen wir vier nun wieder da wie die Orgelpfeifen, in unseren Lederhosen und mit unseren Rotznasen. Dieses Mal hatten nicht wir zu entscheiden, sondern sie traf die Entscheidung.

Haben wir ihr Mitleid geweckt, haben wir ihr Herz berührt? Ich weiß es nicht. Wir hielten Rat. Eigentlich hatten die Erwachsenen schon entschieden, und sie waren sich einig. Dennoch hatten wir das letzte Wort. Wenn wir dagegen gestimmt hätten, hätte Vater unsere Entscheidung sicher respektiert.

Aber dazu kam es nicht.

Aus Überzeugung hatten wir eine einstimmige Entscheidung getroffen: Diese Frau wollen wir in unserer Familie haben! Wir waren hin und weg von ihr. Es war Liebe auf den ersten Blick! Sie hatte eine mütterliche Ausstrahlung, und wir waren sicher, sie passte auch sehr gut zu unserem Vater. Beim Abschied wollten wir wissen, wann sie wiederkommen würde. Weitere Besuche folgten.

Das Ende der Ferien kam immer näher und damit die bange Frage: ***Was wird aus Andreas und mir? Müssen wir danach wieder zurück?*** Wenn ich nur daran dachte, verging mir das Essen und ich konnte mich nicht mehr freuen. Aber diese Frage blieb vorerst offen.

Jetzt war erst mal ein gemeinsamer Urlaub geplant – mit der neuen Ersatzmutter! Nach Italien sollte es gehen, dort wollten wir zelten, wie früher, als unsere Mutti noch da war. Eifrig halfen wir bei den Vorbereitungen und das Auto war bald gepackt. Damals hatten wir noch einen Taunus. Für sechs Personen eigentlich zu klein! Zum Glück gab es einen Anhänger und einen Dachständer. Jeder Zwischenraum wurde genutzt, das Auto war wirklich voll. Meine Brüder saßen auf der Rückbank, mir als der Kleinsten wurde die Hutablage zugewiesen. Das ging damals noch, und ich war einverstanden.

So kam der große Tag und wir zwängten uns aufgeregt ins Auto. Es konnte losgehen. Wir waren überglücklich!

Während der Fahrt wollte jeder einmal bei der „Neuen" auf dem Schoß sitzen. Wir stritten regelrecht darum, wer denn als Nächster dran wäre. Nach langer Fahrt kamen wir an. Martina und ihr Freund waren schon dort und die Familie, die wir aus den letzten Jahren kannten, war auch gekommen. Wir waren wieder Zeltnachbarn, Vater hatte nichts dem Zufall überlassen.

Bis die Zelte aufgestellt waren und alles seinen Platz hatte, gab es viel zu tun. Die Buben bekamen ihr eigenes Zelt. Ich wollte auch bei meinen Brüdern schlafen, aber das durfte ich nicht mehr: Ich wäre zu klein und dazu ein Mädchen, deshalb wurde ich einfach ins Hauszelt der Großen verbannt. Ob mir das gefiel oder nicht, darüber wurde nicht diskutiert. Ich war sehr enttäuscht und machte kein Geheimnis daraus.

Ansonsten war der gemeinsame Urlaub traumhaft schön. Wir waren ganz nahe am See. Das war nicht einfach nur ein See, er war sehr malerisch, mit all den Bergen ringsum. Daran erinnere ich mich sehr gerne. Abends war es besonders schön.

Die meiste Zeit waren wir Kinder am See. Vater brachte mir das Schwimmen bei – zunächst zeigte er mir im niedrigen Wasser, wie man es machte, und irgendwann ging er zum nächsten Schritt über: Er warf mich ins tiefe Wasser und sprang sofort hinterher, zur Sicherheit. Aber es klappte prima. Es war ein großes Erfolgserlebnis für mich, und alle freuten sich mit mir.

Sehr gerne ließen wir auch Steine über das Wasser hüpfen. Oder wir machten Ausflüge in die Umgebung.

Aber auch auf dem Campingplatz war gut sein. Zu den sanitären Anlagen war es nicht weit. Dort befanden sich nicht nur Duschen und WCs, sondern auch die Spülbecken. Die Neue kochte jeden Tag, und es schmeckte hervorragend. Nach dem Essen spülten wir Kinder gemeinsam das Geschirr, dabei wechselten wir uns ab. Campen fand ich toll.

Die meiste Zeit verbrachte ich bei meinen Brüdern. Wir spielten Karten und besprachen, was wir alles unternehmen könnten. Und wir waren uns einig: Die neue Frau musste bei uns bleiben. Das hatten wir fest beschlossen. Wir wollten wieder eine richtige Familie sein!

Wir berieten auch über die Frage, wie wir sie nennen wollten. Mutti, nein, das ging nicht. So hatte unsere richtige Mutter geheißen und ein Unterschied musste schon sein. Für Mutti gab es keinen Ersatz. Die Frau hieß Renate, aber damals wäre keiner auf die Idee gekommen, sie wie unser Vater einfach beim Vornamen zu nennen.

Irgendwie konnten wir uns schon vorstellen, sie Mutter zu nennen, nur dass dieses Wort so furchtbar altmodisch klang. Wir hatten sie schon richtig lieb gewonnen und vertrauten ihr. Ohne Vertrauen kann keine Liebe entstehen, das hätte gar keinen Zweck gehabt; aber diese Frau war echt in Ordnung. So beschlossen wir also, sie „Mami" zu nennen.

Aber würde sie überhaupt bei uns bleiben? Wir weihten unseren Vater ein und überrumpelten sie gleich am nächsten Tag: „Bleiben Sie bei uns? Dürfen wir Sie Mami nennen?"

Das wäre doch erst einmal auf Probe, meinte sie, und ob sie bei uns bleiben würde, das wisse sie noch nicht. Wir waren enttäuscht, aber wir respektierten ihre Äußerung – in der Hoffnung, sie würde tatsächlich bei uns bleiben.

Dann hieß es abbauen, einpacken, und wir fuhren nach Hause. Die neue Frau ging in ihre eigene Wohnung zurück. Wir waren wieder allein und mussten abwarten, wie sie sich entscheiden würde.

Der Sommer ging zu Ende und bald würde wieder die Schule beginnen. Für Andreas und mich eine schwere Zeit! Wir mussten in die Großstadt zurück. Wir waren traurig, ja verzweifelt, denn wir wussten nur zu gut, was uns dort erwartete. Wir heulten fürchterlich, aber es half nichts, wir mussten gehen.

Diese Trennung war, wie wenn einer stirbt. Ich heulte nächtelang. Das Heimweh war noch stärker als beim ersten Mal. Vor Kummer konnte ich kaum noch essen.

Mitten im Schuljahr kam unser Vater unangemeldet mit der Frau zu Besuch, um nach uns zu schauen. Als sie mich sah, erschrak sie, so hatte ich abgenommen. Beide konnten sehen, wie sehr wir unter der Trennung litten.

Man fühlt sich ausgestoßen, abgeschoben, ungeliebt, vergessen und verlassen. Es ist furchtbar, kein Zuhause zu haben und nur geduldet zu

sein. Auch wenn sich jemand um einen kümmert, fühlt man sich oft allein. Man ist versorgt, gut, aber Mutterliebe und Mitleid sind doch nicht dasselbe.

Nach diesem Besuch fuhren sie wieder nach Hause – ohne uns –, um „alles Weitere" in die Wege zu leiten. Nach einiger Zeit erfuhren wir dann, dass wir nach Hause durften! Unsere Augen müssen geleuchtet haben. Ich hatte das Gefühl, vor Freude die ganze Welt umarmen zu können. In diesem Moment war diese Frau ein Geschenk Gottes für mich, anders kann man das nicht beschreiben. Allerdings mussten wir noch bleiben, bis wir unsere Zeugnisse hatten.

Erst später erfuhr ich, dass sie gleich nach den Ferien bei uns eingezogen war. Das machte mich traurig und wütend. Wieder waren wir außen vor. ***Warum mussten wir dann überhaupt wieder weg?*** Angeblich, damit Vater die Frau besser kennenlernen konnte.

Einander kennenlernen kann man doch am besten, wenn alle Familienmitglieder anwesend sind. Dann erkennt man doch am ehesten, wo es Probleme gibt. Es reicht ja schon, wenn nur eines aus der Reihe tanzt, um einen an seine Grenzen zu bringen.

Ich war neidisch auf Bruno und Uwe. Die hatten es gut, sie wussten ja nicht, was es heißt, abgeschoben zu werden. Sie waren immer bei Vater gewesen und das ist etwas ganz anderes, als bei Verwandten zu leben, die man kaum kennt.

Dieser Fehler meines Vaters wurde zum Nährboden für Neid und Eifersucht.

Kapitel 5

Die neue Mutter

Als wir wieder nach Hause kamen, war Martina nicht mehr da. Nachdem Stiefmutter eingezogen war, hatte meine Schwester beschlossen, sofort zu heiraten. Die Erinnerung an ihre Mutti war noch zu stark und schmerzhaft, um sich an eine neue Mutter zu gewöhnen; sie konnte nicht mit ihr zusammen leben. Martina war erst 17 Jahre alt und brauchte die Einwilligung des Vaters, und die bekam sie auch.

Nicht nur, dass das Trauerjahr nicht eingehalten worden war, davon wusste ich nichts. Aber wir hatten uns gar keine Zeit gelassen, richtig zu trauern. Natürlich waren wir froh, wieder eine Familie zu sein, in der es geregelt zuging. Aber: ***Wieso hat man uns nichts gesagt?*** Man hätte uns doch schon früher nach Hause holen können. ***Warum nicht?*** Bei einer Hochzeit gehören doch eigentlich alle dazu. ***Wieso haben sie uns ausgeschlossen?*** Ich war sehr enttäuscht darüber. Ich fand, dass es nicht richtig war. ***Bei der Muttersuche hat unser Vater uns immer gefragt, warum jetzt nicht mehr? Sind wir ihm auf einmal egal?*** Ich fühlte mich von meinem eigenen Vater vernachlässigt. Ich verstand es nicht! ***Warum schließt Vater uns jetzt plötzlich aus?***

Martinas früheres Zimmer war jetzt unser Ess- und Fernsehzimmer.

Ich machte keinen Aufstand und nahm alles hin. Trotzdem: So etwas wurmt und tut weh. Man ist verletzt, enttäuscht und wundert sich nur noch über das alles.

So viele Veränderungen – das musste erst mal verarbeitet werden. Fast zu viel auf einmal.

Beim Einrichten der Wohnung ließ unser Vater der neuen Frau freie Hand. Sie sollte sich bei uns wohlfühlen. Ihre Möbel und unsere Möbel passten gut zusammen, sie bewies guten Geschmack. Unser Kinderzimmer mit den Stockbetten blieb, wie es war. Wir genossen es, alle in einem Raum zu sein, es war nie langweilig. Dafür war es ganz schön laut!

Vor dem Schlafen wurde gemeinsam gebetet und anschließend durften wir uns noch in den Schlaf reden. Ging unser Gespräch zu lange, wurden wir ermahnt. Je öfter Vater ermahnen musste, umso schärfer wurde der Ton. Alles war so wie bei unserer richtigen Mutti. Wir waren wieder eine ganz normale Familie.

Die Tage vergingen schön geregelt, es war ein Genuss, ja direkt erholsam. Frühmorgens wurden wir von Mami geweckt. Vielleicht war es doch ein wenig zu viel des Guten mit unseren abendlichen Bettgesprächen: Morgens quälte ich mich aus dem Bett, völlig übermüdet schleppte ich mich zu den anderen. Das Frühstück stand schon da. Die Pausenbrote lagen fertig gerichtet an unseren Tellern. Selbst die Marmeladenbrote waren geschmiert. Dazu gab es heißen Tee oder Kakao. Wir brauchten uns nur noch hinzusetzen.

Aber oft reichte mir die Zeit nicht mehr, um im Sitzen zu frühstücken. Dann schnappte ich mir einfach ein Marmeladenbrot und aß es unterwegs. Uwe konnte das überhaupt nicht leiden, er fragte mich immer wieder vorwurfsvoll: „Kannst du denn nicht früher aufstehen?“ Gleichgültig zuckte ich dann die Schultern: „Wieso, es reicht doch noch.“ Morgen für Morgen …

Manchmal schaffte ich es aber auch, wie die anderen am Tisch zu sitzen. Das löste Bewunderung aus! Zum Frühstück und zum Abendessen saßen wir auf unseren Barhockern um die beschichtete Spanplatte herum. Auch das war eine Neuerung. Vater und Mami habe ich nie gemeinsam essen sehen. Vielleicht aßen sie abends gemeinsam, wenn wir schon im Bett waren.

Es war nicht immer einfach für Mami, uns rechtzeitig zum Bus zu schicken, wir trödelten gerne. Vielleicht hätten wir abends doch nicht so lange reden sollen …

Während ich in der Großstadt war, hatte es auch außerhalb der Familie einige Veränderungen gegeben: Die Dorfschulen im Umkreis waren aufgelöst worden und alle Schüler besuchten jetzt die Grund- und Hauptschule im Nachbarort.

Warum so lange auf den Bus warten – wir gingen erst los, wenn wir den Bus kommen sahen. Gingen? Naja, dann galt es zu *rasen*: Wer war zuerst an der Bushaltestelle, der Bus oder wir? Dann ging das Gedrängel los, jeder versuchte, einen Sitzplatz zu ergattern.

Wir waren auch nicht mehr nur sechs Kinder in der Klasse. Wieder eine Neuerung, wenngleich ich jetzt schon wusste, wie sich das anfühlte.

Wieder wurde ich der ganzen Klasse vorgestellt. Da steht man nun und alle schauen einen mit prüfenden Blicken an. Dieses Mal wurde mir nicht einfach ein Platz zugewiesen, sondern der Lehrer fragte mich, ob ich jemanden kenne, dann dürfe ich mich dorthin setzen. Ja, Christine kannte ich – das Mädchen, das über uns wohnte! Ihre Nebensitzerin musste den Platz räumen. Wegen mir.

Das war nicht so gut, ich merkte, dass die beiden gar nicht begeistert waren. Nun wollte ich lieber woanders sitzen, aber es war zu spät. Der Lehrer bestand darauf. Ganz schön unangenehm.

In der Pause merkte ich, wie sie über mich redeten. Alle zeigten mir die kalte Schulter. Zu Hause kamen wir beide ganz gut miteinander aus, Christine und ich; aber in der Schule wollte sie plötzlich nichts mehr von mir wissen und ich verbrachte die Pause ganz allein. So verging der erste Schultag. Es dauerte, bis die anderen mich endlich einigermaßen akzeptierten; wirklich warm bin ich mit meinen Mitschülern nie geworden.

Nach Schulschluss drängelten alle in ihren Bus, und auch beim Aussteigen gab es ein Gedränge. Mit einem mächtigen Hunger im Bauch beeilten wir uns, den Berg hinaufzukommen. Oft musste ich aber dringend zur Toilette und blieb deshalb immer wieder stehen. Um es besser verbergen zu können, versuchte ich, mit angehaltener Blase und gekreuzten Beinen in die Hocke zu gehen. Dabei tat ich, als ob ich in meinem Schulranzen etwas suchen oder meine Schuhe zubinden würde. Es war mir so peinlich! Mein Kopf lief rot an. Wenn jemand kam, öffnete ich schnell meine Schuhe, um es echt ausschauen zu lassen, dann band ich sie wieder zu. Nach einiger Anstrengung konnte ich schließlich weiterlaufen. Hoffentlich merkte es keiner!

Doch, einer bemerkte es, und zwar mein jüngster Bruder Uwe. Der ließ sowieso keine Gelegenheit aus, mich zu ärgern, auch diese nicht. Am liebsten hätte ich ihm den Hals umgedreht!

Er lief voraus, öffnete alle Türen und schrie, so laut er konnte: „Vorsicht! Aus dem Weg! Sie muss mal wieder!“ Das löste immer großes Gelächter aus. Insgeheim war ich aber auch froh darüber, es war manchmal doch recht knapp.

Wenn wir nach Hause kamen, stand das Essen schon auf dem Tisch. Hastig zogen wir die Schuhe aus und stellten sie ordentlich in eine Reihe. Die Schultaschen dagegen warfen wir in eine Ecke. Zu groß war der Hunger, um in allem auf Ordnung zu achten. Zur Begrüßung ein flüchtiges Küsschen, dann eilig Hände waschen, damit schnell gegessen werden konnte.

Erst wenn alle saßen, wurde das Tischgebet gesprochen, vorher durfte keiner mit dem Essen beginnen. Das Tischgebet ist mir bis heute wichtig. Das gehört dazu wie das tägliche Zähneputzen!

Nach dem Essen räumten wir gemeinsam den Tisch ab, dann machten zwei von uns Küchendienst. Wir wechselten jede Woche ab, einer spülte, der andere trocknete ab. Am liebsten tat ich mich mit Andreas zusammen.

Nach dem Essen machten wir Hausaufgaben, dazu saßen wir alle um den Esstisch herum. Wir hatten keinen eigenen Schreibtisch; so war es auch einfacher, uns zu beaufsichtigen. Trotzdem gab es Lücken – kaum war Mutter mal eben hinausgegangen, ergriffen wir die Gelegenheit beim Schopf und brachen einen Streit vom Zaun. Vor allem Uwe ließ keine Gelegenheit ungenutzt.

Er konnte richtig gemein sein. Immer wieder spielte er mich vor der Mutter aus. Ihm glaubte sie und mir nicht; meistens wurde ich bestraft. Er wusste genau, wie er mich auf die Palme bringen konnte: entweder nahm er mir etwas weg oder er hänselte mich mit Ausdrücken oder wedelte mit seinen Händen vor meiner Nase herum – das besonders gerne bei den Hausaufgaben oder wenn ich etwas las. Aber nur, wenn die Mutter in der Nähe war, sie sollte unseren Streit ja mitbekommen.

Mit mir schimpfte sie immer zuerst, ohne mir zuzuhören und ohne zu wissen, worum es eigentlich ging. Ich wollte mich nur verteidigen, aber sie glaubte mir sowieso nicht. Also bekam ich immer die Schuld zugewiesen, auch wenn ich gar nicht schuld war.

Natürlich war ich nicht immer unschuldig, aber ich wollte Gerechtigkeit. Weil mir niemand zuhörte, geschweige denn Glauben schenkte, verlegte ich mich aufs Schreien: „Ja, der Uwe ist immer der Liebling, der kann machen, was er will, immer glaubst du ihm, und mir glaubst du nicht! Immer bin ich schuld, und ich darf nicht erklären, wie es war!"

Nicht selten handelte ich mir mit meinem Verteidigungsgeschrei eine Ohrfeige ein, die Situation war eskaliert. Jetzt schrie ich noch mehr und lief davon, knallte die Tür zu und schloss mich im Bad ein. Trat noch einmal mit dem Fuß gegen die Tür, um meinen Zorn auszulassen. Das Bad war der einzige Raum, den man abschließen konnte, hierher konnte mir niemand folgen. Noch eine Ohrfeige? Nein, danke.

Stiefmutter ließ mich eine Weile in Ruhe, dann sagte sie kühl und abwertend: „Na, hast du dich jetzt beruhigt?" Ich merkte, dass sie nichts begriffen hatte. Sie verstand mich nicht und begriff nicht, worum es mir eigentlich ging. Ein Teil von mir mochte sie sehr, der andere Teil hasste sie. Dass sie mich so ungerecht behandelte, tat sehr, sehr weh. ***Warum? Warum gerade ich?***

Warum eigentlich? Das konnte ich nie verstehen.

Manchmal schien mir, dass sie mich nicht mochte. Ihre Beziehung zu den beiden jüngeren Brüdern war gut und die zu Andreas, nun ja, so einigermaßen. Besonders auf Uwe war ich sehr eifersüchtig, der machte mir am meisten zu schaffen. Unsere Auseinandersetzungen endeten gelegentlich sogar handgreiflich. Und wer bekam die Schelte und sogar eine Ohrfeige? *Ich. Immer ich. Immer nur ich.* Das brachte mich auf die Palme, und manchmal hasste ich Mutter deswegen.

War Mutter gegangen, lachte er mich schadenfroh aus. Als Uwe mich wieder einmal ärgerte, dachte ich: „Sie schimpft mich doch wieder aus und sie haut mir eine runter. Da soll sie wenigstens einmal einen richtigen Grund haben!“ Ich holte kräftig aus und versetzte ihm einen wuchtigen Tritt.

Uwe brüllte los. Na, so fest hatte ich doch auch wieder nicht zugetreten? Aber ich hatte zu weit oben getroffen, vorne zwischen den Beinen. Natürlich war Mutter sofort zur Stelle. Auch dieses Mal war es ihr egal, wie es dazu gekommen war. Ihr Liebling heulte und ich war schuld – und so wurde ich wieder einmal angeschrien. Ganz im Innern wusste ich, dass ich im Recht war; dieses Mal hatte er wenigstens auch etwas abbekommen. Aber gleichzeitig tat es mir leid, so schlimm hatte ich es nicht gewollt. Ich wusste nicht, dass das für Jungen auch böse Folgen haben kann.

Wenn Mutter meinen Bruder beschützte und ich ungerecht behandelt wurde, vermisste ich meine richtige Mutti erst recht. Sie fehlte mir so sehr.

Diese ständige und grundsätzliche Bevorzugung verletzte mich zutiefst.

Uwe konnte es irgendwie besser mit Mutter und so blieb es auch bis zuletzt – sobald ich irgendetwas gegen sie sagte, reagierte er sofort verärgert oder verließt den Raum, ohne mir zuzuhören. Die Wahrheit interessierte ihn überhaupt nicht.

Uwe war ihr Liebling, das habe ich drei Jahrzehnte später aus ihrem eigenen Mund gehört – bei einer Auseinandersetzung rutschte ihr einmal heraus, dass sie ihn liebt wie ihren eigenen Sohn. Heute wundere ich mich nicht mehr darüber, dass ich so eifersüchtig auf ihn war.

Mutter war aber nicht nur als Streitverhinderer dabei, sie erklärte uns geduldig und geschickt, was wir nicht verstanden hatten. Es gab ja so viel nachzuholen, nach Muttis Tod hatten wir alle in der Schule sehr nachgelassen. Andreas musste die Realschule verlassen und auf die Hauptschule überwechseln, sicher hatte das Jahr in der Großstadt mit dem anderen Lehrplan das Seine dazu beigetragen. Es war schwierig, das Versäumte aufzuholen, und wir schafften es nicht, zu richtig guten Schülern zu werden. Aber immerhin konnten wir uns jeder etwas verbessern und wurden versetzt – nicht zuletzt dank der häuslichen Ordnung und der täglichen Hausaufgabenbetreuung.

Bekanntlich wird in den ersten vier Schuljahren der Grundstock gelegt für die weitere Schulbildung. Das war genau die Zeit, als unsere Mutti starb, danach folgte für Andreas und mich die Trennung von der Familie. Damals gingen unsere schulischen Leistungen gravierend zurück.

Wenn wir Hausaufgaben machten, versuchte unsere neue Mutter uns zu erklären, was wir in der Schule nicht verstanden hatten. Öfters stand ich auf der Leitung, es wollte einfach nicht in meinen Kopf hinein, und egal was sie zu mir sagte: Ich reagierte trotzig. War unsere Beziehung sowieso schon getrübt, die Hausaufgaben waren der Härtetest. Entweder schimpfte sie mit mir oder ich bekam eine Ohrfeige, wenn sie die Geduld verlor. Heulend warf ich dann den Stift von mir und saß stur und unbeweglich an meinem Platz.

Die Auseinandersetzungen zwischen Stiefmutter und mir nahmen zu und verstärkten sich. Sie hatte es nicht leicht mit mir. Nicht selten stampfte ich heulend ins Bad. Das war ja noch schlimmer als bei der Tante! „Du bist nicht meine Mutti und du wirst nie meine Mutter sein!“, warf ich Stiefmutter dann wohl an den Kopf. Diese Worte verletzten sie tief. Es ist schwer, jemanden zu mögen, der einem so etwas sagt. Ich wollte es ihr aber auch gar nicht so leicht machen wie meine Geschwister.

In meinem Herzen liebte ich sie. Aber meine Gefühle ihr gegenüber waren zwiespältig – ich liebte sie und gleichzeitig lehnte ich sie ab, weil sie so ungerecht zu mir war.

Im Übrigen war Stiefmutter schon gut zu uns. Sie war eine sehr gute Köchin. Auch mit Kleidung und im Haushalt versorgte sie uns einwandfrei. Auf diesem Gebiet war unsere Mutti nicht so perfekt gewesen; das lag wohl daran, dass sie arbeiten musste und nicht gesund war.

Nur was die Liebe anging, war Stiefmutter kühler, zumindest was mich betraf. Sie versorgte mich zwar, aber mir fehlten Verständnis und Zuwendung. Ich wollte ihr unbedingt gefallen und versuchte, meinen Bruder irgendwie auszustechen. Doch das gelang mir nie.

Ja, es gab Momente, da hatte ich Hoffnung: „Oh, sie beachtet mich!" Dann beschloss ich, ihr möglichst immer zu gehorchen, „dann hat sie mich lieb." Doch kaum war das Geringste vorgefallen, ging wieder die gleiche Leier los! Ich fühlte mich ungerecht behandelt. Mein Herz weinte: „Ich will doch auch geliebt werden! Sieht sie das denn nicht?"

Ich gab nicht auf. Ich strengte mich an, wo ich nur konnte, um von ihr gelobt und anerkannt zu werden. Auch als ich schon lange erwachsen war, bemühte ich mich noch – aber vergeblich!

Ein Auge weinte immer, auch wenn ich lachte.

Waren die Schulaufgaben erledigt, durften wir bis zum Abendessen draußen spielen. Abendessen gab es um sechs, und wir mussten pünktlich sein; sonst konnte es vorkommen, dass Vater uns hungrig zu Bett schickte! Aber meistens waren wir rechtzeitig zu Hause, und wir freuten uns auf diese Mahlzeit.

Ein ganzer Brotkorb war gefüllt mit Doppeldeckerbroten, belegt mit verschiedenen Wurst- und Käsesorten. Jeder konnte nehmen, was er wollte. Mutter kannte die Lieblingssorten von jedem von uns – meine war Teewurst –, und achtete darauf, immer genügend davon vorzubereiten. Das fand ich toll von ihr.

Wenn wir doch einmal zu spät kamen, zeigte sich ihr weiches Herz. Sie brachte dann Brote aufs Zimmer, und wir nahmen sie lächelnd und dankbar an.

Nach dem Essen durften wir immer noch eine Stunde hinaus auf den Hof. Wenn wir uns dann fürs Bett fertigmachten, durften wir nur zu zweit ins Bad. Wir wuschen uns und zogen unsere Schlafanzüge an – und dann wurde wie in alten Zeiten kontrolliert: Der Schulranzen musste sauber und ordentlich eingeräumt sein und die Kleider für den nächsten Tag mussten ordentlich auf der Anrichte liegen. Das war Vaters Beitrag zur täglichen Erziehung. Lagen sie schlampig da, fegte er alles auf den Boden. Gelegentlich wurde auch der Schulranzen ausgeschüttet.

Wenn er wieder draußen war, atmeten wir alle erleichtert auf und unterhielten uns leise weiter. War etwas nicht in Ordnung, kontrollierte er es nach einer Weile nochmals. Überstanden! Jeder war froh, wenn die täglichen Kontrollen vorbei waren, ohne dass Vater ärgerlich oder sogar handgreiflich geworden war.

Vater schaute auch auf unsere Hände und Fingernägel, ob sie sauber waren. Wenn nicht, mussten wir sie nochmals waschen. Aber das war nicht so schlimm.

Mit einem Gute-Nacht-Kuss ging unser Tag dann zu Ende. Es war so gut, wieder bei meinem Vater und bei meinen Geschwistern zu sein! Jetzt brauchte ich mich nicht mehr mit dem Kopf in den Schlaf zu schaukeln. Auch wenn wir tagsüber immer wieder Streit hatten: Mit meinen Geschwistern in einem Zimmer zu schlafen gab mir ein Gefühl der Geborgenheit.

Eines Tages kam Stiefmutter auf die Idee, jeden Abend mit uns zu turnen. Das würde uns guttun, meinte sie, schließlich hatten wir alle Rückenprobleme. So versammelten wir uns in unseren manchmal zu kurz gewordenen und verwaschenen Schlafanzügen in der Diele. Die Kleider der Größeren wurden ja immer an den Nächstkleineren weitervererbt, es sah schon spaßig aus. Mit großer Begeisterung holten wir die Polster der Campingstühle als Unterlage. Dabei wurde viel gelacht, es herrschte eine ausgelassene Stimmung.

Freitags war Badetag. Das Warmwasser war knapp, und so vereinbarten wir mit Christines Familie, dass wir freitags baden würden und sie am Samstag. Um Wasser zu sparen, mussten zwei Wannenfüllungen reichen. Anschließend mussten wir in unseren frisch gewaschenen Schlafanzügen vor Vater erscheinen, der uns der Reihe nach die Nägel schnitt. Jede Woche.

Damals hatten wir auch noch am Samstag Unterricht, sonntags mussten wir zur Kirche gehen. Ausschlafen am Wochenende, das gab es kaum. Am Samstag mussten wir nach der Schule beim Hausputz helfen, jeder hatte seine Aufgaben.

Es gab noch keine Müllabfuhr, also brachten wir am Samstag den Müll der ganzen Woche auf den Müllplatz außerhalb des Ortes: Alles wurde auf einen Leiterwagen gepackt und dann marschierten wir vier los. Um diese Aktion interessanter zu gestalten, verabredeten wir uns mit anderen Kindern, die auch Abfall wegbrachten. Gemeinsam machte es direkt Spaß. Heute ist es eine

Selbstverständlichkeit, dass der Müll jede Woche vor dem Haus abgeholt wird – ich habe es noch anders kennengelernt.

Meine Aufgabe war außerdem Bad putzen, Staub wischen und die Teppichfransen kämmen. Ein anderer räumte auf, fegte den Hof und machte im Wechsel mit den anderen Bewohnern die Kehrwoche. Wieder ein anderer putzte die Toilette und schnitt Zeitungspapier in kleine Stücke; das diente dann als Klopapier. Sparmaßnahme. Vater putzte für alle die Schuhe; unter der Woche mussten wir das selbst tun. Saubere Schuhe – darauf achtete Vater ganz besonders. Wenn sie schmutzig waren oder auch nur nicht ordentlich in der Reihe standen, flogen sie über den Hof in den angrenzenden Acker.

Für unsere Betten und das Kinderzimmer waren wir selber verantwortlich. Mit der Zeit klappte alles ganz gut. „Erst die Arbeit, dann das Spiel!“ Darum waren wir auch meistens konzentriert dabei, damit auch noch genügend Freizeit verblieb.

Fernsehen durften wir nur nach Absprache. Das zu kontrollieren war damals noch einfacher: Tagsüber wurde nicht gesendet, es gab nur eine Art Bildschirmschoner und Musik dazu. Erst am Spätnachmittag begann das Jugendprogramm und nach dem Abendprogramm kamen die Sendungen für Erwachsene.

Am Wochenende ging es schon früher los. Wir liebten es fernzusehen und setzten all unsere Überredungskünste ein, um mehr Fernsehzeit bewilligt zu bekommen – gelegentlich mit Erfolg. Waren die Eltern nicht zu Hause, war es natürlich klar, was wir taten!

Aber nicht nur samstags, auch an den anderen Tagen mussten wir selbstverständlich bei der Hausarbeit mithelfen. Nicht begeistert, wir machten lange Gesichter, aber wir hielten den Mund. Meckern zog nämlich weitere Aufgaben nach sich. Lieber beeilten wir uns, um dann doch noch zu den Freunden zu kommen! Es waren leichte Tätigkeiten: Mülleimer leeren, Hilfe beim Wäscheaufhängen und an der Wäschemangel, Getränke oder Kartoffeln aus dem Keller holen. Unkraut jäten war Strafarbeit, das gab es schon auch mal. Aber im Großen und Ganzen war der Garten Mutters Bereich.

Wehe, wenn sich Stiefmutter beim Vater über einen von uns beschweren musste. Dann gab es wirklich Ärger! Vor ihm kuschten wir alle und wir waren immer darauf bedacht, ihn bei Laune zu halten.

Einmal in der Woche war Großeinkauf. Alle durften mit: Schnell alle ins Auto und los ging's. Wir kauften nur in den „Billigläden" ein und vor allem Großpackungen. Einkaufen war schon eine tolle Sache, man kam in die Stadt und oft gab es etwas Süßes. Schokolade zum Beispiel. Schokolade war etwas Besonderes. Es gab eine Tafel für alle.

Normalerweise brauchten wir zehn Laib Brot in der Woche. Am Ende war der Kofferraum gestrichen voll und zu Hause packten wir alle mit an, um alles unter Dach und Fach zu bringen.

Beim Fleisch machten wir es anders: Wir kauften gleich ein halbes Schwein, das zu Hause zerlegt, verpackt und eingefroren wurde.

Die Milch holten wir beim Bauern, jeden Tag drei Liter. Von dort bezogen wir auch die Kartoffeln. Und Bruch-Eier, also Eier, deren Schale leicht beschädigt war.

Wir lebten in einer Obstbaugegend, und wenn die Ernte vorüber war, durften wir kostenlos Nachlese halten. Davon wurde kistenweise Saft gemacht, Kompott in Gläser eingekocht, Kuchen gebacken und Marmelade zubereitet.

Beim Mittagessen gab es immer zuerst Suppe, um uns auch wirklich satt zu bekommen. Es gab viel „Süß", besonders mochte ich Pfannkuchen und Waffeln, oder „Fleischlos". Braten gab es nur am Sonntag, für jeden eine Scheibe. Was übrig blieb, aßen wir am Montag.

Den Tee, den wir täglich tranken, sammelten wir auf den Wiesen; beim Spaziergang durfte der Beutel nicht fehlen. Mit der Zeit wussten wir genau, welche Blumen und Kräuter für Tee geeignet waren.

Im Herbst zogen wir mit dem Leiterwagen los, um das Fallobst zu sammeln, das wir umsonst auflesen durften; eigene Bäume besaßen wir nicht. Stolz brachten wir unsere Beute nach Hause. Alle mussten mit anpacken, es gab keine Ausnahmen. Ausgerüstet mit Messern und Schüsseln saßen wir dann auf unseren Barhockern und schälten Äpfel. Viele Hände – schnelles Ende, und wir kamen sichtbar voran. Jeder versuchte, die längste Apfelschale hinzubekommen, dabei ging es lustig zu. Jede Menge Apfelmus oder Apfelschnitze für Kuchen wurden in die Gläser gefüllt.

Im Wald sammelten wir Pilze, Himbeeren und Blaubeeren, und auch hier halfen wir bei der Verarbeitung. Es gab viel zu tun, bis die etwa hundert Flaschen und

Gläser wieder gefüllt waren. Oft gingen wir die Kellertreppe hinunter und wieder hinauf. Wir hatten einen richtigen Lagerraum, und der Vorrat reichte bis zur neuen Ernte. Aus wenig machten wir viel. Es ging uns gut und wir waren zufrieden.

Der Sonntag war Ruhetag und Familientag, wir feierten ihn jede Woche. Wir waren adrett gekleidet und Vater fuhr mit uns zur Kirche. „Warum kommt Mutter nicht mit? Glaubt sie denn nicht an Gott?" Sie hatte immer die gleiche Ausrede: Sie müsse doch kochen. Oder ging es ihr wie mir? Für mich war Gottesdienst das Langweiligste überhaupt, ich verstand rein gar nichts. Manchmal, warum auch immer, ging Vater nicht mit; von uns verlangte er es aber immer – dann mussten wir die vier Kilometer mit dem Fahrrad fahren. Bergab war es ja ganz nett, aber auf dem Heimweg mussten wir die Räder den Berg hinauf schieben.

Wenn wir dann hungrig zurückkamen, war Mutter tatsächlich mit Kochen beschäftigt. Um uns die Wartezeit zu verkürzen, machte Vater mit uns Brettspiele. Seine Spezialitäten waren Mühle, Dame, Schach und Halma oder auch Mensch ärgere dich nicht. Endlich hieß es: „Das Essen ist fertig." Schnell packten wir alles zusammen und deckten gemeinsam den Tisch.

Es war schön, wenn wir alle so beisammen saßen. Beim Essen wurde immer viel erzählt und gelacht. Anschließend hatten wir alle vier Küchendienst. Das war lustig: Einer spülte, der zweite trocknete ab, der dritte fing es auf und der vierte räumte das Geschirr in die Schränke ein. Hin und wieder, ups, fiel auch mal etwas runter. Wenn Mutter es gehört hatte, gab es eine Ermahnung, nichts weiter. Schließlich war Sonntag.

Bei schlechtem Wetter machten wir dann Gemeinschafts- und Kartenspiele: Rommee, Elfer raus, Monopoly, Memory, Halma, Dame. Oder wir saßen länger vor dem Fernseher als sonst. Schönes Wetter wurde genutzt für gemeinsame Ausflüge oder Spaziergänge.

Unsere neue Mutter hatte einen leiblichen Sohn, er war um die dreißig und wir kannten ihn noch nicht. Eines schönen Sonntags stand er plötzlich da. Mit großen Augen schaute ich ihn an und schwärmte gleich für ihn. Obwohl er mich nicht beachtete, war er sofort mein Märchenprinz: „Wenn ich groß bin, heirate ich ihn."

Nicht nur ich, auch meine Brüder waren von ihrem Stiefbruder angetan, und das sind sie bis heute. So hatten wir also einen „großen Bruder", darauf waren wir mächtig stolz.

Ich kann mich erinnern, dass er verärgert war. Er konnte nicht verstehen, wie seine Mutter zu einer Familie mit vier Kindern ziehen konnte. Wie konnte sie sich nur so viel Arbeit und eine so große Verantwortung aufhalsen! Deshalb hatte er es für besser gehalten, ihr fernzubleiben. Doch nun wollte mein Stiefbruder doch wissen, wie sie inzwischen lebte und wie es ihr erging. Was er sah, erschreckte ihn: so ein kleines Dorf, so viele Kinder, so viel Arbeit!

Es war schon eine unbeschreibliche Leistung, was sie damals für uns tat. Kinderlieb war sie schon immer gewesen. Unsere und ihre Geschichte stand sogar mal in der Zeitung.

Als mein Stiefbruder die großen Töpfe sah und die Mengen an Essen, konnte er es nicht fassen. Wer sollte das alles essen? Diese „Großküche" war für ihn eine Sensation. Aber am Ende waren die Töpfe und Schüsseln leer. Kein Wunder, Mutter war eine vorzügliche Köchin, und das wussten wir sehr zu schätzen. Jeden Tag ein gutes Essen auf dem Tisch zu haben, das war nicht immer selbstverständlich gewesen. Aber jetzt war das Leben wieder in Ordnung.

Erholung auf Rezept

Dachten wir jedenfalls. Dann fiel es jemandem ein, uns Kinder zur Kur zu schicken. Damit wir den Schmerz und den Verlust unserer Mutti besser verarbeiten, ihn hinter uns lassen konnten. Schon wieder etwas Neues! Das machte mir Angst. Vier Wochen lang sollten wir weg.

Das Auge im Herzen sollte nicht aufhören zu tränen.

Es war eine Kur für Kinder mit traumatischen Erlebnissen, um sie auf andere Gedanken zu bringen. Aber das hilft nicht wirklich, denn der Alltag holt einen doch wieder ein.

Unsere Mutti wird dadurch ja nicht wieder lebendig und sie ist durch nichts zu ersetzen. Der Verlust bleibt.

So eine Kur reicht eigentlich nicht aus. Besser wäre es gewesen, wir hätten zu Hause über unsere Trauer gesprochen.

Bruno und Uwe kamen gemeinsam fort.

Andreas und ich kamen jeder woanders hin.

Wieder wurden wir auseinandergerissen!

Warum eigentlich? Vielleicht geht es ja nach dem Alter? Oder weil ich ein Mädchen bin?

Dem Prospekt nach zu urteilen, war es dort zwar wunderschön, aber ich konnte mich nicht darauf freuen. Ich wollte nicht und ich hatte Angst!

Und dann war es so weit. Mit einem Koffer für vier Wochen wurde ich weggebracht, „zur Kur" auf einen Bauernhof. Mehrere Erzieherinnen und Psychologen betreuten uns. Und es war toll. Wirklich!

Der Hof war in den Schweizer Alpen, für mich etwas wirklich Besonderes. Wir waren vierzig Kinder. Es gab zwei Zimmer, eins für die Mädchen und eins für die Buben, jedes mit zehn Stockbetten. Ich suchte mir eins der oberen Betten aus, da ich zu Hause immer im unteren Bett schlafen musste. Es gefiel mir, oben zu liegen. Für unsere Betten und die Schlafstube waren wir selber verantwortlich. Wir mussten alles sauber halten.

Gegessen wurde gemeinsam in dem großen Speisesaal. Wir wurden in Gruppen eingeteilt und machten abwechselnd Küchendienst – Tisch decken und hinterher abräumen.

Einmal saßen wir beim Essen und plötzlich rannten alle hinaus. Ich wollte gerade auch aufstehen und losrennen, aber die Betreuerin sagte: „Und du bleibst sitzen." Hatte ich etwas angestellt? Mir fiel nichts ein, aber ich befürchtete das Schlimmste. Es war schon komisch: Alle sprangen auf und rannten aus dem Saal und ich musste sitzen bleiben. Doch das hatte einen Grund – auf meiner linken Schulter saß eine riesige Hornisse, sie war bestimmt zehn Zentimeter lang!

Nachdem die Hornisse tot war, durften alle wieder hereinkommen. Mit großen Augen standen wir um das tote Tier herum und bestaunten es. So eine große Hornisse habe bis heute nicht mehr gesehen! Mit einer spannenden Geschichte wurde uns dann das Tier erklärt, das ist mir bis heute in Erinnerung geblieben. Als das Objekt entsorgt war und alle sich wieder beruhigt hatten, kam der Nachtisch.

Es gefiel mir sehr gut in der Kur. Schnell fand ich Anschluss und täglich gab es ein schönes Programm. Schon allein die vielen Tiere auf dem Hof waren ein Erlebnis für sich: Pferde, Hunde, Kühe, Katzen, Schweine und Hasen. Bei der Fütterung durften wir mithelfen. Wer das Reiten versuchen wollte, konnte es unter Aufsicht ausprobieren. Ich stieg auch einmal auf so ein großes Pferd. Für einen Augenblick war es ein tolles Gefühl, aber plötzlich wurde das Pferd unruhig und es warf mich ab. Zum Glück passierte mir nichts, aber ich beschloss, mich doch lieber an die kleineren Tiere zu halten.

Wir unternahmen Wanderungen, bastelten oder spielten einfach miteinander. Alles war gut und schön, trotzdem bekam ich schlimmes Heimweh. Das kam aber nicht von ungefähr, es hatte schon seinen Grund.

Jeden Dienstag schrieben wir an unsere Angehörigen. Vater hatte mir Postkarten mitgegeben, auf die er schon die Adressen geschrieben hatte, und eine Briefmarke hatte er auch aufgeklebt. Wie alle Kinder wartete auch ich auf die Post. Gespannt und aufgeregt horchten wir, welcher Name aufgerufen wurde. Ich schaute mich um, wer wie viele Karten oder Briefe bekam; manche bekamen sogar ein Päckchen. Diejenigen, die Post bekommen hatten, freuten sich. Alle waren gespannt, was da wohl so alles in den Päckchen war. Die Post brachte viel Freude mit sich!

Aber mir standen die Tränen in den Augen und ich verzog mich in eine Ecke, um zu weinen. Jeden Tag. Ich bekam einfach keine Post von zu Hause. Doch eines Tages wurde tatsächlich auch mein Name aufgerufen! Voller Freude holte ich meine Post. Aber was war das? Das war ja meine eigene Karte, die ich selber weggeschickt hatte! Ich verstand es nicht und lief zu einer der Betreuerinnen.

„Warum bekomme ich meine Post wieder zurück?“ Das Problem war schnell erkannt: Die Briefmarken, die mein Vater aufgeklebt hatte, galten in der Schweiz nicht. Mir war zum Heulen zumute, aber ich wollte mir nichts anmerken lassen.

Von meinem restlichen Taschengeld kaufte ich neue Briefmarken und schrieb einen Brief. Ich schrieb, ich hätte mein Taschengeld für neue Briefmarken ausgegeben, und bat meine Eltern, mir nochmals etwas Geld zu schicken. Nun wartete, wartete und wartete ich auf Post von daheim. Aber jeden Tag ging ich leer aus – ich war die Einzige, die noch keine Post bekommen hatte! Traurig und mit gesenktem Kopf verließ ich die Reihe, weil wieder einmal nichts für mich dabei gewesen war.

Wieder und wieder schrieb ich einen Brief und immer wieder keine Antwort. Die Betreuerin machte sich schon Sorgen um mich. Durch das Heimweh verschlechterte sich mein Zustand und ich hatte keinen Hunger mehr.

Je mehr ich darüber nachdachte, umso mehr musste ich weinen. Es war schrecklich. „***Wozu bin ich denn dann hier?*** Man hat mir doch gesagt, dass man hier den Schmerz verliert!" Noch mehr heulte ich und bekam noch mehr Heimweh. Nicht nach Hause, sondern nach meiner Mutti. Meine Enttäuschung war so groß, dass ich kaum noch zu beruhigen war.

Die Betreuerin schrieb jetzt selber ein paar Zeilen nach Hause:

„Sehr geehrte Familie Cottmann!

Vielleicht könnten Sie etwas von sich hören lassen. Sind die beiden Briefe von Hedwig angekommen? Sie hat als Einzige in meiner Gruppe noch keine Post bekommen. Vielleicht könnten Sie ihr noch etwas Geld in Schweizer Währung schicken. Die deutschen Briefmarken sind hier wertlos.

Mit freundlichem Gruß Schwester Maria"

Dann kam tatsächlich Antwort.

Endlich hatte auch ich Post bekommen! Von da an kam öfter Post für mich, auch von Tante Martha und von meinen Großeltern. Ich war überglücklich. Ich musste nicht mehr vergeblich warten.

Was war geschehen?

Die Gelegenheit war günstig. Vater und die neue Mutter fuhren ohne Kinder für zwei Wochen in Urlaub, um einander besser kennenzulernen und sich ein wenig näherzukommen.

Doch davon wusste ich nichts. Meinen Brüdern hatten sie es geschrieben. Hatten sie mich einfach vergessen? Als gäbe es mich überhaupt nicht? Dieser Gedanke stimmt mich heute noch traurig: „Sie haben mich vergessen. Ich bin unwichtig. Sie haben mich nicht lieb."

Schon der Gedanke war schrecklich – vergessen und unwichtig zu sein. Eigentlich sollte ich in dieser Kur ja aufgeheitert werden. Doch stattdessen kam eine weitere Enttäuschung hinzu: Meinem Vater bin ich so unwichtig. Und die neue Mutter war für mich jetzt keine wirkliche Mutter mehr.

Es schmerzte mich zutiefst. Ich war enttäuscht, fühlte mich verlassen. Vergessen und unwichtig. Das Vertrauen ging weg. Ich hatte keinen wirklichen Halt mehr. Später erfuhr ich, dass meine Brüder regelmäßig Post von zu Hause bekommen hatten. *Und warum ich nicht?* Sicher gab es Entschuldigungen, aber das waren nur Ausreden, die glaubte ich nicht.

Soll man da nicht traurig sein? Sie haben es nie zugegeben, dass sie mich vergaßen! In meinen Gedanken ging es hin und her. *Hat sie mich überhaupt lieb?*

Von da an stellte ich ihre Zuneigung immer in Frage, und keine Teewurst konnte noch irgendetwas daran ändern. *Bin ich Vater wirklich gleichgültig, oder bin ich ihm sogar lästig geworden?* Ich sehnte mich verzweifelt nach Liebe und Zuneigung. Einfühlsamen Trost hätte ich gebraucht. Ich war damals schon eine sehr verletzte Seele. Nur Liebe hätte heilen können.

Die neue Mutter verstand mich nicht, sie nahm mich nicht ernst, sie behandelte mich ungerecht – und ich fühlte mich ungeliebt.

Das war das Problem: Fehlendes Verständnis und Ungerechtigkeit. Daraus entstanden Ablehnung und noch mehr Traurigkeit.

Die fremde Frau

Die Kur war zu Ende und ich war wieder zu Hause. Die Schule hatte wieder begonnen. Da ich nun die Hauptschule besuchte, blieb mir ein weiterer Schulwechsel erspart, es änderte sich nur die Zusammensetzung der Klasse. Aber die nächste Schwierigkeit ließ nicht lange auf sich warten: Noch eine Person sollte bei uns einziehen, die Mutter von Stiefmutter.

Mit viel Aufwand wurde einiges in der Wohnung verändert. Wir brauchten ja ein Zimmer für sie, es war aber nur noch ein Kellerraum frei, direkt unter dem Elternschlafzimmer. So wurde beschlossen, dass die Buben in den Keller ziehen sollten. Sie waren begeistert, und alle freuten sich. Alle außer mir. Ich war traurig, von ihnen getrennt zu werden. „Mist!", dachte ich mir, „nur weil ich ein Mädchen bin, darf ich jetzt nicht mehr mit meinen Brüdern in einem Zimmer wohnen."

Der Kellerraum wurde renoviert und meine Brüder durften ihn selbst gestalten. Dann wurde noch ein Haustelefon installiert. Sie waren richtig stolz auf ihr neues Zimmer außerhalb der Wohnung. Die Schränke wurden hin und her gerückt, bis sie als Raumteiler mitten im Raum standen. So hatte jeder seine eigene Ecke. Sie fühlten sich sichtlich wohl in ihrem Reich.

Das Kinderzimmer war aufgelöst und wurde nun neu tapeziert, dann wurden die Möbel dieser Frau hineingestellt. Eigentlich waren sie für das Zimmer viel zu groß, aber irgendwie ging es doch. Für sie war nun alles recht gemütlich eingeräumt. Zum Schluss kam noch mein Bett dazu, und damit war das Zimmer voll: „Hier schläfst du in Zukunft. Du wirst dich schon vertragen mit ihr." Kein Platz für einen Schrank oder für irgendetwas von meinen Sachen. Als gäbe es mich gar nicht. In mir machte sich die Wut breit, in mir kochte es geradezu. Das hatte mir gerade noch gefehlt! ***Wo sollen alle meine Spielsachen, Kleider, Schulsachen hin?*** „In den Flur", hieß es kurz angebunden.

Für mich entwickelte sich die neue Mutter zu einer Bedrohung. Ihr eigenmächtiges Handeln gefiel mir gar nicht und ich war sauer, weil sie nie wirklich auf mich einging. Irgendwie schenkte sie mir keine Aufmerksamkeit.

Auch Vater interessierte sich nicht mehr wirklich für mich. In meinem Herzen hatte ich keine Familie und kein Zuhause mehr.

Gespannt warteten wir, wer da kommen würde. Als sie ankam, rannten alle auf den Hof, nur ich hatte keine Lust auf sie und hielt mich zurück. Mir war egal, wer und wie sie war.

Ich wünschte nur, sie würde wieder dahin zurückgehen, wo sie hergekommen war. Meine Geschwister hatten diese Gedanken nicht. Sie hatten ja ihr eigenes Zimmer und sie waren zusammen. Aber ich sollte mit dieser Frau, die ich nicht kannte, ein Zimmer teilen. Ich war sehr skeptisch. Oh nein! Das konnte ja heiter werden! ***Mit einer alten Frau in einem Zimmer?*** Das konnte ich mir nicht vorstellen.

Alle begrüßten sie und alles drehte sich nur um sie. Ich schaute mir die alte Frau erst einmal genau an. Also, das war sie nun, die Frau, mit der ich in Zukunft das Zimmer teilen sollte. ***Was kommt da auf mich zu?***

Ihre Gestalt war klein und recht füllig. Ihre Haare waren ordentlich und kunstvoll aufgesteckt. Eine herzliche alte Dame, die gerne das Regiment führte. Oma hatte „grauen" und „grünen" Star und war dadurch fast blind. Sie konnte nur noch Licht und Schatten und die Umrisse eines Gegenstandes erkennen. Durch ihren Alters-Diabetes hatte sich die Erblindung beschleunigt. Sie konnte ihren Haushalt nicht mehr allein versorgen und darum kam sie zu uns.

Die neue Mutter hatte eben das Sagen. Mein Vater war begeistert von Stiefmutter, wie sie alles meisterte, er himmelte sie regelrecht an. Meine Geschwister interessierten sich nur für ihr Zimmer und waren ebenfalls begeistert von ihr. Aber ich sah das anders. ***Fragt mich denn keiner?*** Nein, mich fragte keiner, und mich ungefragt äußern, das ging auch nicht. Wenn alle begeistert waren und ich nicht, hätte ich damit nur einen großen Streit vom Zaun gebrochen. Also sagte ich lieber nichts und versuchte, mit der alten Frau irgendwie auszukommen.

Was ist das wirklich für eine Frau? Ist sie so nett, wie sie sich gibt? Komme ich mit ihr aus? So viele Fragen. Und ich blieb mit ihnen allein. Es war wirklich keiner da, mit dem ich vertrauensvoll darüber reden konnte.

Es wurde Abend. Unsere Betten standen einander schräg gegenüber, jeweils am Fenster. Die alte Frau versuchte freundlich zu sein, sie bemühte sich um mich. Am Abend wurde am Fußende ihres Bettes Zeitungspapier ausgelegt und ein Eimer mit etwas Wasser aufgestellt, damit sie dort ihren Bedürfnissen nachkommen konnte. Der Weg zur Toilette wäre zu weit gewesen.

Still saß ich im Bett und beobachtete sie, wie sie sich auszog und ihre Haare für die Nacht richtete. Ich beobachtete sie ganz genau, und irgendwann schlief ich ein.

Der nächste Tag war leichter und nach geraumer Zeit verstanden wir uns sogar recht gut. Gelegentlich half ich ihr beim Anziehen. Besonders wenn sie sich ihren Hüftpanzer anzog, das löste immer wieder Gelächter bei uns aus. Ihre Fettleibigkeit erschwerte uns das Hochziehen. Mit einem großen Ruck und starkem Ziehen gelang es uns schließlich, den Panzer an den richtigen Platz zu bekommen. Vornüber gebeugt schwang sie dann noch ihre Brüste in den dazugehörigen Büstenhalter hinein. Mit der Zeit wurde das zur Routine.

Jeden Abend saß sie auf dem Bettrand und flocht ihre Haare in erstaunlicher Geschwindigkeit und mit großer Fingerfertigkeit zu hauchdünnen Zöpfen. Sie genoss es, wenn ich ihr die Haare bürstete; dabei erzählte sie mir Geschichten aus ihrem Leben. Gespannt hörte ich zu. Mittlerweile mochte ich sie sogar so gerne, dass ich sie Omi nannte. Aber traurig war ich trotzdem! Gerade am Abend, wenn ich im Bett lag, vermisste ich meine Brüder wirklich.

Bei Nacht ließ sie immer ihre Nachttischlampe brennen; deshalb konnte ich nur schwer einschlafen und ich wurde bei jedem kleinen Geräusch wach. Nachts musste sie mehrmals aufstehen – leise tapste sie dann ans Fußende zu ihrem Eimer, hob ihr Nachthemd an und versuchte, in den Eimer zu treffen. Doch jeden Morgen stellte sich heraus, dass sie wieder ein wenig danebengetroffen hatte, und ich musste es wegwischen. Eigentlich machte mir das nichts aus. Auch wenn sie nachts immer raus musste, ich schlief ja immer sofort wieder ein.

Aber mein Unterbewusstsein sah das wohl anders, jedenfalls schlief ich nur noch im Sitzen. Unbewusst machte ich mir in der Nacht das Bett so zurecht, dass ich meine Zudecke und das Kopfkissen in die Ecke stopfte, mich hineinsetzte und die beiden Ecken der Decke um mich wickelte. So fiel mir das Licht nicht mehr in die Augen. In dieser Sitzstellung schlief ich nun jede Nacht.

Nach mehreren Wochen entdeckte Mutter meine ungewöhnliche Schlafstellung. Als sie mich so sitzen sah, erschrak sie wirklich. Nun musste Omi nachts das Licht löschen. Aber ich schlief weiterhin im Sitzen, also beschloss Mutter, dass ich woanders schlafen sollte.

So musste ich wieder einmal das Zimmer räumen. Ich kam mir wie ein Möbelstück vor, das ständig herumgeschoben wurde, wie es den anderen gerade passte. Keiner fragte mich, was *ich* mir wünschte und was *ich* brauchte. Dafür wurde mir auch das Letzte noch genommen – nun hatte ich nicht einmal mehr ein eigenes Bett.

Die Omi hatte jetzt ihr Zimmer für sich allein. Ich schlief zunächst im Bett der Eltern, und wenn sie schlafen gingen, wurde das Ess-Fernsehzimmer kurz gelüftet, damit der Zigarettenrauch draußen war, dann legten sie Bettlaken und Bettzeug auf das Sofa. Hier verbrachte ich dann die zweite Hälfte der Nacht.

Aber zuerst wurde ich aus dem Tiefschlaf geweckt und nochmal schnell zur Toilette geschickt, ob ich musste oder nicht. So wollte es Stiefmutter haben. Dann legte ich mich auf das kalte Sofa; mit der Zeit gewöhnte ich mich daran. Aber wenn ich an meine Brüder dachte, fühlte ich mich wie Aschenputtel.

Ich hatte nur noch den zweitürigen Schrank im Flur. Den hegte und pflegte ich, ich hielt ihn sauber, hütete ihn wie einen Schatz. Keiner durfte an diesen Schrank gehen! Er enthielt meine Kleider und alle meine persönlichen Sachen, die keinen etwas angingen.

Ich war neidisch auf meine Geschwister, ganz besonders dann, wenn ich bei ihnen in ihrem Zimmer gewesen war. Da gab es zwar auch nur eine Ecke für jeden, aber sie hatten doch ihr eigenes Reich – und sie konnten jeden Abend miteinander reden. Sie waren nicht allein und bei ihnen war immer etwas los.

Ich fühlte mich ausgeschlossen und einsam. Ich glaubte, dass keiner mich verstand.

Eine eigene Ecke. Mehr wollte ich eigentlich gar nicht! Mir hätte es genügt, so eine eigene Ecke zu haben, wo ich meine persönlichen Sachen hinstellen und die ich frei gestalten konnte.

Wieso wurde für mich keine andere Lösung gesucht? Es hätte schon andere Möglichkeiten gegeben: ein Vorhang um mein Bett, dann hätte das Licht nicht mehr gestört und ich hätte eine Rückzugsmöglichkeit gehabt. Oder da war ja noch das Zimmer von Martina. Aber nein, das blieb unser Ess- und Fernsehzimmer.

Warum eigentlich? Es wäre nicht notwendig gewesen. Den neuen Esstisch hatte Stiefmutter mitgebracht. ***Wozu jetzt auf einmal zwei Esszimmer?*** Der alte Esstisch stand immer noch in der Diele, die war immer unser Esszimmer gewesen. Als meine Mutti noch lebte, wurden alle Räume genutzt. Sommers aßen wir auch gern auf dem großen Balkon.

Eigentlich war genug Platz für alle. Das Wohnzimmer war so groß wie zwei Zimmer, aber die Polster wurden geschont. Welche Raumverschwendung! Sie waren doch da, um sie zu benützen. ***Warum so viel Raum verschwenden? Für nichts?*** Ich war so sauer.

Sehnsucht – Sucht sucht!

Ich wollte gleich behandelt werden wie die anderen. Ich wurde aber nicht gleich behandelt.

Diese Gedanken und Gefühle plagten mich, aber es war keiner da, der dies verstehen konnte. Keiner hat es auch nur versucht. Unter dieser Ungerechtigkeit und Gleichgültigkeit litt ich sehr, traute mich aber nie, etwas zu sagen.

Vielleicht deshalb hatte ich immer Lust auf Süßes. Schokolade war etwas Seltenes, deswegen versuchte ich bei jeder Gelegenheit, mir etwas davon zu beschaffen.

Meine Suche nach „was Süßem" war schon eine richtige Sucht. – „Sucht sucht!"

Seit Omi bei uns wohnte, war ich nicht mehr auf die Besuche der schokoladeschenkenden Großeltern angewiesen. Jetzt gab es eine süße Quelle direkt im Haus: Omi hatte immer einen kleinen Vorrat an Zartbitterschokolade im Schrank, und die mochte ich am liebsten. Ich dachte nicht wirklich darüber nach, sie zu bitten, ob sie mir etwas von ihrer Schokolade abgeben würde. Zu groß waren meine Sehnsucht nach Liebe und die Angst vor einem Nein.

Wenn ich sicher war, dass sie sich nicht in ihrem Zimmer aufhielt, ging ich heimlich hinein. Falls sie doch drin war, hatte ich mir eine Ausrede zurechtgelegt – oder ich gab vor, sie besuchen zu wollen. Zum Glück niemand drin, dachte ich, und steuerte zielstrebig den Schrank an. Gut, dass ich wusste, wo ich zu suchen hatte.

Anfangs nahm ich nur ein wenig von der angebrochenen Schokolade in der Hoffnung, nicht erwischt zu werden. Ein Stückchen reichte schon. War keine angebrochene Tafel da, hatte ich Pech gehabt. Schade! Ich konnte doch nicht einfach eine Tafel aufreißen – das hätte Omi sicher bemerkt. Also nahm ich mir in solchen Fällen gleich eine ganze Tafel, und die reichte dann auch eine Zeit lang. Ein schlechtes Gewissen hatte ich dabei schon; eigentlich wollte ich es ihr nicht antun, aber die Lust auf Schokolade war stärker.

Das ging lange gut, bis ich dann doch erwischt und überführt wurde. In meiner kindlichen Dummheit bedachte ich nicht, dass Omi ein gutes Gedächtnis und dazu einen funktionierenden Tastsinn hatte. Sie kannte ihren Vorrat ganz genau und bemerkte jedes fehlende Rippchen. Bei den einzelnen Rippchen hatte sie noch nichts gesagt, aber dann nahm die Anzahl der Tafeln doch zu schnell ab.

Man sollte blinde Menschen nicht unterschätzen!

„Oh Sch…!" Auf frischer Tat ertappt. Verlegen stand ich da. Mein Kopf wurde rot und ich konnte meinen Herzschlag geradezu hören. Mir wurde heiß, als wäre ich in der Sauna. Ich hatte geglaubt, sie könne es ja nicht sehen und würde es sicher nicht bemerken.

Im Kopf kreiste eine Ausrede nach der anderen. Die Angst wurde stärker und stärker. „Hoffentlich sagt sie es nicht dem Vater!" Ich log ihr irgendetwas vor. Zugeben, dass ich ihr etwas weggenommen hatte, den Diebstahl gestehen, das konnte ich nicht; die „Wahrheits"-Lektion bei Tante Martha saß zu tief.

Danach meinte Omi, ich hätte doch fragen können. Am besten hätte ich jetzt Reue gezeigt und mich entschuldigt – aber mir fiel nichts Besseres ein, als pampig zu reagieren: „Wieso, du hättest mir ja sowieso nichts gegeben." Nun war sie erst recht sauer auf mich.

Es war wirklich dumm von mir, dass ich nicht gefragt hatte. Sie hätte mir bestimmt von der Schokolade gegeben! Aber ich traute mich einfach nicht zu fragen, ich hatte Angst, beschimpft und vielleicht sogar bestraft zu werden.

Meine Angst brachte mich dazu, zu stehlen und zu lügen. Ich fühlte mich schrecklich und „wusste genau", dass es verkehrt war. Hätte ich Omi gebeten, hätte sie zumindest die Chance gehabt, Ja oder Nein zu sagen. Aber mit meinen Lügen handelte ich mir nur noch größeren Ärger ein.

Ich schämte mich, denn es tat mir ja wirklich leid, dass ich diese Frau bestohlen hatte, die mir doch gar nichts getan hatte. Vater verdonnerte mich dazu, zur Strafe hundert Mal „Du sollst nicht stehlen" und hundert Mal die Zehn Gebote schreiben.

Omi verzieh mir und ich hörte auf zu klauen. Meine Süßigkeiten-Quelle war nun versiegt. Aber ich brauchte etwas Süßes, und so machte ich mich wieder auf die Suche. Meine Gedanken kreisten um nichts anderes mehr!

Stehlen wollte ich nicht mehr, aber die „Sucht" trieb mich zum Suchen, bis ich etwas Neues fand. Ja, zum Frühstück gab es doch immer Süßes, da waren doch das braune Pulver, mit dem die Milch richtig lecker wurde, und das Glas mit der Nuss-Nougat-Creme …

Darüber machte ich mich nun her. Ich aß mit dem Brotmesser direkt aus dem Glas und hörte erst auf, wenn die Mulde zu auffällig wurde. Dann kam das Pulver dran, das aß ich gleich esslöffelweise.

Natürlich blieb auch das nicht verborgen, die Packungen waren einfach zu schnell leer. Der Verdacht fiel auf mich, aber ich stritt es ab. Nun blieb mir nur noch Zuckerbrot, das erfüllte den Zweck auch: Brot mit Butter und eine schöne Schicht Zucker drauf, und damit war meine Lust auf Süßes vorerst gestillt.

Aber das war natürlich kein Ersatz für den Kontakt zu meinen Geschwistern. Und noch viel weniger für die Liebe meiner Mutti.

Da gab es noch jemanden, dessen Lust auf Süßes Probleme machte! Oma litt an Diabetes und sollte streng nach Diät leben – sie durfte nicht alles essen und vom Rest nicht zu viel. Aber das fiel ihr sehr schwer und sie konnte die Regeln nicht einhalten. Mit ihren Essens-„Sünden" machte sie Mutter das Leben nicht leicht.

Omi musste mehrmals täglich „gespritzt" werden. Mutter bemerkte es immer, wenn etwas nicht stimmte, wenn Omi also wieder einmal zu viel gegessen hatte. Mutter roch es an ihrem Urin. Omi wusste das genau. Aber sie hatte manchmal Heißhunger auf frisches Obst, und die Nachbarin ganz oben brachte ihr heimlich welches. Zum Beispiel so ein Fünfpfundkörbchen Erdbeeren. Das nahm sie dankend entgegen und fügte leise hinzu: „Aber sagen Sie es bitte nicht meiner Tochter." Und dann machte sie sich freudestrahlend über das Körbchen her. Jede Erdbeere ein Hochgenuss! Oma sorgte schon dafür, dass sie nicht verdarben, so ein Körbchen voll konnte sie schon mal am selben Tag verdrücken. Für Diabetiker eigentlich undenkbar! Mit solchen Aktionen gefährdete sie ihre Gesundheit.

Zu Mittag brachten wir Omi das Essen auf einem Tablett ins Zimmer, wie im Hotel. Sie schämte sich, mit uns zu essen, weil ihr immer einiges danebenfiel. Das hätte uns nicht weiter gestört, aber wir respektierten ihren Wunsch. Jeden Tag bekam sie ein Drei-Gänge-Menü: Suppe, Hauptspeise und Dessert.

Eines Tages beschuldigte Stiefmutter uns, wir würden beim Spülen zu viel Geschirr zerdeppern, wir sollten in Zukunft besser aufpassen. Wir wehrten uns, denn wir wussten, dass nichts zu Bruch gegangen war – und wenn doch, hatten wir es nicht verheimlicht. Aber wo waren die ganzen dicken Steingutteller hingekommen? Mutter glaubte uns nicht. Sie konnten sich doch nicht einfach in Luft aufgelöst haben!

Durch Zufall entdeckte ich des Rätsels Lösung. Beim Spielen entdeckte ich im Hinterhof unter Omis Fenster jede Menge Scherben. Die fehlenden Teller! Natürlich wurde Omi jetzt zur Rede gestellt. Sie wollte nicht mehr von den dunklen Steingut-Tellern essen, darauf sei das Essen so schlecht zu erkennen. Sie wollte die weißen Goldrand-Teller haben und darum hatte sie die dunklen

Teller nach dem Essen einfach durch das Fenster entsorgt. Damit hatte sich das Problem nach einiger Zeit von selbst erledigt! Wenn wir das Tablett zum Spülen geholt hatten, war uns nie aufgefallen, dass da einer der Teller fehlte.

Hätten *wir* so etwas zu tun gewagt, dann hätte es aber was gesetzt! Wir hätten es zweifach „auf die Ohren" gekriegt, mit dem Mund und mit der Hand.

Omi hatte viel Zeit, und so wurde sie von Stiefmutter zur Hausaufgabenbetreuung eingeteilt: Jeden Tag mussten entweder Uwe oder ich zum Vorlesen kommen. Das war langweilig! Immer diese komischen Zeitschriften mit all den Prominenten. Die Lektüre interessierte uns kein bisschen und die Erleichterung war groß, wenn wir wieder gehen konnten. Also beschlossen wir, diese Zeitverschwendung auf ein Mindestmaß zu begrenzen.

Ausreden halfen meistens nicht weiter, aber es gab andere Wege: Omi war leicht zu ärgern und wir beschlossen, sie auf die Palme zu bringen. Immer wieder lasen wir etwas absichtlich verkehrt oder stotterten so herum, dass es kaum auszuhalten war. Die Freude war groß, wenn es vorüber war: „Jippi! Geschafft! Für heute bin ich befreit!"

Das Rechnen war nicht so meine Stärke, Uwe fiel es leichter. Deshalb musste nur ich das Einmaleins pauken. Oh, auf diesem Gebiet war Omi richtig fit! Aber dank ihrer Bemühungen lernte ich auch schnell. Jeden Tag nahm sie sich eine Zahl, eine Reihe vor: Vorwärts, rückwärts und durcheinander. Das Ergebnis konnte sich sehen lassen.

Trotzdem gab es Tage, da hatte ich einfach keine Lust. Aber Omi war nicht dazu zu bewegen, ausnahmsweise früher aufzuhören. Also musste ich, wenn auch widerwillig, weiter mitmachen. Irgendwann war meine Geduld aber wirklich zu Ende – dann sagte ich absichtlich immer wieder falsche Ergebnisse, bis sie einsah, dass es jetzt wirklich keinen Sinn mehr hatte. Auch sonst hat Omi uns manchmal ganz schön genervt, dann wollten wir nur unsere Ruhe vor ihr haben.

In der Gegenrichtung hatten wir aber auch bald herausbekommen, wie wir sie ärgern und zur Weißglut bringen konnten. Dabei war unser Ziel immer, hinausgeworfen zu werden: die Abkürzung zur Freiheit! Dank ihrer Sehbehinderung hatten wir leichtes Spiel, man brauchte nur etwas zu „verlegen". Dann begann sie zu suchen, und natürlich waren wir dann keine wirkliche Hilfe.

Wenn Omi merkte, dass wir sie mit Absicht geärgert und das Gesuchte verlegt hatten, wurde sie begreiflicherweise wütend. Dann verfolgte sie uns mit erhobener Hand, gelegentlich auch mit ihrem Spazierstock, und beschimpfte mich, wenn ich der Übeltäter war, lautstark mit „du Frauenzimmer", meinen Bruder nannte sie in solchen Fällen „du Satansbraten".

Zufrieden lachten wir uns eins, wenn wir Omis Zimmer verlassen mussten: Wir hatten unser Ziel erreicht!

Als Uwe dieses Schimpfwort zum ersten Mal hörte, war er empört und erzählte Stiefmutter, was für ein schlimmes Wort Omi zu ihm gesagt hatte – obwohl eigentlich er es war, der Omi ständig auf die Palme brachte. Stiefmutter meinte nur, das sei doch nicht so schlimm. Eigentlich erwartete er ja, dass Stiefmutter ihn in Schutz nehmen würde, stattdessen stellte sie sich auf die Seite ihrer Mutter. Für Uwe war das schlimm, denn dieses Schimpfwort hatte ihn sichtlich getroffen. So sehr, dass er sogar eine Zurechtweisung in Kauf nahm.

Viel lieber führten wir Omi ab und zu spazieren. Sie konnte ja nicht mehr allein aus dem Haus, so gingen wir abwechselnd mit ihr. Omi war uns keine Last, im Gegenteil: Wir gewöhnten uns an sie und machten das Beste daraus. Dass Hausaufgaben machen nicht unsere Lieblingsbeschäftigung war, dafür konnte Omi ja nichts.

(K)eine gute Idee

Einmal hatte ich in einer Klassenarbeit eine so schlechte Note, dass die Lehrerin unbedingt die Unterschrift der Eltern verlangte.

Hilfe! Was sollte ich nur machen? Ich brauchte eine Ausrede oder sonst eine gute Idee! Vielleicht konnte ich die Klassenarbeit einfach ohne Unterschrift zurückgeben. Oder gleich gar nicht mehr nach Hause gehen? Aber dazu fehlte mir der Mut. Ich bekam es mit der Angst zu tun.

„Die machen mir die Hölle heiß. Wenn Vater das sieht, der flippt aus." Zumindest würde er mich anschreien. Vielleicht schlug er mich auch oder er fand eine Strafe. Oder alles zusammen. Mich hatte er ja noch nie geschlagen, aber meine Brüder.

So viele Gedanken und so große Angst, und alles nur wegen einer schlechten Note! Ich beschloss, es einfach nicht zu zeigen, und unterschrieb die Klassenarbeit eben selbst – in der Hoffnung, nicht erwischt zu werden.

Natürlich wurde ich erwischt und die Eltern wurden zum Gespräch mit der Lehrerin gebeten. Und ich musste mit. Wie peinlich für alle! Schon die Vorladung an sich wäre peinlich genug gewesen.

Da lag das Corpus delicti auf dem Tisch. Ich konnte es nicht leugnen, die Unterschrift war sowas von schlecht gemacht. Natürlich hatte ich sie gefälscht. Ich erwartete das Schlimmste, zu Hause gab es aber nur eine deftige Standpauke. Ich atmete auf. Glück gehabt!

Solche Aktionen trugen natürlich nicht dazu bei, meine Probleme zu lösen.

Aus der Schule geplaudert

Meine Schwierigkeiten in der Schule konnte ich häufig mit Humor überspielen. Ich war zwar keine Außenseiterin, aber es entstanden auch keine Freundschaften, ich hatte nie wirklich Zugang zu meinen Mitschülern.

Es gab einige, die sich ab und zu bei mir ausheulten und einen Rat von mir wollten. Ausgerechnet von mir, wo ich ja eigentlich selber Probleme genug hatte. Ich fragte mich, was ich wohl hatte, dass sie alle zu mir kamen. Ich hielt mich meist im Hintergrund und war akzeptiert, aber das genügte mir eigentlich nicht. Ich war neidisch auf andere Kinder, die besser angesehen waren und die mehr Aufmerksamkeit bekamen, ob im Elternhaus oder in der Schule oder sonst wo.

Auf Christine zum Beispiel. Sie war immer eine Rivalin für mich. Sie sah schon toll aus, die Jungs standen Schlange bei ihr und jeder wollte mit ihr zu tun haben. Ich dagegen fand mich langweilig.

Christine war mir immer eine Nasenlänge voraus, gegen sie kam ich nicht an; aber mit der Zeit wurde sie mir doch ein wenig zur Freundin.

Weil ich in Englisch und in Deutsch, besonders im Aufsatz, eine Niete war, beschloss der Lehrer mit Einwilligung der Eltern, dass ich den Englischunterricht verlassen sollte. Das war mir peinlich: Alle hatten Englisch und ich durfte nicht mehr! Meine Noten wurden davon auch nicht besser.

Nach einem Jahr wollte ich unbedingt wieder in den Englischunterricht. Es war für mich nicht einfach, aber ich ging zum Englischlehrer und bat um Wiederaufnahme. Der beriet sich mit Stiefmutter, und mit Rücksicht auf die besonderen familiären Umstände bekam ich vom Schulamt eine Sondergenehmigung. Aber ich musste die Vokabeln des ganzen Jahres nachholen und eine Aufnahmeprüfung ablegen. Die ganzen Sommerferien hindurch paukte ich Vokabeln und plagte mich redlich, und das mit Erfolg: Ich bestand und wurde wieder aufgenommen. Darauf war ich mächtig stolz. Aber im Großen und Ganzen quälte ich mich mehr schlecht als recht durch die Schulzeit.

Das Schlimmste war der Lehrer, der mich vor der ganzen Klasse bloßstellte. Er las meinen schlechten Aufsatz vor und damit noch nicht genug: Er gab ihn auch noch am Elternabend zum Besten! Natürlich wusste jeder, von wem das Machwerk stammte. Ich schämte mich so. Ich kochte vor Wut. So eine Gemeinheit! Ich hasste diesen Lehrer und wünschte ihm nur noch Schlechtes. So tief saß mein Hass auf ihn, dass ich mich freute bei der Nachricht, er habe sich zu Tode gesoffen. Seitdem hatte ich eine strikte Abneigung gegen alle Lehrer. Zu Lehrern aller Art hatte ich kein Vertrauen mehr.

Es ist bedauerlich, dass es Lehrer gibt, die kein Verständnis für schwache Schüler haben. Es ist keine Kunst, begabte und kluge Schüler zu lehren. Aber es ist eine Kunst und verdient vollsten Respekt, wenn Lehrer sich für schwache Schüler einsetzen, um ihnen etwas beizubringen, damit sie einigermaßen gut durch die Schule kommen.

Mit Verständnis kann ein Lehrer bei schwierigen Schülern viel mehr erreichen. Denn einem schwachen Schüler ist seine Schwachheit wohl bewusst, darauf muss man nicht noch herumreiten.

Diese Unterschiede bei Lehrern habe ich auch bei meinen Kindern erlebt: Ungerechtigkeiten, Bloßstellung, aber auch Unterstützung und Ermutigung.

Jeder von uns bekam im Monat fünf Mark Taschengeld. Im Sommer durften meine Brüder bei der Obsternte etwas dazuverdienen. Solange die Saison andauerte, wurde das Taschengeld allerdings gestrichen. Eigentlich unfair – was hat Dazuverdienen denn mit Taschengeld zu tun? Andreas, Bruno und Uwe bekamen vom Bauern für jedes gepflückte Erdbeerschälchen 25 Pfennig. Ich durfte nicht mit zum Pflücken, angeblich war ich noch zu jung. Meine Brüder setzten sich für mich ein und erzählten Mutter, dass auch Kinder mitmachten, die noch jünger waren. Aber es half nichts, ich durfte dennoch nicht; sie blieb dabei, ich sei noch zu jung. Wieder so eine Ungerechtigkeit! Nie traute sie mir etwas zu! Sie behandelte mich wie ein Kleinkind. Aber ich wollte es ihnen beweisen!

Also ging ich heimlich zu einem anderen Bauern zum Beerenpflücken und brachte an diesem Nachmittag zehn Mark heim! Das war damals richtig viel Geld. Voller Stolz zeigte ich es am Abend. Alle freuten sich und ich durfte wieder zu diesem Bauern gehen. Doch am nächsten Tag schickten sie mich von dort wieder heim, ich sei zu teuer. Für mich brach die Welt zusammen. Tränenüberströmt lief ich nach Hause und erzählte alles.

Ich hatte mich schon darauf gefreut, von dem verdienten Geld eine Hose zu kaufen. Nicht nur irgendeine, sondern eine ganz schicke mit weitem Schlag und Stickerei an den Beinen. Aber mir fehlten noch zehn Mark. Damals war gerade ein Onkel zu Besuch, und er schenkte mir den fehlenden Betrag! In dem Moment war ich eines der glücklichsten Kinder der Welt. Nicht nur, dass ich mir diese tolle Hose kaufen konnte – er gab mir das Geld *einfach so*, ohne Gegenleistung! Unfassbar. Mit großen strahlenden Augen sah ich ihn an: ***So viel Geld? Für mich? Dabei habe ich doch gar nicht Geburtstag!***

Ich kaufte die Hose und genoss es, nun endlich auch mal etwas richtig Modernes zu tragen. Von da an durfte ich wie die anderen auch Geld verdienen. Ich war ausdauernd und schnell und übertraf die anderen Kinder. Damit war ich unter denen, die am meisten verdienten (was sich im Erwachsenenalter ändern sollte, inzwischen haben meine Geschwister mich in dieser Hinsicht klar überholt).

Nach der Erdbeerernte kamen die Johannisbeeren. Hier fiel der Verdienst etwas geringer aus – um die Kisten schneller voll zu bekommen, suchten wir uns die Beerensträucher mit den größten Früchten und rissen die Rispen regelrecht ab. Ruckzuck waren die Kisten voll, aber eigentlich war das verboten: Jeder Strauch sollte sauber leergepflückt werden. Nur hielten wir uns nicht daran; man durfte sich eben nicht erwischen lassen. Die Erntezeit ging bis weit in die Ferien hinein.

Die übrige Zeit der Sommerferien verbrachten wir zu einem großen Teil im Freibad, das war etwa acht Kilometer entfernt. Wir fuhren mit dem Fahrrad hin, manchmal auch mit dem Bus. Dann holte Vater uns nach Feierabend ab, Mutter sagte ihm rechtzeitig Bescheid. Offensichtlich machte ihm das Freude; er ließ uns ausrufen und saß dann bei einem Glas Bier und in bester Laune geduldig da, bis wir alle beisammen waren. Am Wochenende ging er häufig mit uns allen an einen Badesee. Da war es richtig schön.

Unser Ort war nicht sehr groß, jeder kannte jeden. Egal was wir auch anstellten, wir hatten einen guten Ruf. Sicher auch deshalb, weil wir hilfsbereit und freundlich waren und nicht frech zu den Erwachsenen. Wir hatten Respekt und Achtung vor dem Alter.

Unser Vater erzog uns streng. Er wurde laut und wir kassierten Ohrfeigen, im Übrigen waren die Strafen altersgerecht und anlassbezogen. Es gab Fernsehverbot, Hausarrest, Hausarbeiten, und seine ganz besondere Strafe war, uns etwas abschreiben zu lassen. Eigentlich hatten wir eine gute Kindheit und wir wurden von unserer neuen Mutter auch recht gut versorgt. Wenn nur die Probleme zwischen uns beiden nicht gewesen wären …

Ich schien wirklich die Schwierigkeiten wie magisch anzuziehen. Leider wurde ich immer wieder in unglücklichen Situationen erwischt.

Ein Beispiel: Wenn die Wiese vor unserem Haus abgemäht war, durften wir dort das Zelt aufstellen. In den Ferien durften wir darin auch übernachten, während der Schulzeit war es nur tagsüber ein Treffpunkt. Einmal spielten wir im Zelt Karten und warum auch immer zeigten wir einander den Vogel. Genau in dem Moment kam eine Mutter von nebenan zu uns herein und sie fühlte sich angesprochen. Wer war das wohl, der angeblich *ihr* den Vogel gezeigt hatte? Ich. Natürlich!

Sie hatte nichts Besseres zu tun, als zu unserer Mutter zu rennen und sich über mich zu beschweren. Dieses Missverständnis wollte ich sofort aufklären, aber die beiden Mütter hörten mir erst gar nicht zu. Auch die anderen Kinder beschuldigte die Nachbarin, obwohl sie genauso unschuldig waren.

Mutter verstand unsere Aufregung. Dennoch verlangte sie von uns, sich bei ihr zu entschuldigen, auch wenn es dazu keinen Grund gab. Wir gehorchten und gingen alle zu ihr nach Hause. Und sie nahm alle Entschuldigungen an – nur meine nicht. Durch einen unglücklichen Zufall wurde ich zur Bösen.

Für mich war sie eine blöde Kuh.

Solche Vorkommnisse wiederholten sich immer wieder in meinem Leben, und diese Gleichgültigkeit wurde ein Teil von mir. Man traute mir einfach nichts Rechtes zu. Ich fragte mich, warum ich mich ständig beweisen musste, aber ich konnte es nicht ändern.

Kein Wunder, dass ich immer lügen und verheimlichen musste: Mir wurde nicht wirklich das Vertrauen entgegengebracht, das ich gebraucht hätte. Stiefmutter gab mir diesen Rückhalt nicht. Ich entsprach vielleicht nicht der Norm, aber ich wollte doch auch, dass sie mich lieb hatte! Um ihre Zuneigung zu finden, musste ich mich ständig mehr oder weniger verbiegen.

Mit der Zeit gewöhnte ich mich daran, aber traurig stimmte es mich doch. Das tränende Auge blieb. Keiner bemerkte meinen stillen, lautlosen Schmerz und meinen Kummer. Besonders wenn ich im Bett lag, malte ich mir immer wieder aus, wie ich von daheim abhauen könnte.

Es hatte so schön angefangen mit der neuen Mutter, aber jetzt war ich nicht mehr gerne zu Hause.

Manchmal suchte ich Hütten auf, in denen ich eventuell Unterschlupf finden könnte. Mehrere Male versuchte ich wegzulaufen, aber der Hunger, die Angst vor der Nacht, die Kälte, die Tiere im Wald und vor allem die unheimlichen Geräusche trieben mich wieder nach Hause. Ich beschloss, mein Vorhaben doch nicht auszuführen, und damit war der Versuch von Neuem gescheitert.

Mutter konnte ich nicht mehr ertragen: ich liebte sie und doch hatte ich einen richtigen Hass auf sie. Es war zum Verzweifeln – irgendwo musste ich doch hingehen können! Um des lieben Friedens willen nahm ich daheim alles hin, um nicht noch mehr aufzufallen. So gehörte es sich. Ich hatte resigniert.

„Du solltest dankbar sein.“ Diesen Satz bekam ich immer wieder zu hören, von meiner Stiefmutter und auch von Fremden.

Sagt eine richtige Mutter auch so etwas? Nein, das glaube ich nicht. Ich war schon dankbar, aber diese Dankbarkeit war gemischt mit Wut und Zorn und Hass. Ich konnte diesen Satz nicht mehr hören. *Was wollen die denn noch? Ich bin doch dankbar, aber müssen sie es mir denn ständig unter die Nase reiben?*

Die meisten Menschen wissen nicht, wie es wirklich ist, wenn man als Kind die Mutter verliert. Sie wissen nicht, wie weh das tut. Sie wissen nicht, wie es sich anfühlt, wenn man als Kind nicht verstanden und dazu noch ungerecht behandelt und abgelehnt wird. Sie machen sich keinerlei Gedanken, was sie anrichten mit ihrem Geschwätz. Sie sollten sich erst einmal vergewissern, ob alles der Wahrheit entspricht.

Mir fehlte Liebe. Liebe ist mehr, als nur gut versorgt zu werden; Liebe gibt einem das Gefühl, wichtig zu sein! Diese Liebe suchte ich, aber echte Mutterliebe bekam ich keine. Ich hatte immer das Gefühl, eine Last zu sein. Nur geduldet und nicht gewollt.

Manchmal wünschte ich, ich wäre ins Heim gekommen, dort würden sie mich besser verstehen. Sicher wäre es nicht einfacher gewesen, aber dort hatte man wenigstens Leidensgenossen, die das Gleiche durchmachten. Die auch nicht geliebt wurden. Schlimmer konnte es bestimmt nicht mehr werden.

Es war ein Kampf. Ich beneidete meine Brüder um ihr gemeinsames Zimmer und ihr Zusammensein. Es war so schön mit ihnen zusammen. Und dann hatten die Eltern mich in der Kur vergessen, das machte mir jahrelang schwer zu schaffen. Ich war allein mit meiner Angst und keiner bemerkte, wie hilflos und einsam ich mich fühlte. Keine lustigen Gespräche am Abend mehr. Kein Herumtollen im Zimmer. Ich fühlte mich meiner Familie beraubt. Und immer wieder traf es *mich*, wenn einer verzichten musste. Man wollte mich nicht und man hatte mich nicht lieb.

Ich wünschte mir, auch ein Junge zu sein. Dann hätten sie mich nicht von meinen Brüdern getrennt!

Ich konnte und wollte es einfach nicht verstehen; die neue Mutter war einfach nicht meine richtige Mutter! Aber ich wollte ihre Aufmerksamkeit und ihre Liebe haben und ich kämpfte darum. Leider vergeblich.

Wirklich schade, denn ich sehnte mich nach ihrer Zuneigung, nach dem inneren Halt, den sie meinem jungen Herzen hätte geben können. Ich wollte doch einfach nur geliebt und verstanden werden und ihr meine Ängste und Nöte sagen können. Mich beschäftigten so viele Fragen, auf die ich keine Antwort hatte.

Es war keiner wirklich für mich da, dem ich meine Gefühle und Wünsche hätte mitteilen können. Selbst unser Vater war mir fremd geworden, da er alles machte, was „sie" wollte. Er hatte diese Frau geheiratet!

Die Hochzeit fand an einem heißen Sommertag statt, etwa ein Jahr, nachdem sie zu uns gezogen war. Gefeiert wurde nur im engsten Familienkreis, einige enge Bekannte, die Großeltern und ihr Sohn waren gekommen. Jahre später sagte sie einmal zu mir, sie hätte unseren Vater nur wegen uns Kindern geheiratet. Das kann schon sein, dass sie ihn nur wegen uns heiratete, aber mein Vater konnte auch ein charmanter Mann sein. Für Romantik hatte er viel übrig. Allerdings habe ich sie in all den Jahren nie zu ihm sagen hören, dass sie ihn liebte. Dafür konnte man sehen und spüren, dass mein Vater sie liebte. Er trug sie auf Händen, wie das Sprichwort sagt.

Kurz darauf heiratete auch unser Stiefbruder. Danach kehrte bei uns wieder der Alltag ein. Die neue Mutter war sehr damit beschäftigt, im Haus alles in Ordnung zu bringen. Probleme zu lösen war ihre Spezialität, auch wenn wir irgendwelche Schwierigkeiten hatten; damit konnte sie gut umgehen.

Aber wenn es um Herzensangelegenheiten ging, hatte sie kein Einfühlungsvermögen. Für mich war sie eine Haushälterin, aber keine Mutter, weil sie sich eben auch nicht dafür interessierte, was mit mir los war. Es reicht nicht aus, ein Kind nur zu versorgen. Dafür, was wir fühlten und wie es uns ging, hat sie sich nie wirklich interessiert – sonst hätte sie wenigstens ein einziges Mal über unsere Mutter gesprochen.

Die neue Mutter hatte Vaters vollstes Vertrauen, es wäre ihm nie in den Sinn gekommen, dass sie auch nur ein Mensch war und vielleicht auch ihre Schwächen hatte.

Zuhören, mitfühlen und trösten – auch das gehört zum Lieben, und nicht jeder kann das. Aber Liebe ist so wichtig. Wenn die Liebe regiert, werden Fehler unwichtig, man ist frei und Vergebung ermöglicht immer wieder einen Neubeginn. Die Fehler können gemeinsam korrigiert werden; so spürt das Kind, dass es geliebt wird.

Hinter so manchem Menschenleben steckt viel mehr Leid, als man ahnt. Manche Menschen sind Meister der Verstellung und lassen sich nichts anmerken. Wäre ich offener mit meinen Problemen umgegangen, hätte ich die Wahrheit gewählt, statt den Lügen und den Verheimlichungen Raum zu geben, dann wäre mir bestimmt einiges erspart geblieben.

Kapitel 6

Ein Unglück kommt selten allein

Wenige Jahre nach der Hochzeit traf uns das nächste Unglück: Vater erkrankte sehr schwer, und auch Omi musste gepflegt werden.

Stiefmutter hatte, bevor sie zu uns kam, einen Kurs als Krankenpflegehelferin besucht und dann einige Jahre im Krankenhaus gearbeitet, darauf war sie sehr stolz. Heute wäre das nicht mehr möglich.

Vater erkrankte an Krebs. Mit dem Taxi fuhr er einmal die Woche zur Bestrahlung. Lange wussten wir nichts von seiner Krankheit, bis sie wirklich nicht mehr verschwiegen werden konnte. Eigentlich zu lange!

Mutter hatte ihm nicht gesagt, wie es wirklich um ihn stand, und Vater gab die Hoffnung nicht auf, wieder gesund zu werden. Er glaubte so fest daran, dass er sich sogar ein neues Auto kaufte. Er freute sich riesig über das neue Auto! Er war ja immer ein leidenschaftlicher Autofahrer gewesen und glaubte, nun würde er sicher wieder gesund.

Nur einmal fuhr er damit. Er kam mit dem Wagen von der Straße ab und landete im Graben. Zum Glück blieb er unverletzt, aber das Auto war Schrott. ***Muss das auch noch sein?*** Er hätte tot sein können! Er war zu krank, hätte nicht mehr fahren dürfen, und so hatte er die Herrschaft über das Auto verloren. Ob er noch ein neues Auto gekauft hätte, wenn er gewusst hätte, wie es um ihn stand?

Warum verschwieg Stiefmutter uns und ihm die Schwere seiner Krankheit? ***Wozu diese Lüge? Wozu einem etwas vormachen, wenn es doch nicht wahr ist?*** Das Sterben gehört zum Leben. Es hätte uns allen geholfen, wenn wir der Realität ins Auge geschaut und die wenige verbleibende Zeit sinnvoll miteinander verbracht hätten.

Viele haben dazu gar keine Zeit mehr, sie sterben plötzlich und überraschend. Wenn man weiß, dass man bald stirbt, kann man die Zeit noch nutzen und sein Leben ordnen.

Diese Chance hatte mein Vater nicht. Er glaubte nicht, dass er schwer krank war, und dann war es zu spät. Aber Lebenszeit ist wertvoll, auch wenn sie mit der Krankheit durchlebt werden muss.

Eigentlich wurde ihm mit dieser Lüge diese wichtige Zeit gestohlen – und uns allen. Wir konnten sein Leid nicht wirklich mit ihm teilen. Wenn er die Wahrheit gewusst hätte, hätte er sich mit dieser Krankheit vielleicht anders auseinandersetzen können, hätte er vielleicht mehr Kampfgeist gehabt.

Wir hätten rechtzeitig eingeweiht werden müssen. Wir waren alt genug, um es zu verstehen. Ich war die Jüngste und ich war zwölf. Gerne hätte ich ihm noch meine Zuneigung gezeigt, aber wieder einmal wurde alles nur totgeschwiegen.

Stiefmutter hatte diese Zeit mit ihm gehabt, sie wusste ja, wie es um ihn stand. Wir Kinder nicht. Wären wir in die Krankheit mit einbezogen worden, das hätte unser aller Beziehung sicher sehr vertiefen können. Aber so blieben uns nur Schock und Ohnmacht. Wie damals beim Tod unserer Mutter.

Was tun in solch einer Situation? Wohin mit dem ganzen aufgestauten Schmerz?

Und wozu schonen? Dass einem keine Zeit bleibt, miteinander zu weinen? Dass keine Zeit mehr bleibt, das letzte Mal miteinander zu lachen? Dass keine Zeit mehr bleibt, sich auszusprechen?

Wir hätten uns auch in dieser Situation zurechtgefunden, wären an ihr gewachsen. Es hätte wehgetan, aber wir hätten es verstanden und akzeptiert. Irgendwann kommt die Wahrheit sowieso ans Licht und so viel älter wären wir dann auch nicht gewesen.

Zurück blieb die Wut in unserem Inneren.

Kein Wunder, dass ich mich manchmal unmöglich benahm. Aber wie konnten wir Rücksicht nehmen auf eine Krankheit, von der wir nichts wussten? Also rangelten und stritten wir weiterhin lautstark miteinander, wir waren aufsässig und nicht so ganz pflegeleicht. Wie immer eben.

Bei einer Auseinandersetzung mit Andreas wurde Vater einmal handgreiflich, und danach schwoll Vaters Hand an wie ein Ballon. Eigentlich wollte er den Teppichklopfer nehmen, aber den hatten wir versteckt, denn wir wussten schon, dass es Ärger geben würde. Ich hatte Angst, wenn Vater so cholerisch reagierte, und war froh, wenn der Streit wieder vorbei war. Schadenfroh lachten wir alle darüber, dass seine Hand anschwoll: Nun konnte er uns wenigstens nichts mehr tun.

Jedes Mal, wenn er solche Maßnahmen ergriffen und uns geschlagen hatte, tat es ihm hinterher leid. Manchmal weinte er sogar darüber, das erfuhr ich aber erst, als ich schon erwachsen war. So wenig kannte ich meinen Vater! Nie wurde über irgendwelche „Gefühle" gesprochen, geschweige denn über seine Krankheit oder gar den Tod.

Weil Vater so viel krank war, wurde er schließlich entlassen. Der Chef glaubte nicht, dass er wirklich so krank war. Ein Jahr später war Vater tot.

Was für ein Druck muss auf ihm gelastet haben! Die Sorgen: Was wird aus den Kindern, wenn ich nicht mehr da bin? Wie wird es ihnen ergehen? So viele Fragen. So konnte er überhaupt nicht mehr richtig zur Ruhe kommen.

Als wir dann endlich die Wahrheit erfuhren, war es zu spät, um diese Zeit gemeinsam zu erleben. Da war er schon zu krank.

Es gab keine Gespräche, keine Erklärungen von Vater selbst. Dabei wäre gerade solch eine Erkrankung eine Möglichkeit gewesen, einander wieder näherzukommen.

Vater hatte sich immer auf die Seite seiner neuen Frau gestellt, das war der Grund für unsere Entfremdung. *Warum hat er nur ihre Nähe gesucht und nicht auch die unsere? Hat er uns nicht geliebt? Hat er uns nicht vertraut? Sind wir ihm denn nicht wirklich wichtig gewesen? Welchen Platz haben wir Kinder eigentlich im Herzen unseres Vaters gehabt?* Wir waren doch sein eigen Fleisch und Blut.

Diese Fragen konnte er nun nicht mehr beantworten; er konnte sich nicht mehr äußern. Die Krankheit war schrecklich. Es war Hodenkrebs. Man konnte sehen, wie er sich quälte. Alles ging so schnell, und dann konnte er das Bett nicht mehr verlassen. Er war schon sehr schwach. Seine Stimme war nur noch sehr leise, man konnte ihn kaum noch verstehen. Woche für Woche, Tag für Tag konnte man zusehen, wie er abnahm. Wie sehr er doch litt.

Stiefmutter verhielt sich in dieser Zeit uns gegenüber hervorragend und sie war auch sehr gut zu unserem Vater. Dank ihres Einsatzes konnte er zu Hause gepflegt werden. Der Arzt kam regelmäßig. Er war ein sehr guter Arzt, er war voller Mitgefühl und konnte es auch zeigen; wir hatten bei ihm ein gutes Gefühl. Es musste ein Katheter gelegt und täglich gewechselt werden. Damals war alles noch umständlicher als heute, inzwischen hat die Medizin ja große Fortschritte gemacht.

Schließlich wurden Vaters Schmerzen so unerträglich, dass er sie nur noch mit Morphium aushalten konnte. Vor der ersten Spritze war er noch bei vollem Bewusstsein; er wusste nun, dass er sterben würde. Jede Bewegung tat ihm sichtlich weh, nur noch langsame Handbewegungen konnte er machen. Viele Gedanken mussten ihn bewegt haben. Verantwortungsbewusst wie er war, wollte er sich noch von jedem von uns verabschieden.

So wurden wir alle ins Schlafzimmer gerufen. Wir hatten das Gefühl, das letzte Stündlein hätte geschlagen – und das war gar nicht so verkehrt. Denn dieser ersten

Morphiumspritze sollten regelmäßig weitere folgen und damit würde er nicht mehr ansprechbar sein. So ähnlich wurde es uns erklärt.

Schweigend standen wir im Schlafzimmer. Einzeln sollten wir zu ihm an sein Bett kommen. Jedem hatte er noch etwas zu sagen.

Ich stand da, stocksteif, wie angewurzelt. Ich hatte Angst. ***Was kommt jetzt?*** Mucksmäuschenstill war es im Raum. Keiner traute sich, eine Bewegung zu machen.

Jedem Einzelnen teilte Vater noch ein letztes Wort mit. Auch mir. Aber ich stand nur da und verstand nicht, was er sagte. Gerade als hätte ich keine Ohren. Das beschäftigt mich bis heute: ***Was hat er mir gesagt?***

Ich weiß es nicht. Das ärgert mich heute noch. Ich schäme mich, dass ich das Wenige, das er noch zu sagen hatte, nicht behalten konnte. Ich wollte es nicht wahrhaben, dass er starb. Verzweifelt und erschrocken schaute ich ihn an. Raus hier! Raus aus diesem Zimmer! Voller Angst stürzte ich in die Küche, schnappte mir zwei Kochlöffel und bearbeitete damit wie wild einen Barhocker. Da war so viel Schmerz in meiner Brust, Verzweiflung und Hilflosigkeit. Ich wollte schreien und weinen, konnte es aber nicht, also machte ich mir auf diese Weise Luft.

Allerdings war das nicht die beste Idee; schon nach wenigen Takten kam Stiefmutter in die Küche gestürzt und wies mich zurecht, weil ich so einen Krach machte, jeder Schlag würde ihn schmerzen. Das verstand ich und hörte auf. Ich schämte mich für meine Rücksichtslosigkeit – aber ich wusste einfach nicht wohin mit meinem Schmerz.

Am nächsten Tag war es so weit, die Spritzen taten ihre Wirkung. Ganz apathisch lag er da und konnte nichts mehr sagen.

Ich konnte es nicht ertragen, wie hilflos er dalag. Von Tag zu Tag, zusehends verschlechterte sich sein Zustand. Nach der Schule mussten wir zu zweit im Schlafzimmer sitzen. Stiefmutter sagte, wenn Vater etwas brauchte, würden wir es an seinen Gesten erkennen. So wachten wir an seinem Bett. Kaum trauten wir uns zu atmen, es war uns mulmig zumute. ***Was tun, wenn er tatsächlich etwas will? Was macht man dann?***

Ab und zu versuchte Vater, mit den Augen oder mit Handzeichen mitzuteilen, dass er etwas wollte; verstehen konnten wir ihn aber nicht. Dann holten wir schnell Stiefmutter zu Hilfe. Wenn sie das Zimmer betrat, konnte man erkennen, dass er sie wahrnahm. Die beiden hatten ihre eigene Sprache, sie lasen es einander wohl von den Augen ab. Sie wusste, was zu tun war.

Jetzt brauchte ich nachts nicht mehr umzuziehen, das Sofa im Esszimmer war zu meinem ständigen Bett geworden: Dadurch war ich plötzlich mittendrin. Ich bekam alles mit, was nachts geschah. Wenn irgendetwas mit meinem Vater nicht in Ordnung war, wurde es unruhig – und beim kleinsten Geräusch war ich wach und kroch aus dem Bett, um zu schauen, was los war.

Manchmal musste der Arzt auch in der Nacht kommen. Dann spähte ich durch den Türspalt. Wenn der Arzt wieder gegangen und alles in Ordnung war, ging ich unbemerkt in mein Bett zurück. Meine Brüder verschliefen das, im Keller bekamen sie nichts davon mit.

In dieser Zeit brauchte auch unsere Omi mehr Hilfe als bisher, konnte nicht mehr alleine aus dem Bett. Auch da mussten wir mit anpacken und so gut wie möglich helfen. Wenn nicht gerade bei Vater etwas war, war etwas mit Omi.

Gerne halfen wir, wo es nur ging. Für eine Person war sie zu schwer, so musste immer eines von uns Kindern mit anpacken, um sie auf den Nachtstuhl zu setzen. Anschließend ging es mit ihr wieder zurück ins Bett. Sie war so schwer und dabei ungelenkig, ja steif. Gelegentlich glitt sie uns sogar aus der Hand und dann fielen wir alle gemeinsam in ihr Bett. Falls sich das nicht gerade professionell anhören sollte: Wir waren noch Kinder, Andreas war 16 und ich war 12 Jahre alt. Omi nahm es mit Humor, sie konnte mit uns darüber lachen.

Omi bekam regelmäßig Besuch vom Pfarrer. ***Warum besucht er nicht auch meinen Vater? Wenn schon ein Pfarrer ins Haus kommt, wieso geht er nur zur Omi und nicht auch zum Vater?*** Schließlich lag Vater im Sterben.

Nun, Omi war katholisch und mein Vater war evangelisch. Aber in so einem Fall sollte man doch keinen so großen Unterschied machen.

Warum sorgt Stiefmutter nicht dafür, dass auch zu ihm ein Pfarrer kommt? Gott ist doch für jeden da. Vater sagte einmal: „Glaubt an Gott. Er ist immer da, auch wenn ihr auf dem Klo sitzt." Das war der besondere Humor meines Vaters.

Ich machte mir schon früh Gedanken über Gott: ***Wo ist Gott? Wo war er bei meiner Mutti und wo ist er jetzt bei meinem Vater?***

Ich hatte keine Lust mehr auf das Leben. Auch wenn es schöne Zeiten gab, für mich war es nicht mehr wirklich schön. Mit meiner gebrochenen Seele fühlte ich mich mehr denn je alleingelassen; auch wenn Menschen um mich herum waren, sie befriedigten mich nicht mehr. Mein Lachen war aufgesetzt und nicht mehr echt. Ein Auge tränte immer, auch wenn ich lachte. Es war mir einfach zum Heulen zumute. In dieser schwierigen Zeit wurde ich noch aggressiver und überempfindlich. Stiefmutter nannte mich „Mimose". ***Warum sagt sie so etwas? Versteht sie mich nicht? Sieht sie nicht den Schmerz in mir?***

Stumm und enttäuscht verzog ich mich dann in eine Ecke, wo man mich nicht gleich finden konnte. Auf nichts hatte ich mehr Lust. Immer wieder malte ich mir aus, wie es wäre, im Heim zu leben. Schlimmer als hier konnte es dort auch nicht sein! Meine Situation wurde mir zur unerträglichen Last, ich konnte sie nur noch verdrängen. Meine Noten sanken in den Keller.

Wozu noch lernen? Was hat das alles für einen Sinn? Warum wird einem immer wieder der weggenommen, den man lieb hat? Meine Mutti lag auf dem Friedhof. Vater war noch zu Hause, aber er lag nur da und konnte kein Wort mehr sprechen. Tag für Tag, Nacht um Nacht kreisten meine Gedanken, unaufhörlich und ohne Ergebnis.

Abends konnte ich ewig nicht einschlafen. Wie früher schaukelte ich meinen Kopf, bis ich irgendwann doch eingeschlafen war. Ich wollte alles vergessen, aber die Bilder, sie waren immer wieder da. Der Druck auf meiner Brust wurde immer stärker und wollte gar nicht mehr vergehen.

Ich wurde kribbelig, nervös, ich hatte Angst. Oft fühlte ich mich wie gelähmt und in mir war ein Schrei, der herauswollte und es nicht konnte. Wenn ich an die Zukunft dachte, brach mir buchstäblich der kalte Schweiß aus.

Zuerst die Mutter und jetzt auch noch der Vater? Was wird aus mir, wenn er nicht mehr da ist? Stiefmutter ist ja nicht unsere richtige Mutter. ***Müssen wir weg?*** Keiner hörte jemals diese Fragen aus meinem Mund. Keiner wusste darum. Erahnte sie wenigstens jemand? Ich quälte mich allein damit ab, stellte sie mir immer und immer wieder, aber eine Antwort kam nicht.

Die Nachbarin ganz oben im Haus war eine hilfsbereite Frau. Frau Müller kam öfter mal zu uns herunter, um unserer Mutter dies und das abzunehmen. Sie war eine große Hilfe, eine Seele von Mensch.

Es war schwer für uns alle, denn eine wirkliche Familie waren wir nicht mehr. Wir funktionierten nur noch.

Schließlich, nach mehreren Monaten der Krankheit, schickte Stiefmutter uns nach oben zu Frau Müller, und irgendwie *wusste* ich, dass etwas nicht in Ordnung war. Vom Sterben war nicht die Rede, vielleicht hatte ich es auch nicht mitbekommen; Stiefmutter wollte uns verschonen, wir sollten nicht zusehen müssen, wie er starb. Aber meine Neugierde war stärker. Ich wollte wissen, was los war.

Leise schlich ich mich davon, um zu erfahren, was da lief. Durch den Türspalt sah ich Vater daliegen, wie immer. In diesem Augenblick schaute er Stiefmutter an – und dann schloss er die Augen. Endgültig.

Ich stand mit offenem Mund am Türspalt und hielt die Luft an. Ich wendete kein Auge von meinem toten Vater. Er war gerade gestorben! Plötzlich merkte ich, dass Stiefmutter aus dem Zimmer kam. Was nun, sie durfte mich nicht erwischen, ich sollte ja gar nicht hier sein – schnell lief ich weg und tat, als müsste ich aufs Klo.

Stiefmutter fragte mich nur nach der Uhrzeit. Es war Freitagnachmittag, 15 Uhr. Daran kann ich mich noch ganz genau erinnern. Verwundert stellte ich fest, dass die Uhr stehengeblieben war. Seltsam! Und nun fing der Nachbarshund an zu heulen, irgendwie unheimlich. Der Hund heulte sonst nie, er bellte immer. Ein unbeschreibliches Gefühl. Zugleich kroch die Angst in mir hoch: Jetzt ist er auch tot.

Meine Geschwister wurden gerufen und uns wurde mitgeteilt, was geschehen war. Alle Vorbereitungen erledigte Stiefmutter allein. Ich sehe jetzt noch, wie er da auf dem Bett lag, den Kiefer mit einem weißen Tuch hochgebunden. Ich stand da wie starr und fühlte gar nichts mehr.

Erst am nächsten Tag kamen die Fragen wieder, jetzt drängender als bisher.

Wie wird es sein, ohne Vater und allein mit der Stiefmutter? Sie mochte meine Brüder lieber als mich, und die hatten sich voll auf die Seite der Stiefmutter gestellt. Sie war nicht verpflichtet, uns zu übernehmen. Sie hatte uns nicht adoptiert und hätte uns ans Jugendamt abgeben können. ***Müssen wir jetzt ins Waisenhaus?*** All diese Fragen stellte ich mir, aber ich sprach mit niemand darüber, was ich fühlte oder dachte.

Meinen Brüdern schien der Tod des Vaters nicht so nahezugehen. Nie sprachen sie über ihn, zumindest nicht, wenn ich dabei war. Als hätte er nie existiert. ***Fehlt Vater ihnen denn überhaupt nicht?*** Ich verstand sie nicht.

Ich hatte zu keinem mehr Vertrauen. Zu Stiefmutter hatte ich noch nie richtiges Vertrauen gehabt, aber ich liebte sie, manchmal mehr und manchmal weniger. Es ging uns bei ihr immer gut. Das Essen war vorzüglich. Für Kleidung und für alles andere, was man so benötigt, war gesorgt. Was sollte ich tun ohne sie? Meine Gefühle für sie waren zwiespältig.

Meine Brüder hatten es gut, sie waren zu dritt. Ich redete mit niemandem über das, was in mir vorging. ***Mit wem auch?*** Was ich gesehen und gehört hatte oder wie ich mich fühlte, blieb mein Geheimnis. Ich stand damals wohl unter Schock, aber das wurde nicht erkannt.

Zur Beerdigung kamen viele Menschen, die ich nicht kannte. Unser Vater wurde nicht wie unsere Mutti in der Garage aufgebahrt; inzwischen gab es im Dorf eine Leichenhalle.

Wieder gingen wir hinter einem Sarg her. Ich war leer, wie ausgesaugt. Wieder konnte ich nicht weinen; das sollte erst viel später kommen.

Nach der Beerdigung ging das Leben seinen gewohnten Gang. Wie wenn keiner gestorben wäre. Keine Trauer, keine Gespräche. Diese Gleichgültigkeit erschreckte mich.

Keiner nahm sich die Zeit, das alles zu verarbeiten. Es kann schon sein, dass meine Geschwister das anders empfanden, vielleicht sprachen sie auch abends in ihrem Zimmer darüber; aber bei mir persönlich war es so. Stiefmutter hatte wohl recht: „Das Leben geht weiter." Ich vermisste meinen Vater und ich litt unter der Sprachlosigkeit. Darüber sprechen hätte geholfen, den Schmerz loszuwerden. Der Schmerz blieb.

Ich wusste nicht, wie ich mit der ganzen Situation fertigwerden sollte. Keiner sprach darüber, also nahm ich an, dass keiner etwas hören wollte. Sicher war es falsch, nichts zu sagen; mein Schweigen machte eigentlich alles noch schlimmer. Ich hatte zu wenig Vertrauen. Ich fühlte mich zurückgesetzt, schon mein ganzes Leben lang. Wenn ich etwas sagte, wurde es überhört oder abgeblockt. Das war das Schlimmste: dass man mich nicht für voll nahm.

Nach Vaters Tod musste ich wieder einmal umziehen. Dabei hatte ich mich gerade daran gewöhnt, im Esszimmer zu schlafen. Jetzt musste ich neben Stiefmutter im Ehebett schlafen.

Das gefiel mir überhaupt nicht. Es war für mich irgendwie gruselig, denn da, wo ich jetzt lag, hatte bis vor Kurzem mein Vater gelegen. Monatelang. Und dann war er gestorben – in diesem Bett! Ich hatte Angst, in diesem Zimmer zu liegen. Doch tat ich willenlos, was mir gesagt wurde.

Zu Omi hatte ich mittlerweile ein freundschaftliches Verhältnis. Jeden Tag schaute ich zuallererst nach ihr, und sie freute sich jedes Mal, mich zu hören. Aber ihr Zustand verschlechterte sich rapide.

Eines Tages kam ich von der Schule nach Hause. Mutter kochte gerade das Mittagessen, und wie gewohnt schaute ich gleich nach Omi. Wie immer begrüßte ich sie freudig: „Hallo Omi, na, wie geht es dir heute?" Aber an diesem Tag war es anders. Es kam keine Antwort, es war ganz still.

Also ging ich ganz nah an ihr Bett, um zu sehen, warum sie nichts sagte. Es war seltsam. Sie war so bleich! Plötzlich tat sie einen letzten Atemzug und aus ihrem Mund kam Schaum. In diesem Moment starb sie. „Nein!", schrie ich, „Omi!!" Ich wollte es nicht wahrhaben und konnte es nicht glauben.

Mich überkam eine riesige Angst. Was war das für ein Zeug an ihrem Mund? Heulend rannte ich zu Stiefmutter in die Küche und brüllte hysterisch: „Omi! Omi ist tot!"

Stiefmutter war ganz gelassen. Sie sagte, sie hätte es schon gewusst, dass es an diesem Tag passieren würde. Omi hätte es ihr in der Frühe angekündigt, dass sie heute sterben würde; daraufhin hatte sie Omi gewaschen und ihr das Sterbehemd angezogen. Omi starb ausgerechnet in dem Moment, als ich aus der Schule kam – wie wenn sie noch auf mich gewartet hätte!

Und wieder einmal geleiteten wir jemanden zu Grabe, den wir lieb gewonnen hatten. Gerade ein halbes Jahr war es her seit Vaters Beerdigung. Das Haus war so leer geworden.

Als Omis Zimmer leergeräumt wurde, dachte ich, jetzt dürfte ich wieder in dieses Zimmer ziehen. Vielleicht mit Andreas zusammen? Seit wir beide fort gewesen waren, stand er mir näher als die beiden jüngeren Brüder.

Aber nein. Andreas bekam das Zimmer und zwar für sich allein, weil er der Älteste war. Stinksauer war ich! Ich brüllte Stiefmutter an. Aber wie immer wollte sie nichts hören und sie speiste mich wieder einmal mit billigen Argumenten ab.

Mir war klar, dass sie meine Brüder mehr mochte als mich. Natürlich, die hielten ja auch fest zu ihr.

Warum denkt sie nicht auch mal an mich? Ich wollte auch einmal etwas Eigenes besitzen, ein eigenes Bett haben. Ich konnte und wollte es nicht verstehen: Immer und immer wieder wurde ich von ihr in irgendeine Ecke abgeschoben! Jetzt war ich noch neidischer auf meine Geschwister, und ich fragte mich, ob Stiefmutter mich überhaupt lieb hatte. Ich bezweifelte es.

Ich war der Meinung, jeder sollte wenigstens ein Bett haben. Mehr wollte ich ja gar nicht, nur ein eigenes Bett für mich allein. Immerhin war ich schon zwölf! Ich wollte nicht mehr im Ehebett der Eltern schlafen müssen, direkt neben der ungeliebten Stiefmutter und ausgerechnet auch noch in meines Vaters Sterbebett.

So gab es weiterhin viele Auseinandersetzungen, weil ich mich ungerecht behandelt und nicht verstanden fühlte. Irgendwann beschloss ich dann, mich zu fügen, so gut es ging. Ich tat nun alles, was von mir verlangt wurde. Alles war mir nur noch egal. Es war ein Gefühl, als ob man gar nicht da wäre; weil man aber nun mal da ist, wünscht man sich, unsichtbar oder gar nicht erst geboren worden zu sein.

Sie bekamen die Torte und ich den Rest

Bei mir war angeblich alles unwichtig. Uwe zum Beispiel hatte abstehende Eckzähne, und natürlich bekam er eine Zahnspange, um die Fehlstellung zu korrigieren. Ich hatte vorstehende Zähne und war sehr unglücklich darüber. Ich wollte auch eine Zahnspange haben, aber ich bekam keine – mit der Begründung, bei mir wäre es nicht so dringend. Ich widersprach, meine Zähne würden noch viel mehr abstehen wie die von Uwe, aber Stiefmutter sagte nur: „Halte deine Hand davor und drücke mit deinen Fingern die Zähne nach innen." Na toll. Mit einem „Abwinken" ließ man mich stehen.

Kein Gedanke wurde daran verschwendet, zumindest einen Zahnarzt zu befragen. Dabei wurde die Behandlung ja von der Krankenkasse bezahlt. Aber was blieb mir anderes übrig, also tat ich es. Ich wollte ja nicht mein Leben lang mit so vorstehenden Zähnen herumlaufen.

Da kam mir eine Idee, ich wollte doch auch so ein Ding: Ich nahm mir einen Kupferdraht, bog mir so etwas wie eine Zahnspange zurecht und setzte es mir in den Mund. Richtig stolz war ich auf dieses Teil, denn nun hatte ich auch eine Zahnspange. Wenn ich mir heute vorstelle, wie ich mit diesem Kupferteil im Mund wohl ausgesehen habe, muss ich mich wirklich lächerlich gemacht haben. Aber damals war es mir egal, ich wollte auch gerade Zähne haben.

Meine Wut im Bauch gegen Stiefmutter bekam immer neue Nahrung: ***Warum haben andere immer Vorrang?*** Immer neue Ungerechtigkeiten!

Meine drei Brüder durften die Tanzschule besuchen. Bei mir hieß es nur: „Du kannst es von deinen Geschwistern lernen." Dazu fiel mir nun wirklich nichts mehr ein. Ich dachte nur: Klar, das wusste ich schon, dass sie mich ausschließt, dass bei mir immer Unterschiede gemacht werden. Ich strafte sie mit Verachtung und ging hinaus, um Luft zu schnappen.

Ich war so traurig, nicht die Tanzschule besuchen zu dürfen. Das Tanzen lernte ich tatsächlich von meinen Geschwistern – jeden Abend übten wir im Wohnzimmer die Schritte. Lustig und ausgelassen zeigte mir ein Bruder alles, was er im Kurs gelernt hatte, so konnte ich wenigstens zum Abschlussball mitgehen. Ich war zwar enttäuscht, doch gab ich mich zufrieden. ***Was bleibt mir schon anderes übrig?***

Das Kleid für den Abschlussball durfte ich mir selbst aussuchen und ich fand es wunderschön. Sogar eine neue Frisur war drin, auch die durfte ich selbst wählen. So viel Aufwand für die paar Stunden. Für meinen ersten Ball. Wie aufregend! Mit großen Augen standen wir im Saal und es war ein großartiger Abend – leider ohne Vater. Stattdessen begleiteten uns unsere geliebten Großeltern, die wie immer für jeden zwei Tafeln Schokolade mitgebracht hatten.

Wir saßen alle an unserem Tisch und genossen die Tanzeinlagen. Plötzlich stand ein älterer Herr vor mir und forderte mich zum Tanz auf! Aufgeregt nahm ich den Tanz an. Der Herr bemerkte meine Unsicherheit und führte mich mit großer Gelassenheit über das Parkett. Der nächste Tanz gehörte meinem Großvater. Ich sprudelte vor Freude.

Ich war begeistert vom Tanzen!

Doch zu Hause überkam mich wieder diese Traurigkeit. ***Warum darf ich nicht wie die anderen zur Tanzschule?*** Der Neid auf meine Brüder wuchs und wuchs: Sie bekamen die Torte und ich den Rest.

Ich liebte meine Familie zwar, andererseits lehnte ich sie aber ab. Ich hätte ihnen nie etwas zuleide tun können, denn sie waren das Einzige, was ich hatte, auch wenn sie mich nicht verstanden. So hin- und hergerissen, wie ich innerlich war, war wohl auch das, was aus meinem Mund kam. Jedenfalls kam es immer wieder zu Missverständnissen.

Die Zwischenfälle häuften sich. Ich fühlte mich nicht mehr wohl in meiner Haut, also flüchtete mich in meine Träume. Da verstand mich jeder. Da war ich ein Held. Meine Träume konnte mir keiner nehmen; dort war alles so fröhlich und unbeschwert.

Keiner darf davon erfahren!

Eigentlich floh ich aus der Realität, anstatt mich meinen Problemen zu stellen. Weil sie nie gelöst wurden, vermehrten sie sich ungehindert. Wenn ich abends im Bett lag – im Sterbebett meines Vaters –, überlegte ich mir immer wieder, wie es wäre, wenn ich selbst sterben würde. *Wie kann ich dem nachhelfen?*

Doch die Angst war stärker, die Angst vor dem Tod. Immer wieder sah ich die Eindrücke und Bilder, die in meinem Kopf waren – aus der Großstadt, vom Tod meiner Eltern, dem Tod von Omi. Ständig hatte ich diese Bilder vor Augen. Das war mir einfach zu viel. Nacht für Nacht schaukelte ich vor Traurigkeit meinen Kopf hin und her, bis ich einschlief.

Es wurde noch schlimmer. Mein Schlaf wurde immer unruhiger, immer wieder lag ich kreuz und quer im Bett. Eines Nachts, Stiefmutter war noch nicht zu Bett gegangen, fing ich an zu schreien. Meine Arme schlugen nur noch so um mich.

Schwere Anfälle überkamen mich. Mein ganzer Körper zuckte, machte hohe Sätze im Bett, bis ich aus dem Bett flog. Ich hatte panische Angst. Ich wollte aufstehen, aber ich drehte mich im Kreis und verlor jegliche Orientierung. Mein ganzer Körper zitterte fürchterlich. Ich spürte, wie Nacken und Arme wie gelähmt waren, und schließlich lag ich total verkrampft und bewusstlos am Boden. So fand mich Stiefmutter: bewusstlos, verkrampft und mit Schaum vor dem Mund.

Als ich wieder aufwachte, lag ich am Boden, mit nassen Hosen. Ich schämte mich. Ich wollte aufstehen, aber ich konnte nicht. Meine Beine waren wie Gummi, als hätte ich keine Muskeln mehr, meine Hände konnten nichts mehr halten. Meine Zunge war gelähmt und ich bekam kein Wort mehr heraus. Erst nach vielleicht zwei Stunden kam ich wieder einigermaßen zur Ruhe.

Dies wiederholte sich immer wieder. Zum ersten Mal bekam Stiefmutter Angst um mich.

Die Anfälle kamen immer nachts, und am nächsten Tag musste ich wieder zur Schule. Die Anfälle beeinträchtigten meine Konzentration. Tagelang hatte ich dann das Gefühl, dass ich mir nichts mehr merken konnte. Meine Konzentration war gleich null.

Schlimm war es, wenn in dieser Zeit ein Test geschrieben wurde. Die Noten fielen entsprechend schlecht aus. *Was ist los mit meinem Kopf?* Er fühlte sich total leer an. *Was ist das für eine Krankheit? Werde ich verrückt? Warum bekomme ich das mit dem Denken nicht mehr hin?*

Stiefmutter hatte mir zu verstehen gegeben, dass bei so einem Anfall eventuell Gehirnzellen absterben können. Natürlich glaubte ich ihr das. Ich war ja auf ihre Hilfe angewiesen; was sollte ich anderes tun, als ihr zu glauben? Aber es machte mir noch mehr Angst: Oh nein, dann werde ich ja dumm! Und ich sollte es bloß keinem erzählen, dass ich diese Anfälle hatte, nicht einmal meinen Brüdern. *Eine Sache, die man nicht sagen kann? Dann war es wirklich etwas ganz Schlimmes?* Ich glaubte Stiefmutter jedes Wort, und je mehr ich darüber nachdachte, umso mehr schämte ich mich. Die nassen Hosen. Die schlechten Noten.

Stiefmutter schämte sich auch. Wenn meine Geschwister fragten, was mit mir los sei, hieß es nur, ich sei krank. Sie waren nie Zeugen meiner Anfälle geworden.

Die Anfälle hörten nicht auf und kamen in unterschiedlichen Abständen, plötzlich und unerwartet und nur bei Nacht. Immer wieder schärfte Stiefmutter mir ein, ich dürfe unter keinen Umständen irgendetwas darüber erzählen. „Keiner darf davon erfahren, das ist nur zu deinem Besten!“ Ich glaubte ihr und sagte nichts. Es fühlte sich ja auch nicht gut an und ich war sicher, dass es etwas Schlechtes war. Am Ende glaubte ich von mir, ich selbst sei schlecht.

Wir gingen zu einem Spezialisten, der mich genauestens untersuchte. Ein Psychologe war auch da. Der stellte Fragen und ließ mich Tierbilder zeichnen, die jeweils meine Familie darstellen sollten. Daraufhin meinte er, bösartig sei ich jedenfalls nicht. Aber wie er die Bilder interpretierte, „naja“. Stiefmutter hatte ich als Huhn gemalt, er sah eine Glucke. Ja, sie war schon fürsorglich, aber sie mochte mich nicht. Ich hatte dabei „Blöde Henne!“ gedacht, aber ich zog es vor zu schweigen. Mein Kommentar hätte nichts besser gemacht.

Die Diagnose lautete: Epilepsie, ausgelöst durch Schock.

Meine Ausdrucksweise war umständlich geworden. Ich wurde immer unsicherer in meinem Verhalten und Handeln, beim Sprechen oder wenn ich irgendetwas tun sollte, auch wenn ich es richtig machte. Meine eigenen Entscheidungen waren nicht gefragt. Ich gehorchte nur und tat, was mir gesagt wurde. Ich war eine Person ohne eigene Meinung geworden.

Die Unsicherheit in mir wuchs weiter. Inzwischen konnte ich allein keine Entscheidungen mehr treffen, ich brauchte immer Hilfe dazu. Ich traute mir nichts mehr zu.

Meine Stärke und alle Selbstachtung hatte ich verloren; ich glaubte nicht mehr, dass ich irgendetwas wert war. Meine Stärken hatte ich nie wirklich kennengelernt – meine Schwächen dafür umso besser, und jetzt bestand ich nur noch aus Schwächen. Jetzt kam ich mir erst recht vor, als wäre ich für alle nur eine Last, unbrauchbar, als wäre ich der letzte Dreck, den man verstecken musste. Ich glaubte wirklich, dass ich minderwertig wäre. Dass ich nicht belastbar sei. Das sagte mir meine Stiefmutter. Ich hatte keinerlei Lebensmut mehr. Ich konnte mich auf nichts mehr freuen, aber keiner bemerkte etwas davon. In den folgenden Jahren spürte ich nur noch Gleichgültigkeit in mir.

Wer bin ich eigentlich als Person? Was sind meine Besonderheiten?

Bin ich denn wirklich so blöd, wie ich immer von mir meine? Warum komme ich in der Schule nicht mehr mit? Warum fällt mir das Lernen so schwer? Warum muss ich mich doppelt anstrengen, um etwas zu erreichen?

Warum schämt man sich meiner? Warum muss ich meine Krankheit verschweigen? Muss man sich wegen dieser Krankheit wirklich schämen?

All diese Fragen verfolgten mich.

Wenn ich lachte, war immer auch ein Weinen dabei. Freuen konnte ich mich nicht wirklich. Wenn ich mich über etwas freute, hatte ich gleichzeitig immer schon Angst vor der nächsten Enttäuschung. Es war eine schreckliche Zeit für mich. Ein fürchterlicher Zustand.

Kapitel 7

Dankbar sein?

Oft verbrachte ich die Ferien in dem kleinen Dorf an einem Fluss in einer wunderschönen Landschaft, gut hundert Kilometer von zu Hause weg. Eine Freundin, die bei ihrem Großvater dort Ferien machte, wartete jedes Jahr schon auf mich. Mir gefiel es dort sehr, deshalb fuhr ich immer wieder dorthin.

Im selben Ort wohnte nämlich auch der Schwiegervater aus Stiefmutters erster Ehe, also der Großvater meines Stiefbruders. Er war sehr alt, 95 Jahre hatte er schon hinter sich gebracht. Eine Frau versorgte und pflegte ihn das ganze Jahr über; wenn ich in den Ferien da war, konnte ich Fräulein Pfeiffer einige Arbeiten abnehmen und ihr bei der Pflege helfen. Darüber freute sie sich sehr.

Eines Morgens wollte Frau Fräulein Pfeiffer Besorgungen machen und ich sollte auf Opa Friedrich aufpassen. Eigentlich kein Problem.

Kaum war sie gegangen, fing es an. Was roch da so streng? Ich schaute nach und, oh Graus, er hatte sein Bett vollgemacht! Ich hatte zuvor noch nie gesehen, dass jemand so viel Stuhlgang haben kann. Oje, da kam noch mehr und es hörte gar nicht mehr auf. Ich dachte, der Mann läuft aus!

Aufgeregt lief ich immer wieder zum Fenster. Wann kam Fräulein Pfeiffer endlich wieder? Ich traute mich nicht, das wegzumachen. Aber von ihr war nichts zu sehen, es kam niemand. Nein, so konnte ich ihn nicht liegen lassen! Der Gestank war kaum auszuhalten, auch nicht bei weit geöffnetem Fenster. Also band ich mir ein großes Tuch um die Nase, krempelte die Ärmel hoch und schaffte es auch irgendwie, Opa Friedrich von seinen Exkrementen zu befreien.

Kaum hatte ich alles frisch gemacht, fing es nochmals von vorne an. Oh nein, nicht schon wieder! Gut, dass Fräulein Pfeiffer zurückkam. Nun gingen wir die Sache gemeinsam an und reinigten ihn wieder. Ich erklärte ihr, was geschehen war, und sie meinte, er würde bald sterben und entleere sich jetzt eben schon.

Also war das wohl nicht das letzte Mal gewesen. Und richtig, das Ganze wiederholte sich noch mehrmals. Dabei wagten wir kaum, ihn zu berühren – bei jeder Bewegung ließ er ein leises Jammern hören, das mir sehr nahe ging. Der alte Mann musste schreckliche Schmerzen haben. Man konnte die Schmerzen förmlich hören! Die Löcher in seinem Rücken, die er sich vom langen Liegen zugezogen hatte, sahen eklig und schmerzhaft aus. So etwas hatte ich noch nie gesehen. Mir tat dieser alte Mann leid und ich war eher erleichtert, dass er endlich sterben durfte.

Manchmal hatte ich das Gefühl, ich würde den Tod magisch anziehen.

Die Jahre vergingen, die Anfälle wurden weniger. Langsam aber sicher normalisierte sich mein Leben und ich hatte mich wieder einigermaßen im Griff. Den Schmerz und alles, was die Vergangenheit anging, verdrängte ich. Ich wollte mich einfach nicht mehr daran erinnern.

Durch die Schule quälte ich mich so einigermaßen durch, Jahr für Jahr, und endlich kam der ersehnte Tag: Ich wurde aus der Schule entlassen. Ich war überglücklich.

Ich bewarb mich im Bekleidungshaus Haberkorn, wo ich schon mein Berufserkundungs-Praktikum gemacht hatte. Mein Gefühl sagte mir, dass der Inhaber mich mochte; so rechnete ich mir gute Chancen aus. Es war zwar nicht wirklich mein Traumberuf, doch als Hauptschüler mit mittelmäßigen Noten hat man keine Auswahl, man muss nehmen, was man bekommt. Herr Haberkorn war blind, aber als er beim Vorstellungsgespräch meine Stimme hörte, erinnerte er sich gleich wieder an mich. Mein Gefühl hatte mich also nicht getrogen.

Herr Haberkorn wusste wohl, dass meine Schulnoten nicht gerade eine Glanzleistung waren. Trotzdem gab er mir deutlich zu verstehen, er sei überzeugt, ich würde eine gute Verkäuferin werden. Das ging mir „runter wie Öl“: Noch nie hatte mir jemand das Gefühl vermittelt, ich dürfte mir etwas zutrauen!

Das Vorstellungsgespräch verlief ungezwungen und gut und am Ende hatte ich die Zusage. Ich konnte es kaum glauben: Ich hatte eine Lehrstelle und der Chef glaubte an mich! Dieser Gedanke überwältigte mich. Ich war außer mir vor Freude und musste einen kräftigen Jubelschrei von mir lassen. Ich hatte einen Platz!

Es bedeutete mir so viel, einen Ausbildungsplatz zu haben, wo ich willkommen war, und dass jemand an mich glaubte. Es war ein so schöner Augenblick. Ich wollte meine Freude unbedingt mit jemandem teilen, also erzählte ich es zu Hause sofort.

Ich hatte noch einige Wochen frei und somit genügend Zeit, alles vorzubereiten. Gleich nach den Sommerferien musste ich die Ausbildung antreten. Als der erste Arbeitstag kam, war ich natürlich aufgeregt. Vor allem fragte ich mich: Wie sind meine Kollegen wohl? Gefällt es mir dort überhaupt? ***Und schaffe ich es auch?***

Ja, es gefiel mir dort. Vom ersten Tag an. Es gefiel mir sogar sehr gut! Alle Mitarbeiter im Bekleidungshaus Haberkorn waren wirklich nett. Es ging sehr streng zu, aber sie behandelten mich auch sehr gut. Schnell fand ich mich bei der Arbeit zurecht und ging jeden Tag gerne dorthin. Zum ersten Mal hatte ich auch Freude am Lernen und ich genoss es sehr, zu den guten Schülerinnen zu gehören. Eine ganz neue Erfahrung!

Mein blinder Chef beeindruckte mich sehr. Was er alles wusste und wie er sich an alles erinnerte, das war faszinierend. Jedes Bekleidungsstück im Laden war in seinem Kopf gespeichert, er hatte ein Gehirn wie ein Computer. Wegen seiner strengen Art war er bei den meisten Angestellten gefürchtet.

Wenn neue Ware kam, musste einer der Angestellten mit Herrn Haberkorn in den Auspackraum gehen. Jeder versuchte, sich davor zu drücken, aber ich meldete mich meist freiwillig. Dies versetzte die anderen in Staunen. Herr Haberkorn wusste genau, dass seine Mitarbeiter ihn nicht besonders mochten, aber vielleicht spürte er, dass ich keine Angst vor ihm hatte. Ich konnte mich in seiner Gegenwart ganz frei bewegen. Ich mochte ihn; seine Strenge schreckte mich nicht. Ich war es schon von meinem Vater gewohnt, das zu tun, was von mir verlangt wurde.

Die Kolleginnen fanden es angenehm, dass sie nicht mehr mit dem Chef auspacken mussten. Ich öffnete die Pakete und hängte die Kleidungsstücke auf den Bügel. Dazu musste ich jeweils Stückzahl, Größe und Farbe laut vorlesen, damit er alles in seinem Kopf registrieren konnte.

Amüsant war es, wenn Herr Haberkorn gelegentlich gegen einen Pfosten lief. Natürlich, man sollte sich nicht darüber lustig machen, aber er nahm es mit Humor und das lockerte den Alltag etwas auf.

Gar nicht lustig fand er es aber, wenn er angeschwindelt wurde. Das bemerkte er sofort, er hatte wohl ein besonderes Gespür dafür. Einmal fragte er mich, was ich gerade tat, und ich antwortete: „Nichts." Die Kolleginnen hielten die Luft an. Wie konnte ich es nur wagen, eine solche Antwort zu geben! Alle erwarteten eine scharfe Zurechtweisung – aber es kam anders: Meine Ehrlichkeit freute ihn so, dass er mich dafür lobte.

Das war auch für mich eine große Überraschung, aber diese kleine Begebenheit hat mich sehr geprägt. Also war es doch gut, die Wahrheit zu sagen.

Was ging in Stiefmutters Kopf vor? Sicher hatte sie Fragen und sicher machte sie sich auch Gedanken und Sorgen um uns. Wir wurden größer und mussten einen Beruf finden und unseren Platz im Leben.

Und nun beschloss Stiefmutter, in das Dorf meiner Ferien zu ziehen, denn sie hatte Opa Friedrichs Haus geerbt. ***Kann sie nicht noch die zweieinhalb Jahre warten, bis ich meine Ausbildung abgeschlossen habe?***

Nicht nur ich, auch meine Brüder waren in dieser Zeit in der Ausbildung. Andreas war bei der Post tätig und konnte sich ohne Schwierigkeiten versetzen lassen; in der nächstgelegenen Stadt fand er eine kleine Studentenwohnung. Er war alt genug, um allein zu leben, und verkraftete die Veränderung gut.

Für die beiden mittleren Brüder fand Stiefmutter eine Lösung, damit sie die Stelle nicht wechseln mussten. Für diese beiden hatte sie sich wie immer richtig ins Zeug gelegt. Uwe konnte bei einer alten Frau im Nachbarort untergebracht werden; von dort kam er gut zu seiner Lehrstelle und er war bestens versorgt. Für Bruno mietete sie eine kleine möblierte Wohnung. ***Warum bemüht sie sich nicht auch um mich?*** Ich hätte bei Bruno wohnen können, von dort aus hätte ich eine gute Busverbindung zum Modehaus gehabt.

Aber ich musste mit. Wieder einmal wurde über meinen Kopf hinweg entschieden. Ich hatte zwar die Schule beendet, aber ich war noch nicht volljährig. So gerne hätte ich meine Ausbildung im Modehaus Haberkorn beendet, aber leider, leider musste ich die Lehre abbrechen. Bei mir machte sie sich nicht diese Mühe wie mit meinen Brüdern.

Meine Ausbildung war ihr gleichgültig. Ich wehrte mich natürlich, wollte gar nicht weg von meinem Ausbildungsplatz. Doch Stiefmutter hatte es so beschlossen und es gab für mich keine Alternative. Rücksichtslos hatte sie wieder über mich bestimmt.

Man hätte darüber reden müssen. ***Aber wie nur?*** Ich war abhängig von Stiefmutter und ich hatte ihr vertraut. Vielleicht war es auch dumm von mir, einfach gehorsam zu sein; es hätte sicher eine andere Lösung gefunden werden können. Irgendwie hatte ich bei ihr immer das Gefühl, dass sie mich absichtlich „kleinhalten" wollte. ***Aber warum?***

Bruno tat es nicht gut, allein zu wohnen. Er geriet in einen schlechten Freundeskreis und kam mit Drogen in Berührung. Kiffen ist heute noch sein Steckenpferd. Auch sein Umgangston änderte sich und ging ins Ordinäre über. Für ihn war die Wohnung keine gute Lösung gewesen, er hätte noch Aufsicht gebraucht.

Ich wusste nicht, was Stiefmutter dazu bewog, so schnell wie möglich umzuziehen. War es wegen der Miete? Die konnte sie bisher doch auch bezahlen. Es musste wirklich nicht sein, aber ich musste mich eben damit abfinden: Kaum hatte ich mich eingelebt und fühlte mich wohl, musste ich wieder das Feld räumen. Schweren Herzens übergab ich dem Ausbilder meine Kündigung. Allein.

Stiefmutter hatte es noch nicht einmal in Erwägung gezogen, mich zu begleiten und mich zu unterstützen.

Wie ich war auch mein Ausbilder enttäuscht und traurig über mein unfreiwilliges Weggehen, genauso wie die anderen Angestellten. Alle waren bis zum Schluss sehr nett zu mir, und sie machten mir einen schönen Abschied. Sie hatten sogar gesammelt und überreichten mir ein kleines Geschenk. Herr Haberkorn bedauerte sehr, dass ich die Ausbildung abbrach. Er hätte mich gerne durch die Prüfung gebracht.

Zum Jahreswechsel zogen wir um. Ich kannte diese Gegend ja gut, da ich hier oft meine Ferien verbracht hatte, aber jetzt war es etwas anderes: Ich brauchte eine Lehrstelle, und das war in dieser ländlichen Gegend äußerst schwierig; Ausbildungsplätze für Hauptschüler gibt es ja nicht an jeder Ecke. So nahm ich Aushilfsjobs an. Eine Zeit lang arbeitete ich in einem Blumengeschäft, danach in einem Großraumbüro. Die Arbeiten gefielen mir alle recht gut.

War das eine Chance, die Gott mir da zuspielte? Inzwischen kenne ich meine Stärken und weiß, welche Möglichkeiten ich gehabt hätte – ein handwerklicher Beruf hätte besser zu mir gepasst. Nun, damals war es noch ehrenrührig, eine Ausbildung abzubrechen, aber der Umzug wäre eine hervorragende Gelegenheit gewesen, die Berufswahl elegant zu korrigieren; mit mehr Unterstützung und Förderung hätte ich sicher den richtigen Beruf gewählt.

Erst viel später erfuhr ich, dass in Wirklichkeit mein Stiefbruder das Haus geerbt hatte. Aber es musste einiges daran gemacht werden, und Stiefmutter wollte die Renovierungsarbeiten überwachen. ***Kann das nicht warten? Muss sie denn unbedingt jetzt gleich dorthin ziehen?*** Aber ihren leiblichen Sohn liebte sie eben mehr als uns Waisenkinder; deshalb zog sie so schnell wie möglich dorthin. Wir waren ja nur Waisen, auf uns nahm sie nicht groß Rücksicht.

Stiefmutter wusste genau, wie sie uns Kinder einspannen konnte. Meine Brüder kamen jedes Wochenende und mussten den ganzen Samstag bei den Bauarbeiten helfen; auch ich schaufelte feste mit. Um den Garten nicht zu ruinieren, wurde das Fundament für den Anbau nämlich von Hand ausgegraben. Von uns. Unser Stiefbruder, der erwachsen und nicht gerade arm war, sparte auf unsere Kosten eine Menge Geld, und wir merkten es nicht einmal.

Andreas hatte nie so richtig Lust und seilte sich öfter ab. Vielleicht hatte er es durchschaut, dass wir nur ausgenutzt wurden – diese schwere Handarbeit hätte bestimmt auch durch eine Firma ausgeführt werden können. Andreas wusste sich zu wehren, und das war gut. Mit ihm konnte man nicht alles machen, mit uns Jüngeren schon.

Für meinen Stiefbruder war es nur ein Wochenendhaus. Während der Bauarbeiten ließ er sich kaum blicken.

Als Waisenkind war man ausgeliefert und musste sich fügen, ob es einem gefiel oder nicht. Eigentlich waren wir eher Sklaven als Waisenkinder. Wir waren angewiesen auf die Hilfe anderer Leute. Von den Einheimischen bekamen wir immer und immer wieder zu hören, wir müssten dankbar sein. Ich war dankbar. *Aber um jeden Preis?* Wohl kaum.

Stiefmutter badete regelrecht in ihrem Ruhm. Sie genoss es, bewundert zu werden: so viele Waisenkinder aufzuziehen! Aber für die Interessen ihres leiblichen Sohnes musste ich meine Ausbildung abbrechen. Ich hatte doch auch ein Recht auf Gerechtigkeit! Ich war so sauer.

Nur aus Mitleid

Stiefmutter hatte wohl ein schlechtes Gewissen, weil ich keine Lehrstelle finden konnte. So setzte sie sich mit Andreas' Vermietern in Verbindung und arrangierte ein Vorstellungsgespräch. Bei diesem Gespräch saß ich nur da, als wäre ich gar nicht vorhanden. Stiefmutter und Frau Hauser redeten und redeten und dann war alles in trockenen Tüchern.

Nun hatte ich wieder einen Ausbildungsplatz, aber Freude kam in mir deshalb noch lange nicht auf. Die Einzige, die sich freute, war Stiefmutter. Sie war erleichtert, dass sie mich untergebracht hatte – und das war der Punkt: Jetzt hatte ich noch einen Grund mehr, dankbar zu sein! Dass ich schon einen Ausbildungsplatz gehabt hatte und die Ausbildung nur wegen des Umzugs hatte abbrechen müssen, das erzählte sie freilich niemandem. Und dass ich dadurch ein ganzes Jahr verlor, war auch nicht der Rede wert.

Stiefmutters Gespräch mit meinen zukünftigen Ausbildern war mir sehr peinlich gewesen, sie hatte nur Mitleid geschunden: armes Waisenkind, schlechte Noten, der Umzug und so weiter. Es war zum Kotzen! Kein Wunder, dass ich am ersten Arbeitstag ein flaues Gefühl in der Magengegend hatte.

Alle waren freundlich zu mir, aber je länger je mehr lernte ich die Launen der Besitzer kennen. Die ganzen drei Lehrjahre hindurch ließen sie es mich spüren, dass sie mich nur aus Mitleid genommen hatten, nicht aus Überzeugung wie damals Herr Haberkorn. Eigentlich wollten sie mich gar nicht, nur als Blitzableiter schien ich gut genug zu sein. Ich hatte einen schweren Stand bei Mode-Hauser. Die drei Jahre fühlten sich viel länger an. Es war die Hölle.

Herr und Frau Hauser standen kurz vor dem Ruhestand. Sie hatten vor zwei Jahren durch einen Verkehrsunfall ihren einzigen Sohn verloren und waren daher ziemlich verbittert. Der Chef war ein gutaussehender Mann, groß, dunkelhaarig und schlank. Frau Hauser war eine pummelige unscheinbare Person, ein kleiner Giftzwerg. Sie konnte mich nicht leiden, und wenn sie schlechte Laune hatte, machte sie uns das Leben schwer – und besonders mir.

Wenn neue Ware kam, waren die Chefs meistens locker und konnten manchmal sogar lachen. Wir sahen uns die Kleider an und schlüpften vielleicht auch hinein, wir diskutierten und hatten unsere Freude an den schönen Sachen. Damals kamen die Disco-Roller neu auf den Markt. Jeder, der sich traute, durfte sie im Laden ausprobieren, und sogar unser Chef zog die Dinger an und fuhr damit im ganzen Laden herum; die Kleiderständer dienten als Auffangbremse! Unsere Fahrkünste waren noch recht wackelig, und es herrschte eine amüsierte, ausgelassene Stimmung. Bei solchen Aktionen konnten die Hausers manchmal ganz nett sein – das waren schöne Momente, an die ich mich gerne erinnere. Nebenher wurden natürlich die Kunden bedient. Aber am schönsten und besten war es immer, wenn beide in ihrer Wohnung waren, die sich direkt über dem Laden befand.

Damen- und Herren-Bekleidung fand ich langweilig, deshalb bediente dort meistens meine Kollegin. Sie war etwa vierzig Jahre alt und sehr warmherzig und humorvoll. Wenn ich wieder mal am Tiefpunkt war, munterte sie mich auf und sprach mir Mut zu, und wenn mir Unrecht getan wurde, legte sie bei Hausers ein gutes Wort für mich ein und stellte die Sache richtig. Ohne sie und den einen Kollegen hätte ich die Lehre sicher abgebrochen.

Die Sportabteilung fand ich viel interessanter! Der Kollege dort, ein großer gutaussehender junger Mann, war ein meisterhafter Herzensbrecher. Uli war ein toller Freund und Kumpel, ich mochte ihn sehr. Hin und wieder schnitt ich mit der Packschere seine feuerroten Haare; Uli legte großen Wert darauf, gut auszusehen, besonders wenn es um seine Haare ging! Sein Gesicht war voller Sommersprossen und seine feuerroten Haare standen ihm richtig gut. Wir beide waren ein gutes Team. Wir konnten gut miteinander arbeiten und es gab immer viel zu lachen. Diese ungezwungene Freundschaft habe ich sehr genossen.

Eines Tages, Hausers machten gerade Kaffeepause in ihrer Wohnung, wollte Uli im Laden eine Hallenkugel ausprobieren. Er kam zu mir und zeigte sie mir: „Siehst du, da kann gar nichts passieren, die ist mit einem weichen Material überzogen." Doch das überzeugte mich nicht, denn schwer war sie allemal und sie konnte sicher einiges anrichten. Uli trotzte meinen Überredungskünsten, aber ich konnte ihn wenigstens überzeugen, nicht in Richtung Schaufenster zu werfen, sondern lieber in Richtung Regale; da ginge nicht so viel kaputt, falls etwas schiefgehen sollte. Es ging etwas schief – er unterschätzte seine Wurfweite und die Kugel donnerte voll ins Turnschuhregal!

Über hundert Paar Schuhe setzten sich plötzlich in Bewegung. Die Kollegin hatte es gehört und ahnte Schlimmes. „Ihr seid wohl verrückt!", meinte sie dazu. Aber sie mochte uns und hielt dicht. Sie übernahm alle Kunden und Uli und ich stellten die Regale wieder auf. Ein Glück, dass Hausers nichts gehört hatten! In Rekordzeit räumten wir die Schuhe wieder in die Schachteln, dabei kamen freilich auch ungleiche Paare zustande. Aber das kam erst später so nach und nach ans Licht, und mochte sich der Chef auch wundern – es blieb unser Geheimnis.

Dann wurde ich achtzehn. An meinem Geburtstag musste ich arbeiten. Als ich zur Arbeit kam, gratulierten mir meine Kollegen. Kurz danach kam der Mann meiner Kollegin und überreichte seiner Frau einen riesigen Blumenstrauß. Ich wunderte mich – und es stellte sich heraus, dass sie am gleichen Tag Geburtstag hatte wie ich! Amüsiert gratulierten wir uns gegenseitig: Wie schön, dass wir auch noch am selben Tag Geburtstag hatten! Und wie reagierten die Chefs? Sogar als meine Kollegin die Blumen bekam und wir uns in ausgelassener Stimmung freuten, gingen Hausers ohne ein Wort an uns vorbei. Was war das denn? Nun, die Chefin hatte mit Geburtstagen einfach nichts am Hut. Sie gratulierte nie. Wahrscheinlich hatte ihr Sohn alle ihre Gefühle mit ins Grab genommen.

Am Abend feierte ich meinen 18. Geburtstag, nur mit Stiefmutter: Wir machten eine Flasche Sekt auf und schauten gemeinsam einen Film an. Ich war traurig, dass von meinem Freund keine Karte gekommen war, er rief nicht einmal an. Er war über die Feiertage mit Freunden in deren eigenem Flieger im Urlaub, das war sicher schon länger geplant; aber er hätte trotzdem an meinen Geburtstag denken können! Ich war traurig und enttäuscht und beschloss, die Beziehung nicht länger aufrechtzuerhalten.

Am nächsten Tag, fünf Minuten vor Ladenschluss, stand mein Bruder Uwe im Laden. Ausgerechnet er, Stiefmutters Liebling, der mich immer so gehänselt hatte! Er wollte mir eine Freude machen und hatte eine Geburtstagsparty für mich organisiert. Ich freute mich riesig! Nur meine Chefin machte mich zur Schnecke, ich hätte meine Gedanken nicht mehr bei der Sache. Das konnte schon sein, bei so einer Überraschung! Frau Hauser konnte einem die Laune richtig vermiesen. Ich durfte zwar früher gehen, hatte aber trotzdem ein schlechtes Gefühl dabei – ich hatte Angst, dass sie es mich am nächsten Tag spüren lassen würde, dass ich ein paar Minuten früher gegangen war. Und ich sollte recht bekommen: Am nächsten Tag hatte sie wirklich schlechte Laune, ich konnte ihr aber auch gar nichts recht machen. So wurde mir die Freude gründlich verdorben.

Frau Hauser war eine sehr launische Person. Geld hatten sie wohl genug, aber nach dem Tod ihres Sohnes sahen die beiden keinen Sinn mehr im Leben. Obwohl sie so viel Geld hatten, geizten sie, wo sie nur konnten. Teilweise verkauften sie gebrauchte Kleider als neu; irgendwie schafften sie es, dass die Kunden nicht merkten, dass das Teil gewaschen worden war. Ich sah den Etikettenschwindel mit an, sagte aber kein Wort. Ich dachte mir nur mein Teil. Es war nicht recht. Das war Betrug!

Hausers hatten auch eine eigene Tennishalle. Statt Weihnachtsgeld bekam ich Tennisunterricht oder Skikurse – damit ich einen Bezug bekäme zu den Sportartikeln, die wir verkauften. An den Skikursen nahm ich gerne teil. Schon als Kind hatte ich auf den Brettern gestanden, aber meine Skikünste waren durchaus noch verbesserungsfähig. Die Kurse hatten nur einen kleinen Haken:

Ich musste mich um die Kinder kümmern und ihnen beim Anziehen helfen. Doch das tat ich gerne. Mir war es sogar recht, so brauchte ich keinen Urlaub zu nehmen und durfte trotzdem Ski fahren. Für einige Tage konnte ich dem Laden entfliehen.

Tennis brachte mir der Chef selber bei. Es machte mir viel Spaß und in meiner Freizeit übte ich fleißig. Seit dem Tenniskurs verstand ich mich besser mit dem Chef.

Bei aller Launenhaftigkeit, Hausers sorgten dafür, dass ich im Laden und in der Schule gut ausgebildet wurde. Sie lebten nur für ihr Geschäft. In die Damen- und Herrenabteilung kamen meist verwöhnte und kleinliche Hausfrauen, die nicht wussten, was sie eigentlich wollten. Die Männer dagegen wussten, was sie wollten, die waren weniger anstrengend. Viel interessanter war „die Technik". Auch Hausers erkannten, dass ich für die Sportabteilung besser geeignet war, und setzten mich bevorzugt dort ein. Ski wachsen, Tennisschläger bespannen, Fischereiartikel verkaufen – dort war ich in meinem Element.

Ich hatte gerne mit Menschen zu tun. Doch gab es auch Flauten, manchmal kamen tagelang kaum Kunden in den Laden. Dann wurden die Regale geordnet und gereinigt; je nach Jahreszeit musste die Ware vom Laden ins Lager geräumt werden und umgekehrt. Natürlich gab es auch zu kehren und zu putzen, aber das störte mich nicht. Es gehörte einfach dazu. Hauptsache, ich musste nicht gelangweilt herumstehen, das wäre viel schlimmer gewesen! Wenn man genügend zu tun hat, vergeht die Zeit im Nu.

Dann kam für Uli eine schwere Zeit. Die Chefin wollte ihn wohl loswerden; ich hatte keine Ahnung, warum. Sie fragten ihn und mich einzeln aus – von mir wollte sie wissen, wie er arbeitete und was er in der Pause machte. Wenn wir zu ihnen in die Wohnung kommen mussten, sprachen wir uns vorher ab, was wir sagen würden. Die Kollegin unterstützte uns dabei und nahm uns auch in Schutz. Ich begriff nicht, was hier lief. Uli kündigte irgendwann, er meinte, er habe die Schnauze voll. Wovon? Was meinte er damit?

Er sagte mir noch, er würde sich jetzt bedienen, und empfahl mir, es ihm gleichzutun. Das war doch Diebstahl!? Er meinte noch, er ließe sich nicht ausnutzen. Es musste sich auch um Geld gehandelt haben. Uli war so sauer! Als er ging, verabschiedete er sich von uns beiden. Ich war traurig, denn ich hatte so gerne mit ihm gearbeitet. Bei ihm war es nie langweilig. Er hatte mir alles beigebracht, was ich in der Werkstatt wissen und können musste.

Als Ersatz bekamen wir kurze Zeit später einen kleinen, kurzbeinigen, frisch ausgelernten Jungen, der gern der große Mann sein wollte. Er besaß ein Auto, ein so großes, dass er kaum herausschauen konnte. Meine Chefs waren richtig angetan von ihm – plötzlich taten sie, als hätte sein Vorgänger alles falsch gemacht. Aber dem war nicht so. Es war nur ihr Frust über Uli.

Hausers schmierten dem Neuen richtig Honig um den Bart. Ich fand die Schleimerei widerlich. Plötzlich durfte ich nicht mehr in die Werkstatt und im Laden wurde einiges verändert. Ich wurde stutzig. „Neue Besen kehren gut", heißt ein Sprichwort. Ich war mir nicht so sicher, ob er wirklich so gut war, und wartete ab.

Eines Tages musste er für ein Kind Skier montieren. Auf den ersten Blick war alles zur besten Zufriedenheit erledigt, der Kunde bezahlte und verließ das Geschäft. Nach dem Wochenende stürmte der Kunde aufgebracht in den Laden, die Skier in der Hand. Als ich sah, was los war, bekam ich einen Lachanfall. Es war auch zu komisch! Die Schrauben waren zu lang und standen unten heraus. Skier mit Spikes! Bemerkt hatten sie es erst, als das Kind am Berg stand und hinunterfahren wollte und keinen Meter vorwärtskam. Der Chef war wütend auf den Neuen!

Jetzt durfte ich wieder in die Werkstatt und der Neue war von seinem hohen Ross heruntergekommen. Nach einiger Zeit freundeten wir uns sogar an, und Bernd half mir im Fach „Buchführung". Wir paukten nach Dienstschluss und ich bekam eine richtig gute Note! Auch in der Prüfung hatte ich kein Problem mit diesem Fach. So ging meine Lehrzeit in diesem Laden ganz gut zu Ende.

Nur eins war da noch: Großvater hatte mir zu Weihnachten eine Reise nach Amerika geschenkt. Die vier Wochen Urlaub konnte er mir leider nicht geben, dazu musste ich mit Hausers sprechen. Ich traute mich aber nicht und erzählte ihnen nur von der Reise nach Amerika, aber nicht, wann sie stattfinden sollte und dass die Flugkarten schon bestellt waren. Ich fühlte mich gar nicht wohl bei der Sache und wusste nicht, wie ich es ihnen beibringen sollte.

Die Idee zu der Reise stammte von Stiefmutter, und sie hatte alles organisiert, zusammen mit ihrer Tante in Amerika. Naja, fast alles. Natürlich hatte sie mich gefragt, ob ich mitkommen wollte. Aber dass ich zuerst die Urlaubsfrage hätte klären sollen, daran dachte ich in dem Moment nicht. Stiefmutter besorgte die Fahrkarten und meinte, das mit dem Urlaub solle ich selbst regeln. Ich hätte aber ihre Unterstützung gebraucht, und so war die Lüge schon vorprogrammiert. Wieder einmal ließ sie mich im Stich, wo ich sie wirklich gebraucht hätte.

Stiefmutter meinte nur, das würde ich schon hinkriegen. Ihr war es egal, ob ich Urlaub bekam oder nicht. Im schlimmsten Fall hätte ich halt nicht mitkommen können, sie hätte ihre Tante so oder so besucht. Wäre ich doch gleich mit der Wahrheit herausgerückt! Aber jetzt musste ich da durch, damit die Lüge nicht aufflog und ich nicht als Lügnerin dastand. Ich wartete eine Zeitlang ab, bis der geeignete Zeitpunkt kam.

Allen Mut nahm ich zusammen und bat um vier Wochen Urlaub. Vier Wochen am Stück? Nein, das wollten sie mir natürlich nicht gewähren, schließlich waren es dann nur noch zwei Monate bis zur Prüfung. Besonders die Chefin war strikt dagegen! Herr Hauser hätte mir den Urlaub schon gegeben, aber sie fuhr ihm energisch über den Mund. Also musste ein anderer Plan her. Ohne List würde ich nicht zum Ziel kommen.

Als die Chefin für drei Tage zur Messe fuhr, konnte ich mit dem Chef nochmals über meinen Urlaub sprechen. Dabei setzte ich meinen ganzen Charme ein, außerdem wusste ich, dass er nicht Nein sagen konnte. Und richtig, er sagte mir die vier Wochen Urlaub zu. Dass es Ärger geben würde, wenn die Chefin von der Messe zurückkam, war mir klar – als sie davon erfuhr, hatten wir eine lautstarke Unterredung. Sie war außer sich: Ich hätte genau gewusst, dass ihr Mann nicht Nein sagen könne. „Natürlich“, antwortete ich ihr frech und selbstbewusst, „wie hätte ich sonst den Urlaub bekommen sollen!“ Sie platzte schier vor Wut, aber nachdem ich ihr mitgeteilt hatte, dass die Tickets schon gekauft seien, musste sie eben einwilligen.

Als es so weit war, wünschte mein Chef mir alles Gute für die Reise. Die Chefin dagegen unterließ es, mir eine gute Reise zu wünschen, was ich ihr auch nicht verdenken konnte. Aber es machte mir nichts aus, da ich sie sowieso nicht leiden konnte. Also flog ich nach Amerika. Die Reise war natürlich toll.

Endlich ging es los. Wie aufregend! Sehr früh, es fühlte sich an wie mitten in der Nacht, fuhr Stiefbruder uns zum Flughafen. Wir waren etwas früher dort, um in Ruhe einchecken zu können. Ich war ganz aufgeregt.

Endlich durften wir das Flugzeug besteigen. Kaum saßen wir auf unseren Plätzen, ertönte durch den Lautsprecher eine Stimme, aus technischen Gründen müssten wir das Flugzeug verlassen. Nach ungefähr zwei Stunden durften wir wieder einsteigen. Stiefmutter war es etwas mulmig, sie fragte sich, was mit dem Flugzeug wohl nicht stimmte; ich dagegen empfand es eher als Abenteuer.

Im Flugzeug gab es links und rechts Reihen mit je drei Sitzplätzen. Alle Fensterplätze waren belegt und in der Mitte wollte ich nicht sitzen, also saß ich zum Gang hin. Gleich daneben, auf der anderen Seite, saß ein junger gutaussehender Mann, der nur Englisch konnte.

Er sprach mich an und mit einiger Mühe fand ich in mein mickriges Englisch hinein. Oh Wunder, er verstand mich sogar, und so verging die Zeit recht schnell – der Flug dauerte normalerweise neun Stunden. Allerdings ging es dieses Mal nicht ganz ohne Hindernisse ab. Wieder ertönte die Stimme des Piloten aus den Lautsprechern: Wegen eines Unwetters müssten wir einen Umweg machen. Vom Unwetter bekamen wir dennoch einiges mit – gerade bei der Essensausgabe wackelte das Flugzeug so stark, dass einige Portionen auf dem Gang landeten! Die Stewardessen fanden es überhaupt nicht lustig, aber für mich war es einfach spannend und abenteuerlich.

Dank Unwetter flogen wir über Grönland und ich genoss den überwältigenden Anblick. In Washington hatten wir eine Zwischenlandung, hier wurden wir und unser Gepäck kontrolliert. Von dort flogen wir nochmals fünf Stunden nach Tampa.

Mit etlicher Verspätung kamen wir in Tampa an. Es war Nacht, und die Straßenbeleuchtung und der Anblick der hell erleuchteten Häuser waren berauschend. Aber wo waren Stiefmutters Tante und ihr Mann und ihr Sohn? Sie hatten versprochen, uns abzuholen, aber vielleicht waren sie ja wegen der enormen Verspätung wieder gegangen. Stiefmutter konnte kein Wort Englisch und ich sprach es nur gebrochen. Na toll! Irgendwann entdeckten wir die sehnsüchtig gesuchten Verwandten dann doch, sie hatten uns an der Gepäckausgabe erwartet. – Erleichterung.

Nun ging es nochmals fünf Stunden mit dem Auto weiter nach St. Petersburg. Als wir endlich ankamen, sanken wir gleich ins Bett, wir waren total erledigt von der langen Reise.

Am nächsten Tag machten wir die ersten Erkundungen, sahen uns im Haus um (ja, da gab es viel Neues und Interessantes zu sehen) und gingen im Meer baden. Jeden Tag hatten unsere Gastgeber sich etwas Neues für uns ausgedacht. Wir gingen einkaufen – diese riesigen Shopping-Center gibt es inzwischen auch in Deutschland, aber damals war das für uns eine neue Welt. Wir besuchten verschiedene Strände, Sea World und Disneyland. Einmal waren wir sogar bei einem Pferderennen.

Kurz vor der Heimfahrt genoss ich Sonne, Strand und Meer noch einmal ganz allein und ausgiebig. Das gab es zu Hause nicht! Zunächst schien alles ganz normal zu sein. Aber am nächsten Morgen! Mein Gesicht war von einer riesigen Wasserblase ganz entstellt, und auch sonst war meine Haut so anders als sonst! Alle waren erschrocken. Diesen Tag verbrachte ich mit Eisbeuteln im Gesicht. Am nächsten Tag fuhren wir zu Bekannten nach Miami und blieben dort über Nacht – zum ersten Mal schlief ich in einem Wasserbett. Das war toll. Die Gastgeber gaben mir eine besondere Creme für mein geschundenes Gesicht, die brachte mir spürbare Erleichterung. Ein paar Tage später pellte sich die Haut wie Pergamentpapier ab.

Alles in allem: Es war eine Reise von der Sorte, die man nie vergisst.

Erfüllt von all den Erlebnissen setzte ich meine Ausbildung fort; leider wollte keiner wirklich hören, was ich alles erlebt hatte. Frau Hauser nahm mir die Reise noch immer übel; die restlichen zwei Monate bis zur Prüfung machte sie mir das Leben zur Hölle. Nichts konnte ich ihr recht machen, dank meinen wunderbaren Kollegen überstand ich es aber gut. Frau Hauser konnte mir auch nicht wirklich etwas anhaben, denn ich war sorgfältig und machte meine Arbeit gut und konnte überall eingesetzt werden.

Sie hatten ihren festen Dekorateur, doch gelegentlich brauchte er jemanden zum Helfen. Das tat ich sehr gern, denn so konnte ich eine Zeitlang der Chefin entkommen. Hin und wieder durfte ich sogar selber ein Schaufenster gestalten und dekorieren.

Manchmal konnte sie auch ganz nett sein, zum Beispiel nach meiner Fahrprüfung. Ich kam zurück und heulte Rotz und Wasser. Als sie mich so verheult sah, schrie sie entsetzt im ganzen Laden herum: „Sie ist durchgefallen!“ Damit es auch wirklich alle hören konnten. Als wir alle beieinander waren, konnte ich endlich sagen: „Ich habe bestanden!“ Frau Hauser verstand die Welt nicht mehr! „Aber warum heulst du denn?“ – „Vor Freude natürlich!“, war meine Antwort. Und sie freute sich tatsächlich mit und spendierte sogar eine Flasche Sekt! Das war übrigens das erste Mal, dass sie überhaupt etwas spendierte.

Endlich hatte ich die Ausbildung geschafft. Ich hatte Höhen und Tiefen erlebt, allerdings waren es mehr Tiefen als Höhen. Die Abschlussprüfungen bestand ich mit Erfolg.

Unzufriedenheit ist ein Nährboden für Betrug, Diebstahl und schwache Leistung.

Gerechte Bezahlung und ein guter Umgang mit den Mitarbeitern dagegen sind wichtig für ein gutes Betriebsklima. Respekt und der Glaube an eine Person oder Sache sind der Nährboden für Erfolg. Glaube versetzt Berge.

Teil II

Chaos durch jede Menge Fehlentscheidungen

Kapitel 8

Männergeschichten

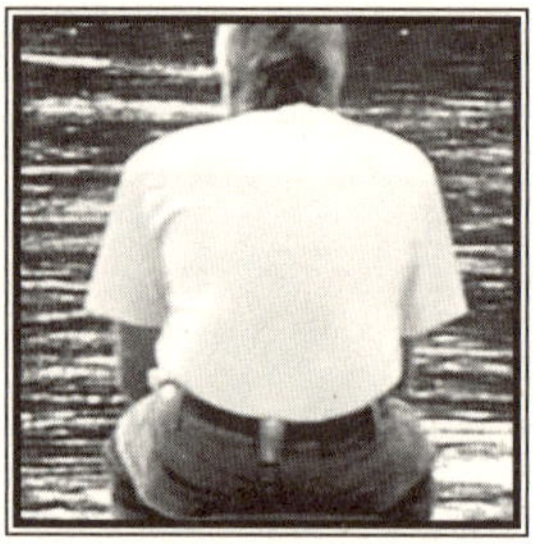

Während meiner Ausbildung hatte ich verschiedene Männerbekanntschaften gemacht. Gute und weniger gute. Ich wollte einfach Erfahrungen sammeln; auch hatte ich das Gefühl, etwas nachholen zu müssen.

Ich veränderte mein Äußeres und sah nicht mehr wie ein Mauerblümchen aus. Ich hatte eine gute Figur. Aufreizende Klamotten wollte ich nicht, es musste eher etwas Schlichtes und Bequemes sein; so entwickelte ich meinen eigenen Stil.

Ich glaubte an die große Liebe. Aber dazu musste ich zuerst herausfinden, was für einen Typ Mann ich überhaupt mochte, so dachte ich damals. Eigentlich wusste ich schon, was für ein Typ er sein sollte, ich hatte so meine Vorstellungen – mein Stiefbruder hatte immer noch einen Platz in meinem Herzen. Aber mein Verstand sagte mir, dass es mit ihm nicht sein durfte.

Also machte ich mich auf, mein Glück zu suchen. Ich wollte aber vorerst mit keinem ins Bett gehen. Ich hielt nichts davon, gleich mit jemanden in die Kiste zu springen! Heute bin ich froh darüber.

Mein erstes Rendezvous hatte ich noch als Schülerin. Es war ein totaler Flop! Fast eine Stunde lang stand ich am Straßenrand und wartete und wartete. Wieder und wieder schaute ich auf die Uhr. Alle möglichen Gedanken schossen mir durch den Kopf und je länger ich wartete, umso mehr stieg in mir Wut auf. Er kam nicht. Wie peinlich! Keiner sollte meine Tränen sehen, also unterdrückte ich sie. Ich schämte mich. Es tat weh, so abserviert worden zu sein. Nach einer Stunde ging ich wieder nach Hause und wollte mich nur noch verkriechen. Ich hatte die Nase gestrichen voll. Mir war zum Heulen zumute.

Aber ich konnte mich nicht wirklich verstecken – Stiefmutter und ihre Freundin mussten mich vom Balkon aus beobachtet haben, und jetzt schämte ich mich noch mehr über diese Peinlichkeit. Am nächsten Tag tauchte meine „Verabredung" mit einer faulen Ausrede auf, er hätte es vergessen. Dafür hätte ich ihm an die Gurgel gehen können.

Was ist das für ein Interesse, wenn man einen vergisst? Bin ich denn so unattraktiv? Ich schickte ihn weg.

Vorerst hatte ich genug von Männerbekanntschaften. Erst viele Monate später, ich war schon in der Ausbildung, bekam ich wieder Interesse.

Es begann mit einem harmlosen Flirt mit einem gutaussehenden gleichaltrigen Arbeitskollegen meines Bruders. Aber ich merkte schnell, dass ich an einem so jungen Mann kein Interesse hatte.

Also unternahm ich weitere Versuche. Er war ungefähr fünf Jahre älter als ich – aber leider war er der Freund meiner Freundin. Ich hatte ein schlechtes Gewissen, richtig fies fühlte ich mich. Es war ungerecht meiner Freundin gegenüber, also machte ich Schluss, bevor es überhaupt richtig angefangen hatte. Verliebt war ich nicht.

So hatte ich mehrere Bekanntschaften gemacht, aber die große Liebe konnte ich nicht finden.

Dann nahm ich an einem Skikurs teil, er ging mehrere Wochenenden lang. Der Skilehrer sah echt gut aus, und ich flirtete mit ihm. Er gefiel mir, und er entsprach meinen Vorstellungen. Irgendwie hatte er sich meine Adresse organisiert und eines Tages stand er ganz überraschend vor meiner Haustüre. Ich war platt! Wir gingen spazieren und unterhielten uns ausgiebig. Er gestand mir seine Liebe, wollte mich sogar heiraten. Doch das ging mir nun wirklich zu schnell, von der Liebe hatte ich ja noch keine Ahnung. Und dann sagte er noch, er sei verheiratet und habe zwei erwachsene Kinder in meinem Alter. Ich schätzte seine Ehrlichkeit, aber darauf wollte ich mich nicht einlassen und machte einen Rückzieher. Ich wollte ja jemanden, der mit mir zusammen die große Liebe erlebt – doch auch bei ihm spürte ich sie nicht. Also beendete ich die Beziehung, bevor sie überhaupt begonnen hatte.

Liebe lässt sich nicht erzwingen

Ich schien Katastrophen geradezu magisch anzuziehen. Einmal verabredete ich mich mit einer Freundin zu einem Disco-Besuch; ihr Freund gehörte einer Rockergruppe an. Die Clique holte mich mit mehreren Autos ab. Sie waren ausgelassen, aber einer wie der andere schräge Typen in schmuddeligen Jeans, und so manch einem fehlte ein Zahn – zur Erinnerung an eine Schlägerei. Ganz wohl war es mir nicht dabei. Meine Freundin setzte mich absichtlich in das Auto, in dem die härtesten Typen saßen; sie wusste, dass ich solche Leute nicht mochte. Meine Vorurteile legte ich allerdings schnell ab: Sie sahen zwar schlimm aus, verhielten sich aber sehr anständig.

In der Disco forderte mich ein blonder, kurzbeiniger Typ mit einer dicken getönten Brille zum Tanzen auf. Da ich nicht unfreundlich sein wollte, willigte ich ein, er gefiel mir aber kein bisschen. Nach einigen anderen Tänzen brachten sie mich wieder nach Hause. Unterm Strich war es ein netter unterhaltsamer Abend, wenn auch nicht ganz nach meinem Geschmack. Was ich nicht wusste: Meine Freundin gab dem kurzbeinigen blonden Mann meine Adresse, und eines Tages stand er plötzlich vor der Tür! Ohne Auto. Wie war er hergekommen? Zu Fuß; wegen seiner Augenprobleme durfte er keinen Führerschein machen. Ich ließ ihn ins Haus und wir unterhielten uns.

Wieder einer, der mir seine Liebe gestand und mich heiraten wollte! Es war schon fast unheimlich: Immer wollten ausgerechnet die Männer etwas von mir, die mich nicht interessierten. Wir verabschiedeten uns und ich dachte, es wäre erledigt.

Es war nicht erledigt. Eine Woche später stand er wieder da. Und wieder. Er bedrängte mich mit seinen Besuchen, obwohl ich ihm mehrere Male sagte, dass ich keine Beziehung mit ihm wollte. Doch er wollte nicht hören und stand weiterhin Woche für Woche da. Brachte mir billige Plastikgeschenke mit, die man vielleicht einem Kind geben konnte, aber doch keinem Erwachsenen! Sie wanderten umgehend in die Mülltonne, sobald er gegangen war. Was sollte ich schon mit Plastikfiguren?

Er war sehr hartnäckig, ließ nicht locker. Je öfter er kam, umso mehr Angst bekam ich vor ihm, das ließ ich mir aber nicht anmerken. Er hatte mich wohl immer noch nicht verstanden – mit schönen Worten war da nichts mehr zu machen, jetzt musste die Keule her.

Wieder stand er vor der Tür, dieses Mal hatte er Verstärkung mitgebracht. Okay, ich nutzte meine Chance und redete gar nicht um den heißen Brei herum: Ich erklärte seinem Freund, was Sache war und warum. Der verstand – er schien sehr vernünftig zu sein.

Doch mein Verehrer sah das anders. Plötzlich holte er etwas aus seiner Tasche und legte es auf den Tisch: eine Waffe! Ich hielt den Atem an. Das machte mir nun wirklich Angst. Er bedrohte mich zwar nicht, meinte aber, dass er die Pistole schon anwenden würde. Die Angst fuhr mir in die Glieder, aber ich ließ mir nichts anmerken. Zuerst wurde ich ganz still, dann nahm ich allen Mut zusammen und redete Klartext – ich würde mich weder erpressen noch bedrohen lassen.

Leider ließ er immer noch nicht locker, tauchte immer und immer wieder bei mir auf. Irgendwann verlegte er sich auf briefliche Selbstmorddrohungen. Fehlanzeige, aber ich antwortete trotzdem: „Es hat keinen Zweck. Liebe lässt sich nicht erzwingen." – Er beging keinen Selbstmord.

Ein Albtraum. Noch lange Zeit hatte ich Angst, er würde mir vielleicht sogar auflauern und möglicherweise doch noch etwas antun.

Nach vielen Jahren, ich war schon verheiratet, rief er wieder an. Stiefmutter dachte sich nichts dabei und gab ihm meine Telefonnummer. Er wollte mir aber nur mitteilen, dass er verheiratet sei und Kinder habe. Ich war erleichtert.

Stiefmutter und meiner Freundin tat es leid, dass sie meine Adresse und meine Telefonnummer einfach so weitergegeben hatten.

Vertrauensselig

Bei einer Faschingsveranstaltung lernte ich einen acht Jahre älteren Mann kennen. Er schien ganz nett zu sein. Ich musste erwähnt haben, wo ich arbeitete, und eines Tages stand er doch tatsächlich mitten im Laden und fragte nach mir! Er wollte mich von der Arbeit abholen. Gemütlich schlenderten wir durch die Stadt und tranken noch einen Kaffee zusammen. Eigentlich musste ich jetzt zum Bahnhof, aber er ließ nicht locker: Er würde mich selber nach Hause bringen.

Ich dachte mir nichts dabei. Er hatte einen umgebauten VW-Bus, den er als Wohnmobil nutzte. Unterwegs hielt er auf einem Parkplatz an. Er näherte sich mir und wollte zärtlich sein, aber mir wurde es mulmig. Ich hatte noch nie mit einem Mann geschlafen; das wollte ich ja für den Richtigen aufsparen. Und jetzt wollte er mit mir Sex haben! Meine Gedanken spielten verrückt. Was sollte ich tun? Keiner wusste, wo ich war. Krampfhaft suchte ich nach Ausflüchten. Meine Angst wurde immer größer und ich machte mir Vorwürfe. Doch das half jetzt nichts.

Ich dachte mir einen Plan aus, er durfte bloß nicht merken, dass ich Angst hatte. Aber wenn er mir schon vorher Gewalt antat? Jetzt wurde mir ganz schlecht. Und mir wurde bewusst, wie leichtsinnig es war, mit jemandem mitzufahren, den man gerade erst kennengelernt hatte.

Ich hatte Glück, es passierte nichts. Er brachte mich nach Hause und wir sahen uns nie wieder. Ich wusste, das hätte auch anders ausgehen können. Nach diesem Erlebnis teilte ich mindestens einer Person mit, wo ich hinging. Nicht als Kontrolle, sondern zu meiner Sicherheit.

So kann man sich irren

Samstags war es immer schwierig, nach Dienstschluss nach Hause zu kommen, da um diese Zeit keine Busse und Züge mehr fuhren. Wieder einmal stand ich am Samstagnachmittag an der Straße in der Hoffnung, dass mich jemand mitfahren ließ; dass ich damit ein Risiko einging, war mir klar. Endlich, nach einer halben Stunde, hielt ein Auto an. Ich nannte mein Ziel und stieg ein. Der Fahrer war ein älterer Mann, so um die sechzig, er schien okay zu sein. Bald begann er zu reden, zuerst über Belangloses, aber dann sprach er über Sex. Nein, nicht schon wieder! Ich verhielt mich ruhig und sagte nichts. Ich wollte nur nach Hause.

Und dann fing er an, von Sex mit Tieren zu schwärmen. Ob ich es auch schon versucht hätte. Jetzt bekam ich es richtig mit der Angst zu tun! Trotzdem verhielt mich ganz ruhig und wartete erst einmal ab. Was hätte ich auch tun können? Und wie sollte ich mich verhalten? Wenn ich ausrastete, tat er mir womöglich erst recht Schlimmes an. Bei so einem Psychopathen, man konnte nie wissen.

Ich überlegte mir, wo er mich absetzen könnte, irgendwo an einer gut sichtbaren Stelle und doch nicht zu weit weg von zu Hause. Dann forderte ich ihn auf, anzuhalten und mich aussteigen zu lassen. Ich hoffte, dass er darauf einging. Was tun, wenn er nicht hält?

Daran wollte ich nicht einmal denken. Er fuhr rechts ran. Gott sei Dank! Er wollte mich bis zur Haustüre fahren, aber darauf ließ ich mich nicht ein. Nur raus aus dem Auto! Ich wollte auf keinen Fall riskieren, dass er einmal vor meiner Tür stand oder mir auflauerte. Lieber ging ich die letzten drei Kilometer zu Fuß.

Das war noch einmal gut gegangen! Ich hatte Glück gehabt. Der alte Mann hatte doch so harmlos ausgesehen. So kann man sich irren.

Das war mir eine Lehre. Jetzt war Schluss mit Trampen! Zu Fuß war es aber zu weit, und ein Auto konnte ich mir nicht leisten. Also legte ich mir ein Mofa zu.

Freundschaften

Ich machte eine weitere Bekanntschaft, wieder beim Fasching. Er gefiel mir, und in seiner Nähe fühlte ich mich richtig wohl. Er war noch Auszubildender bei der Polizei. Ich mochte diesen jungen Mann und hätte gerne mehr Zeit mit ihm verbracht; er wollte aber noch keine feste Beziehung. Schade! Er verstand es, gut mit mir umzugehen, und gab mir das Gefühl, etwas Besonderes zu sein. Es war wirklich eine schöne Zeit mit ihm, so ohne gleich miteinander ins Bett zu springen. Er tat mir einfach wohl. Ich war traurig, dass sich unsere Wege nach so kurzer Zeit wieder trennten, aber wir gingen als Freunde auseinander. Nach vielen Jahren, als ich schon verheiratet und er liiert war, fragte er wieder nach mir. Das zeigt, dass er mich wirklich gemocht hatte.

Einmal dachte ich, ich hätte mich verliebt. Es war ein gut aussehender junger Fabrikantensohn, wobei ich sehr schnell merkte, dass ihm seine Freunde wichtiger waren als ich, seine Freundin. Gerade bei Veranstaltungen kam es häufig vor: Wenn er ein bekanntes Gesicht sah, ließ er mich einfach stehen und steuerte auf diese Person zu, ohne mich vorzustellen oder mir etwas zu sagen. Das verletzte mich sehr, ich kam mir dann immer so blöd vor – und ich erkannte, dass er nicht der Richtige für mich war. Auch er hat mich nach vielen Jahren wieder besucht, und darüber freute ich mich sehr: Er hatte mich nicht vergessen.

Ich war immer noch allein, hatte noch immer nicht die große Liebe gefunden. Also beschloss ich, öfter mal auf die Piste zu gehen, dazu musste ich nicht weit fahren. Wenn ich so auf den Brettern stand, hielt ich Ausschau nach attraktiven Männern. Dabei fiel mir ein großer, gut aussehender junger Mann auf. Er machte wirklich eine gute Figur in seinem Skianzug! Wir verstanden uns gut an jenem sonnigen Wintertag; also verabredeten wir uns.

Als er mich abholte und in seinen Jeans und dem Hemd vor mir stand, so riesig und so dürr, ganz ohne Fleisch auf den Knochen, war ich enttäuscht. Aber gut, einen Abend konnte ich schon riskieren, und vielleicht war er doch „der Richtige". Wir gingen etwas trinken, um uns besser kennenzulernen, aber der Funke sprang nicht über. Es blieb bei dieser einen Verabredung.

So sahen meine Männerbekanntschaften aus. Meine Entscheidung, Erfahrungen mit Männern zu sammeln, war nicht die beste. Manche Bekanntschaften hätten ganz schön ins Auge gehen können! Andere genoss ich einfach, aber wahrscheinlich hatte keiner wirklich eine Chance, weil ich immer noch meinen Stiefbruder als Ideal vor Augen hatte.

Sag der Mutter nichts

Und dann kam der Traumprinz tatsächlich zu mir. Ja, er war es wirklich: mein lang ersehnter, 18 Jahre älterer Stiefbruder, der schon eine ganze Weile geschieden war. Schon aufgrund dieser Tatsachen, dass er geschieden und mein Stiefbruder war, hätte ich in diesem Alter wissen müssen: Finger weg! Doch war ich immer noch so in ihn verliebt wie damals, als ich ihn als Zehnjährige zum ersten Mal sah. Jetzt auf einmal wollte er etwas von mir. Wahrscheinlich war es kurz bevor ich achtzehn wurde, aber so genau will ich mich gar nicht mehr daran erinnern.

Mitten in der Nacht stand er in meinem Zimmer. Ich glaubte, nun sei der Tag gekommen – und ich dachte, dass er auch so empfand wie ich.

Ich hatte noch keine sexuellen Erfahrungen gemacht. Ich glaubte an die ehrliche große Liebe und war naiv genug zu glauben, dass er es war. Für mich jedenfalls war er die große Liebe! Zum ersten Mal erlebte ich Zärtlichkeit, und ich vertraute ihm. Ich liebte ihn und somit war dieser Augenblick etwas ganz Besonderes. Für mich war er „das erste Mal".

Leise schlich er sich wieder aus meinem Zimmer und sagte noch: „Sag der Mutter nichts." Ich schaute ihn an und fragte nur: „Warum?"

So begann für mich die Katastrophe. In mir war etwas zerstört: die wahre große Liebe. Ich dachte, es wäre Liebe, aber für ihn war es nur ein Spiel.

Mir brach es das Herz.

Den ganzen Tag über schwänzelte er mit seinem schlechten Gewissen um mich herum und wollte sich vergewissern, dass ich dicht hielt. Ich hielt dicht.

Es war für mich ein Schock. Und ich schwieg. Wenn ich irgendetwas gesagt hätte, hätten wir beide das Gesicht verloren. Mit meinem zerbrochenen Herzen und der Schande, die ich mir selber zugefügt hatte, musste ich allein zurechtkommen. Es war schrecklich, mit niemandem darüber reden zu können. So etwas frisst einen innerlich förmlich auf.

Ich hatte meine Unschuld verloren – durch einen Mann, den ich aufrichtig liebte, er aber hatte nur ein Abenteuer gesucht! Ich wünschte, ich könnte es ungeschehen machen. Scham und Ekel stiegen in mir hoch. Mein Traum, „das erste Mal" dem zu schenken, mit dem ich mein Leben teilen wollte, war zerstört.

Es fühlte sich ungefähr so an, als möchte man alles wieder abwaschen, wie bei einer Vergewaltigung. Man fühlt sich beschmutzt.

Die nächste Demütigung war, dass mein Stiefbruder gleich am nächsten Wochenende mit einer neuen Freundin ankam. Ohne jede Vorwarnung brachte er eine andere mit! Als wäre das nicht schlimm genug gewesen: Vor meinen Augen turtelte er mit seiner neuen Damenbekanntschaft herum.

Sogar in dieser Situation kam er wieder auf mich zu und forderte mich auf, ja nichts zu sagen. Er konnte doch nicht ernsthaft gemeint haben, ich könnte es einfach so wegstecken! Jegliche Selbstachtung hatte ich dadurch verloren!

Fakt war: Ich hatte Angst. Ich war selber schuld. Ich schämte mich.

Jedes Mal, wenn er seine Mutter besuchte, kochte es in mir. Am liebsten hätte ich alles gesagt, aber er beschwor mich immer wieder, dass Mutter nichts erfahren dürfe.

Was wäre geschehen, wenn ich es Mutter gesagt hätte? Wie hätte sie wirklich reagiert?

Hätte sie mich beschimpft und verachtet?

Oder hätte sie versucht, mich zu trösten?

Hätte ich es ihr besser doch gebeichtet?

Ich werde es wohl nie herausfinden. Diese Chance war vertan. Ich schwieg weiterhin.

Schweigen verursacht meist größere Wunden als Offenheit. Fehler zuzugeben ist keine Schande, sondern zeigt Größe. Wahrheit und Offenheit wären ein Anfang, um dazuzulernen.

Auf jeden Fall wäre es für mich besser gewesen, wenn ich offen darüber geredet hätte. Den Wirbel, den ich damit ausgelöst hätte, hätte ich schon überstanden – und dann wäre ich frei gewesen. Aber so plagte, verfolgte mich diese Schuld. Ich war unfähig geworden, die wahre Liebe zu finden.

Mit diesem Erlebnis wurde ich nicht fertig. Es war meine größte Enttäuschung und mein größter Fehler. Die Verletzung saß tief! Es kränkte mich jedes Mal sehr, wenn er eine nach der anderen mitbrachte – und dass Mutter von unserer Sache auf keinen Fall erfahren durfte, geschweige denn irgendjemand sonst.

Zu keinem Mann hatte ich mehr Vertrauen. Um nicht wieder enttäuscht zu werden, nahm ich mir später einen nicht so gut aussehenden

Mann – Hauptsache, er war treu und brachte mir Wertschätzung entgegen. Den Glauben an die große Liebe aber hatte ich verloren. Ich hoffte damals nur, dass der Mann, den ich heiraten würde, mich liebte: „Auch wenn ich ihn nicht liebe, ich werde ihn lieben lernen!"

Und tatsächlich heiratete ich einen, den ich nicht liebte. Ich mochte ihn zwar, aber ich liebte ihn nicht. Ich wusste es nicht genau; mir war wichtig, jemanden zu haben, der es ehrlich mit mir meinte und mir treu bleiben würde. Den glaubte ich gefunden zu haben. Aber das war eine Lüge. Ich wusste nicht, wie sich ehrliche Liebe anfühlt; aber damals wollte ich einfach nicht mehr zu Hause wohnen, und das gab wohl den Ausschlag.

Es ist traurig, mit ansehen zu müssen, wie leichtsinnig Mädchen und Jungen mit ihrer Sexualität umgehen. Haben wir nicht Verantwortung für unser eigenes Leben und für andere Menschen? Wir brauchen uns nicht zu wundern, dass alles aus den Fugen gerät, weil wir alles tolerieren und keiner mehr weiß, was richtig oder falsch ist.

Kapitel 9

Die Frucht des Verschweigens

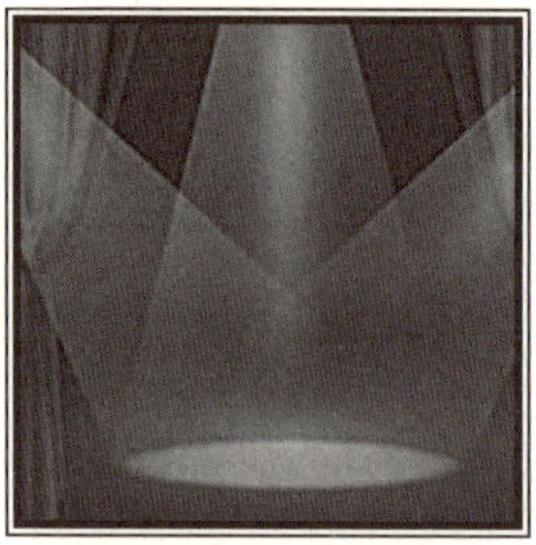

Die Sache mit meinem Stiefbruder habe ich nie wirklich überwunden. Doch dann lernte ich wieder einen Mann kennen. Stiefmutter hatte ihn mir einmal angepriesen mit der Begründung, er hätte einen Bauernhof und bei ihm wäre ich gut versorgt. Wie wenn es mir um Versorgung gegangen wäre! Was nützt einem eine gute Versorgung ohne Liebe – das war für mich damals undenkbar. Ich war sauer: ***Wie kann sie mir nur so einen Mann andrehen wollen?***

Der war überhaupt nicht mein Typ! Er wohnte nicht weit von mir entfernt, nur eine Straße weiter. Zwischen seinem Stall und unserem Haus lag nur eine große Wiese.

Der Mann war elf Jahre älter als ich und ein geselliger Mensch. Er ging gerne ins Gasthaus und liebte es, die Leute zu unterhalten. Nach außen hin war er liebenswert und hilfsbereit.

Er war von kleiner Statur, hatte kurze Beine und einen weiten Umfang. Kurz gesagt, er war dick. Also wirklich nicht mein Typ – aber sein Gesicht war freundlich. Heute ist es mir ein Rätsel, dass ich mich auf ihn eingelassen habe.

Wieder einmal war es bei einer Faschingsveranstaltung. Er fiel mir durch seine Unterhaltungskünste auf, aber er interessierte mich nicht. Dann fand er heraus, dass ich in der Laienspielgruppe unseres Ortes mitmachte, und war von da an auch dabei. So konnten wir uns besser kennenlernen.

Das Theaterspielen machte mir sehr viel Freude. Da die Gruppe altersmäßig gut gemischt war, brauchten wir uns nicht zu verstellen, und wir hatten immer eine ideale Rollenverteilung.

Ab Herbst probten wir zwei- bis dreimal in der Woche, die erste Aufführung war für den ersten Weihnachtsfeiertag geplant. Es war nicht einfach. Mir wurde gleich eine große Rolle zugewiesen, und sie passte zu mir – ich spielte eine verliebte Wirtstochter. Den Verliebten spielte der dicke junge Mann, der tatsächlich in mich verliebt war, wenngleich ich das noch nicht wusste.

Als Stiefmutter erfuhr, wie viel Text ich zu lernen hatte, meinte sie, das sei zu viel für mich, das würde ich nicht schaffen. Mehr fiel ihr dazu nicht ein.

Ich war sauer. Ich hatte sie doch gar nicht um ihre Meinung gebeten. Ich wollte es ihr einfach nur sagen und hoffte, dass sie es auch toll fand. Sie sollte sich nur mitfreuen! Ich wollte, dass sie an mich glaubte – und dann das! Nun ja, eigentlich war ich solche Aussagen aus ihrem Mund gewohnt. Leider.

Ich ging trotzdem zu den Proben und es war immer sehr lustig. Jeden Tag freute ich mich darauf. Ich nutzte jede freie Minute zum Lernen, beim Bügeln und beim Putzen, egal, das Manuskript war immer dabei. Ich paukte wie eine Verrückte. Wollte Stiefmutter beweisen, dass sie falsch lag.

Zu den Proben gehörten auch die Bühnengestaltung und vieles andere. Alle waren begeistert dabei, und anschließend kehrten wir im nahen Gasthaus ein. Irgendwann hatte mir der dicke Mann während einer Probe seine Zuneigung gestanden. Ich ließ mich darauf ein und erinnerte mich noch, was Stiefmutter vor etwa einem Jahr zu mir gesagt hatte. Aber ich wollte von zu Hause weg und mir schien, dieser Mann meinte es ehrlich mit mir. Wir verabredeten uns außerhalb der Proben, hielten es aber erst mal geheim.

Vor Weihnachten häuften sich die Proben, und an dem Tag vor meinem Geburtstag wurde eine Extra-Probe angesetzt, damit es bei der nächsten Aufführung noch besser klappte. Wie immer gingen wir auch an diesem Abend anschließend noch gemeinsam ins Wirtshaus; ich freute mich schon auf Mitternacht, da würden wir gemeinsam auf meinen Geburtstag anstoßen. Doch es kam anders.

Alfred drängte mich schon um elf Uhr, nach Hause zu gehen. Eigentlich wollte ich nicht. Wusste er denn nicht, dass ich morgen Geburtstag hatte? Warum wollte er so früh nach Hause? Alfred ließ nicht locker und ich gab nach und ging mit ihm. Warum drängte er mich so? Wollte er ganz romantisch mit mir allein in den Geburtstag hineinfeiern? Aber warum bestellte er dann vor dem Gehen noch ein Glas Wein?

Wir machten uns auf den Weg zu mir nach Hause. Auf halbem Wege blieb er vor seiner großen Wiese stehen und machte mir einen Heiratsantrag, und auf dieser Wiese wolle er ein Haus bauen. Ich stand da und war sprachlos; deshalb also verhielt er sich so komisch. Das erklärte alles! Ich freute mich und willigte ein.

Und wozu hatte er noch den Wein bestellt? Ganz einfach. Für den Frust, falls ich Nein gesagt hätte, oder zum Feiern bei einem Ja. Alfred brachte mich nach Hause und ging dann zu seinem Glas Wein zurück.

Ich zog Bilanz. Alfred meinte es ehrlich, er liebte mich, er wollte eine gemeinsame Zukunft mit mir. Ein Zuhause, wo man mich wollte, mich liebte und mich so nahm, wie ich war: für mich war das mehr, als man denken konnte! Stiefmutter hatte mir ja immer das Gefühl gegeben, ich wäre dumm, schlecht und lästig. Meine eigentliche große Liebe, mein Stiefbruder, hatte mich abgeschoben und gedemütigt.

Aber Alfred, so dachte ich, liebte mich wirklich. Ich mochte ihn und würde es schon noch lernen, ihn zu lieben. Dass er dick war, war für mich kein Hinderungsgrund. Ich dachte, dann läuft ihm schon keine hinterher und er bleibt mir treu. Und die große Liebe, die gab es sowieso nur im Film! Immerhin hatte Stiefmutter ihren zweiten Mann, unseren Vater, auch nicht aus Liebe geheiratet. Und sie waren glücklich gewesen.

Diese Neuigkeit musste ich Stiefmutter noch am selben Abend erzählen! Oder doch lieber nicht? Ich wusste noch gut, wie sie ihn mir damals so angepriesen und dass ich heftig darauf reagiert hatte. Aber ich sagte es ihr doch. Sie reagierte mit einem lauten Lachen – sie hätte es doch gewusst, wir würden zusammenkommen. Was meinte sie damit nur? Sie wusste, dass wir zusammenkommen würden? Seltsam. Aber ich dachte nicht weiter darüber nach.

Stiefmutter sorgte umgehend dafür, dass der ganze Ort Bescheid wusste.

Endlich war der große Tag gekommen, die erste Aufführung stand vor der Tür. Meine Anspannung stieg. Ich war unheimlich aufgeregt, aber den anderen ging es genauso. Einer vergaß sogar seinen Text, das heißt, er war einige Seiten weiter an einer Stelle, wo er noch gar nicht sein sollte. Und das ausgerechnet direkt nach meinem Einsatz! Zuerst war ich erschrocken und wusste nicht, was ich jetzt tun sollte. Aber dann redete ich einfach weiter, bis der andere seinen Faden wieder gefunden hatte.

Das war das Schlimmste: wenn einem der Text plötzlich nicht mehr einfiel, ein sogenannter Black-out. Am liebsten wäre man dann von der Bühne gegangen und nicht mehr erschienen – aber wir konnten alle Pannen gut überspielen. Mit der Zeit lernte auch ich, mit solchen Situationen umzugehen. Doch gerade bei der Premiere passierte mir eine Peinlichkeit:

Ganz zum Schluss der Aufführung musste ich eine Flasche Wein öffnen. Bei einer Probe hatte einer gesagt, nur so zum Spaß: „Und wenn der Korken abbricht?" Ein anderer meinte, notfalls müsse ich eben den Korken mit dem Daumen in die Flasche drücken. Und tatsächlich, wie befürchtet brach der Korken wirklich ab! Ich stand da und spürte, wie mein Kopf rot anlief, und versuchte, die Situation mit irgendwelchen Redensarten zu überspielen, bis ich mich erinnerte. Also versuchte ich, den Korken mit dem Daumen in die Flasche hineinzudrücken. Aber ich wusste nicht, dass das so schwer ging! Mein Kopf wurde hochrot und mir wurde heiß, als hätte es auf der Bühne vierzig Grad gehabt.

Da, geschafft! Der Korken war drin! Ja, und für Abkühlung war auch gesorgt: Ein ganzer Strahl Wein spritzte mir ins Gesicht. Alle lachten und ich war erleichtert. Das Lachen war ganz in Ordnung, schließlich führten wir eine Komödie auf und die Zuschauer meinten, das gehöre zum Stück dazu. Die Premiere war ein voller Erfolg und die weiteren Aufführungen ebenso. Ich liebte es, auf der Bühne zu stehen.

Als die Theatersaison vorüber war, waren Alfred und ich ein Pärchen und jeder wusste es. Er war mir gegenüber richtig aufmerksam. Gemeinsam gingen wir weg und gemeinsam kamen wir wieder nach Hause – wie es eigentlich sein sollte.

Einige alteingesessene Mitbürger warnten mich vor ihm, er käme aus einer sehr rauen Familie. Ich ließ mich nicht verunsichern: „Es wird schon nicht so schlimm sein. Außerdem bin ich mit dem Sohn zusammen und nicht mit der Familie." Damals kannte ich Alfred nur von seiner besten Seite.

Außer an einem Wochenende, das war noch während der Kennenlern-Zeit: Wir wollten mit den Langlaufskiern für seine Eltern einen Weihnachtsbaum aus dem Wald holen. Die Skier musste ich aber erst noch herrichten lassen, natürlich in der Werkstatt meines Ausbildungsbetriebs. Mit dem Mofa ging das schlecht, also brachte Alfred mich am Freitagmorgen mit dem Auto hin und versprach, mich samt den Skiern am Samstag wieder abzuholen. Am Freitagabend ginge das nicht, da hätte er Weihnachtsfeier.

Wer am Samstagnachmittag nicht kam, war Alfred. Ich wartete und wartete, aber vergeblich. Was war los? Wie sollte ich jetzt mit den Skiern nach Hause kommen? Der letzte Zug war ja weg. Eine Stunde nach Dienstschluss nahm ich allen Mut zusammen und rief bei ihm zu Hause an. Seine Mutter nahm ab. Genervt, ja zornig knallte sie mir vor den Latz: „Der ist gerade eben nach Hause gekommen!" Ich war entsetzt – über die Aussage an sich, aber auch darüber, wie sie es sagte. Das war mein erster Kontakt mit Alfreds Mutter.

Um Gottes willen! Doch dann beruhigte ich mich selbst – es würde schon eine Erklärung geben, warum er erst jetzt nach Hause gekommen war. Das war ein Fehler; jetzt hätte mir dämmern müssen, dass er nicht der Richtige für mich war. Doch ich war mir so sicher!

Richtig, gestern war ja die Weihnachtsfeier gewesen. Aber dass er erst über 24 Stunden später nach Hause kam? Wo war er gewesen und wieso hatte er mich vergessen? Was hatte er für einen wichtigen Grund, dass er mich nicht abholen konnte?

Viele Fragen gingen mir durch den Kopf. Da stand ich nun mit den Skiern und musste irgendwie nach Hause kommen. Trampen wollte ich nicht mehr, davon hatte ich genug. Hausers sahen mich in meiner Notsituation, aber es fiel ihnen nicht ein, mich nach Hause zu bringen. Und bitten wollte ich sie auch nicht. Es war mir schon peinlich genug, dass sie mitbekommen hatten, dass Alfred mich versetzt hatte.

Zum Glück erbarmte sich Bernd über mich. Der Kollege aus der Sportabteilung hätte schon lange Feierabend gehabt, aber er hatte noch zu tun. Gott sei Dank. Bernd brachte mich nach Hause und unterwegs erzählte ich ihm, was mir widerfahren war.

Am nächsten Tag stand Alfred reumütig und verlegen grinsend vor der Tür, um sich zu entschuldigen und um alles zu erklären. Von Freitagnachmittag um drei bis zum nächsten Spätnachmittag hatte er durchgesoffen. Und mich vergessen.

Wie er so vor mir stand und sich entschuldigte und seinen Fehler einsah, vergab ich ihm den „einmaligen" Ausrutscher bereitwillig. Bisher war er mir gegenüber immer aufmerksam gewesen und ich hatte ihn nie betrunken erlebt. Noch am selben Tag schlugen wir den Weihnachtsbaum für seine Eltern und alles war wieder in Ordnung. Die Enttäuschung war vergessen.

Und es war auch nur dieses eine Mal, sonst fiel mir nie wieder irgendetwas Negatives an ihm auf. Aber von diesem Vorfall hätte ich mich wirklich warnen lassen und über Alfred nähere Erkundigungen einziehen sollen. ***Wussten die Leute mehr?*** Ich konnte sie nicht verstehen und hätte lieber nachfragen sollen. So aber empfand ich die Warnungen der Leute als unberechtigt. Ich dachte, er wäre gut zu mir und so würde es auch bleiben.

Einige Monate später machten wir als Laienspielgruppe einen Ausflug. Der Tag war richtig schön. Zum Abendessen bestellte ich Fisch. Einige Stunden später musste ich mich mehrmals übergeben, der Fisch war wohl nicht ganz in Ordnung gewesen. Hinter unserem Rücken wurde getuschelt, ich sei bestimmt schwanger. So oft, wie ich mich übergab, konnte man es schon meinen; doch dem war nicht so. Ich amüsierte mich über ihre Mutmaßungen.

Wir hatten ein schönes Jahr zusammen, so wie ich mir das immer vorgestellt hatte. Jedoch so ein richtiges Kribbeln hatte ich nie. ***Ich mag ihn ja ganz gerne, aber ist das Liebe?***

Eigentlich wollte ich gar nicht darüber nachdenken. Ich dachte, mit dieser Figur wird er mir bestimmt treu bleiben – und Lieben kann man schließlich lernen. Diesen Satz hatte ich von Stiefmutter. Sie hatte mir erzählt, wie ihr zweiter Mann gestorben war: er hatte mit Freunden Fußball geschaut und beim Bierholen fiel er um und war sofort tot, einfach so. Danach hatte sie meinen

Vater geheiratet, aber nicht aus Liebe, und das hatte sie mit diesem Satz kommentiert.

Der erste Mann war ihre große Liebe gewesen, er wurde nach dem Krieg für vermisst erklärt. Heute noch zählt sie die Hochzeitstage von ihrer ersten Ehe. Sie hatte ihren ersten Mann nie wirklich losgelassen. Sie hatte ihm versprechen müssen, nach ihm keine Kinder mehr zu bekommen, deshalb blieb mein Stiefbruder ihr einziges leibliches Kind.

Daher kam wohl ihr Verlangen nach fremden Kindern, das kann ich heute gut verstehen. Aber solch ein Versprechen abzunehmen, ist doch sehr egoistisch. Kein Wunder, dass sie sich für weitere wahre Liebe nicht mehr öffnen konnte.

Wir planten unser Haus. Aber ich wollte doch auch sehen, wie er bisher bei seinen Eltern gewohnt hatte.

Wir warteten ab, bis Alfreds Eltern einmal beide außer Haus waren. Schön hatte er alles hergerichtet – den Tisch hübsch gedeckt, mit Tischdecke und Kerzen, ein Vesper mit hausgemachter Wurst und frischem Most stand darauf. Viel Mühe hatte er sich gemacht.

Danach zeigte er mir sein Zimmer. Es war lieblos eingerichtet, ein Stuhl, ein Bett und ein alter hässlicher Bauernschrank. Im Bett lagen mehrere dünne Matratzen aufeinander. Ich konnte nicht verstehen, dass man so wohnen konnte: wie vor hundert Jahren!, und in so einem Bett schlafen konnte. Altbacken war noch harmlos dagegen.

Die Bettwäsche war geflickt, die Decke so dick, dass sie einen zu erdrücken drohte. Ich konnte nicht verstehen, dass er es bisher nicht geschafft hatte, sich ein wenig schöner einzurichten; schließlich verdiente er seit vielen Jahren eigenes Geld. Aber gut, das war seine Sache, und das konnte man leicht ändern. Wir redeten viel über unsere gemeinsame Zukunft.

Alfred hatte gerade aus eigenem Verschulden seine Arbeit verloren. Sein Chef und er hatten nichts Besseres zu tun gehabt, als sich so zu betrinken, dass es zu einer handgreiflichen Auseinandersetzung kam. Sie meinten, sie müssten ihre Kräfte messen, gingen vor die Tür und prügelten sich. Alfred besiegte seinen Chef, aber dann wurde er fristlos entlassen. Eine Entschuldigung hätte das leicht verhindern können, aber das ließ sein Stolz nicht zu.

Er fand bald wieder Arbeit, allerdings war das Gehalt nicht allzu üppig. Ich war der Meinung, wir sollten mit dem Hausbau nichts überstürzen. Wir konnten doch zuerst sein Elternhaus umbauen, da war genug Platz für uns alle – und ich war mir sicher, es würde alles gut gehen. Nach reiflicher Planung renovierten wir die kleine Wohnung im Haus und richteten alles gemütlich ein. Alles schien perfekt zu sein: Ich konnte von zu Hause ausziehen, aber es war auch nicht allzu weit von Stiefmutter weg. Wie praktisch.

Als die Proben wieder begannen, waren wir schon verheiratet. Im Ort schlossen sie Wetten ab. Sie gaben unserer Ehe höchstens fünf Jahre.

Man sollte genau prüfen, ob es wirklich „der Richtige" ist. Unangenehmes und Auffälligkeiten sollten als Hinweis dienen, „diesen Schritt" nochmals zu überdenken:

Kann ich es mit diesem Partner mein ganzes Leben lang aushalten?

Kann ich mit seinen Schwächen wirklich leben?

Sind wirklich alle Punkte und Wünsche geklärt?

Darüber sollte man sich vorher Gedanken machen. Leider kommt das häufig zu spät, meist erst, wenn die erste Verliebtheit verflogen ist. Mögen ist zu wenig – es muss auch Liebe im Spiel sein.

Kapitel 10

Der schönste Tag im Leben

Die Hochzeitsvorbereitungen hatten begonnen. Stiefmutter war froh, dass ich endlich unter die Haube kam.

Das ganze negative Gerede der Leute im Ort war nun vergessen, jetzt hatte ich anderes im Kopf. Es war ganz schön stressig und ich konnte nicht einschätzen, worauf ich mich da eingelassen hatte.

Voller Eifer machte sich Stiefmutter an die Vorbereitungen, als wäre es ihre eigene Hochzeit. Sie wollte mir unbedingt ein Hochzeitskleid nähen, so wie ihre Mutter es für sie getan hatte. Ich hatte nichts dagegen, sollte sie doch auch ihre Freude haben! Außerdem hatte ich kein Geld, mir eins zu kaufen. Also ließ ich sie einfach machen, sie bezahlte ja auch dafür.

Ich musste ihr sowieso dankbar sein, dass sie uns Kinder nach dem Tod meines Vaters übernommen hatte. So schob ich meine Wünsche wieder in den Hintergrund. Ich hatte nichts und war von ihr abhängig und hatte keine Ansprüche zu stellen. Auch nicht, was den „schönsten Tag im Leben“ anging.

Gerade wenn man nichts hat, ist es schwer, die eigenen Wünsche zu definieren und zu äußern. Wenn immer nur die anderen besitzen, wird einem schon gesagt, was man zu tun hat. Es ist schlimm, immer nur abhängig zu sein: Man fühlt sich, als wäre man nichts wert, und glaubt es auch noch.

So rutschte ich von einer Abhängigkeit in die andere, ohne jemals mein eigenes Leben gelebt zu haben. Aber das war mir damals nicht bewusst. Meine eigenen Wünsche stellte ich hintenan. Eigentlich dumm von mir, schließlich heiratet man nur einmal. Eigentlich.

Eigentlich träumte ich von einem langen Kleid mit einer bodenlangen Schleppe. Es blieb aber bei dem Traum. Stiefmutter fragte mich zwar, wie das Kleid ungefähr aussehen sollte, aber dann nähte sie es doch nach ihren Vorstellungen. Am liebsten wäre ich in einen Laden gegangen und hätte verschiedene Kleider anprobiert und etwas ausgesucht; aber ich hatte Angst, sie zu enttäuschen, und wollte sie nicht verletzen. Darum sagte ich nichts und ließ sie einfach machen.

Den Stoff kauften wir gemeinsam. Von Stoffen verstand ich nichts. Es gab ohnehin nur zwei Stoffe, und die sahen einander ziemlich ähnlich, so fiel mir die Auswahl nicht schwer. Stiefmutter nähte es gemeinsam mit einer Bekannten; bis es fertig war und passte, musste ich es einige Male anprobieren. Viel Arbeit steckte darin! Es war nicht mein Traumkleid, aber es war doch sehr hübsch geworden.

Stiefmutter wollte eine Bauernhochzeit, weil ich in einen Bauernhof einheiratete. Mir war das eigentlich egal. Sie hatte bestimmte Vorstellungen von der Hochzeit – vom Kleid, dem Schleier, dem Brautstrauß, den Gästen und so weiter. Überall hatte sie ihre Finger im Spiel. Ihre Hilfe war mir oft zu viel, es schnürte mir den Atem ab. Sie führte das Regiment und ich hatte keine Chance, etwas dagegen zu sagen. Ich war wie gelähmt und konnte ihr nicht widersprechen.

Nun ja, ich unternahm schon mehrere Versuche, gegen sie anzugehen und meine Wünsche durchzusetzen, aber irgendwie schaffte ich es nicht. Kaum hatte ich irgendetwas in die Wege geleitet, mischte sie sich ein, und ich musste es so machen, wie sie es wollte. Ich fühlte mich entmündigt, als könnte ich nicht eigenständig entscheiden. Aber jetzt wollte ich keinen Streit mit ihr anfangen – gegen Stiefmutter kam ich sowieso nicht an. Sie war mir zu stark.

Das Kleid war fertig und es war so, wie *sie* es sich vorgestellt hatte. Den Schleier wollte ich mir selber kaufen, aber nein, den hatte sie schon besorgt. Ohne mich zu fragen, sie überging mich einfach! Ich versuchte ihr zu erklären, dass ich eigene Vorstellungen hatte, doch vergeblich. Sicher, er war schön, aber leider nicht so lang, wie ich ihn mir wünschte. Ich war sehr enttäuscht, dass sie nicht einmal zu meiner Hochzeit auf meine Wünsche einging; mit einem Abwinken und ohne sich aus der Ruhe bringen zu lassen wollte sie mich überzeugen, wie schön der Schleier doch war. Ich war nicht überzeugt, aber „um des lieben Friedens willen" hielt ich den Mund. Sie bezahlte ja auch alles.

Meinem Zukünftigen hatte ich von dieser Bevormundung erzählt, doch er war der Meinung, ich solle sie eben machen lassen. Von ihm konnte ich für die Hochzeitsvorbereitungen jedenfalls keine Unterstützung erwarten. Wahrscheinlich war er nur froh, dass es für ihn nicht zu teuer wurde.

Ich hoffte nur noch, dass alles bald vorbei sein würde, denn ich hatte keine Lust mehr. Bei den ganzen Hochzeitsvorbereitungen war es mir zum Heulen zumute; ich fühlte mich wie ein unmündiges Kind, das nur zu gehorchen hatte. Meine Hoffnung war nur, dass dies die Abschiedsvorstellung war und sie sich nach der Hochzeit nicht mehr in meine Angelegenheiten einmischen würde.

Alfred und ich kümmerten uns darum, wo die Hochzeitsfeier stattfinden sollte, um das Essen, die Musik, und Stiefmutter ließ keine Möglichkeit ungenutzt, sich einzumischen. Auch sonst lief einiges aus dem Ruder.

Die erste Aufregung hatten wir schon am Vortag auf dem Standesamt: Der Trauzeuge erschien nicht! Das wäre doch Grund genug gewesen, die Hochzeit abzublasen: Man steht da, wartet und wartet und der Trauzeuge kommt nicht. Woher sollten wir jetzt auf die Schnelle einen anderen Trauzeugen nehmen? Stiefmutter sprang ein. Anschließend ließen wir den Abend mit einem schönen Essen in einem Gasthaus ausklingen.

Eine gute Freundin der Familie hatte ihre Hochzeitstorten angepriesen. Ich vertraute ihren Backkünsten, und das sicher nicht ohne Grund. Aber das

Ergebnis war eine einzige Enttäuschung: Die Torte bestand aus irgendeinem Rührteig, der aussah wie Lebkuchen, und war mit Zuckerguss überzogen. So etwas hatte ich vorher noch nie gesehen!

Mit einem Lächeln bedankte ich mich, ohne meine Enttäuschung über die scheußliche Torte zu zeigen. Es war zu spät, um beim Bäcker noch eine Torte zu bestellen, also nahm ich es mit Humor und stellte das hässliche Ding auf den Tisch. Als wir die Torte anschnitten, mussten wir sie mit zwei Händen festhalten, so dick und hart war der Zuckerguss. Augen zu und durch! Zum Glück hatten wir noch viele andere, wirklich leckere Kuchen.

Stiefmutter hatte auch jemanden zum Fotografieren gefunden – eine gute Freundin aus dem Ort. Ich kannte sie und hatte bisher nur Gutes von ihr gehört, doch auch das sollte sich als Flop erweisen: In der Kirche versagte ihr Fotoapparat, so konnten während der Trauung keine Bilder gemacht werden, und die Bilder vom Abend waren grauenvoll. Nur gut, dass die Trauung gefilmt wurde – von einem Landwirt aus dem Ort. Damals war es eine Besonderheit, wenn jemand eine Filmkamera hatte.

Zu viele Menschen mischten sich in meine Vorbereitungen ein. Es fühlte sich an wie im Sprichwort: Zu viele Köche verderben den Brei. Ich brachte den Menschen, die ihre Hilfe anboten, zu viel Vertrauen entgegen.

An diesem Morgen sollte eigentlich der schönste Tag meines Lebens beginnen. Aber ich war gereizt und angespannt und wollte alles nur noch hinter mich bringen. Es war alles nicht so, wie ich es mir vorgestellt hatte.

Dass ich heute heiratete, wurde mir erst so richtig bewusst, als ich in mein Kleid schlüpfte. Dann kam die Friseurin und machte mich zurecht, und das war das Schönste am ganzen Tag.

Schließlich fuhr eine schön geschmückte Kutsche vor, mein Bräutigam holte mich ab und gemeinsam fuhren wir in unsere kleine Dorfkirche. Eigentlich war sie zu klein für die vielen Leute, doch das war uns egal. Wir beide waren aus dem gleichen Ort und wollten in dieser Kirche getraut werden.

Alle warteten schon auf uns, sie standen auf der Straße unterhalb der Kirche. Das letzte Stück konnte man nur zu Fuß zurücklegen. Der Hochzeitszug wurde aufgestellt, dem Brautpaar folgten die engsten Freunde und Verwandten. Unter Orgelklängen gingen wir nach vorn zum Altar. Alles war schön mit Blumen geschmückt; um es richtig festlich zu machen, umrahmte der Kirchenchor die Trauung mit Gesang. Es war wirklich schön.

Während der ganzen Trauung kam es mir vor, als wäre ich abwesend. Ich spürte nichts, weder Aufregung noch Freude. Als ginge es gar nicht um mich.

Der Schritt vor den Altar war mir heilig, aber mir war nicht bewusst, was es eigentlich heißt, für immer zusammen zu sein. Den Treueschwur nahm ich sehr ernst, er machte mir Angst.

Zum Abschluss sang der Chor „So nimm denn meine Hände und führe mich". Dieses Lied hatte ich mir selbst ausgesucht, weil ich es mir von Herzen wünschte, dass Gott mich führte, und es berührte mich tief. Es war so schön, wie sie es sangen.

Nun war ich eine verheiratete Frau und verließ die Kirche mit einem neuen Namen. Vor der Kirche wurden noch etliche Hände geschüttelt und Glückwünsche ausgesprochen. Ob das alles wirklich so gemeint war?

Mit der Kutsche fuhren wir nun zum Gasthaus meiner neuen Schwägerin. Mit einem Sekt-Empfang nahm die Feier ihren Lauf. Zum Mittagessen und zu Kaffee und Kuchen waren nur die Verwandten und die engsten Freunde eingeladen.

Um alle Gäste zu empfangen, war dieses Gasthaus zu klein; den Abend verbrachten wir in einem anderen Gasthaus im Nachbarort, das einen großen Saal hatte. Hier fand die „öffentliche Hochzeit" statt.

Den Vereinen übergaben wir pro Person einen Bon, jeweils für ein Essen und ein Getränk; das war bei öffentlichen Hochzeiten so üblich. Der Abend ging vorüber wie ein Rausch: es wurde gefeiert, aufgeführt, getanzt, getrunken und gegessen. Alles schien gut zu laufen, aber nicht einmal an meiner Hochzeit blieben mir Peinlichkeiten erspart:

Die Kapelle forderte die Braut zum ersten Tanz auf, zum Tanz mit dem Schwiegervater. Aber der gab mir unmissverständlich zu verstehen, dass er nicht tanze. Wegen seines Herzens. Naja, bei der Arbeit war ihm sein Herz immer egal. Ich bat ihn mehrmals, wenigstens einen langsamen Tanz zu tanzen. Er lehnte aber ab, gab mir einfach einen Korb. Ich fühlte mich schrecklich, es war so peinlich und beschämend. Dabei hatte ich mich so darauf gefreut, von der Kapelle zum ersten Tanz mit dem Schwiegervater aufgerufen zu werden! Das wäre für mich ein besonderer Augenblick gewesen.

Alle schauten auf mich. Solche Momente kann man nicht beschreiben – so vor allen Leuten abgewiesen zu werden! Lange, peinliche Momente. Ich schämte mich so und kämpfte mit den Tränen, ich stand da und wusste nicht, was ich tun sollte. Zum Glück rettete Alfreds Bruder die Situation: Er nahm meine Hand und tanzte anstelle seines Vaters mit mir. Ich war so erleichtert, seine rettende Hand zu sehen!

Im Übrigen verlief der Abend reibungslos und schön. Bis in die frühen Morgenstunden wurde getanzt und gefeiert, und jeder Verein hatte irgendetwas vorbereitet. Vereine – der Gedanke hinter einer öffentlichen Hochzeit ist, dass niemand vergessen werden soll. Und doch hatte ich einen Verein vergessen! Ich war kaum mehr hingegangen, die Machtkämpfe dort waren mir unangenehm. Ich hatte sie nicht bewusst übergangen, aber sie waren doch enttäuscht. Schade, das hatte ich nicht beabsichtigt.

Endlich konnten wir nach Hause gehen. Müde wie wir waren, freuten wir uns auf unser Bett. Ganz traditionell trug mich mein Mann die Treppen hinauf in unsere gemeinsame Wohnung. Als wir in die Wohnung kamen, traf mich fast der Schlag:

Unsere Wohnung war kaum wiederzuerkennen. Ich war entsetzt! Das war kein Spaß mehr! Alfreds Freunde hatten alles mögliche alte Gerümpel vom Dachboden geholt und in die Wohnung gestellt. Die Türen hatten sie ausgehängt und nach oben gebracht. Die Küchenschränke waren praktisch leer.

Angesichts solcher Verwüstung verblassten die paar netten Streiche ganz: Das Wohnzimmer war in Toilettenpapier eingewickelt, am Plattenspieler hatten sie eine Zeitschaltuhr samt Hupe angebracht, das Schlafzimmer war bis an die Decke voll mit Luftballons.

Als wir uns bis zum Bett durchgestochen hatten, lagen in den Betten einige Freunde von Alfred. Mit Schuhen! Sie wollten nicht aufstehen. Das war wirklich kein Scherz mehr. Wir wussten nicht, wo wir uns hinlegen sollten.

Ich zwang mich, nach außen freundlich und geduldig zu bleiben. Aber innerlich kochte ich! Bis in den Morgen hinein machte ich Kaffee, nebenbei versuchten Alfred und ich, die Türen wieder einzuhängen – in der Hoffnung, zuerst die Kinderzimmertür zu erwischen, doch die war die letzte. Es schlug schon neun, als wir uns im Kinderzimmer hinlegen konnten. Dort stand ein Einzelbett, das noch sauber und nicht von den „Gästen" besetzt worden war.

Endlich waren sie gegangen. Wir hatten nur zwei Stündchen zum Schlafen, dann mussten wir auch schon wieder zu den auswärtigen Gästen, die wir in der Gastwirtschaft von Alfreds Schwester untergebracht hatten. So schön die Hochzeitsfeier gewesen war, aber der Abschluss in unserer Wohnung war der reine Horror. Eine Hochzeitsnacht hatte es für uns nicht gegeben.

Was waren das nur für Freunde? Freunde, die ihre Grenzen nicht kennen, sind für mich keine Freunde.

Ich kannte meinen Mann überhaupt nicht. Aber eigentlich erntete er nur, was er gesät hatte. Offensichtlich hatte er keine Hochzeit ausgelassen, wenn es um solche Streiche und Schandtaten ging.

Für mich war es nicht der schönste Tag im Leben. Zu viel war schiefgegangen.

Kapitel 11

Unvergesslich

Am Abend brachen wir auf zur Hochzeitsreise, die mein Ehemann ohne mich ausgesucht hatte. Er hatte mich zwar gefragt, wohin wir fahren sollten, aber das war reine Formsache gewesen. Sein Plan war schon fertig; jedenfalls ging er kein bisschen auf meinen Vorschlag ein, gerade als hätte er nichts gehört. Alfred wollte unbedingt nach Südtirol, wo er schon öfter mit seinem besten Freund gewesen war. Ich wollte eher richtig weit fort, mit dem Flugzeug. Mir kam das Ganze etwas seltsam vor. Er wusste sogar schon, in welche Pension er gehen wollte. Da kannte er alles. Er! ***Wir?***

Schön und gut, was er da mit diesem Freund erlebt hat, aber will er mit mir nicht auch Neues erleben? Kann er das Vergangene nicht einfach ablegen? Trauert er seinem Junggesellen-Dasein nach?

Doch wollte ich ihm eine gute Ehefrau sein, also ließ ich ihm seinen Willen. Ich hatte schließlich auch eine Vergangenheit, der ich entfliehen wollte. Ich wollte mich nicht so wichtig nehmen und nahm mich zurück, um ihm eine Freude zu machen. Aber ob er das verstand? Wahrscheinlich nicht.

Eigentlich war es mir ja egal. Wenn er glücklich wäre, würde ich ebenfalls davon profitieren! Ich war ja noch nicht viel gereist und kannte Südtirol noch nicht. Also fügte ich mich und fuhr mit ihm, wohin er wollte. Ich vertraute ihm, denn eine Hochzeitsreise sollte etwas Unvergessliches sein, ein sehr schönes Erlebnis, an das man sich sein Leben lang gern zurückerinnert.

Diese Hochzeitsreise wurde in der Tat etwas Besonderes und Unvergessliches für mich – aber anders als gedacht. Die Pension war nichts Besonderes, aber sie war in Ordnung. Die ersten beiden Tage verliefen harmonisch.

Am dritten Tag machten wir eine kleine Bergtour. In der Hütte saßen singende Männer, sie waren schon ziemlich angeheitert; wir saßen am Nebentisch und freuten uns an dem kräftigen Hüttenschmaus. Doch dann konnte Alfred nicht mehr widerstehen, er wollte sich unbedingt dazugesellen. Ich wollte nicht. Trotzdem schaute er immer wieder zu ihnen hinüber und versuchte, mich zu überreden. Ich fühlte mich zunehmend unwohl – anscheinend fühlte er sich mehr zu diesen wildfremden Menschen hingezogen als zu mir. So kannte ich ihn gar nicht.

Einer dieser Männer forderte uns schließlich auf, sich zu ihnen zu setzen. Mein Mann strahlte über das ganze Gesicht, die Erleichterung war ihm deutlich anzusehen.

Es wurde ein heiterer Abend. Der Alkohol floss, die Lieder wurden lauter, die Gespräche loser. Ich trank zwar auch Alkohol, aber nicht so viel, und musste zusehen, wie mein Mann sich immer mehr betrank. Am Anfang war es ja noch nett; es wäre auch nicht so schlimm gewesen, wenn Alfred nur nicht so gesoffen hätte. Weniger hätte es auch getan.

Immer wieder forderte ich ihn liebevoll auf, dass wir gehen sollten, doch er hörte nicht auf mich. Dass er mich einfach ignorierte und überhaupt nicht auf mich einging, verletzte mich doch sehr. So hatte ich ihn noch nie erlebt! Nicht einmal auf der Hochzeitsreise konnte er sich beim Alkohol zurückhalten? An diesem Abend wurde mir klar: Ihn zu heiraten war ein Fehler gewesen! Doch jetzt war es zu spät. Meine Stimmung fiel steil ab, auf den Nullpunkt.

Bin ich ihm zu langweilig? Ich wusste nicht, was ich davon halten sollte, und versuchte, meine Enttäuschung zu verdrängen. ***Warum hat er mein Nein nicht respektiert? Soll das nun immer so sein, dass er nicht auf mich hört?***

Endlich! Einer der Männer stand auf, und nun ließ sich auch mein Mann zum Aufbruch bewegen. Wäre ich nicht dabei gewesen, wäre er wahrscheinlich bis zum Morgen sitzen geblieben.

Den Heimweg schafften wir nur dank einer privaten Gondel. Irgendwann waren auch wir an der Reihe; mit uns stieg noch einer der Trinkkumpanen ein. Auch er hatte seine Sinne nicht mehr beisammen, und so saß ich nun mit zwei Betrunkenen allein in einer kleinen Gondel. Sie hatten großen Spaß daran, immer wieder die Tür zu öffnen und sich weit hinauszulehnen. In dreißig Meter Höhe ist das einfach grauenvoll. Nicht auszudenken, was alles hätte passieren können! Endlich hatten wir wieder festen Boden unter den Füßen. Alfred konnte sich kaum aufrecht halten, und so dauerte es lange, bis wir in unserer Pension waren.

Auch für den nächsten Tag hatten wir eine Bergtour geplant, und ich war fest entschlossen, sie durchzuziehen. Es war eine Wohltat, ihn so leiden zu sehen, weil er seinen Rausch nicht richtig ausschlafen konnte. Oje, wie er sich den Berg hinaufquälte! Am Abend spielte ich mit fremden Leuten Canasta, weil er zu müde war und Kopfschmerzen hatte.

Als wir wieder nach Hause fuhren, war ich froh; der Beginn unserer Ehe war eine einzige Enttäuschung. Schon die bloße Tatsache, dass er sich auf der Hochzeitsreise so betrank, war schlimm für mich, sein Vollrausch war für mich ein Schock. Im Großen und Ganzen war die Reise alles andere als romantisch, sie war eher ein Albtraum. Unsere erste gemeinsame Reise hatte ich mir wahrlich anders vorgestellt! Die schönsten Momente behielt ich im Herzen und versuchte, das Negative zu verdrängen. Ich wollte nicht mehr daran denken.

Bin ich blind gewesen?* Bei den Signalen und Pannen, die sich schon vor der Hochzeit ereignet hatten, sowie an den Warnungen der Leute im Ort hätte ich merken müssen, dass irgendetwas nicht stimmt. Liebe macht blind, sagt man. *Also doch Liebe?

Wegen des Vorfalls mit meinem Stiefbruder wollte ich nur von zu Hause weg. Darum konnte ich die Warnzeichen nicht sehen.

Kapitel 12

Trautes Heim, Glück allein?

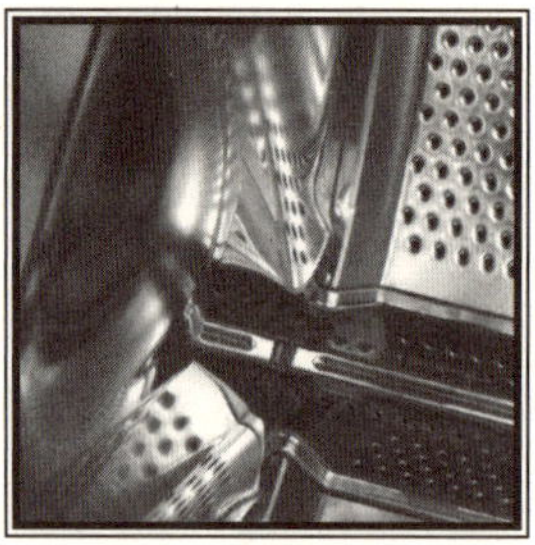

Es fühlte sich gut an, verheiratet zu sein und eine eigene Wohnung zu haben. Ich genoss sie! Sie war zwar sehr klein, aber es war alles vorhanden, was man zum Leben brauchte. Für den Anfang war es richtig gut.

Am Morgen nach unserer Rückkehr erwachte ich von Schritten in unserem Bad. Alfred lag neben mir, also musste es die Schwiegermutter sein.

Was wollte sie nur in unserem Bad? Ich rüttelte meinen Mann wach und flüsterte ihm zu: „Ich glaube, deine Mutter ist gerade in unser Bad gegangen." Bei dem Wort „Mutter" sprang er aus dem Bett und lief ins Bad.

Sie holte nur unsere schmutzige Wäsche zum Waschen; wir hatten nämlich keine eigene Waschmaschine angeschafft, da wir im selben Haus wohnten. Aufgebracht stellte mein Mann sie zu Rede: Er sei jetzt verheiratet und ab sofort würde seine Frau das machen, gab er ihr lautstark zu verstehen. Eigentlich meinte sie es ja gut, doch mein Mann hatte recht, das war eine Einmischung in unsere Privatsphäre. Aber weshalb war er so erregt und so grob zu seiner Mutter? Mochte er sie denn nicht? Hatten die beiden Differenzen? Er hätte es ja auch anders sagen können.

Einige Tage darauf wollten wir unseren Bekannten die neue Wohnung zeigen. Aber sie waren so freundlich, uns mitzuteilen, dass sie schon eine Führung gehabt hatten. Während wir auf Hochzeitsreise waren! Wir waren sprachlos und Alfred rastete wieder aus. Seine Mutter hatte sich eben über uns gefreut und darüber ihre Grenzen vergessen, musste sich auch erst an die neue Situation gewöhnen. Ich fühlte mich geschmeichelt und konnte ihr verzeihen; aber es kostete Mühe, meinen Mann zu beruhigen.

Aber jetzt habe ich vorgegriffen. Jedenfalls ließen wir uns von Schwiegermutters Einbruch die Laune nicht vermiesen und begannen den Tag mit einem gemütlichen Frühstück, und der erste Tag verlief auch wirklich harmonisch und friedlich. Doch schon am nächsten Morgen sollte ich die Hausgepflogenheiten zu spüren bekommen.

Wir schliefen noch und natürlich hatten wir den Wecker gestellt. Da plötzlich, es war noch sehr früh, ertönte wie aus dem Nichts eine grässliche Stimme. Senkrecht saß ich im Bett, der Wecker war es jedenfalls nicht.

Was ist das? In was für ein Haus bin ich da nur geraten? Ich war entsetzt.

Meine Schwiegermutter schrie ihrem Sohn zu, er solle sofort aufstehen. So ein schreckliches Gebrüll hatte ich noch nie erlebt und mir schwante was mit dieser Schwiegermutter. Au weia, mit der war nicht gut Kirschen essen.

Für zwei ihrer drei Töchter tat sie fast alles. Schwiegermutter war stolz auf diese Kinder, weil sie etwas vorzuweisen hatten: Die eine Tochter hatte die großelterliche Gastwirtschaft übernommen und das war für Schwiegermutter das Höchste; die andere Tochter arbeitete bei einer Bank und war in Schwiegermutters Augen etwas ganz Besonderes, weil sie einen erfolgreichen Beruf ausübte. Die Bankerin hatte zwei Kinder, die sie während der Arbeitszeit von ihrer Mutter und von unserer Nachbarin betreuen ließ. Trotz der Kinder wollte sie unbedingt arbeiten gehen, obwohl sie nicht unbedingt darauf angewiesen war. Aber zu Hause zu bleiben wäre für sie das größere Opfer gewesen – und natürlich war das zusätzliche Einkommen auch nicht zu verachten.

Eigentlich ist es normal, dass sich die Großeltern um ihre Enkelkinder kümmern, wenn das möglich ist. Auch ich würde das für meine Enkel tun, das ist für mich eine Selbstverständlichkeit.

Heute werden die Kinder noch in den Windeln in die Kita gesteckt, meiner Meinung nach ist das aber zu früh.

Diese Schwägerin erledigte alle Geldangelegenheiten der ganzen Familie. Mir wurde vorgehalten, wie fromm sie und ihr Mann wären, weil sie regelmäßig zur Kirche gingen.

Ob sie wirklich so fromm waren? Ich weiß nicht. Gingen sie wirklich von Herzen zur Kirche oder nur aus Gewohnheit oder um der Leute willen? Es war demütigend, wie Schwiegermutter mir immer wieder ihre Töchter als Vorbild hinstellte.

Über die dritte Tochter wurde nicht viel gesprochen. Sie war eher eine Außenseiterin – zu gewöhnlich, um mit ihr zu glänzen. Beruflich hatte sie nichts Besonderes vorzuweisen; von Kindheit an war sie zur Arbeit auf dem Hof angehalten worden.

Der älteste Sohn war der Star der Familie, er hatte studiert und es dann zum Geschäftsleiter in einem mittelständischen Unternehmen gebracht.

Mein Mann war das schwarze Schaf, und das konnte man seinen Eltern nicht einmal verübeln: Er hatte immer wieder seine Grenzen überschritten und man konnte ihn einfach nicht richtig ernst nehmen. Er hatte immer eine höhere Schule besuchen und von zu Hause weggehen wollen; aber das durfte er nicht, er sollte eines Tages den Hof übernehmen.

Seine Mutter lehnte er vehement ab. Als Kind war ihm etwas Schlimmes widerfahren: Sie hatte ihn einmal über Nacht im Stall vergessen! Er war angebunden gewesen – eigentlich zu seiner Sicherheit.

Für ihn war es ein traumatisches Erlebnis, mit dem er nie fertiggeworden war. Wer weiß, was sonst noch alles mit ihm gemacht wurde. Er erzählte mir, dass seine Mutter ihm im Schlaf einen Eimer Wasser über seinen Kopf schüttete und ihn anschließend aus dem Bett zerrte, als er schon erwachsen war. Ich war erschüttert, aber ich glaubte ihm; inzwischen kannte ich seine Mutter gut genug, um ihr das zuzutrauen. Nun ja, das hatte sie wahrscheinlich getan, weil er wieder einmal zu betrunken gewesen war, um seiner Arbeit nachzugehen.

Doch irgendwann sollte man verzeihen können. Ich glaube, er hatte seiner Mutter nie verziehen – sonst wäre er nicht so mit ihr umgegangen, hätte nicht noch seine Freude daran gehabt. Ich glaube, wegen der schlimmen Verletzungen in der Vergangenheit war er eigentlich nicht fähig, überhaupt eine Frau zu lieben. Auch mich verletzte er häufig und hatte seine Freude daran.

In den Augen meiner Schwiegermutter war ich nur eine Waise, die ja nichts dafür konnte, dass sie nichts hatte. ***Was ist das nur für eine Aussage? Zählt bei ihr nur jemand, der Geld oder Land besitzt?***

Dabei hatte ich eine komplette Aussteuer mitgebracht. Außerdem gab ich meine Arbeitsstelle auf, um in dem Familienbetrieb mitzuarbeiten. War das etwa „nichts"? Ich fühlte mich, als sei ich nichts wert. Ich fühlte mich schrecklich minderwertig, aber ich schwieg und tat, als hätte ich es nicht gehört. Nur dass die anderen immer besser sein sollten, das ärgerte mich wirklich und dagegen versuchte ich mich zu wehren.

Haben all die Leute etwa recht gehabt mit ihren Befürchtungen?

Die Leute vom Ort waren entsetzt, dass ich in dieses Haus einheiratete. Alle, die meinen Mann kannten, gaben dieser Ehe höchstens ein paar Jahre – und ich muss gestehen: Sie hatten recht. Am liebsten hätte ich schon in der ersten Woche die Ehe rückgängig gemacht! Noch eine Woche später, und ich hatte ein recht klares Bild von dieser Familie.

Ich hätte zumindest überdenken sollen, was die Leute sagten. Aber jetzt wollte ich es mir nicht antun zuzugeben, dass sie recht gehabt hatten. Einerseits.

Andererseits war da das Versprechen vor dem Altar: „Bis dass der Tod euch scheide." Vor allem aus diesem Grund konnte und wollte ich nicht mehr zurück. Dieses Versprechen empfand ich, wie wenn ich mir selber Ketten angelegt hätte. Ich war zu dieser Zeit kein gläubiger Mensch, doch irgendwie wusste ich, dass dieses Versprechen ernst zu nehmen war. Es war mir heilig. Ich hielt mich an das Eheversprechen: „In guten wie in schlechten Zeiten."

Mir war jetzt klar, dass Alfred der falsche Mann war – aber ich wollte allen beweisen, dass sie unrecht hatten. Ein Kampf, den man eigentlich nicht gewinnen kann.

Und nun ging es los mit Erkenntnissen und Selbstvorwürfen. Damals die Geschichte mit den Skiern: Weil er sich an der Weihnachtsfeier so betrunken hatte, war er zwei Tage lang nicht mehr imstande gewesen, an seine Verabredung zu denken.

Weshalb ist mir das nicht damals schon aufgefallen? Warum habe ich keine Ahnung gehabt von seinem Trinkverhalten?

Er hatte es gut vor mir verborgen. Vor der Hochzeit hatte ich meinen Mann nicht ein einziges Mal betrunken gesehen. Vielleicht, weil wir nicht jeden Tag beisammen waren – ich kannte ihn einfach nicht lange genug.

Auf längere Sicht wäre sein wahres Gesicht zum Vorschein gekommen. Ganz bestimmt hätte ich die Freundschaft gekündigt, die Verlobung aufgelöst, wenn ich von seinem Alkoholproblem gewusst hätte. Naiv, blind und voreilig war ich diese Ehe eingegangen.

Aber mein neues Leben hatte auch schöne Seiten, das will ich nicht unterschlagen. Meinen gelernten Beruf hatte ich aufgegeben und jetzt lebte ich in einer neuen Welt, in der Landwirtschaft. Ich begann, mich für die alltäglichen Arbeiten einer Hausfrau auf dem Bauernhof zu interessieren.

Von beidem hatte ich kaum oder gar keine Ahnung. Ich konnte weder kochen noch waschen – und Landwirtschaft war für mich absolutes Neuland! Ich fragte mich durch. Es gab viel zu lernen und ich wollte allen beweisen, dass ich durchaus fähig war, das alles zu bewältigen.

Zuerst einmal machte ich mich an die Hausarbeit und ließ mich dabei nicht aus der Ruhe bringen. Bei Stiefmutter hatte ich viel gesehen und ich hatte zu Hause viel helfen müssen. Das kam mir jetzt zugute.

Also ran an die Arbeit! Das konnte doch alles gar nicht so schlimm sein. Mit meiner schmutzigen Wäsche begab ich mich vor die Waschmaschine und versuchte, mich anhand der Gebrauchsanweisung schlauzumachen – hinein mit dem Waschpulver und der Wäsche, Klappe zu und einschalten! So einfach war das, die Wäsche war sauber und alles war heil geblieben. Aber es kam auch vor, dass sich aus Versehen etwas Farbiges in der weißen Wäsche versteckte. Ups! Lächelnd bestaunte ich die rosa Unterwäsche. Zum Glück sah es keiner außer mir, und sie würde schon wieder weiß werden. Humor erleichtert vieles.

Das Kochen war ein größeres Problem; das Einzige, was ich gut konnte, war Pfannkuchen! Ich dachte immer, kochen lernen kann ich noch, wenn ich einmal verheiratet bin. Aber es wäre schon vorteilhaft gewesen, wenn ich in meiner Jugend mehr Interesse am Kochen gezeigt hätte. Mit Kochbüchern hatte ich es nicht so, aber war Stiefmutter nicht eine super Köchin? Ihr Essen hatte immer klasse geschmeckt. Deshalb beschloss ich, zu ihr zu gehen, ich wollte von ihr „gute Küche" lernen. Ich ging sowieso fast täglich zu ihr, warum sollte sie dann nicht auch ihre Küchen-Erfahrung an mich weitergeben?

So ging ich morgens nach der Stallarbeit zu unserem gemeinsamen Frühstück – mit Block und Stift. Zuerst suchte ich mir die leichteren Gerichte aus, die ich besonders gerne gegessen hatte, nach und nach wagte ich mich auch an die aufwändigeren heran. Mit Elan unternahm ich erste Versuche. Nicht immer gelangen sie wirklich gut, aber für den Anfang war es nicht schlecht, und mit der Zeit wurde ich immer besser. Gelegentlich durfte auch mal etwas schiefgehen – tapfer aß Alfred alles, was auf den Tisch kam, dafür war ich ihm dankbar.

Schließlich wagte ich es: Meine Schwester Martina und ihr Mann kamen zu Stiefmutter auf Besuch, und so lud ich sie auch einmal zum Essen ein.

Ich freute mich sehr auf ihren Besuch! Leider unterschätzte ich das Vorhaben: Anstatt schon am Vortag mit den Vorbereitungen zu beginnen, schlief ich an dem großen Tag erstmal gut aus. Und dann lief mir die Zeit davon!

Kuchen backen, Salat putzen, Kartoffeln kochen für den Kartoffelsalat, Spätzleteig schlagen, Schnitzel panieren – für mich Anfängerin wirklich zu viel auf einmal. Es war die reine Katastrophe. Ich bekam nichts auf die Reihe!

Wie ich so mitten in der Arbeit war, wurde mir bewusst, dass das Essen nicht rechtzeitig fertig werden würde. Ich konnte es drehen und wenden, wie ich wollte: Die Zeit lief mir davon. Wäre ich nur früher aufgestanden – aber die Einsicht kam zu spät. In der Küche herrschte das Chaos. Das konnte nicht sein! Wenn ich schon nicht rechtzeitig fertig wurde, sollte doch wenigstens die Küche in einem ansehnlichen Zustand sein, wenn sie kamen.

Erstaunlich, was man unter Zeitdruck alles leisten kann. Aber das Projekt drohte wirklich zu scheitern.

Die Gäste kamen und ich rührte immer noch in den Töpfen, das Spätzlewasser lief über und die Schnitzel wurden schwärzlich. Der Schweiß stand mir auf der Stirn und es drohte, eine richtige Blamage zu werden. Als Stiefmutter zur Tür hereinkam, sah sie schon meinen Untergang kommen. Dieses Mal war ich richtig froh, sie zu sehen! So schwer mir es auch fiel, ich bat sie um Hilfe. Eigentlich hatte ich ihr beweisen wollen, dass ich es auch allein konnte, aber für Stolz war jetzt keine Zeit mehr.

Schnell zog sie den Mantel aus und ging mir zur Hand. Was war ich froh. Das war Rettung in letzter Minute! Beim Essen lachten wir über mein erstes Koch-Chaos.

Am nächsten Tag ließ ich mich gerne von Stiefmutter belehren; sie gab mir hilfreiche Tipps, wie ich es in Zukunft besser machen konnte. Die nächste Gelegenheit ließ auch nicht lange auf sich warten und ich durfte meine Kochkunst wieder auf die Probe stellen – zwei andere Verwandte samt Stiefmutter wollten uns besuchen. Dieses Mal war ich gut vorbereitet, nicht zuletzt dank der Vorschläge von Stiefmutter.

Es gab Sauerbraten mit Rahmsoße, Blaukraut und Knödel und zum Kaffee einen Apfelkuchen. Alles lief bestens. In aller Ruhe konnte ich meine Gäste begrüßen, und ein wunderbarer Duft zog durch das Haus. Es war ein voller Erfolg! Alle wollten noch einen Nachschlag und als sie fertig waren, hörte ich sie nur noch stöhnen, weil es jedem so gut geschmeckt hatte. Die Begeisterung konnte man ihnen ansehen, und alle gaben mir zu verstehen, wie gut ich gekocht hatte. Ich war begeistert von ihrem Lob. Einfach überwältigt!

Nur Stiefmutters Begeisterung hielt sich in Grenzen – schweigend und mit versteinertem Gesicht saß sie da. Alle freuten sich für mich, nur sie nicht.

Wieso nur? Warum ist sie eifersüchtig auf mich und freut sich nicht über meinen Erfolg? Vielleicht, weil nicht sie im Mittelpunkt steht? Ich konnte ihr Verhalten nicht verstehen.

Als ich bemerkte, wie sie reagierte, gab ich alles Lob an sie weiter; deutlich gab ich allen zu verstehen, ich hätte eine gute Lehrerin gehabt. Das wussten eigentlich alle, aber ich wollte meinen Erfolg mit ihr teilen. Leider begriff sie nicht, dass es ja *ihr* Verdienst war, dass ich so gelobt wurde, und wechselte das Thema – nun stand wieder sie im Mittelpunkt. Einerseits ärgerte es mich, andererseits wusste ich ja, wie sie war. Irgendwie tat sie mir leid, und ich fand mich damit ab.

Meine Mitbürger glaubten nicht, dass ich mich an der Arbeit auf dem Hof beteiligen würde, da ich ja nicht aus der Landwirtschaft kam. Aber das Gerede der Leute spornte mich umso mehr an: Allen Vorurteilen zum Trotz wollte ich es besonders gut machen und allen beweisen, dass ich es schaffen würde!

Auch das Alltägliche am Hof wollte gelernt sein. Mein Schwiegervater lernte mich in die Stallarbeit ein und ich wusste bald, worauf es ankam. Wir teilten uns die Arbeit auf: Er war für die Mutter- und die Mastschweine verantwortlich und ich versorgte die Ferkel.

Der große Stall mit den Schweinen musste nur ausgespritzt werden. Der Ferkelstall dagegen musste von Hand entmistet werden, und diese Arbeit war für meinen Schwiegervater eigentlich schon lange zu schwer. Deshalb übernahm ich den Stall mit den Ferkeln.

Die Schafe waren im Sommer auf der Weide und den Winter über im Stall. Einmal im Jahr kam der Schafscherer, und Alfred sollte helfen, die Schafe herzuholen und festzuhalten. Alle waren da, es fehlte nur noch mein Mann, dann konnte es losgehen. Aber mein Mann kam nicht. Wie jedes Jahr übrigens. Obwohl er wie jedes Jahr versprochen hatte mitzuhelfen.

Verärgert kam mein Schwiegervater zu mir, ob ich vielleicht statt meines Mannes helfen könne. Na klar! Für mich als Frau war es allerdings eine richtige Knochenarbeit mit den Schafen. Die hatten nämlich auch keine Lust auf Schafscheren! Zum Glück war die Stimmung gut und mit viel Humor arbeitete es sich leichter.

Aber das war nur die eine Seite; andererseits setzte mein Schwiegervater sich immer wieder für mich ein, wenn mit Alfred etwas nicht so richtig lief. Zum Beispiel bestand er darauf, dass am Wochenende mein Mann sich um den Stall kümmerte. Ich freute mich darüber, dass mein Schwiegervater zu mir hielt – bei ihm fühlte ich mich beschützt und angenommen.

Oft fragte mein Schwiegervater: „Wo ist er?“ Ich antwortete dann: „Alfred schläft noch“, und Schwiegervater wusste, dass er wieder zu viel getrunken hatte. Das war tatsächlich so. Dann brummelte er: „Wenn man saufen kann, dann kann man auch aufstehen.“

An einem Wochenende kam mein Schwiegervater erschrocken zu uns hoch. Er hatte einen Knall gehört. Was war passiert?

Mein Mann war erst in der Frühe und betrunken nach Hause gekommen. Als er die Hose auszog, verlor er das Gleichgewicht und knallte mit seinen zwei Zentnern voll gegen die Schlafzimmertür. Alfred fand es noch lustig, dass er nicht mehr stehen konnte!

Der Tag war gelaufen, denn er musste zuerst seinen Rausch ausschlafen. Solche Situationen waren ekelhaft. Ich fühlte mich alleingelassen. An solchen Tagen konnte man nichts mit ihm anfangen. Nicht einmal ansehen mochte ich ihn dann – so ungepflegt, und dann der strenge Körpergeruch. Das Bier roch man noch am nächsten Tag.

Jeden Morgen holten wir Grünfutter, Schwiegervater und ich. Das war schön, jeden Morgen so früh aufzustehen – es war ein gutes Gefühl, der Erste zu sein! Ich genoss es, in der freien Natur zu arbeiten und dabei dem ersten Gesang der Vögel zu lauschen. Es war gut, von zu Hause aus arbeiten zu können – für mich eine ganz neue Erfahrung.

Auch mit dem Traktor versuchte ich zurechtzukommen. Eigentlich ganz ähnlich wie Auto fahren. Und doch so gewöhnungsbedürftig! Am Anfang ging alles noch ziemlich holprig, doch mit der Zeit kam ich ganz gut zurecht.

Nach der Ernte beschloss ich zu testen, wie gut ich inzwischen mit den landwirtschaftlichen Geräten umgehen konnte, wollte den Kipper rückwärts einparken. Alles schien bestens zu gelingen, und ich staunte über mein Können. „Perfekt!“ Es war ja niemand da, der mich hätte loben können, also lobte ich mich selber. Voller Freude zog ich die Stöpsel aus der Deichsel. Alles sah aus wie bei meinem Mann. Ich legte den ersten Gang ein, um den Schlepper in den Stall zu fahren; aber kaum bewegte sich das Fahrzeug, krachte auch schon der Kipper schräg nach vorne auf die Deichsel – so laut, dass es sogar mein Schwager im Haus nebenan hörte. Er dachte, es wäre ein Unfall passiert, und rannte an den Ort des Geschehens.

Durch meinen Übereifer war nun wirklich etwas schiefgegangen. Es entpuppte sich als eine Katastrophe! Verängstigt stand ich vor dem Schlamassel, das ich da angerichtet hatte – ich hatte vergessen, das Rad am Kipper herunterzudrehen. Voller Panik versuchte ich nun, das Rad hochzudrehen, aber ich hatte keine Chance, es war zu schwer. „Bitte, bitte, sag Alfred nichts", flehte ich ihn an. Das versprach er mir, aber ein spöttisches Lachen konnte er sich dennoch nicht verkneifen.

Feldarbeiten waren Alfreds Aufgabe, und damit waren es auch „seine" Maschinen. Hoffentlich hatte ich nichts beschädigt! Doch statt mich zu ermutigen, meinte mein Schwager nur, die Deichsel sei bestimmt verbogen. Mit großen Augen sah ich ihn an. Die Deichsel verbogen? Hoffentlich nicht! Ganz mulmig war mir zumute, was ich da vielleicht angerichtet hatte. „Bitte, hilf mir doch, das Rad wieder hochzukurbeln!" Mit vereinten Kräften brachten wir den Kipper wieder in die richtige Position. Was war ich froh, dass alles gutgegangen und kein Schaden entstanden war.

Bei schönem Wetter gab es meistens viel zu tun: Die Ernte musste eingebracht, das Gras gemäht und zu Heu gemacht werden. Die meiste Arbeit auf dem Hof erledigten mein Schwiegervater und ich; und wir waren gut beschäftigt, nur im Winter ging es ruhiger zu. Alfred arbeitete als Elektriker und abends und am Wochenende auch in der Landwirtschaft. Ohne seinen Vater hätte er es nie bewältigen können, der räumte auf und reparierte und hatte immer etwas zu tun.

Mein Schwiegervater und ich wurden ein gutes Team und verbrachten viel Zeit miteinander, auch nach Feierabend, wenn Alfred wieder einmal seiner Lieblingsbeschäftigung nachging: Biertrinken im Wirtshaus. Im ganzen Umkreis kannte er fast jedes Gasthaus von innen. Dann kam mein Schwiegervater samt Hund die Treppen heraufgestapft – mit schweren Schritten und schwerem Atem – und meinte: „Spielen wir eine Runde Karten?"

Nach ein paar Runden bei einem Glas Wein ging er wieder. Mit der Zeit wurden wir gute Freunde, und ich vertraute ihm mehr als meinem Mann. In ihm hatte ich eine Art Vaterersatz gefunden und ich freute mich immer, wenn er mich besuchte.

Kein Wunder, dass meine Schwiegermutter irgendwie eifersüchtig auf mich war. Nichts konnte ich ihr recht machen.

Eines Tages platzte mir der Kragen und ich fragte sie: „Was hast du eigentlich gegen mich, warum bist du immer so gemein zu mir?" Es war, wie ich schon vermutet hatte: Mein Schwiegervater war mir gegenüber immer so zuvorkommend; wenn er etwas von mir wollte, war ich sofort zur Stelle und umgekehrt auch. Wir beide hielten zusammen, waren füreinander da.

Wenn dagegen meine Schwiegermutter einen von uns rief, konnte sie manchmal lange warten. Klar – wenn sie rief, klang das immer irgendwie vorwurfsvoll und befehlend, und darauf hatte ich einfach keine Lust. Aber ich konnte verstehen, wie sie sich fühlte; also versuchte ich ihr liebevoll zu erklären, warum es mit ihrem Mann und mir so gut klappte – er wäre nett zu mir und er mochte mich. Er sei für mich wie ein Vater und ich hätte Vertrauen zu ihm.

Weiter erklärte ich ihr, wenn sie mich respektvoll behandeln und mich akzeptieren würde, wie ich bin, und ihren Befehlston etwas zurückschrauben würde, dann wäre ich auch ihr gegenüber so zuvorkommend. Es war ein reinigendes Gespräch, das Veränderung brachte: Unser Verhältnis entspannte sich, wenn auch nicht solch ein Vertrauen zustande kam, wie ich es zu meinem Schwiegervater hatte. Nach dieser Aussprache konnte sie richtig nett zu mir sein.

Aber manchmal war sie doch noch launisch und dann war sie nur mit Vorsicht zu genießen. Als Auslöser genügte eine Kleinigkeit, wie bei der Sache mit dem Regal: Eines Tages fragte ich meinen Schwiegervater, ob er mir nicht auch so ein Regal bauen könnte, wie er eines an seinem Schreibtisch hatte. Ja, aber nicht heute, meinte er nur. Mit einem Lächeln im Gesicht dankte ich ihm und meinte, es müsse ja auch nicht heute sein. Ohne ein weiteres Wort zu sagen, ging er davon – und kam gleich am nächsten Morgen nach der Stallarbeit mit einem Meterstab zu mir in die Küche. Drei Tage später hing das Regal an der Wand! Vielleicht hatte Schwiegermutter es ja schon lange aufgegeben, ihre Wünsche zu äußern.

Mit allem, was mein Mann nicht hinbekam, weil er keine Lust hatte, konnte ich jederzeit zu meinem Schwiegervater kommen. Wenn es ihm irgendwie möglich war, half er mir.

Der riesige Garten der Schwiegermutter war ein echter Stressfaktor. Ich wollte gerne eine Ecke selbst bewirtschaften, aber das lehnte sie ab. So riesig der Garten auch war, sie brauchte ihn ganz und er war immer voll in Betrieb, es durfte nichts brachliegen. Ich durfte ernten, so viel ich wollte, und im Gegenzug musste ich tun, was sie mir auftrug.

Schwiegermutter säte und pflanzte wie wild, irrsinnig viel. Es konnten einfach keine kleinen Mengen sein. Zehn Salatpflänzchen? Nein, hundert. Und vierzig Tomatenpflanzen, sechs Netze Steckzwiebeln kamen in die Erde. Für vier Personen! Um nur keinen halben Quadratmeter zu verschenken, pflanzte sie vierzig Johannisbeersträucher als Hecke ganz nah an der Straße. Jeder schimpfte darüber, aber es half nichts. Sie musste ihren Sturkopf durchsetzen. Wer sollte nur jedes Jahr die Beeren pflücken und versorgen? Ich kochte Marmelade, machte Saft, kochte sie ein für Kuchen. Jahr für Jahr aufs Neue musste das viele Obst und Gemüse versorgt werden; teilweise kochte ich bis zu zweihundert Gläser im Jahr ein.

Auf meine Frage, warum sie für uns vier immer so viel anbaute, das konnten wir doch unmöglich alles selber essen, antwortete sie: „Jeder Platz muss ausgenützt werden!“ Aber es gab noch einen anderen Grund: Ganz in der Nähe wohnte nämlich jemand mit großem Bedarf an Lebensmitteln, den Schwiegermutter besonders mochte und der das Gemüse und den Salat erntete, ohne auch nur ein einziges Mal geholfen zu haben. Aber die Wasserrechnung bezahlten wir. Das machte mich wütend. Ich hatte keine Lust, für andere zu arbeiten, die sich nur bedienten.

Das erste gemeinsame Weihnachten war aufregend. Draußen war alles mit Schnee bedeckt. Wir hatten noch keinen Weihnachtsbaum, also machten wir uns mit unseren Langlaufskiern auf den Weg in den Wald, um einen Baum zu holen, und dann schmückte ich ihn liebevoll.

Zuerst besuchten wir meine Schwiegereltern, die Lieblingstochter mit Familie war auch dort. Als die Schwiegereltern in die Kirche wollten, gingen wir zu Stiefmutter. Ihr Sohn war ebenfalls gekommen. Ich versuchte, den Vorfall mit meinem Stiefbruder zu verdrängen.

Mein Mann wusste nicht, was zwischen uns beiden vorgefallen war, ich hatte ihm von dieser Geschichte nichts gesagt. Vielleicht wäre es besser gewesen, wenn ich ihm davon erzählt hätte, aber das blieb auch weiterhin mein Geheimnis. Und nun saßen wir alle um den Tisch. Eine eigenartige Situation; ich schämte mich und wollte nicht mehr daran denken. Der Abend verlief oberflächlich. Alles Tradition. Gegen 22 Uhr gingen wir alle zur Kirche und damit klang der Abend aus.

Am nächsten Tag hatte Stiefmutter Geburtstag. Meine Geschwister waren vollzählig gekommen und dazu viele andere Gäste. Sie liebte diesen Trubel. Alfred und ich gingen zur Theateraufführung. Um Weihnachten war immer sehr viel los. Kein Platz für Romantik.

Unser erstes Silvester verbrachten wir zu Hause. Es wunderte mich, dass mein Mann an solch einem Tag nicht mit mir ausgehen wollte; andererseits genoss ich es sehr, dass wir zu Hause waren. Alles war noch so neu.

Nach den Feiertagen holte uns der Alltag wieder ein und alles ging seinen gewohnten Gang.

Kapitel 13

Guter Hoffnung

Ich war schwanger. Mein Mann freute sich sehr und er war riesig stolz. Aber die vielen Streitigkeiten rissen nicht ab, trotz Schwangerschaft!

Das Wirtshaus stand für ihn weiterhin an erster Stelle. Er kam nach Hause, wann es ihm passte – mal früher, mal später oder auch erst am frühen Morgen. Er nahm keinerlei Rücksicht auf mich, war zu Einschränkungen nicht bereit.

Jetzt war ich also schwanger. „Guter Hoffnung sein" nennt man das so schön. Aber mein Mann machte, was er wollte. Nichts hatte sich geändert – ich war vom Regen in die Traufe gekommen! Ich freute mich über die wenigen guten Tage, um nicht über die schlechten nachdenken zu müssen. Immer häufiger saß ich allein zu Hause, während er sich im Wirtshaus vergnügte.

Gelegentlich brachte er mitten in der Nacht Gäste mit heim! In heiterer Stimmung und mit lautem Gesang kamen sie betrunken in die Küche und tagten dort weiter bis zum frühen Morgen. Ich platzte schier vor Wut, ließ mir aber nichts anmerken. Erstaunlich, wie ich die Fassade wahren konnte; ich spielte das Spiel mit, so gut es ging. Es war schrecklich: Mitten in der Nacht saß ich mit meinem Kind im Bauch nüchtern unter lauter Betrunkenen, mit einem künstlichen, aufgesetzten Lächeln im Gesicht. Ich wollte den Gästen freundlich begegnen, schließlich hatte mein Mann sie eingeladen. In das laute Geschwätz und den Gesang konnte ich nicht einstimmen, nüchtern wie ich war.

Später lag der Mann, den man geheiratet hatte, neben einem, mit streng riechender Ausdünstung. Dank seiner lauten Nebengeräusche konnte ich kaum noch einschlafen. Alles Zwicken und Rütteln war zwecklos, er bemerkte nichts mehr. War ich doch einmal eingeschlafen, drehte er sich zu mir herum und sein Atem machte es mir unmöglich weiterzuschlafen. Dann blieb mir als Alternative nur noch das Sofa. Der Tag nach so einem Besäufnis sah nicht besser aus: Den halben Tag verschlief er.

Obwohl ausgemacht war, dass am Wochenende Alfred den Stall versorgte, musste dann ich diese Arbeit übernehmen. Deshalb gab es oft Ärger zwischen Vater und Sohn, und kaum war der Ärger verflogen, stand der nächste vor der Tür: Das Wochenende kam bestimmt! Eigentlich ist es ja erfreulich, wenn der Mann am Wochenende frei hat, doch bei mir war es anders. Am Wochenende ging es bei uns nur selten harmonisch zu, und wenn doch, hielt es nie lange an.

Wieder einmal kam Alfred eines Nachts sehr spät nach Hause, stockbetrunken, und er hatte einen Trinkkumpanen dabei. Da saßen sie nun vor einem kräftigen Vesper in unserer Küche und sangen, was die Kehle hergab. Dieses Mal wurde es mir zu viel und ich warf den Gast hinaus: „Schämt ihr euch nicht? Du wirst bald Vater und du, du hast sechs Kinder zu Hause!“ Wortlos ging der andere und am nächsten Tag entschuldigte er sich bei mir. Auch mein Mann entschuldigte sich. Aber das war nichts Besonderes, das bekam er am Anfang schon noch hin, und solche Abende waren wahrlich keine Seltenheit.

Diese Entschuldigungen waren nichts wert. Seine ständigen leeren Versprechungen hingen mir allmählich zum Hals heraus und mein Vertrauen ging den Bach ’runter.

Wenn wir einmal gemeinsam ausgingen, war es nicht anders. Entweder saß ich da, schwieg mit einem Lächeln und wartete, bis es endlich nach Hause ging, oder ich machte mit, um ihn bei Laune zu halten. Am nächsten Tag sah er dann seine Ausschweifungen ein und entschuldigte sich dafür, aber Alfreds gute Vorsätze waren immer nur von kurzer Dauer.

Seine Freunde wollten mir einreden, ich hätte den besten Mann bekommen. Aber sie hatten alle keine Ahnung! Sie kannten ihn ja nur vom Wirtshaus und dort war er wirklich lustig und gesellig; er konnte einen ganzen Saal unterhalten. Wenn er irgendwo zu Besuch war, gab er sich von seiner besten Seite und half, wo er nur helfen konnte. Doch zu Hause sah es mit der Zeit ganz anders aus.

Immer wieder fragte ich mich, warum er seine gute Laune nur im Gasthaus zeigen konnte. ***Warum ist er seit der Hochzeit so anders? Warum kann er seine gute Laune nur selten mit mir teilen? Bin ich ihm zu wenig? Warum will er lieber allein feiern, ohne mich?***

Ständig suchte ich den Fehler an mir. ***Was mag er plötzlich nicht mehr an mir?*** Ich konnte es nicht herausfinden. ***Ist es mein Aussehen? Oder was sonst?*** Was ich auch unternahm, sein Drang ins Wirtshaus war stärker. Am Anfang war es ja noch lustig und nett, wenn er betrunken war. Doch war es das, was ich wollte? Nein, bestimmt nicht!

Immer und immer wieder hatte ich die Hoffnung, dass sich sein Verhalten bessern würde, und er versprach es ja auch ständig. Aber er veränderte sich nicht im Geringsten, jedenfalls nicht zum Besseren; im Gegenteil, seine schlechten Gewohnheiten nahmen eher noch zu. Mir kam es vor, als wäre er wie umgewandelt, seit wir verheiratet waren.

Ich war so naiv gewesen zu glauben, es würde schon nicht so schlimm werden; aber es war unrealistisch, so zu denken. Es wurde schlimmer!

Ich hatte alles verniedlicht, statt der Wahrheit ins Auge zu sehen. Jetzt erst wusste ich die Warnungen zu schätzen – und nun war es zu spät.

Die Leute behaupteten ja, wir hätten „heiraten müssen“. Aber dem war nicht so. Das dachten sie nur, weil ich mich bei diesem Theaterausflug nach dem verdorbenen Fisch hatte erbrechen müssen. Aber nun war ich tatsächlich schwanger, inzwischen konnte es jeder sehen.

Auf der Straße sprach mich eine Frau an: „Ach, jetzt hat man es bald geschafft.“ Hoffentlich noch nicht so bald, dachte ich, und erwiderte: „Wieso? Ich habe noch drei Monate!“ Verblüfft schaute sie mich an. „Aber Sie sind doch …“ Ich unterbrach sie: „Nein.“ So ein Pech, die Rechnung der Leute ging einfach nicht auf, auch wenn ich schon im sechsten Monat aussah wie kurz vor der Niederkunft! Kein Wunder, dass sie überrascht war.

Warum reden die Leute immer über mich? Bin ich denn so interessant? Was war ich froh, dass dieses Gerücht nicht stimmte! Es gab mir ein gutes Gefühl, nicht eines Kindes wegen geheiratet zu haben.

Meine Schwangerschaft ging voran und verlief ohne Komplikationen. Aber wie sah ich aus! Kugelrund, ich hatte zwanzig Kilo mehr auf den Rippen. Oder in den Beinen – das eingelagerte Wasser erschwerte mir die Bewegung, doch tat ich weiterhin meine Arbeit. Der ganze Körper juckte. Bei Nacht konnte ich nur noch sitzend schlafen, sonst plagte mich das ständige Sodbrennen.

Durch die Dehnung des Bauches blieben Schwangerschaftsstreifen nicht aus. Und dann bekam ich noch einen Nabelbruch! Mit Pflaster versuchte ich, ihn in den Griff zu bekommen, so gut es ging. Die letzten Wochen waren nervig, ich wartete sehnlich auf den Geburtstermin, doch das Kind wollte und wollte nicht kommen. Erst drei Wochen nach der Zeit ging es endlich los.

Ich ging ins Krankenhaus, ohne Wehen zu haben; dort wurde die Geburt eingeleitet. Die Spritze gegen die Schmerzen lehnte ich ab, ich wollte die Geburt ohne Betäubung erleben. Erst nach Stunden setzten die Presswehen ein. Da, mitten im Geburtsgeschehen, rief auch noch Stiefmutter im Kreißsaal an. Wie peinlich! Was wollte sie nur? Für ein Plauderstündchen hatte ich jetzt wirklich keine Zeit, und das sagte ich ihr auch: „Ich versuche doch gerade, das Baby auf die Welt zu bekommen.“ Gelegentlich konnte ich meinen Sarkasmus nicht zurückhalten.

Mein Mann unterstützte mich bei der Geburt, indem er mich von hinten abstützte. Es gab Komplikationen: Das Kind wollte nicht kommen, es blieb im

Geburtskanal stecken, aber für einen Kaiserschnitt war die Geburt schon zu weit fortgeschritten. Eine Presswehe nach der anderen. Meine Kraft ließ nach. Der Kreißsaal füllte sich mit Schwestern und mehreren Ärzten.

Die Glocke musste her! Mit Gewalt drückte eine Schwester von oben, zwei andere stützten meine Beine und von unten zog der Arzt, bis endlich ein acht Pfund schweres, strammes, gesundes Mädchen das Licht der Welt erblickte.

Große Erleichterung und lautes Lachen – endlich war das Baby da. Das Kind wurde sofort auf meinen Bauch gelegt, und alle Schmerzen waren vergessen. Das war eines meiner schönsten Erlebnisse! Auch wenn ich vor Erschöpfung am ganzen Leib zitterte.

Währenddessen nähten sie an mir herum, innerlich wie auch äußerlich, da die Gebärmutter gerissen war. Der übergroße Dammschnitt war noch zu klein gewesen, ich war bis zum After aufgerissen. Als sie mit dem Nähen endlich fertig waren, kümmerten sie sich um das Kind. Die Schwestern wollten es meinem Mann in die Arme legen, doch er lehnte ab; später sagte er mir, er hätte Angst um mich gehabt. War das der Grund dafür, dass er später nie eine wirkliche Beziehung zu seiner Tochter hatte?

Ich hatte viel Blut verloren und bekam deshalb Blutkonserven. Kindbettfieber war die Folge, und ich hatte wirklich hohes Fieber. Das Fieber wollte nicht sinken, es stieg und stieg. Trotz drei Mal täglich Penizillin.

In der ersten Woche durfte ich das Kind kaum sehen; solange ich Fieber hatte, wurde Silvia von den Schwestern versorgt. Meine Milch wurde abgepumpt und weggeworfen – wegen der Medikamente war sie unbrauchbar.

Mein Mann durfte mich jederzeit besuchen, natürlich nur im weißen Kittel. Familienangehörige oder Freunde, ja selbst die eigenen Kinder durften nur zu den Besuchszeiten erscheinen. Die Regeln waren damals noch sehr streng.

Aus meiner Familie kamen viele Verwandte, Freunde und Bekannte, mit denen ich niemals gerechnet hätte. Aber von der Seite meines Mannes kam niemand, keine Verwandten und auch keine Freunde. Das machte mich sehr traurig; es gab mir das Gefühl, nicht zu dieser Familie zu gehören. Viele traurige Gedanken überkamen mich. ***Wieso kommt keiner? Mögen sie mich denn gar nicht?***

Häufig standen mir Tränen der Enttäuschung in den Augen. Ich versuchte sie zurückzuhalten, aber ohne Erfolg. Mein Mann versuchte, mich mit tröstenden Worten zu besänftigen, doch wussten wir beide, dass es anders war: Von den vier Geschwistern meines Mannes wohnten drei Schwestern im gleichen Ort und der Bruder lebte auch nicht weit von uns entfernt, aber es kam keiner zu mir. Auch meine Schwiegereltern glänzten durch Abwesenheit. Sie hatten zwar kein Auto, aber sie hätten bestimmt irgendwo mitfahren können.

Von meinen Geschwistern dagegen kamen alle oder sie riefen an. Es klopfte an der Tür, was für eine Überraschung! Stiefmutter kam mit ihrem Besuch, und plötzlich war auch bei mir die Bude voll. Ich freute mich sehr, dass ich doch noch Besuch bekam. Es half mir, für kurze Zeit nicht mehr über die Familie meines Mannes nachdenken zu müssen.

An einem Vormittag wurde ich von meinem ältesten Bruder überrascht. Er arbeitete bei der Post und hatte eigentlich noch Dienst. Mit einem Strahlen im Gesicht streckte Andreas seinen Kopf in die Tür und fragte: „Hey Jonge, wie gehts?" Er hatte nicht viel Zeit, doch sein Besuch bereitete mir große Freude. Er hatte auch ein Geschenk dabei, zehn Strampler! Ich war begeistert.

Ich hatte bisher nur getragene Kinderkleidung, die ich mir ausgeliehen hatte; neue Babysachen waren in der Anschaffung sehr teuer. Da waren die neuen Strampler genau das Richtige! Als er gegangen war, sah ich sie immer und immer wieder an und stellte mir vor, wie mein Kind darin aussehen würde.

Jeden Tag füllte sich mein Zimmer mit Besuchern, mit denen ich nie gerechnet hätte. Nach drei Wochen Krankenhausaufenthalt durfte ich endlich nach Hause. Durfte? Wohl eher musste. Überglücklich war ich nicht gerade. Dass mich keiner aus der Familie meines Mannes besucht hatte, mit dieser großen Enttäuschung musste ich erst einmal fertigwerden.

Meine Schwiegereltern erwarteten mich schon. Schwiegermutter begrüßte mich mit: „Ach, nur ein Mädchen." Wie konnte sie nur so etwas sagen? ***Sind Mädchen in ihren Augen nichts wert?*** Traurig schaute ich sie an und sagte nichts. Ich war besonders stolz auf meine Tochter, und dann so eine Begrüßung.

Ich war noch sehr erschöpft, es ging mir nicht gut. Ich war nicht als gesund entlassen worden, sondern auf eigenen Wunsch und eigenes Risiko, das hatte ich unterschreiben müssen; ich musste auch angeben, wer mir zu Hause zur Seite stehen würde. Das Sitzen bereitete mir noch große Schwierigkeiten, das ging nur mit mehreren Kissen.

Und siehe da: Am ersten Abend kamen alle Geschwister meines Mannes mit ihren Partnern. Jetzt auf einmal? Darauf hätte ich gerne verzichtet. Natürlich hatten sie alle ihre Ausreden und Entschuldigungen, weshalb sie mich nicht im Krankenhaus besucht hatten. Klar, sie hatten kein Interesse und waren zu bequem gewesen. Aber ich nahm ihnen keine einzige ihrer Ausreden ab. Drei Wochen lang hatte ich im Krankenhaus gelegen, und sie hatten genau gewusst, wie es mir erging! Ich hätte mehr Mitgefühl erwartet, aber so etwas gab es in dieser Familie nicht. Es verletzte mich sehr und ich war sehr enttäuscht, aber ich verzieh ihnen und beschloss, das Beste daraus zu machen.

In meine Aufgabe als Mutter lebte ich mich schnell ein. So gut es ging, nahm ich Silvia überallhin mit, ob in den Stall oder in den Garten.

Stiefmutter war ganz vernarrt in das Baby. Sie bot mir an, jederzeit das Kind zu nehmen. Ich freute mich sehr darüber und nahm ihr Angebot gerne an. Ich hoffte, dass sie die Oma-Rolle übernehmen und auch zu mir guten Kontakt halten würde. Wahrscheinlich freute sie sich, dass sie jetzt durch mich Oma geworden war; das wünschte sie sich eigentlich immer von ihrem Sohn. Mein Stiefbruder hatte sich immer Kinder gewünscht, aber er bekam keine.

Wir entschieden uns, einen Paten aus Alfreds Familie zu nehmen und einen aus meiner. Ich fragte zwei meiner Brüder, aber die wollten nicht, sie hatten schon Patenkinder. Blieben nur noch meine Schwester und mein Stiefbruder. Ich zog Stiefmutter zu Rate. Sie empfahl mir, ihren Sohn zu nehmen, dann wäre das Kind finanziell gut versorgt.

Das fand ich nicht schlecht – immerhin konnte er mir dadurch auch etwas zurückzahlen. Jedenfalls wäre mein Kind versorgt, wenn uns etwas zustoßen sollte. In so einem Fall, dachte ich, durfte ich nicht egoistisch sein und nicht darauf schauen, was er mir angetan hatte. Hier ging es um das Wohl des Kindes, und an ihr würde er sich sicher nicht vergreifen.

Dass Liebe auch beim Patenamt das Wichtigste ist, daran dachte ich damals noch nicht.

Zuerst schien alles in Ordnung zu sein, doch schon bald stellte ich fest, dass ich wieder einen Fehler gemacht hatte – und wieder einen, den ich nicht rückgängig machen konnte: Mein Stiefbruder und auch Stiefmutter verwöhnten das Kind nach Strich und Faden. Da konnte ich nicht mithalten, und so wurde ich ausgebootet.

Paten sind nicht dazu da, das Kind finanziell abzusichern, das ist ein schlechtes Kriterium. Vielmehr sollte man sich fragen, ob sie das Kind lieben und es gut erziehen würden. Wenn ein Kind seine Eltern verliert, braucht es nicht in erster Linie Geld, sondern Liebe und Verständnis. Nur das kann den Schmerz eines Kindes lindern.

Kapitel 14

Hurra, ein Sohn!

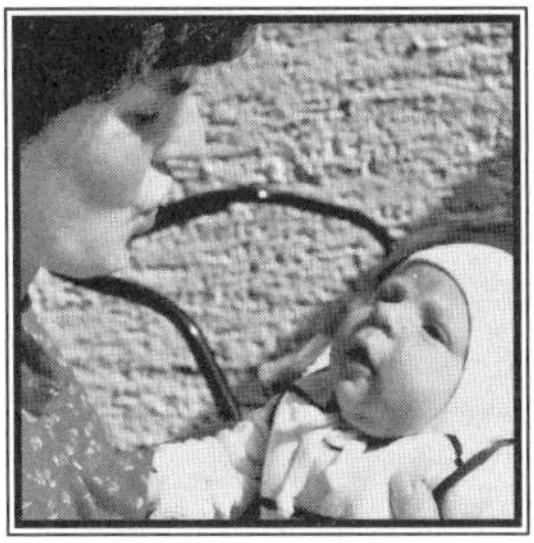

In den ersten Jahren kam ich mit dem Alkoholproblem meines Mannes noch irgendwie zurecht. Wenn mein Mann zu Hause war, hatten wir eine gute Zeit miteinander.

Abends spielte er oft mit seiner Tochter. Es war schön zuzusehen, wenn er mit seinem Kind spielte. In diesen Momenten schöpfte ich immer wieder Hoffnung und neue Kraft, auch aus seinen Komplimenten, die er mir bei solchen Gelegenheiten machen konnte: Ich wäre für ihn etwas Besonderes und nicht wie die anderen Frauen. Ob das nur geschmeichelt war oder ob er es aufrichtig meinte, dessen war ich mir nicht sicher. Ich hätte gerne geglaubt, dass es die Wahrheit war.

Aber warum geht er dann so oft allein weg und vergisst seine Familie? Wozu hat er überhaupt geheiratet, warum will er Kinder, wenn ihm seine Freiheit doch wichtiger ist?

Immer und immer wieder fragte ich ihn, ob er mich überhaupt liebte. Und jedes Mal antwortete er: „Ich mag dich!" Doch das war mir zu wenig. Er konnte mir nicht sagen: „Ich liebe dich." Das machte mich stutzig. Warum konnte er das nicht aussprechen?

Mein Mann war kein Mann zum Verheiratetsein. Als Kamerad war er schon zu haben; solange es etwas zu bauen gab, hatten wir viel miteinander zu reden, und wenn ich schön fleißig meine Arbeit tat, war die Welt für ihn in Ordnung. Arbeit hielt diese Ehe aufrecht; wenn wir zum Streiten zu müde waren, war alles gut.

Aber ich hatte bestimmte Vorstellungen von einer Ehe: Kinder gehörten dazu und natürlich ein Mann, der einen liebte, und ein Zuhause, in dem ich mich wohlfühlen konnte, wo ich geborgen war. Absolute Treue, Offenheit und gegenseitige Rücksichtnahme sollten eigentlich selbstverständlich sein.

Damals wusste ich noch nicht, dass ich nichts von alledem haben sollte. Außer Kindern.

Bald wurde ich wieder schwanger. Wie würde mein Mann auf diese Neuigkeit reagieren?

Ich war mir sicher, er würde sich freuen, und es war auch so. Seine Freude war groß. Schon aus purem Stolz, als Mann genauso wie die anderen Familien dazustehen! Doch hatte ich auch meine Zweifel: ***Wird er als zweifacher Vater jetzt mehr zu Hause sein?*** Meine Zweifel waren berechtigt.

Wenn er zu Hause war, konnte er tatsächlich ein guter Vater sein. Doch liebte er seine Freiheit immer noch mehr als seine Kinder, und das machte mir immer mehr zu schaffen – es machte mir Angst. Doch ließ ich ihn meine Ängste nie wissen, ich wagte es nicht, sie ihm mitzuteilen. Hätte ich es ihm vielleicht sagen sollen? Hätte er es je verstanden?

Ich genoss seine Freude. Ich wusste, dass er mich jetzt auf Händen tragen würde. ***Aber wie lange? Auch in Zukunft?*** Doch darüber wollte ich jetzt nicht nachdenken. Ich wollte es genießen, dass ich eine Weile gut behandelt wurde. Es war eine gute Zeit und ich fühlte mich wirklich wohl. Ich wurde beachtet und rücksichtsvoll behandelt. Ich fühlte mich angenommen wie nie. Weil ich schwanger war, war alles gut, und alle freuten sich mit mir. Diese Zeit erfüllte mich. Jetzt bekam ich wieder ein Kind, jetzt würde er mich wieder ansehen und sich freuen!

Die Schwangerschaft verlief gut und mein Mann ging nicht mehr ganz so oft aus. ***Doch wie lange hält sein Interesse an?***

Ich freute mich auf den Umbau, der war eine gute Ablenkung. Die untere Etage war einigermaßen renoviert; es war zwar noch nicht alles fertig, doch das störte mich nicht. Voller Tatendrang sprach er darüber, den Dachboden auszubauen, um mehr Platz zu haben. Seine Gedanken waren gut und ich freute mich über sein Interesse.

Bei der Planung konnte ich alles Unerfreuliche vergessen – ich sah nur die Zukunft meiner Kinder und tat alles dafür. Auch die Aussichten, dass wir während des Umbaus in ständigem Schmutz und Staub wohnen würden und dass das Geld knapp sein würde, machten mir nichts aus. Silvia und das kommende Baby gaben mir Freude.

Generell hatte ich nichts gegen Umbauen; im Gegenteil, das Verändern machte mir Spaß und ich konnte meine Ideen mit einbringen. Es war ein gutes Gefühl, dass mein Mann alle meine Ideen für gut hielt. So wollte ich ein Dachfenster eingebaut haben, das gleichzeitig als Fluchtweg dienen sollte.

Die Wände unter den Dachschrägen wurden weit nach innen gesetzt, um mehr Stellwände zu haben; gleichzeitig konnte man sie als Einbauschränke nutzen – es kam eine gute Idee nach der anderen! Aber die Regale hinter den Wandschranktüren, die ließen auf sich warten. Ich hatte Verständnis, dass er Zeit brauchte. Ich gab ihm alle Zeit der Welt, improvisierte mit Obstkisten und mit alten Möbeln. Aber auch nach vielen Jahren waren noch keine Regale eingebaut, obwohl ich ihn immer wieder daran erinnerte. Seine ständigen leeren Versprechen hatte ich jetzt wirklich satt; innerlich entfernte ich mich immer weiter von ihm.

Der Umbau im Dachgeschoss war im Großen und Ganzen fertig, eben bis auf die halbfertigen Ecken, die sich übrigens durch das ganze Haus zogen. Wir konnten einziehen. Unser Schlafzimmer wurde nach oben verlagert und für ein kleines Bad und ein Gästezimmer hatte es auch noch gereicht. Ich hatte viel zu tun. Ich wollte alles fertig haben, bis das Baby kam. Voller Liebe und Vorfreude konnte ich endlich auch das neue Kinderzimmer einräumen, und schließlich war alles schön eingerichtet. Das Baby konnte kommen.

Ich war wieder so dick geworden wie bei der ersten Schwangerschaft. Ich hatte auch so ziemlich die gleichen Beschwerden, und all das Gewicht mit sich herumzuschleppen wurde mit der Zeit ganz schön nervig. Ich fühlte mich nicht mehr schön. Jede Bewegung war beschwerlich. Gut, dass ich in den letzten Wochen so viel zu tun hatte! So gingen sie schneller vorbei.

Endlich ging es los, und es war ganz anders als beim ersten Kind: Die Wehen setzten ein, dieses Mal kamen sie ganz von selbst, und gleich im Fünf-Minuten-Takt. Mitten in der Nacht fuhren wir zum Krankenhaus, mein Mann war ganz aufgeregt. Aber kaum waren wir angekommen, waren die Wehen auch schon wieder weg. Fragend schaute mich mein Mann an: „Wieso das? Die Wehen sind weg??"

Ich verstand es auch nicht. Was nun? Hilflos standen wir auf dem Parkplatz vor dem Krankenhaus. Die Wehen waren weg und ich wollte zurückfahren, doch mein Mann bestand darauf, das abzuklären. Die Untersuchung ergab „wilde Wehen". Also wieder nach Hause und weiter warten! Nach einer Woche setzten wieder Wehen ein, genau wie beim ersten Mal: die gleichen Wehen, im gleichen Abstand.

Ich wollte auf Nummer sicher gehen und sagte meinem Mann noch nichts; erst als die Wehen im Abstand von etwa drei Minuten kamen, sagte ich es ihm. Wieder fuhren wir ins Krankenhaus, und dieses Mal war es kein falscher Alarm, es war knapp genug. Alles musste schnell gehen.

Was für eine Freude! Es war sogar dieselbe Hebamme wie bei der Geburt meiner Tochter da, sie kannte mich noch gut. Die Geburt verlief normal, ohne alle Komplikationen, und innerhalb von zwei Stunden war der ersehnte Sohn da. Wir nannten ihn Frank.

Dieses Mal reagierte mein Mann ganz anders: Voller Stolz trug er seinen Sohn im Kreißsaal umher, und seine Augen strahlten vor Glück. Am Abend feierte er so ausgelassen, dass er sich in sein Bett erbrach; er konnte mich erst am Abend des nächsten Tages besuchen.

Bei der Geburt der Tochter hatte er sich nicht so gefreut, doch bei so einem Anlass hatte ich Verständnis für ein ausgelassenes Feiern. In der ganzen Familie war die Freude groß: Der ersehnte Stammhalter! Dieses Mal kamen alle seine Geschwister. ***Warum jetzt auf einmal? Nur weil es ein Junge ist?***

Solange der Junge noch nicht laufen konnte, nahm mein Mann häufig seine Tochter mit, wenn er irgendwo hinging. Doch als der Sohn größer war und laufen konnte, nahm er immer öfter ihn mit und die Tochter musste zu Hause bleiben. Zwei Kinder waren ihm zu viel.

Es machte mich traurig zu sehen, wie mein Mann immer wieder Unterschiede machte zwischen dem Jungen und dem Mädchen. ***Wie muss sich das für ein kleines Mädchen anfühlen?*** Ganz anders der Schwiegervater: Er handelte gerecht und wechselte jedes Mal ab, wenn er ein Kind mitnahm.

Wenn der Vater von einer Reise kam, brachte er nur etwas für den Jungen mit. Am Anfang konnte ich es vertuschen, ich hatte immer etwas da, das er ihr geben konnte. Ich fragte ihn aber zuerst, was er für seine Tochter mitgebracht hätte. Er wisse nicht, was er einem Mädchen mitbringen solle, war immer seine Antwort. Aber es kommt nicht so sehr darauf an, was man schenkt, noch wichtiger ist, dass man überhaupt etwas schenkt. Zumindest hätte er ihr Schokolade mitbringen können. Ich machte ihm einige Vorschläge für die Zukunft, aber bis zum nächsten Mal hatte er es wieder vergessen. Ich war sauer auf ihn. ***Wie kann man seiner Tochter gegenüber nur so lieblos sein?*** Er hatte doch nicht nur ein Kind, sondern zwei. Nur einmal dachte er daran, seiner Tochter etwas mitzubringen. Ein T-Shirt genügte, um ihre Augen zum Leuchten zu bringen. Es ging doch! Das Leben hätte so schön und einfach sein können.

Solange Frank klein war und meine ganze Aufmerksamkeit benötigte, behandelte mich mein Mann rücksichtsvoll. Aber je älter der Junge wurde, umso mehr änderte sich seine Einstellung zu mir: Deutlich gab er mir zu verstehen, ich hätte meine Arbeit zu machen und mich um meine Kinder zu kümmern, alles andere ginge mich nichts an! Unsere Beziehung verschlechterte sich zusehends – er brauchte mich nur als Dienstmagd und als die junge Stute, die ihm Kinder verschaffen sollte. Damit er vor seinen Kumpeln mit seiner Familie glänzen konnte.

Ich dachte, ich sollte seine Frau sein! Seine Rücksichtslosigkeit und Gleichgültigkeit machten mich unglücklich.

Das Haus lag am Hang. Hinter dem Haus wollten wir einen schönen Terrassengarten anlegen. Bei einem Glas Wein saßen wir auf der Terrasse. Wir hatten ein Feuer angezündet und bei dem warmen Wetter war es fast, als säßen wir vor einem offenen Kamin. Wie romantisch!

Dabei stellten wir uns vor, wie es wäre, Radieschen aus dem eigenen Garten zu ernten. Das war einer der Momente, in denen ich Hoffnung hatte, dass das Gute siegen würde, dass seine guten Seiten die Oberhand gewinnen würden.

Kurz darauf nahmen wir das Projekt in Angriff. Mit Elan gingen wir ans Werk, beflügelt von dem schönen Abend und dem Glauben, dass alles gut wird. Gemeinsam arbeiteten wir, bis es so war, wie wir es uns vorgestellt hatten – wie immer, wenn wir an einem Projekt arbeiteten. Nun fehlte nur noch ein Anhänger voll Erde.

Den stellte er mir vors Haus – und ging ins Wirtshaus, ließ mich damit allein! Eimerweise schleppte ich die Erde eben selbst in den vorbereiteten Garten. Ich hatte gedacht, dieses Projekt würden wir gemeinsam fertigstellen, aber da hatte mich getäuscht.

Wieder einmal musste ich mich allein freuen, dass etwas fertig geworden war! Aber ich konnte mich nicht darüber freuen, denn der Mann, mit dem ich meine Freude teilen wollte, war lieber mit seinen Kumpanen zusammen als mit mir.

So war es immer wieder: Bei allem, was wir gemeinsam begannen, war sein Interesse nur von kurzer Dauer, nie hielt er bis zum Schluss durch. Ein Projekt war noch nicht abgeschlossen, da musste auch schon das nächste her. Als wäre er von irgendetwas getrieben! Es machte mir wirklich zu schaffen, dass er seine Baustellen nie richtig fertigstellte.

Seine Rücksichtslosigkeit und Gleichgültigkeit nahmen zu. Wenn bei einem Bauvorhaben irgendetwas abgerissen war, ließ er mich mit der Unordnung im Stich und ging ins Wirtshaus. Den Bauschutt, den Dreck musste ich allein beseitigen.

Was er auch anfing, er machte es nicht fertig. So ließ er die Zwischenräume im neu verlegten Boden einfach offen, ein idealer Lebensraum für Spinnen und manch anderes Kleingetier. Wie sollte ich mich in solch einer Wohnung wohlfühlen? Diese ewigen, unvollendeten Baustellen! Ich brachte viel Verständnis auf und ich ließ ihm viel Zeit. ***Wie viel Zeit braucht er denn noch?*** Für manches brauchte er Jahre – und manches ließ er einfach, wie es war.

Ich war traurig über diesen Zustand. Nicht unbedingt wegen des Drecks oder der Arbeit, sondern dass er ohne mich feierte, mich nie mit einbezog. Es wäre schön gewesen, wenn wir den Feierabend gemeinsam hätten genießen können, aber er gab mir das Gefühl, dass er nicht gerne mit mir zusammen war. Er wollte immer allein ausgehen. Vielleicht hat er sich wegen mir geschämt, ich weiß es nicht. Aber ich fühlte mich ausgeschlossen. Als wäre ich nicht da.

Ich wünschte, unsere Ehe wäre gelungen. Ich bemühte mich, wie ich nur konnte, schenkte ihm Kinder, machte mich schön und versuchte, mich für seine Interessen zu interessieren.

Was will er? Was vermisst er? Warum will er keine Zeit mit mir verbringen?

Stattdessen entwickelte er immer mehr Ablehnung gegen mich. Ich wusste nicht mehr, was tun.

Als Nächstes sollte im ganzen Haus eine Zentralheizung installiert werden. Also wieder Dreck und Staub, zur Abwechslung gleich im ganzen Haus. Auch dieses Mal war ich voll dabei.

Die Heizung konnte in Betrieb genommen werden, alles funktionierte prima. Ich wollte nicht wahrhaben, dass es auch dieses Mal wieder nur halb fertig werden sollte, und bei seinen Eltern machte er tatsächlich alles fertig. Wie er die Rohre verkleidete, es sah wirklich gut aus. Bei uns fing er im Esszimmer mit der Verkleidung an – und dabei blieb es auch. Im ganzen restlichen Haus blieben die Rohre blank.

Am Abend saß ich auf dem Sofa und sah die Maus. Sie schien sich ganz zu Hause zu fühlen, jedenfalls guckte sie richtig frech. Ich konnte ihr ja auch nichts anhaben, sie konnte ganz leicht von einem Zimmer ins nächste gelangen; die Löcher waren jedenfalls groß genug. Wir konnten sie nicht fangen. Tage später drang ein ekelerregender, süßlicher Verwesungsgeruch in meine Nase – und schließlich fanden wir den Übeltäter: Die Maus hatte sich im Esszimmer verfangen, in dem einzigen Raum, wo die Rohre verkleidet waren.

Im Bad war eine Wasserleitung defekt. Die Rohre verliefen in der Wand zur Küche. Um die Wanne nicht herausreißen zu müssen, schlug er die Wand hinter dem Herd auf. Der Schaden wurde behoben – und das Loch, ungefähr so groß wie ein Fußball, ließ er einfach offen und schob den Herd wieder davor.

Nach längerer Zeit bemerkte ich in der Küche Ameisen. ***Wo kommen die denn her?*** Lange verfolgte ich ihre Spur, bis ich endlich herausfand: Sie mussten aus dem Loch hinter dem Herd kommen! Richtig, dort hatten sie sich schon gut eingerichtet. Doch damit nicht genug: Sie fanden den Weg ins Obergeschoss und kamen am Rahmen der Badezimmertür wieder heraus; dort war jetzt ein weiteres riesiges Loch. Tagsüber war Ruhe, aber am Abend kamen sie wieder. Jeden Abend waren die Viecher da!

Ganz schlimm war es, wenn das Wetter umschlug; in der Duschwanne wimmelte es dann nur noch vor Ameisen. War das eklig, wie in einem Horrorfilm. Egal wie viel Gift ich auch streute, am nächsten Tag waren sie wieder da. Bis ich herausfand, dass es zwischen dem Loch hinter dem Herd und dem neben der Badezimmertür eine Verbindung gab! Ich bekam fast Panik.

Nach langer gründlicher Suche fand ich das Nest und dann dauerte es nicht mehr lange, bis die fleißigen, aber nichtzahlenden Untermieter verschwunden waren. Doch auch jetzt wurde das Loch nicht verschlossen, nur wieder der Herd davorgeschoben. Bis heute ist dieses Loch zu sehen. Für mich war es schrecklich zu wissen, dass in diesem Haus immer irgendwo Löcher waren, die einfach offen blieben, so dass es für Ungeziefer jede Menge Rückzugsmöglichkeiten gab.

Bei einer Steckdose wartete ich vergeblich darauf, dass er sie fertig eingipste. Jahrelang hing sie samt Fassung einfach aus der Wand. Dabei hatten wir kleine Kinder! Immer wieder flehte ich ihn an, diese Dose ordentlich zu befestigen, aber er machte sich nichts daraus. Wieder musste ich improvisieren: Ich stellte ein Möbelstück davor, nun konnte nichts mehr passieren. Irgendwann ärgerte ich mich nicht mehr über diese ständigen Provisorien.

Von der Küche aus konnte man über den Balkon in einen Raum gelangen, den ich als Kellerraum nutzte. Hier hatte ich mehrmals am Tag zu tun. Wohlgemerkt, am Tag … denn in diesem Raum gab es kein Licht. Bei Dunkelheit musste ich eine Taschenlampe mitnehmen. Eine ständige Quelle für Ärger und Streit, aber er hatte seine helle Freude daran, wenn ich mich aufregte. Für ihn als gelernten Elektriker wäre es ja eine Leichtigkeit gewesen.

Ich bat und bettelte Jahr für Jahr. Nach etwa zehn Jahren legte er ein Kabel in diesen Raum und nach weiteren drei Jahren installierte er einen Schalter mit einer „Stalllampe“. Die war zwar nicht gerade schön, aber endlich konnte ich abends auch ohne Taschenlampe in diesen Raum.

Er hatte seine Freude daran, wenn ich mich aufregte. Mit der Zeit lernte ich, mit solchen Schwierigkeiten zu leben.

Wenn Schuld auf einem lastet und das Fundament der Liebe fehlt, ist das die Frucht.

So konnte keine Liebe wachsen. Jede Mühe war vergeblich.

Kapitel 15

Held der Flasche

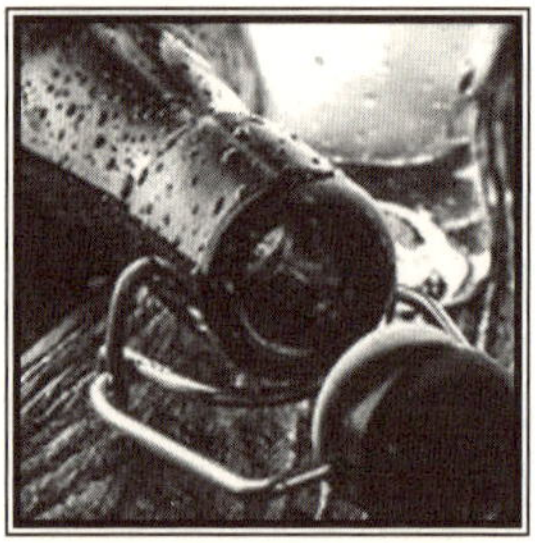

Die Rücksichtslosigkeit und der Alkoholkonsum meines Mannes waren kaum mehr auszuhalten. Einmal sagte er mir, Gasthäuser und Festzelte wären sein Leben. Ich war empört und verletzt.

Wieder einmal wurde mir bewusst, wie wenig ich meinen Mann gekannt hatte, als ich ihn heiratete. Erst recht konnte ich nicht einschätzen, was der Alkohol anrichten kann, und noch viel weniger, wie er im Laufe der Zeit den Charakter verändert.

Wieso bemühte er sich nie, auf meine Bedürfnisse einzugehen? Bei gegenseitiger Rücksichtnahme wäre alles bestimmt nie so schlimm geworden. Mich überkam immer die Angst, wenn wir gemeinsam irgendwo hingingen oder eingeladen waren. ***Wie wird der Abend wohl ausgehen?*** Diese Frage stellte ich mir immer und immer wieder. ***Wird es ein schöner Abend werden oder muss ich wieder mit einem Betrunkenen nach Hause gehen?***

Wenn er betrunken war, war er meistens einer der Letzten, die gingen. Das konnte doch nicht sein! ***Wie kann ich das ändern?*** Ich wollte nichts unversucht lassen. Ich dachte, wenn ich auf seine Wünsche einginge, könnte ich etwas verändern.

Also versuchte ich, ihn zu verstehen. Ich begleitete ihn in die Wirtshäuser und Festzelte und trank mit ihm Alkohol. Auf den ersten Blick schien die

Rechnung aufzugehen; ich war lockerer und konnte mit ihm herumalbern. Ich merkte auch, wie der Alkohol mich gefügiger machte; vieles machte mir nichts mehr aus – auch nicht, so lange zu sitzen und als Letzte zu gehen.

Aber irgendwann kam der Tag, da konnte ich nicht mehr. Alles ekelte mich nur noch an. Das viele dumme Geschwätz! Als Nüchterner erlebt man ja alles aus einer anderen Sicht.

Immer gezwungenermaßen sitzen bleiben zu müssen, bis mein Mann endlich beschloss, mit mir nach Hause zu gehen – es brachte ja doch nichts. Und es war unverantwortlich: Ich hatte getrunken und fuhr dann noch Auto; damit brachte ich auch andere Menschen in Gefahr! Oder ich ließ es zu, dass mein Mann sich ans Steuer setzte.

Für Gefühle war dann kein Platz mehr. Bis mein Mann am nächsten Tag seinen Rausch ausgeschlafen hatte, war seine Männlichkeit lahmgelegt. Durch den Alkohol musste bei ihm an Gefühlen eigentlich alles schon längst abgesoffen sein.

Auch bei mir waren die Gefühle und jegliche Achtung vor diesem Mann verschwunden. Wie hätte ich ihn noch küssen, geschweige denn noch mit ihm schlafen können! Seine Ausdünstungen nach zu reichlichem Alkoholkonsum ekelten mich nur noch an. Trotzdem kam ich meiner ehelichen Pflicht nach – wenn ich Alkohol getrunken hatte, war auch ich benebelt und dann klappte es einigermaßen; ich machte eben meinen Mund zu und hielt die Nase von ihm fern, so konnte ich es über mich ergehen lassen. Eine Hure macht es nicht anders, aber sie bekommt wenigstens noch Geld dafür.

Irgendwann konnte ich dieses Leben nicht mehr ertragen, es hinterließ seine Spuren. Ich hatte keine Lust mehr, seine „Ausgänge" zu unterstützen. Keine Lust mehr, ihm nur noch „schönzutun", damit es mir einigermaßen gut ging. Das war nicht das Richtige.

Wo bleibe ich dabei? Wo ist mein Leben? Wo ist meine Erfüllung?

Mein Leben bestand aus Familie und Ehe. Aber mein Leben ging an mir vorbei. Ich war nicht glücklich und nicht erfüllt, wo ich doch nur dann gemocht wurde, wenn ich seinen Wünschen nachkam. Alles war nur gespielt, aber ich wollte mehr: Ich wollte respektiert sein als Frau, als Ehefrau, Mutter und

Hausfrau, respektiert als Bäuerin, respektiert auch in meinem Tun und Denken. Nichts von alledem war vorhanden.

Was konnte ich also tun? Ich wusste es nicht mehr. Doch musste sich etwas ändern, damit ich wenigstens etwas zur Ruhe kommen konnte. Also nahm ich jetzt immer meinen eigenen Autoschlüssel mit, dann konnte ich jederzeit nach Hause fahren; lieber holte ich ihn mitten in der Nacht irgendwo ab, als mit ihm in den Wirtshäusern zu hocken. Ich wollte auch nicht, dass er seinen Führerschein verlor, damit wäre keinem geholfen gewesen. ***Oder doch?*** Vielleicht wäre es eine heilsame Lektion gewesen, wenn er einmal erwischt worden wäre.

So konnte ich wenigstens gemütlich auf dem Sofa sitzen und den Abend allein genießen – nach der Zweisamkeit mit meinem Mann sehnte ich mich schon lange nicht mehr. Das Abholen bei Nacht war zwar nicht gerade angenehm, aber immer noch besser, als irgendwo im Wirtshaus mit ihm herumzusitzen.

Häufig war ich schon im Bett, wenn er anrief. Das Aufstehen bei Nacht war aber nicht das Schlimmste – es war das Warten, bis er dann endlich mitkam! Wenn ich ankam, saß er nämlich meistens noch vor einem vollen Glas. Müde und gereizt setzte ich mich dann dazu; das war immer noch weniger peinlich, als einfach herumzustehen. Es war auch so mehr als unangenehm: Alle waren betrunken, alle außer mir, und ich musste sein dummes Geschwätz und das seiner Kumpanen mit anhören.

War das Glas endlich leer, hieß das aber noch lange nicht, dass er mitgekommen wäre: „Noch eine Glaslänge!" – und ehe ich antworten konnte, stand auch schon das nächste Glas da. In solch einem Moment hätte ich den Wirtsleuten am liebsten den Kragen umgedreht.

Haben die denn kein Taktgefühl? Konnten sie einem nicht auch mal beistehen? Aber das war wohl zu viel verlangt, sie lebten ja vom Ausschank und nicht davon, wartenden Ehefrauen entgegenzukommen. Außerdem war mein Mann doch alt genug, um zu wissen, wann es genug war. ***Wirklich?*** Nein, er kannte seine Grenzen nicht.

Endlich war sein Glas leer und nun musste ich ihn ins Auto bekommen, um endlich nach Hause fahren zu können. Häufig folgte er mir erst, wenn mir der Kragen geplatzt war.

Verantwortung und Vorbild?

Regelmäßig steuerte er die Wirtschaft seiner Schwester an, die befand sich im Ort. Generell hatte ich nichts gegen diese Ausgänge; ich hatte gelernt, mich damit abzufinden und das Beste daraus zu machen. Wie hätte ich es auch ändern können? Ihm den Ausgang verbieten?

Gelegentlich nahm er eines seiner Kinder mit; beide Kinder nahm er nie mit, das wäre ihm zu anstrengend gewesen. Ich hoffte, wenn er ein Kind dabei hätte, würde sich zusammennehmen und seiner Verantwortung als Vater nachkommen – und beizeiten wieder zu Hause sein. Also versuchte ich es mit einem Kompromiss: Bevor er überhaupt ein Kind mitnehmen konnte, sprachen wir darüber, wann er es wieder zurückbringen sollte.

Hoch und heilig versprach er mir an solchen Tagen, heute bald nach Hause zu kommen, aber wie schon so oft ließ ich mich von meinen Wunschvorstellungen täuschen: Selbst mit dem Kind neben sich vergaß er seine Verantwortung, die er als Vater doch hatte.

Ich verstand ihn nicht. ***Wie kann er als Vater seinen Kindern gegenüber immer so verantwortungslos handeln? Was für ein Vorbild gibt er seinen Kindern? Wie kann er sie nur immer wieder dem Qualm und dem Geschwätz der Betrunkenen aussetzen?*** Ich konnte nicht verstehen, dass mein Mann nicht darüber nachdachte und nie etwas daran änderte.

Einmal war es schon sehr spät, 22 Uhr, und das Kind war immer noch nicht zu Hause. Um diese Zeit lag es normalerweise schon längst im Bett. Wie konnte ich das Kind nach Hause holen, ohne groß Ärger anzuzetteln? Ich kam zu keinem Ergebnis. Mein Herz klopfte auf Hochtouren und in mir wuchs die Wut – aber ich musste gehen und nachschauen, wo er mit dem Kind blieb.

Wortlos, mit steinernem Gesicht, mit einer Wut im Bauch betrat ich das Lokal. Da saß er mit einem Rausch im Gesicht und machte seine dummen Witze dazu. Das Kind saß mitten im Zigarettenqualm zwischen den betrunkenen Männern. Im Raum wurde es ganz still. Gespannt verfolgten alle die Szene. Keiner traute sich, den Mund aufzumachen. Wortlos, wie ich gekommen war, schnappte ich mir mein Kind und verschwand mit schnellen Schritten. Ohne ein Wort. Ich konnte es nicht leiden, wenn die Kinder so lange im

Zigarettenrauch saßen und dem dummen Geschwätz der Betrunkenen ausgesetzt waren.

Nach dieser Attacke blieb er im Wirtshaus und trank aus Frust noch mehr in sich hinein. Als er nach Hause kam, konnte ich ihn unbemerkt beobachten: Schwankend kam er die Treppe hoch und ging zielstrebig in die Küche, um sich ein Vesper zu machen. Das war schon immer so gewesen, wenn er betrunken war.

Streitlustig kam er dann ins Bett. Er machte mir Vorwürfe, war in seinem Stolz verletzt. Aber ich gab ihm keine Chance, ausfällig zu werden, sondern ging ins Wohnzimmer und schlief auf dem Sofa weiter. Ich wusste, er war zu voll, um mir dorthin zu folgen.

Bis zum Morgen war Ruhe, dann ging der Streit weiter. Mein Auftritt war für ihn sehr peinlich gewesen. Er war gekränkt und konnte es nicht einsehen, dass ich das Kind abholte. Darüber stritten wir lange.

Er sah immer nur sich.

Er sah nicht, wie mir es dabei ging.

Er sah nicht, dass mir die Erziehung der Kinder wichtig war und dass wir uns bemühen mussten, gute Vorbilder zu sein.

Er sah nicht, dass wir in allen Dingen ein Team sein sollten.

Er kannte einfach seine Grenzen nicht und wusste nicht, wann er genug hatte.

Er hatte keinerlei Einsicht.

Es kam sogar so weit, dass man mich bei Nacht anrief, ich solle meinen Mann noch in eine andere Gaststätte fahren. Die Anruferin war ausgerechnet eine gute Bekannte von mir, die auch gern über die Stränge schlug. Ich war sauer! Ich versuchte, ihr verständlich zu machen, dass ich mitten in der Nacht nicht mehr irgendwo hinfahren würde. Doch sie zeigte kein Verständnis, sondern beschimpfte mich noch – ich würde mich unmöglich verhalten und sie würde sich für mich schämen.

Nun ja. Man braucht sich sicherlich nicht zu schämen, nur weil man nicht gleicher Meinung ist und diese Sauferei nicht unterstützt, schon gar nicht bei

Nacht. Ihre Einstellung schockierte mich. Mit ihr war ich früher viel zusammen gewesen, unsere Kinder waren fast im gleichen Alter. Ich verstand sie nicht. Sie hatte doch selber Kinder und einen Mann.

Würde sie so etwas für ihren eigenen Mann tun? Wohl kaum. Eigentlich müsste sie sich schämen für ihre Einstellung und den nächtlichen Anruf. Aber sie tat, als hätte mein Mann recht und ich unrecht.

Mich verurteilte sie. Nein, für so eine Ungerechtigkeit wollte ich nicht mehr meinen Kopf hinhalten. Das hätte alles nicht sein müssen, ich wollte eigentlich immer Streit vermeiden.

Inzwischen genoss ich das abendliche Alleinsein immer mehr. War das schön! Er war fort und ich konnte ein wenig Ruhe genießen – eine kurze Zeit ohne Angst und Beschimpfungen. Glücklich war ich dennoch nicht mit dem bisschen Frieden, den ich mir da erstehlen musste. Ich wusste ja nie, in welchem Zustand er nach Hause kommen würde.

Die schönste Zeit war immer vor Ostern, in dieser Zeit verzichtete er sechs Wochen lang ganz auf Alkohol. War das ein Unterschied! In dieser Zeit konnte er wieder richtig nett und rücksichtsvoll sein. Da wurde mir immer wieder bewusst, was der Alkohol bei ihm anrichtete.

Aber auch in dieser Zeit hatte ich nicht das Gefühl, von meinem Mann geliebt zu werden – er hatte sich so verändert! Das war nicht der Mann, den ich geheiratet hatte. Er war so kalt, aggressiv, rücksichtslos und sogar gemein geworden.

Immer wieder entschuldigte er sich, und immer wieder sah ich über all seine Fehler hinweg. Doch diese Entschuldigungen waren wertlos; er veränderte deswegen doch nichts.

Dass eigentlich sein Alkoholproblem schuld war, wollte er sich nicht eingestehen.

Auch ich entwickelte eine Art Sucht: In meiner Unzufriedenheit brauchte ich ständig Veränderung, das half mir, sie für kurze Zeit zu betäuben.

Meine Schmerzmittel

Immer wieder färbte ich die Haare neu, Farbe gab es ja günstig genug zu kaufen. Auch das Einkaufen an sich verschaffte mir Befriedigung. Ganz besonders gerne kaufte ich Lebensmittel ein, aber ich schaffte auch gutes Handwerkszeug für Haushalt und Garten an.

Mein Mann bemerkte meine Einkaufslust und sie gefiel ihm nicht, aber weil ich unsere Finanzlage immer im Griff behielt, immer im Rahmen des Möglichen blieb, ließ er mich gewähren. Allerdings nicht ohne gelegentlich zu seufzen: „Ich möchte auch mal einkaufen." Aber tat er das nicht ständig? Nur dass er sich den Gegenwert umgehend einverleibte, während meine Anschaffungen noch lange zu sehen waren?

Immer wieder räumte ich die Möbel um, oder ich besuchte Freunde. Aber alles befriedigte mich nur für kurze Zeit. Die häufigen Veränderungen gaben mir innerlich nur kurzfristig „Frieden"; die Unzufriedenheit holte mich bald wieder ein.

Zum Glück hatte ich viel Arbeit auf dem Hof, so musste ich nicht die ganze Zeit über mein trauriges Dasein nachdenken – auch das war für mich so ein Schmerzmittel.

Neben der Arbeit in der Landwirtschaft verkaufte ich Kosmetika. Das war zwar kein lukratives Geschäft, aber der Umgang mit Menschen und der Kontakt mit ihnen waren es mir wert. Mein heimlicher Wunsch war immer, einmal so viel eigenes Geld zu verdienen, dass ich nicht immer nach den Sonderangeboten schauen müsste.

Das Einzige, worauf ich mich freute, waren der monatliche Frauenstammtisch und die Verkaufstreffen; an diesen Abenden konnte ich dem Alltag entfliehen, mich für kurze Zeit frei fühlen. Kurze Zeit – nun ja, auch ich kostete es aus, lange in Gesellschaft zu sitzen: Vor drei Uhr morgens kam ich selten vom Frauenstammtisch nach Hause; es wartete ja niemand auf mich. Aber schon das Wissen, dass ich aufstehen und nach Hause gehen konnte, wann ich wollte, war eine Wohltat!

Veränderungen, Einkaufen, Arbeit, Gesellschaft verhalfen mir zu etwas Ablenkung von meinem tristen Leben, aber auch das erfüllte mich nicht wirklich.

Eigentlich machte ich mir selber etwas vor, doch wusste ich nicht, was ich wirklich verändern konnte oder sollte. Das konnte eine ganze Weile gutgehen, aber ich befand mich doch auf ziemlich dünnem Eis, und es drohte zu brechen.

Das Ende des Vertrauens

Unsere Kinder gingen noch in den Kindergarten, als ich erfuhr, dass mein Mann auf einem Fest in seinem Auto mit einer anderen Frau „etwas gehabt" hatte. Ich war außer mir, als ich das erfuhr.

Wie soll ich mich jetzt verhalten? Soll ich ihm eine Szene machen? Oder ihn direkt darauf ansprechen?

Mir gingen die verworrensten Gedanken durch den Kopf. Warum hatte er das getan? Als er kam, konnte ich es nicht mehr für mich behalten, ich musste ihn darauf ansprechen!

„Es ist gar nichts passiert. Ich habe Lust gehabt, aber es ist beim Knutschen geblieben." Als wäre das das Normalste auf der Welt! Für mich dagegen war das Küssen schon zu viel und die Tatsache, dass er „Lust" gehabt hatte. Für mich war es Ehebruch und Vertrauensbruch.

Wo bleibt seine Lust auf mich?

Reiche ich ihm nicht? Warum will er nicht mit mir knutschen?

Das tat er ohnehin nie. Für mich war es klar, dass auf seiner Seite keine Liebe vorhanden war. Ich verzieh ihm, denn ich hatte Kinder und darum wollte ich ihn nicht verlieren. Doch der Gedanke, dass er mit einer anderen herumgemacht hatte, ekelte mich an. Von nun an vertraute ich meinem Mann keinen Moment mehr.

Ich sollte recht behalten.

Das Herz aus dem Leibe gerissen

Wir waren zu einer Hochzeit eingeladen worden; die Braut gehörte zu unserer Laienspielgruppe. Wir hatten vor, gemeinsam dorthin zu gehen, und freuten uns schon darauf. Merkwürdig: Immer, bevor wir irgendwo hingingen, war er richtig nett zu mir; in solchen Augenblicken schöpfte ich immer wieder neue Hoffnung. Wir saßen mit den Leuten aus der Theatergruppe zusammen. Für die Brautleute hatten wir einen Sketch vorbereitet, es wurde getanzt und gelacht. Es war richtig schön.

Alle waren gerade auf der Tanzfläche und wir beide saßen allein da. Plötzlich stand mein Mann auf, holte eine Flasche Wein und mehrere Gläser und ging, ohne mich zu beachten, an den Nachbartisch. Es war so demütigend für mich! Ich kämpfte mit den Tränen und merkte, wie ich errötete.

Was soll ich jetzt tun? Ihm nachlaufen und mich einfach dazusetzen? Wir waren ja gemeinsam hier. ***Wie sieht das denn aus?***

Ich war so verletzt, wollte nur noch nach Hause gehen. Die Braut, die alles beobachtet hatte, kam zu mir her und wollte mich trösten. Mit Tränen in den Augen verabschiedete ich mich von ihr, ich wollte nur noch allein sein. Sie hatte volles Verständnis dafür. Im Auto schrie ich vor Schmerz und die Tränen flossen. Diese Demütigung war so schrecklich! Es fühlte sich an, als ob einem das Herz aus dem Leib gerissen würde.

Am nächsten Tag kamen weder eine Entschuldigung noch eine Erklärung für sein Verhalten. Als ich ihn darauf ansprach, lachte er mich spöttisch aus, als hätte er Freude daran, mich zu demütigen.

Ähnlich erging es mir bei einem anderen gemeinsamen Ausgang. Er wollte auf ein Stadtfest und ich sollte mitkommen, und wieder ließ ich mich darauf ein. Ich gab die Hoffnung einfach nicht auf, glaubte, er könnte sich doch noch ändern. Gut gelaunt gingen wir hin.

Das Wetter machte mit, dank strahlendem Sonnenschein war es herrlich warm. Guter Laune schlenderten wir durch die Gassen und probierten hier und da an den Ständen leckere Sachen. Alles war prima – bis er mehrere Gläser Bier getrunken hatte! Er trank nicht wie andere Alkoholiker Schnaps oder andere harte Getränke, sondern beließ es meistens beim Bier.

An einem Stand wollte er für uns beide etwas zu trinken holen. Da dort mehrere Leute anstanden, sagte er zu mir, ich solle vor dem Zelt auf ihn warten. Ich wartete und wartete, aber er kam nicht. Nach etwa zwanzig Minuten verließ ich meinen Platz vor dem Zelt und schaute nach ihm. Er hatte schon längst seine Getränke erhalten, stand aber immer noch an der Theke und flirtete mit einer Bedienung. Ich merkte, wie ich genervt war. Von Minute zu Minute wurde mir diese Situation unangenehmer, ich beobachtete ihn aber weiterhin. Für ihn war es ganz normal; er bemerkte es nicht einmal, dass er mich mit seinem Verhalten verletzte! Irgendwann ging ich wieder ins Zelt zurück und wartete mit einem aufgesetzten Lächeln auf ihn. Als er endlich kam, verlor ich kein Wort über das, was ich gerade beobachtet hatte.

Beim nächsten Stand holte er sich erneut Nachschub. Als er zurückkam, hörte er, wie im Nachbarzelt gesungen und gelacht wurde. Er ginge jetzt da hinüber, ich solle aber hier bleiben, sagte er zu mir und stand auf. Er wollte mich wohl loshaben, ich war ihm sicher im Weg.

Dann kam der Gipfel: Er sprach ein paar Männer an, sie könnten sich mit mir unterhalten! Einen Augenblick lang war ich sprachlos, aber dann konnte ich meinen Mund nicht mehr halten und fragte ihn, ob er verrückt wäre. Eine andere Frau, die das mitbekommen hatte, wies ihn zurecht – so etwas dürfe man nicht machen. Ich war froh, dass mir jemand beistand, aber das half mir auch nichts: Er lachte nur gleichgültig, ließ mich einfach stehen und ging ins Nachbarzelt. Ich schämte mich für ihn.

Mit Tränen in den Augen ging ich zum Auto. Mein Hass und meine Wut stiegen: Wieder einmal hatte mein Mann mich gedemütigt und einfach stehengelassen. Wie schon so oft.

War das peinlich!

Und wieder einmal gingen wir zusammen auf ein Fest, wo wir schon viele Bekannte getroffen hatten. Bevor wir gingen, versprach er mir hoch und heilig, sofort mit mir heimzugehen, wenn ich nach Hause wolle. Leider hielt er sein Versprechen nicht.

Ich wollte nach Hause. Eigentlich hatte er schon genug Alkohol zu sich genommen, aber er weigerte sich, mit mir heimzugehen. Also ging ich allein und holte ihn später ab.

Ich war erschrocken, als ich ihn sah, so voll war er. Es waren doch nur wenige Stunden vergangen, seit ich nach Hause gegangen war! Immerhin ging er ohne Weiteres mit mir zum Auto. Doch unterwegs sah er einen Arbeitskollegen – und wieder einmal konnte er nicht Nein sagen, wollte „nur" noch „ein" Glas Wein trinken. Das nervte mich besonders, dieses betonte „nur noch *ein* Glas"; dann wusste ich genau: Es würde nicht bei diesem einem Glas bleiben.

Ich flehte ihn an und wollte ihn irgendwie überreden, mit zum Auto zu kommen, aber die Freunde waren ihm wichtiger. Eigentlich war jedes weitere Glas zu viel, schon jetzt konnte er nicht mehr das Gleichgewicht halten. Und tatsächlich, er fiel mit seinen ganzen zwei Zentnern voll auf eine Frau! Die Leute um uns herum beschimpften ihn, zu Recht. Alle schauten sie uns an. War das peinlich. Ich schämte mich nur noch für ihn und ich schämte mich auch über mich selber, dass ich mit solch einem Säufer verheiratet war. Nur mit Mühe brachte ich meinen betrunkenen Mann ins Auto.

Nach diesem Vorfall schämte er sich zum ersten Mal über sein Verhalten und er wollte nie mehr zu diesem Fest gehen. Ich hoffte sehr, dass er daraus gelernt hatte – doch gab es ja noch viele andere Feste, auf die er gehen konnte.

Einmal wollte er mit seinem Sohn auf einer Hütte ein Lagerfeuer machen und dort übernachten. Diese Idee fand ich gut. Doch hätte er es auch mit beiden Kindern machen können.

Die Tochter war natürlich enttäuscht, dass sie nicht mitkommen durfte, sie wollte auch am Lagerfeuer sitzen. Sie verstand es nicht und schmollte und war enttäuscht von ihrem Vater; Silvia war eifersüchtig, dass der Vater ihren Bruder bevorzugte. Ich konnte sie ja so gut verstehen, aber ich schaffte es nicht, meinem Mann meine Bedenken nahezubringen. Er sah es nicht ein und führte sein Vorhaben so aus, wie er es geplant hatte – nur mit dem Sohn.

Ich wollte sie dann mit einem Besuch überraschen und ihnen noch etwas zum Essen bringen. Als ich zu ihnen kam, hätte ich heulen können: Einige Biere hatte er schon gekippt und jetzt laberte er den Jungen voll. Vorwurfsvoll ermahnte ich ihn, sich mit dem Bier etwas zurückzuhalten, aber damit stieß ich auf taube Ohren. Ich hatte Angst vor ihm, denn wenn ich Frank mit nach Hause genommen hätte, wäre zwischen meinen Mann und mir Krieg ausgebrochen, und vor solch einer Auseinandersetzung hatte ich Angst.

Immerhin wusste ich, dass er trotz des Alkohols den Jungen nicht in Gefahr brachte. Also ließ ich es dabei und ging.

Er war stolz auf seinen Sohn und wollte ihm mit seiner Heldentat imponieren. Eine Heldentat wäre gewesen, wenn er so ein Abenteuer mit weniger Bier bestanden hätte oder, noch besser, wenn er den Rest seiner Familie mit einbezogen hätte. Ich wäre gern dazu bereit gewesen.

Heute schäme ich mich, dass ich mich nicht mehr durchgesetzt habe; aber damals schien mir ein Eingreifen unmöglich. Ich kann nicht verstehen, dass er nicht erkannte, dass er mit solchen Aktionen überhaupt kein Vorbild war.

An einem Grillfest ging ich mit den Kindern nach Hause und mein Mann blieb noch; das war mir in so einem Fall egal. Am nächsten Tag überraschte uns meine Schwester mit ihrem Mann. Ich freute mich immer, wenn sie auftauchten, aber als sie nach meinem Mann fragten, war es mir peinlich, denn er war immer noch nicht heimgekehrt! Ich schilderte die Situation und warnte meinen Schwager, er könne mit meinem Mann wohl nichts mehr anfangen, der müsse total betrunken sein, aber er könne ihn ja abholen. Das tat er denn auch.

Mein Mann war so betrunken, dass er sich auf dem Nachhauseweg in die Hose schiss. Peinlicher ging es wohl nicht mehr! Sie lachten nur über ihn. Solche Peinlichkeiten machten mir inzwischen aber nichts mehr aus. Im Gegenteil, jetzt war ich auf dem Standpunkt, er sollte sich noch viel mehr blamieren, vielleicht würde er dann endlich einmal erkennen, wie unmöglich sein Verhalten immer war.

Der Tag war gelaufen und ich musste den Rest des Tages mit meiner Schwester und ihrem Mann allein verbringen. Wenigstens hatte ich so, ohne meinen Mann, einen halbwegs entspannten Tag – denn nicht einmal, wenn Gäste da waren, verschonte er mich mit seinem Spott.

Mein Leben mit ihm war zum Heulen.

Habt ihr meinen Mann gesehen?

Ein anderes Mal nahm er wieder nur seinen Sohn mit – zu einem Fest im Nachbarort. Er fuhr mit dem Familienauto und ließ den Dienstwagen zu Hause. Den ganzen Tag, vom Vormittag bis in den späten Abend, saß er stundenlang am gleichen Platz, immer mit dem gefüllten Bierglas vor sich. Als er um 22 Uhr immer noch nicht zurück war, begann ich mir wirklich Sorgen zu machen. Frank hatte am nächsten Tag Schule!

Aber wie sollte ich ihn abholen, er hatte den Autoschlüssel des Dienstwagens bei sich. Ich wurde immer nervöser und setzte alle Hebel in Bewegung, um Frank irgendwie zu holen, versuchte mehrere Bekannte zu erreichen, aber keiner war da. Irgendwann, nach etwa einer Stunde, erreichte ich meine Schwägerin und teilte ihr meine Not mit. Hilfsbereit wie sie war, fuhren wir gemeinsam hin. Sein Auto war noch da, aber er war nirgends zu finden. Mein Sohn auch nicht.

Jetzt wurde ich noch nervöser. Wo war er nur? Ich fragte mehrere Leute und jemand sagte mir, er wäre mit dem Jungen aufgebrochen, hätte am Fluss entlang nach Hause gehen wollen. Jetzt bekam ich panische Angst – nicht um meinen Mann, sondern um mein Kind. Betrunken am Fluss entlang, um diese Zeit, und ohne Taschenlampe! ***Oje, was nun?***

Wir fuhren nach Hause, vielleicht waren sie ja schon daheim. Aber sie waren es nicht. Wir schnappten uns Taschenlampen und gingen ihnen auf dem Uferweg entgegen. Es gab nur diesen einen Weg. Aber wir begegneten niemandem. Wo waren sie nur? Meine Angst wuchs, hoffentlich war nichts passiert! Also gingen wir wieder zurück, um zu Hause nochmals nachzuschauen, vielleicht waren sie anders zurückgekommen. Aber sie waren noch immer nicht daheim. So fuhren wir nochmals zum Fest – inzwischen war es schon weit nach Mitternacht.

Irgendwo mussten sie doch sein! Wieder fragte ich: „Habt ihr meinen Mann gesehen?“ Die Antwort ließ mich hoffen: „Ja, er ist wiedergekommen, es war ihm zu dunkel.“ Aber warum konnte ich ihn nicht sehen? „Und, wo ist er jetzt?“ – „Er ist nach Hause gefahren.“

Wie verantwortungslos! Betrunken am Steuer hatte er sich, sein Kind und andere in Gefahr gebracht. Auch meine Schwägerin war entsetzt. Um ihn wäre es mir ja egal gewesen.

Als wir schließlich wieder zu Hause ankamen, stand sein Auto unversehrt vor dem Haus und beide lagen schon in ihren Betten. Wie immer hatte mein Mann Glück gehabt, es war noch nie etwas passiert.

Frank erzählte mir am nächsten Tag, er hätte Angst gehabt und in der Nacht nicht den Weg gefunden. Und „Papi war so müde, er hat sich immer wieder in die Wiese gelegt und ich musste ihn ständig wachrütteln!"

Schrecklich, dass ein Vater sein Kind in so eine Notlage bringen kann. Dieses Verhalten konnte ich nicht tolerieren. Ich stellte meinen Mann zur Rede, aber er war noch stolz auf seine Heldentat! Ich konnte ihn nicht verstehen.

Wieso ist er auch noch stolz auf seine Sauferei?

Crash in den Mai

Mein Mann wollte mit seinem Sohn zum Maifest in die nächste Ortschaft fahren, dieses Mal mit dem Fahrrad. Als ich unsere Tochter fragte, ob sie auch mitfahren wolle, wollte sie nicht mitkommen. Sie sagte, ihr Vater ziehe doch immer nur den Bruder vor und er würde sowieso nur dasitzen und trinken. Und doch – sie wartete immer darauf, dass ihr Vater auch einmal etwas mit ihr unternahm. Ich glaube aber, dass ihr wie mir klar war, dass das nie geschehen würde.

Frühmorgens fuhren die beiden los, sie wollten gegen Abend wieder zu Hause sein. Aber schon am Nachmittag kam Frank allein nach Hause. „Schon wieder da?", wunderte ich mich. „Mami! Mir war es so langweilig, Papi saß immer nur vor seinem Bier und da wollte ich nur noch heim." Da sein Vater noch nicht nach Hause wollte, hatte er den Jungen allein heimgeschickt. Ich war wütend.

Wann übernimmt mein Mann endlich einmal die Verantwortung für seine Kinder?

Wahrscheinlich nie, das wäre eine vergebliche Hoffnung, antwortete ich mir selbst. Ich lag schon im Bett, als es vor dem Haus knallte. Wumm! Ich saß senkrecht im Bett. Was war das?

Schnell stieg ich aus dem Bett und schaute nach. Es war mein Mann. Er war so betrunken, dass er die Bremse nicht mehr fand, und fuhr gegen die Mauer vor unserem Haus. Er war verletzt und überall floss Blut, trotzdem stand er grinsend vor mir. Ich schüttelte nur noch den Kopf, ich hatte keine Worte. Ändern konnte ich ihn sowieso nicht mehr. Zur Einsicht kam er auch durch diesen Unfall nicht.

Theaterausflug mit Theater

Ganz schlimm war es einmal bei einem Theaterausflug. Wie jedes Jahr hatte ich mich darauf gefreut: Es war eine angenehme Abwechslung, raus aus dem Alltag. Verantwortungsbewusst wie ich nun einmal bin, wollte ich, dass auch mein Mann mitkam, und wenn es nur wegen der Kinder war.

Die Nacht davor war er wieder auf Sauftour gewesen. Stockbetrunken war er in den Morgenstunden nach Hause gekommen, obwohl er wusste, dass am nächsten Tag der Ausflug war. Bevor er am Abend gegangen war, hatte er mir noch hoch und heilig versprochen, heute früher nach Hause zu kommen.

Morgens nötigte ich ihn zum Aufstehen, da wir den Ausflug auch den Kindern versprochen hatten. Er stand auf. Noch ziemlich betrunken kam er zum Bus und riss gleich ein paar schlechte Witze – allen war es klar, dass er noch nicht nüchtern war. Er machte sich auf der Rückbank breit und verschlief die ganze Fahrt. Mit vorgehaltener Hand redeten und lachten sie. ***Über ihn? Über uns?***

Schadenfreude eben. Es war mir peinlich und ich schämte mich für meinen Mann, ließ mir aber nichts anmerken. Mit aufgesetztem Lächeln unterhielt ich mich mit den anderen und kümmerte mich um die Kinder.

Eine ganze Weile waren wir unterwegs. ***Wie würde er wohl sein, wenn er aufwachte?*** Ich sollte es bald erfahren: Am Ziel gingen wir alle gemeinsam zum Mittagessen. Alle Familien setzten sich zusammen. Unsicher stand ich mit meinen Kindern an der Tür und wusste nicht, wo ich mich hinsetzen sollte; ich wusste ja nicht, wie sich mein Mann verhalten würde. Ein Ehepaar aus der Gruppe lud mich ein, bei ihnen Platz zu nehmen, was ich auch tat. Alle saßen, nur mein Mann fehlte. Jeder fragte nach ihm und mein Kopf wurde rot und röter.

Endlich kam er und ich winkte ihm zu. Unsere Blicke trafen sich. Aber er spielte den Clown und setzte sich zu wildfremden Menschen und laberte sie mit seinem schlechten Humor voll. Seinen Tischgenossen war das sichtlich unangenehm, sicher hatten sie unter sich bleiben wollen.

Es war mir so peinlich, für ihn, für uns – und auch die anderen Teilnehmer taten mir leid. Ich schämte mich so für sein Verhalten. Den ganzen Tag über benahm er sich nur einmal daneben! Ohne ihn hätten wir sicherlich einen schöneren Ausflugstag gehabt. Hätte ich ihn nur nicht aufgefordert mitzukommen! Ich hatte genug und beschloss, das nächste Mal ohne ihn zu gehen und nur die Kinder mitzunehmen.

Ich bereute meine Dummheit, dass ich Alfred so blind vertraut und meine Hoffnung auf ihn gesetzt hatte. Schön blöd, dass ich es nicht schaffte, mich gegen ihn durchzusetzen!

Inzwischen hatte ich keinerlei Gefühle mehr für ihn. Nur noch die: eine Mischung von Hass und Gleichgültigkeit mit einer Portion Ablehnung.

Für mich war er kein Mann mehr, den man vorzeigen konnte, geschweige denn einer, an den man sich anlehnen oder bei dem man sich wohlfühlen konnte. Für mich war er nur noch ein Mann, der mir Angst machte. Das tränende Auge hatte nichts mehr zu lachen.

Kapitel 16

Ein schwerer Verlust

Es standen große Veränderungen an.

Mein Mann entschied sich, die Landwirtschaft aufzugeben. Nach und nach wurden die Schweine und Schafe verkauft; zurück blieben nur die leeren Ställe.

Was sollte ich jetzt tun? Jahrelang hatte ich auf dem Hof gearbeitet und jetzt sollte Schluss sein? Ein deprimierendes Gefühl. Aber wie musste es erst meinem Schwiegervater gehen? Er war mit der Landwirtschaft groß geworden, das war seine Lebensaufgabe. Täglich hatten wir gemeinsam das Futter für die Tiere geholt und sie versorgt, und nun war alles vorbei.

Auch wenn er sich nichts anmerken ließ, konnte ich ihm ansehen und abspüren, wie traurig ihn das stimmte. Jeden Tag besuchte er den leeren Stall und schaute dort nach dem Rechten; ich konnte mir vorstellen, was in seinem Herzen vorging. Wir zwei waren ein gutes Team. Wir mochten uns, das konnte man spüren. Es gab zwischen uns nie ein böses Wort.

Als ich mir einmal bunte Wiesenblumen pflückte, kam Schwiegervater dazu, übergab mir eine Handvoll blühenden Raps, zum Teil noch mit den Wurzeln dran, und strahlte über das ganze Gesicht: „Du magst doch Blumen! – Hier, für dich! Ich habe keine anderen gefunden." Süß! Er wollte mir damit eine Freude machen, wusste, wie gerne ich Blumen mochte. Es gefiel ihm, wie ich oft unsere Wohnung damit schmückte.

Dieses harmonische Zusammensein war durch die Aufgabe des Hofes jetzt deutlich geschmälert. Aber es musste noch irgendetwas anderes sein, was ihn so plagte! ***Was hat er bloß?***

Bei der kleinsten Anstrengung musste er so schwer atmen. Kaum war er am Stall angekommen, musste er sich hinsetzen – sonst war das bei ihm nie der Fall gewesen! Kurze Zeit später erkrankte er schwer und ich war sehr traurig darüber. Wasser in der Lunge erschwerte ihm das Atmen und das Gehen wurde ihm immer beschwerlicher.

Eines Nachts im Schlaf merkte ich, dass jemand im Raum war. Erschrocken wachte ich auf und sah meinen Schwiegervater vor meinem Bett stehen. „Sabine, kannst du mal kommen?" Als er das Zimmer wieder verlassen hatte, sagte mein Mann, das sei wirklich seltsam, normalerweise wäre er nie bis ins Zimmer gekommen. Entweder würde er rufen oder er bliebe vor der Tür stehen und klopfe an. „Und wieso kommt er überhaupt zu *dir*?"

Alfred staunte über das Vertrauen, das sein Vater zu mir hatte, fast als wäre er eifersüchtig. Dabei war das doch gar nichts Neues, wir standen uns schon nach kurzer Zeit sehr nahe. Mein Mann und sein Vater hatten zwar auch eine ordentliche Beziehung, doch ein solches Vertrauen, dass sein Vater ihm wirklich alles gesagt hätte, war zwischen ihnen nicht da.

Ich wunderte mich auch, das war wirklich seltsam: „Warum ist er die vielen Treppenstufen bis zu uns hochgestiegen? Die Oma liegt doch nur ein paar Schritte daneben!" Darauf erwiderte Alfred: „Zu dir hat er eben Vertrauen und du weißt, was zu tun ist." Ich fühlte mich geehrt, aber ich wusste auch nicht, was ich noch tun könnte.

Immer noch stand Schwiegervater bei uns im Schlafzimmer, und offensichtlich hatte er Schmerzen. Ich ging zu ihm hin: „Was hast du? Was ist los? Kann ich dir helfen?" Wieder stöhnte er, und endlich erfuhren wir, was mit ihm los war: „Ich habe große Schmerzen. Ganz anders als sonst!"

So rief ich den Notdienst an.

Ob ich wisse, wie spät es sei? Klar, es war zwei Uhr früh. Der Arzt weigerte sich zu kommen. Ich war außer mir, fuhr den Arzt an, er habe schließlich Notdienst und müsse Hilfe leisten. Und wenn er nicht käme, wäre das unterlassene Hilfeleistung! Nervös wie ich war, wurde ich immer lauter: „Haben Sie nicht verstanden? Er hat unerträgliche Schmerzen!", versuchte ich ihm klarzumachen.

Ich gab nicht auf und wurde immer hartnäckiger, doch es nützte nichts. Obwohl ich ihm immer und immer wieder die Schmerzen beschrieb, die mein Schwiegervater hatte, konnte ich den Arzt nicht dazu bringen, dass er kam. Er reagierte nicht, weil er einfach nicht wollte; stattdessen verwies er mich auf den Arzt, der am nächsten Tag Dienst hatte! Wütend knallte ich den Hörer auf das Telefon. Da stand ich nun mit meiner Weisheit und wusste nicht mehr weiter. Am liebsten hätte ich diesen Arzt angezeigt. So gerne hätte ich Schwiegervater besser geholfen.

Gleich am nächsten Morgen riefen wir den Hausarzt an und der ließ Schwiegervater sofort ins Krankenhaus einliefern. Es stellte sich heraus, dass er Krebs hatte und nicht mehr groß behandelt werden konnte. Der Krebs war sein Todesurteil.

Seine Frau und alle Kinder waren in Aufruhr, als sie das erfuhren. Viele Untersuchungen wurden gemacht und der Arzt vereinbarte für den nächsten Tag einen Termin, um über die Diagnose zu sprechen. Schwiegermutter wollte nicht allein ins Krankenhaus, es musste sie sowieso einer hinfahren. Sie wollte, dass ein Sohn mitkam. „Ja, und welcher? Richard, oder Alfred? Sie wollte Richard, den älteren Sohn, der einige Kilometer weg wohnte und eigentlich nur seine Pflichtbesuche machte.

„Wieso nicht Alfred? Er ist doch hier und könnte dich fahren!" Schwiegermutter blieb bei ihrer Entscheidung, Richard war eben ihr Prinz. Er hatte studiert und er bekleidete einen Führungsposten, was bei ihr einen höheren Stellenwert hatte. Richard war auch immer zuverlässig, was man von meinem Mann wahrlich nicht sagen konnte – Alfred war in ihren Augen zu niedrig und zu unzuverlässig.

Auch ihre Einstellung sowie ihr Verhalten mir gegenüber waren häufig sehr schmerzhaft und stimmten mich traurig. Ihre Wertvorstellung beruhte auf

Materiellem. Die Tatsache, nur wertgeschätzt zu werden, wenn man etwas „hat" und wenn man etwas „Gescheites arbeitet", machte mich traurig. ***Warum werde ich nicht geachtet, so wie ich bin?*** Wie oft hatte sie mir unter die Nase gerieben, dass ihr Sohn das alles geschenkt bekommen hätte. Womit sie ja auch recht hatte. Aber es bedeutete zugleich, dass er selbst nichts zustande brächte, und das stimmte nun auch wieder nicht.

Schwiegermutter war eben eine sehr stolze Frau. Aber sie war zu feige, es ihrem Sohn selber zu sagen, stattdessen rieb sie es mir unter die Nase. Vielleicht wusste mein Mann ja schon längst, wie sie über ihn dachte, und verhielt sich ihr gegenüber auch entsprechend. Er äußerte sich nie über die Gedanken seiner Mutter, doch alles zusammengenommen ergibt es sehr wohl einen Sinn.

In dieser Familie zählten hauptsächlich Ruhm und Geld.

Als mein Mann später erfuhr, dass sein Bruder gerufen wurde und dass man ihm nichts gesagt hatte, als gäbe es ihn gar nicht, war er sehr verärgert, gereizt, verletzt. Eigentlich zu Recht.

Ich versuchte ihn zu trösten, obwohl er nicht gerade sanft mit mir umgegangen war. Ich wusste, wie er sich fühlte. Ich hielt zu ihm, so gut ich konnte; das hätte ich für jeden anderen auch getan. Denn ich war für Gerechtigkeit und da musste ich unsere Differenzen zur Seite schieben. Das war ich auch mir selber schuldig.

Aber ich konnte auch seine Mutter verstehen – sie hatte kein Vertrauen zu meinem Mann. Wie oft hatte er den Hof einfach im Stich gelassen, wie oft hatte er sie angeschnauzt! Manchmal tat mir die Schwiegermutter leid, obwohl die beiden einander „nichts schuldig blieben": Sie konnte austeilen, musste aber auch einstecken. Die vielen Jahre, in denen sie rau miteinander umgingen, und die vielen gegenseitigen Verletzungen, die sich in der Zeit angehäuft hatten – wie sollte da Vertrauen wachsen. Seine gleichgültige und egoistische Art war eine Folge davon, und jetzt erntete er, was er jahrelang gesät hatte.

Es war mir oft zu viel, dieses Tauziehen der Gefühle. Trotzdem war es von seiner Mutter nicht recht, wie sie den Ältesten bevorzugte; irgendwie tat mein Mann mir doch auch leid. Mir hätte es an seiner Stelle auch wehgetan. Ich wäre vielleicht sogar ausgeflippt und hätte Rabatz gemacht oder ihr meine Meinung ins Gesicht geschleudert. Unfassbar für mich, wie man so miteinander umgehen konnte.

Ich konnte beide verstehen, ihre Verletzungen und Enttäuschungen – und eigentlich waren sie nur durch ihrer beider jahrelange Hartherzigkeit verursacht.

Meinem Mann beizustehen war nicht immer leicht, aber es war meine Pflicht als Ehefrau. Während dieser Zeit hatten wir viele gemeinsame Gespräche; eine Weile verstanden wir uns recht gut.

Da war er wieder so, wie ich ihn kennengelernt hatte: rücksichts- und verständnisvoll. Ich genoss diese gute Zeit, ahnte aber auch, dass sie nicht lange andauern würde. Mein Misstrauen ihm gegenüber war schon sehr tief in mir verankert.

Ich brauchte mich nicht zu wundern, dass es mit uns nicht geklappt hatte – bei dem rauen, egoistischen Umgang in dieser Familie!

Wie sollte es auch anders sein? Er hatte nichts anderes vorgelebt bekommen. – Wie wichtig sind doch gute Vorbilder!

Mein Schwiegervater wurde zum Sterben nach Hause geschickt.

Ich spürte einen tiefen Schmerz in meiner Brust. Alles kam wieder hoch. Der Tod verfolgte mich! Mein Herz klopfte. Tränen standen mir in den Augen. Seine Rückkehr hatte ich mir anders vorgestellt. Ich war traurig. Warum musste er überhaupt schon sterben? Er war ja noch nicht so alt. Ich konnte und wollte es nicht verstehen. So viele Fragen waren offen.

Kann denn nicht die Schwiegermutter zuerst krank werden? Schnell verwies ich diesen Gedanken wieder und schämte mich dafür. Ich erschrak vor mir selber: *Wie kann ich nur solche Gedanken haben?*

Ich konnte meine Schwiegermutter einfach nicht leiden. Ich versuchte zwar immer wieder, ihr Vertrauen zu erwerben, schaffte es aber nicht. Ich backte und kochte, tauschte mit ihr Rezepte aus und nahm manchmal ihr Essen an – aber dann legte sie es wieder so aus, als würde ich nicht kochen! Es reichte einfach nicht aus, was ich tat. Was auch immer ich versuchte, ich konnte ihr Herz nicht erreichen.

Es muss doch irgendetwas geben, das ihr Herz erweicht? Wie kann ein Mensch nur so hart sein?

Sie war ein harter Brocken. Ihre unschöne und raue Art war oft beleidigend, machte mir sehr zu schaffen. Ich versuchte sie zu mögen, doch es war schwer. Ich gab mir Mühe, einen Weg zu finden, wie ich mit ihr einigermaßen klarkommen konnte. Ich hatte es mir wirklich einfacher vorgestellt, mit ihr unter einem Dach zu wohnen!

Es war schwer, sie zu mögen und mit ihr auszukommen, und doch versuchte ich es immer und immer wieder. Vielleicht nahm sie mich nicht „für voll", weil ich noch so jung war, kaum älter als ihr ältester Enkel. Ich wollte ja nicht viel von ihr, nur eine Schwiegermutter, die mich akzeptierte und mochte. Ich wollte mit ihr auskommen und sie gern haben und ihr das auch zeigen – so wie es mit meinem Schwiegervater war. Doch wies sie meine Versuche und damit mich immer wieder zurück.

Man wusste nie, wie man bei ihr dran war, ihre Stimmung wechselte von Tag zu Tag – es gibt nichts Schlimmeres als einen launischen Menschen. Und jetzt sollte mein Schwiegervater sterben. Nein! Damit wollte ich mich nicht abfinden. Er war immer so nett zu mir gewesen.

Wieso müssen immer die Guten zuerst gehen? Ich empfand es als ungerecht. Er war der Einzige, der mich wirklich verstand und respektierte, der mir ein Zuhause gab. Bei ihm fühlte ich mich beschützt. In ihm hatte ich wieder einen Vater gefunden.

Wie wird es ohne ihn sein? Wer tritt jetzt für mich ein? Ich hatte Angst. Ich ahnte Schlimmes.

Alles wurde für seine Heimkehr vorbereitet.

Im Wohnzimmer wurde ein Krankenbett aufgestellt. Ich besuchte einen Krankenpflegekurs, damit ich bei der Pflege mithelfen konnte. Ich wollte auf alles vorbereitet sein. Ich wollte für meinen Schwiegervater da sein und ihm etwas zurückgeben können, hatte er mir doch echte Vaterliebe gegeben. Doch so weit kam es nicht. Es sollte alles anders verlaufen.

Schwiegervater war nicht lange im Krankenhaus und ich hatte ihn dort auch nicht besucht. Ich wollte schon, doch mein Mann meinte, ich solle bei den Kindern bleiben und es würde reichen, wenn er ihn besuchte. Er gab mir zu verstehen, dass es ihm sonst zu viel würde, schließlich kämen seine Frau und seine Kinder und ich könnte ihn daheim jeden Tag besuchen. Ich respektierte seine Meinung.

Dann kam der Krankenwagen und brachte ihn nach Hause. Seine Frau und alle seine Kinder standen schon an der Tür, um ihn in Empfang zu nehmen. Was für eine Hektik! Im Hausflur wuselte es nur noch von Menschen; jeder versuchte, der Beste zu sein und die anderen an Hilfsbereitschaft zu übertreffen. Als ich sah, wie sich alle benahmen und welche Unruhe das verursachte, konnte ich die Äußerung meines Mannes verstehen: Er liebte seinen Vater und wollte ihm Ruhe gönnen.

Die ganze Familie war ständig um ihn herum. Da war kein Platz mehr für mich. Oder vielleicht doch? – Ich war hin- und hergerissen.

Ich wartete ab, bis Ruhe eingekehrt war, und ging solange meinem normalen Tagesablauf nach. Am Abend saßen wir vier beim Abendessen; Schwiegervater hatte ich noch nicht besucht, da seine Kinder immer noch bei ihm waren. Plötzlich stand eine Schwester meines Mannes im Zimmer und wollte, dass ihr Bruder kam.

Ich fragte sie, ob es nicht Zeit hätte bis nach dem Essen, aber sie erwiderte kurz angebunden: „Er ist gleich wieder da!“ Was für eine Heimlichtuerei! Was wollte sie ihm sagen, das ich nicht hören sollte? Als seine Ehefrau hätte ich das Recht gehabt zu erfahren, was sie von ihm wollte. Doch respektierte ich ihre Antwort erst einmal und ließ die beiden gehen.

Eine Stunde war vergangen, und das „gleich wieder da“ dauerte mir doch etwas zu lang. Jetzt wollte ich wissen, was los war! So stand ich nun vor der verschlossenen Wohnzimmertür. Mein Herz klopfte bis zum Hals. Gedanken schossen mir durch den Kopf. Die Angst wurde größer. Was würden sie sagen, wenn ich jetzt einfach den Raum betreten würde?

Ich wollte schon wieder umkehren, doch die Neugierde ließ mich nicht los: Erst einmal sehen, was sie da zu bereden hatten! Ich drückte mein Ohr an die Tür und versuchte zu lauschen, konnte aber nichts verstehen. Wenn ich jetzt die Türe öffne, sollte ich eine gute Antwort parat haben, falls sie mich fragen. Ach was, dachte ich, erst mal sehen und dann wird mir schon etwas einfallen. Eigentlich war ich nicht der Typ für schlagfertige Antworten, aber da musste ich jetzt durch, wenn ich nicht vor Neugierde platzen wollte, also nahm ich allen Mut zusammen und öffnete ganz leise die Tür. Alle Kinder und einige Enkelkinder waren um Schwiegervaters Bett versammelt und beteten miteinander.

Das zu sehen traf mich wie ein Messerstich. Mitten ins Herz! Mir standen die Tränen in den Augen. ***Wieso dürfen meine Kinder und ich beim Beten nicht dabei sein? Wieso wollen sie uns nicht dabei haben?***

Ich verstand es nicht. Ich war entsetzt und zutiefst verletzt. Ich fühlte mich in dieser Familie nicht zugehörig. Sowieso nicht, aber jetzt noch weniger! Es tat so weh, ich musste nur noch raus, ich konnte es nicht mehr ertragen.

Lange danach kam mein Mann endlich wieder zurück. Er konnte sich nicht vorstellen, warum ich heulte, sein Vater lebte doch noch. Ich erklärte es ihm, aber es war ihm nicht bewusst, dass die Familie mich ausgeschlossen hatte. Zuerst versuchte er sich herauszureden, doch das ließ ich nicht gelten; mitfühlend entschuldigte er sich schließlich bei mir. Verzeihen konnte ich dieses Verhalten, doch es zeigte mir den Stand, den ich in dieser Familie hatte.

Wie sollte ich mich in Zukunft verhalten? Für mich war es eine schwierige Situation und ich beschloss, mich zurückzuziehen. Ich ging nicht zu meinem Schwiegervater, denn ich wollte mich nicht aufdrängen und den Familienangehörigen nicht zu nahe treten. Sie wollten mich ja nicht dabei haben. Vielleicht war es ihnen auch gar nicht bewusst. Ich weiß es nicht.

Aber Schwiegervater fragte nach mir, wollte wissen, warum ich nicht komme, er vermisse mich. Mein Mann hatte ihm nämlich alles erzählt, was geschehen war, und auch, wie ich mich gefühlt hatte. Als ich das hörte, freute ich mich: Ich lag nicht falsch mit meinem Gefühl, dass Schwiegervater mich mochte!

Also beschloss ich, ihn doch zu besuchen. Es bedeutete mir so viel, dass er nach mir gefragt hatte; jetzt wusste ich, dass ich wenigstens für ihn zur Familie gehörte.

Ich wartete, bis alle Familienmitglieder nach Hause gegangen waren und auch seine Ehefrau im Bett war. Es war schon spät. Vorsichtig öffnete ich die Tür, wollte sehen, ob die Luft rein war oder ob noch jemand da war.

Und dann stand ich vor seinem Bett. So schwach und hilflos sah er aus! Die Angst war wieder da und die ganze Erinnerung an meinen Vater kam in mir hoch. Doch wusste ich nicht wirklich, was ich tun sollte. Schwiegervater konnte nicht mehr richtig sprechen. Er hatte wohl große Schmerzen.

So saß ich einfach neben seinem Bett und hielt seine Hand. Immer wieder schaute er mich an. Er lächelte und ich lächelte wieder zurück. Wir brauchten keine Worte. Wir spürten die Vertrautheit. Mit Handzeichen zeigte er mir, was er wollte, und wenn er Durst hatte, gab ich ihm etwas. Plötzlich griff er an seine Windel. „Was ist los? Was soll ich tun?" Eigentlich wusste ich, was ich tun sollte: ihm eine frische Windel anziehen. „Ich?", fragte ich ihn. „Eine neue Windel?" Er nickte. „Ich kann doch nicht! Weil …"

Ich traute mich nicht, es war mir peinlich und unangenehm. Er war mein Schwiegervater. Vertraut, ja, aber doch nicht so vertraut wie seine Kinder oder seine Frau und nicht so fremd wie eine Pflegerin, die so etwas jeden Tag macht. Dachte ich jedenfalls. Ich hatte großen Respekt und Achtung vor ihm als Mensch. Ich hatte große Hemmungen, aber er ließ nicht locker. Ich wollte seine Frau holen, aber das wollte er nicht – also tat ich, was er verlangte, ganz zaghaft zunächst, aber ruckzuck war es vorbei. Ich merkte, wie ich meine Scheu verlor.

Bevor es Morgen wurde und die Familienangehörigen kamen, ging ich wieder in meine Wohnung zurück. Ich besuchte ihn regelmäßig, sobald alle das Haus verlassen hatten und niemand mehr zu sehen war.

Es war schön: Kaum war ich im Raum, lag ein leises Lächeln auf seinem

Gesicht. Man konnte sehen, wie er sich freute, wenn ich ihn besuchte. Immer wieder saß ich die ganze Nacht an seinem Bett und ging, bevor die anderen kamen.

Wieder war ich die Nacht über bei meinem Schwiegervater gewesen und hatte nicht bemerkt, dass es inzwischen schon Morgen war. Ich musste wohl eingenickt sein. Da ging die Tür auf und eine seiner Töchter stand im Zimmer.

Oje! Auch das noch! Erschrocken sahen wir uns an. „Warst du die ganze Nacht bei ihm? Ich wusste nicht, dass ihr euch so nahe steht." Ich antwortete: „Er war für mich wie ein Vater, ich habe kaum einen gehabt. Eigentlich wollte ich schon längst wieder weg sein, wenn ihr kommt." Wahrscheinlich war es ihr nicht recht, dass ich überhaupt hier war. Aber im Gegenteil: Sie war beeindruckt, dass ich die ganze Nacht an der Seite ihres Vaters gesessen hatte, und wollte, dass ich noch blieb.

Ich bin der Meinung, solche Situationen im Angesicht des Todes bergen auch die Chance, wieder zueinander zu finden und sich zu versöhnen. Ein klein wenig hatten wir an diesem Morgen zueinander gefunden, meine Schwägerin und ich.

Ich ging und sagte nur, ich würde später wiederkommen, aber von da an bezog sie mich bei allem mit ein. Gegen Abend schaute ich wieder mal herein und spürte, dass etwas anders war als sonst. Er sah aber aus wie immer! Ich konnte es nicht erklären, ich spürte nur, dass Schwiegervater sterben würde. Die Tochter vom Morgen war auch da. Spontan sagte ich zu ihr: „Es wird bald so weit sein, dass er stirbt. Hole die anderen, wenn sie dabei sein wollen."

Sie war überrascht. Wie ich darauf käme? Ich konnte es ihr nicht erklären, irgendwie spürte ich es eben. Sie nahm mich ernst und informierte alle anderen; so konnten sie sich von ihm verabschieden.

Regungslos beobachtete ich das Geschehen. Wie versteinert stand ich da. Wieder einmal musste ich beim Sterben eines Menschen zusehen, den ich lieb gewonnen hatte. Auch spürte ich noch den Schmerz vom ersten Abend in mir, als Schwiegervater aus dem Krankenhaus gekommen war: wie sie so dastanden und mich beim Beten nicht dabei haben wollten. Das war für mich eine schmerzhafte und bittere Erfahrung, nicht dazuzugehören.

Absichtlich stand ich etwas abseits, wollte mich nicht aufdrängen. Ich gehörte jetzt zwar irgendwie zur Familie, aber eben nur „irgendwie" und oberflächlich. Ich spürte, es war nicht von Herzen. Sie waren nur nett zu mir.

Sie hatten nie etwas gesagt, es blieb unausgesprochen. Doch war es immer in mir.

Ich habe es vergeben, aber vergessen kann ich es nicht.

Sie beteten noch miteinander und kurz danach schloss er seine Augen für immer.

Wieder einen Menschen zu verlieren, der mir etwas bedeutete, das war zu viel! Ein Gefühl tiefer Ohnmacht überkam mich; mein Schmerz wurde immer stärker. Innerlich schrie ich über diesen schweren Verlust. Es war schrecklich, dieser Moment, als er seine Augen für immer schloss. Ich fühlte mich so verlassen! Hilflos stand ich da, wie alle anderen auch.

Und jetzt? Was tun? Keiner wusste es wirklich. Alle standen unter Schock, es herrschte Trauer und Hilflosigkeit. Bis nach einer kurzen Zeit alle wieder zu sich kamen und der Realität ins Auge sahen. Der Arzt wurde benachrichtigt und die Sozialstation. Ich freute mich, dass es genau die Schwester war, bei der ich den Hauspflegekurs gemacht hatte, eine Nonne; sie erkannte mich sofort wieder. Ihre Liebe und Herzlichkeit und ihre beruhigende Art taten mir einfach nur gut.

Wer würde ihr helfen, den Toten herzurichten? Zuerst wandte sie sich an die Angehörigen – aber von denen traute sich keiner. Zuletzt ging der Blick zu mir. Erschrocken und hilflos schaute ich sie an und schüttelte den Kopf.

Ich wollte nicht. Nein, das konnte ich nicht! So etwas hatte ich noch nie getan, und es waren doch genügend Leute da, die dafür besser geeignet gewesen wären! Doch in ihrer überzeugenden Art stimmte sie mich um. Ruhig und gelassen gingen wir an die Arbeit. Ich hatte Angst und es war ein komisches Gefühl, meinen toten Schwiegervater zu berühren. Die Ordensschwester machte mir Mut und sagte mir, was ich zu tun hatte, und alles ging reibungslos.

Die Kinder hatte ich von all dem ferngehalten. Ich wollte nicht, dass sie das mit ansahen. Ich wusste noch gut, wie es mir als Kind ergangen war, und das wollte ich ihnen ersparen. Vielleicht war es ein Fehler, denn das Sterben gehört ja auch zum Leben; doch damals hielt ich es so für richtig.

Es herrschte eine gedrückte Stimmung, als am nächsten Morgen der Leichenwagen kam. Ich hatte einen guten Freund verloren und fühlte mich ohne ihn irgendwie schutzlos. Er hatte zu mir gehalten. Noch kurz bevor Schwiegervater starb, hatte er zu seiner Frau gesagt, sie solle mich in Ruhe lassen, ich wäre in Ordnung. Mein Mann hatte es gehört und erzählte mir davon.

Nun war ich wieder allein. Dieses Gefühl sollte sich umgehend bestätigen: Kurz vor der Beerdigung schaute ich noch schnell nach Schwiegermutter, wollte nur wissen, wie es ihr ging – vielleicht konnte ich sie trösten oder ihr helfen. Hätte ich es bloß gelassen!

Sie war so aufgeregt und voll damit beschäftigt, die Beerdigung zu organisieren. Als ob das jetzt das Allerwichtigste wäre. „Komische Art von Trauer“, dachte ich. Aber so war sie nun mal.

Ich kam ihr gerade recht, sie brauchte jemanden, an dem sie Dampf ablassen konnte. Es war ja sonst keiner da. Bestimmend forderte sie mich auf, einen Klappstuhl in mein Auto zu packen und ihn auf dem Friedhof am Grab für sie aufzustellen. Fragend schaute ich sie an. Eigentlich fuhr sie nie bei mir mit und schon gar nicht bei so einem Anlass – sie fuhr doch lieber mit einem Mercedes als mit unserem älteren Kleinwagen, und wenn es nur wegen ihrer großen Körperfülle war: Ein einziges Mal war sie in meinem kleinen Auto mitgefahren, und ich hatte sie fast nicht mehr aus dem Auto bekommen. Nur mit Ziehen und Schieben gelang es mir.

Klar, der Klappstuhl war nicht das Problem, den konnte ich sicher mitnehmen. Aber warum in diesem Befehlston? So nicht! Vorsichtig fragte ich nach, wie sie sich das vorgestellt habe, und überhaupt, wie alles ablaufen solle. Sie erklärte mir die Reihenfolge des Trauerzuges und dass ihre beiden Söhne sie bis ans Grab begleiten würden, einer links, der andere rechts. So weit, so gut, das konnte ich alles akzeptieren.

Und die Mitfahrgelegenheit? Ganz wie ich vermutet hatte: Unser Auto war ihr natürlich zu klein und zu unbequem. Das konnte ich auch verstehen. Sie wollte mit dem Mercedes ihrer Tochter und ihrem Schwiegersohn fahren. Das war in Ordnung. Aber warum sollte dann ich den Stuhl mitnehmen? Sie konnte ihn doch gleich ihrer Tochter geben, damit die ihn mitnahm und aufstellte, und daraufhin gab Schwiegermutter mir zu verstehen, ich gehöre ja nicht so eng zur Familie.

Ich war geschockt und wütend. ***„Wie bitte? Ich gehöre nicht so eng zur Familie wie die anderen? Und deswegen soll ich den Stuhl für dich tragen, weil ich nicht so eng zur Familie gehöre??“*** Ich wurde immer lauter, nahm kein Blatt vor den Mund. Ich verstand die Welt nicht mehr.

„Was bin ich eigentlich für dich?“ Auf diese Frage konnte sie mir nicht antworten. Sie wusste jetzt: Sie war zu weit gegangen. Ich sagte ihr, als ihre Schwiegertochter hätte ich den gleichen Stand wie die anderen Schwiegerkinder auch! Jedenfalls nahm ich den Stuhl nicht mit. Ob er auch Mercedes fahren durfte oder wer ihn transportiert hat, ich weiß es nicht.

Ich war zutiefst verletzt. Ich rannte weg und heulte nur noch. Es traf mich wie ein Messer mitten ins Herz. Jetzt fühlte ich mich endgültig heimatlos: nicht so eng wie die andere Schwiegertochter und die Schwiegersöhne! Dieser Satz ging mir nicht mehr aus dem Kopf. Jetzt wusste ich es ganz sicher: Sie hatte mich nie richtig akzeptiert.

Mein Herz war gebrochen. Bei der Beerdigung stellte ich mich zu den anderen Trauergästen und nicht zur Familie. Der, der zu mir stand, war gestorben. Schwiegervaters letzter Satz zu seiner Frau war gewesen: „Lass das Mädchen in Ruhe, sie ist in Ordnung.“ Wenn er ihr das auf dem Sterbebett noch ausdrücklich sagte, musste er gewusst haben, wie seine Frau über mich dachte. Mein Mann hatte es mit eigenen Ohren gehört, wie Schwiegervater das zu seiner Frau sagte. Eigentlich hätte auch mein Mann sich diesen Satz zu Herzen nehmen sollen.

Auf der Beerdigung war ich geistig halb abwesend. Ich fühlte nichts mehr. Mein kleiner Sohn schrie: „Wieso tun sie ihn in dieses Loch?“, aber ich war nicht fähig, ihn zu trösten. Ich fühlte mich wie eine Fremde und als wäre in mir selbst etwas gestorben. Die ganze Verwandtschaft meines Mannes interessierte mich überhaupt nicht mehr! Ich empfand nur noch Ablehnung und Gleichgültigkeit: Ihr Verhalten. Meine Ehe, die keine Ehe war. Dass meine Schwägerin mich nicht dabei haben wollte. Und dann noch dieser Satz aus Schwiegermutters Munde – der brachte das Fass vollends zum Überlaufen.

Noch Tage nach der Beerdigung versuchte ich, Schwiegermutter aus dem Weg zu gehen, so gut es ging. Eine Entschuldigung kam von ihr nie. Sie hatte es tatsächlich allen Ernstes so gemeint!

Ich wollte sie aus meinem Leben ausschließen und nicht mehr groß mit ihr zu tun haben. Wenn sie für sich zu viel gekocht hatte, stellte sie es mir auf die Treppe, und sobald sie aus ihrer Küche hinausgegangen war, stellte ich den vollen Topf wieder zurück. Und wenn es nur war, um ihre Behauptung zu widerlegen, ich würde nicht für meine Kinder kochen, was sowieso eine Lüge war! Doch der Hauptgrund war, dass sie mich nicht als ihre Schwiegertochter ansah – deshalb wollte ich nichts von ihr annehmen.

Bis dahin hatte ich ihr Gekochtes gerne entgegengenommen. Warum auch nicht! Ich hatte sie ja auch nicht verletzen wollen, damals kurz vor der Beerdigung. Aber das war zu viel gewesen. Bei jeder Gelegenheit rieb ich ihr diesen Satz unter die Nase: „Ich gehöre ja nicht so eng zur Familie wie die anderen Schwäger und die Schwägerin!“ Dass ich ihr Essen nicht mehr annahm, gab ihr den Rest, und jetzt wurde sie richtig boshaft.

Einmal, wir saßen mit den Kindern beim Abendessen auf dem Balkon, raste sie wie von der Tarantel gestochen unterhalb unseres Balkons hervor und beschimpfte mich mit den übelsten Schimpfwörtern. Sie konnte meine Reaktion nicht verstehen und schon gar nicht, wie sehr sie mich mit diesem Satz beleidigt hatte, und das war der Gegenschlag.

Es war so schlimm, dass ich am ganzen Körper zitterte. Wäre nicht das Balkongeländer dazwischen gewesen, ich hätte ihr eine geklebt. So schrie ich nur zurück und sagte einen Satz, den ich später bereut und für den ich mich bei ihr entschuldigt habe: „Von mir aus kannst du verrecken, keiner wird dir nachheulen." Ich war erschrocken über meine erregten und bösen Worte. Ich bin nicht stolz auf diesen Satz, aber ich habe ihn wirklich gesagt; meine Wut war außer Rand und Band geraten. Denn eigentlich wünschte ich das niemandem, nicht einmal meiner Schwiegermutter! Silvia, sie war gerade mal fünf Jahre alt, fragte ihre Oma: ***„Wieso bist du zu meiner Mama immer so böse?"*** Darauf konnte sie nichts mehr sagen.

Am nächsten Tag war Silvia auf dem Weg zum Kindergarten. Als sie am Haus ihrer Tante vorbeiging, stellte sich die ihr in den Weg und fuhr sie an: „Sage deiner Mutter, sie soll Oma in Ruhe lassen, sonst kriegt sie es mit mir zu tun." Es gab genügend Zeugen, die es mir bestätigten.

Diese Schwägerin kam auch zu mir und drohte, wenn ich ihre Mutter nicht in Ruhe lassen würde, dann könnte ich etwas erleben. Ich versuchte, ihr die Sachlage zu erklären, doch sie hörte mir gar nicht zu. Wie damals mit Uwe und Stiefmutter: Wieder wurde ich nur beschuldigt, ohne dass man mich überhaupt zu Wort kommen ließ.

Daraufhin verwies ich sie aus unserer Wohnung, nicht ohne noch von mir zu geben: „Bring zuerst mal deiner Mutter gutes Benehmen bei! Ich brauche mich von ihr nicht beschimpfen zu lassen." Das konnte ich mir einfach nicht verkneifen.

Von da an ging ich auf keinen Geburtstag mehr und auch nicht zu den Familienfesten. Die Kinder schickte ich mit meinem Mann. Ich erklärte ihnen, es sei nicht ihr Problem, sondern meines.

Damals hielt ich es so für richtig. Wahrscheinlich war das aber ein Fehler. Heute bereue ich es.

Denn damit machte ich den Weg frei für Lügen und Verleumdungen, die ich nicht hörte und gegen die ich mich somit auch nicht verteidigen konnte. Die Kinder mussten ein falsches Bild von mir bekommen.

Das war ein fauler Friede.

Kapitel 17

Neue Strategie

Seit mein Schwiegervater gestorben war, war für mich alles anders geworden. Es war keiner mehr da, zu dem ich gehen konnte und zu dem ich Vertrauen hatte.

Das Verhältnis zwischen meinem Mann und mir hatte sich zwar verbessert, doch traute ich dem Frieden nicht wirklich. Wie lange seine Freundlichkeit andauern würde, das konnte man nie wissen – von heute auf morgen konnte er wieder ganz anders sein! Heute war er vielleicht ganz liebevoll und morgen vielleicht wieder abweisend.

Das war mir alles zu unsicher. Es musste sich etwas ändern. Ich wollte wieder auf eigenen Füßen stehen, nicht mehr von ihm abhängig sein; also beschloss ich, Arbeit zu suchen und etwas dazuzuverdienen. Die Kinder waren inzwischen in einem Alter, dass ich zumindest eine Halbtagsstelle annehmen konnte.

Ich wusste, mein Mann würde nichts dagegen haben. Für Geld war er immer zu haben gewesen, und er sagte oft: „Ich will nicht mehr arm sein.“ Geld war unser Thema Nr. 1 – echt schade, dass wir nichts Sinnvolleres und Wichtigeres zu besprechen hatten.

Denn was hilft alles Geld, wenn die Liebe fehlt?

Mit Liebe geht jede Arbeit leicht von der Hand, das ganze Leben wird viel freundlicher, schöner und leichter. Für mich waren Ehe und Familie wichtiger als Geld; ich sehnte mich nach Liebe, Harmonie und Einheit. Wenn man einander vertraut und liebt, schafft man alles, übersteht auch magere Zeiten.

Mir war klar, ich musste mir etwas suchen. Nicht nur wegen des Geldes, sondern damit er mich wieder mehr akzeptierte. Eigentlich wollte ich um meiner selbst willen geliebt werden, doch offensichtlich war das ein Wunschtraum; das gab es wohl nur in Filmen.

Traurig war ich darüber schon, doch sah ich es realistisch und beschloss, mich mit dem zufriedenzugeben, was ich hatte. Es war mir zwar zu wenig, aber ich sah keinen anderen Ausweg. Was sollte ich auch machen? Ich konnte es drehen und wenden wie ich wollte, unterm Strich kam immer das Gleiche heraus. Außerdem waren aus meiner Ehe Kinder hervorgegangen, auch deshalb wollte ich sie nicht einfach so aufgeben. Ich war verheiratet und wollte nichts unversucht lassen, ihm zu gefallen, um unsere Ehe aufrechtzuerhalten.

Ein Job musste her. Ich wollte unbedingt etwas Eigenes!

Ist er dann wirklich mit mir zufrieden? Vielleicht eine Weile – und dann?

Um unsere Ehe machte ich mir viele Gedanken. Ich sah sie schon zerbrechen. Auch mein Körper reagierte: Die Epilepsie war wieder ausgebrochen. Die Schwierigkeiten mit Schwiegermutter, der Tod des Schwiegervaters und die Sorgen um unsere Ehe ... Die Sauftouren meines Mannes hatten zwar etwas nachgelassen, aber sie belasteten mich nach wie vor schwer. Sie machten mich regelrecht fertig. Es war einfach zu viel.

Ich hatte das Gefühl, etwas tun zu müssen. Ich brauchte Veränderung! Mit allen Mitteln versuchte ich, die Aufmerksamkeit meines Mannes wieder auf mich zu lenken, damit unsere Ehe irgendwann doch wieder richtig funktionieren konnte. Ich hoffte, mit der Erwerbstätigkeit viel verändern zu können, und wollte eine Arbeit finden, bei der mein Mann stolz sein konnte auf mich. Eigentlich reichte das Einkommen meines Mannes für uns; doch ich hatte es satt, von meinem Mann verachtet und als faul hingestellt zu werden.

Aber schaffe ich das, eine Arbeit finden, die meinen Mann dazu bringt, mich zu lieben?

Ich wollte „alles“ versuchen, auch wenn meine Hoffnung nicht allzu groß war. Wahre Liebe stellt doch keine Bedingungen und hängt nicht von so etwas ab.

Als ich meinen Mann über mein Vorhaben informierte, war er angenehm überrascht und willigte sofort ein. Ich hatte es gewusst, dass er zustimmen würde – für mehr Geld im Monat war er immer zu haben.

Nun hieß es abzuklären, wer die Kinder übernahm, wenn sie einmal nicht im Kindergarten sein könnten oder krank sein sollten. Gerade bei Kindern muss man ja mit unliebsamen Überraschungen rechnen. Ich überlegte hin und her, aber mir fiel nur Stiefmutter ein; sie war die Einzige, die sich um die Kinder kümmern konnte. Es fiel mir nicht leicht, sie zu fragen, doch musste ich es tun. Das war der erste Schritt zur Unabhängigkeit.

Welch ein Widerspruch! Es passte mir überhaupt nicht, auch in der Kinderbetreuung auf ihre Hilfe angewiesen und damit noch mehr von ihr abhängig zu sein. Sie kam ja schon nachts, wenn ich wieder einen Anfall hatte. Mein Mann brauchte nur anzurufen, das heißt, wenn er zufällig schon zu Hause und noch ansprechbar war. Sonst bat ich die Kinder: „Ruft Omi an, ich brauche sie.“

Aber was half es, eine Erwerbstätigkeit wollte ich mir auf keinen Fall nehmen lassen.

Was bleibt mir anderes übrig? Es war damals nicht so einfach, erwerbstätig zu sein und nebenher Kinder zu erziehen. Damals gab es noch keine Einrichtungen zur Kinderbetreuung wie heute, und der Kindergarten hatte zwei Stunden Mittagspause. Wenn ich auf eigenen Füßen stehen wollte, musste ich Hilfe annehmen.

Mir war klar, dass ein Job große Veränderungen mit sich bringen würde, vor allem für die Kinder, aber mir blieb ja nichts anderes übrig. Meine Kinder Außenstehenden überlassen, das wollte ich eigentlich nicht, doch meine familiäre Situation zwang mich zu diesem Schritt. Als einer „Mutter aus Überzeugung“ fiel mir diese Entscheidung wirklich schwer.

Also überwand ich mich und ging zu meiner Stiefmutter – mit weichen Knien und der Angst vor einem Nein. Auch hatte ich Angst davor, was sie vielleicht als

Gegenleistung haben wollte. Doch es kam ganz anders: Sie ermutigte mich sehr, eine Arbeit zu suchen, selbstverständlich würde sie sich um die Kinder kümmern. Alles klang gut und es fühlte sich auch gut an.

Es war so einfach. Eigentlich zu einfach. ***Wo ist der Haken?*** Ich wollte diesen Schritt nicht eines Tages bereuen müssen! Viele Fragen quälten mich, aber ich schob sie beiseite.

Nun hatte ich grünes Licht und ich freute mich auf meine erste Bewerbung.

Ich meldete mich auf die Anzeige einer Einzelhandelskette, sie suchten jemanden für einen Bratwurststand. Ich hätte den Job bekommen, doch der Stundenlohn war so niedrig, dass ich fast nur für das Benzin gearbeitet hätte. Aber es sollte schon auch etwas dabei herausspringen, wenigstens ein bisschen.

Mein Mann war mir damals bei der Stellensuche sehr behilflich, er machte mich auf eine zweite Anzeige von der gleichen Firma aufmerksam. Um was für eine Arbeit es sich handelte, stand nicht dabei. Merkwürdig, dachte ich. Was das wohl sein mochte?

Um das herauszufinden, gab es nur eine Möglichkeit – ich musste mich bewerben. Also rief ich an und vereinbarte einen Termin. Was für eine Überraschung! Sie suchten eine Verkäuferin, aber nachdem sie meine Bewerbungsunterlagen gelesen hatten, fragten sie mich, ob ich mir zutrauen würde, die Büroarbeiten zu übernehmen! So etwas hatte ich mir schon immer gewünscht, und sie stellten mich ein.

Voller Freude erzählte ich zu Hause von meinem Erfolg, und auch mein Mann freute sich mit mir und war stolz auf mich. Vielleicht war das jetzt wirklich unsere Chance! Und tatsächlich, obwohl nicht Fastenzeit war, war unsere Ehe deutlich entspannter. Ich hatte nicht mehr das Gefühl, untätig zu sein, und er konnte mir keine Vorwürfe mehr machen.

Der erste Arbeitstag rückte näher. Ich ging zu meinem neuen Arbeitsplatz – und hörte einen scharfen Pfiff. Na, den Mann kannte ich doch! Ihm gehörte die Würstchenbude, wo ich mich zuerst beworben hatte, und wie es sich herausstellte, auch das Gebäude dahinter. Der Supermarkt war dort zur Miete. Sehr verärgert wies er mich zurecht, er schnauzte mich regelrecht an: Ich hätte mein

Auto nicht gerade in die Parklücke gestellt. Ich schaute mich um, konnte aber nichts feststellen; das Auto stand innerhalb der weißen Linien. Also gab ich ruhig zurück: „Was soll der Aufstand?“ Nun war er außer sich und brüllte mich an, er würde sich über mich beschweren. Welch eine Begrüßung! Ich ließ mich aber nicht einschüchtern und gab ihm nur zurück: „Tun Sie das!“ Damit ging ich meiner Wege. In der Familie meines Mannes hatte ich mir über die Jahre ein dickes Fell zugelegt.

Ich war gespannt auf die neue Herausforderung.

Freundlich wurde ich empfangen und in meine Arbeit eingewiesen. Als Erstes musste ich alle Kassen prüfen, die Einnahmen vom Vortag zählen und notieren und dann für den Geldtransport in Kassetten verpacken. Außerdem versah ich die Kassen mit Wechselgeld.

Einen Computer hatten wir dafür nicht, das Ergebnis wurde von Hand in Formulare eingetragen und jeden Tag zur gleichen Zeit an die Zentrale gemeldet. Dafür hatte ich ein MDM-Gerät.

Zu einer anderen Zeit mussten andere Daten gesendet werden. Zum Beispiel musste ich Rechnungen mit Lieferscheinen abgleichen und die entsprechenden Codes an die Zentrale übermitteln. Alles „Schriftliche“ landete auf meinem Schreibtisch. Ein Job mit viel Verantwortung! Mir wurde großes Vertrauen entgegengebracht: Außer der Marktleiterin war ich die Einzige, die an den Tresor durfte.

Ich arbeitete mich sehr schnell in meine Aufgaben ein und schon nach zwei Tagen Einarbeitungszeit sollte ich die Arbeiten selbstständig durchführen. Der dritte Tag begann ganz normal. Die Zeit verging wie im Fluge und ich war gut in der Zeit. Alles schien perfekt zu sein.

Doch plötzlich herrschte große Unruhe: Ein Kunde war beim Diebstahl ertappt worden und alles war in Aufruhr. Der Dieb musste bei mir im Büro warten, bis die Polizei kam; hier fand auch die Vernehmung statt, und es dauerte einige Zeit, bis alles protokolliert war.

Immer wieder schaute ich zu dem Delinquenten hinüber – und vergaß dabei ganz, zur festgesetzten Zeit die Daten durchzugeben. Jetzt fühlte ich mich selber wie der Dieb! Ich sah mich schon gekündigt, und es wäre auch fast dazu gekommen.

Endlich war ich wieder allein, nun konnte ich der Bezirksleiterin mein Missgeschick gestehen. Sie war außer sich vor Wut! Ich versuchte, sie zu beruhigen, und meinte, jeder sollte eine zweite Chance bekommen. Dem konnte sie nicht widersprechen und ich durfte bleiben.

Zu Hause bereitete ich mich gut auf den nächsten Tag vor, ging alles noch einmal gedanklich durch, damit mir so ein Fehler nicht nochmals passieren konnte. Aufgeregt trat ich am nächsten Tag meinen Dienst an. Die Bezirksleiterin wirkte entspannt und der Tag verlief gut. Ich erledigte alles pünktlich und zur Zufriedenheit, und nach der Probezeit wurde ich übernommen.

Die vereinbarten Arbeitszeiten erwiesen sich als zuverlässig. Die Kinder waren eine halbe Stunde allein zu Hause, aber da war ja noch die Schwiegermutter. Unsere Beziehung hatte sich wieder einigermaßen normalisiert, und sie verlangte keine Gegenleistung; das war mir lieber, als Stiefmutters Hilfe in Anspruch nehmen zu müssen.

Gelegentlich musste ich länger arbeiten, dann waren die Kinder bei Stiefmutter. Ich konnte es mir nicht erklären, aber es war mir nie so ganz recht, wenn sie die Kinder hatte. Es war ein Gefühl, als nähme sie mir etwas weg, und ich kam mir auch vor wie in einem Machtkampf. Ich war auf meine Stiefmutter angewiesen, schon wegen meiner Anfälle; auch deshalb wollte ich ihr nichts schuldig bleiben. Doch hatte ich das Gefühl, dass sie sich viel mehr herausnahm, als ihr zustand. Aber ich konnte es nicht begründen.

Erst Jahre später erkannte ich, dass ich recht gehabt hatte mit meinem Gefühl. Es geschah schleichend, ich merkte es anfangs nicht, dass mir etwas weggenommen wurde. Sie manipulierte die Kinder, tat, als wäre sie die Mutter.

Sie nützte meine Schwachheit aus. Wenn mein Mann mehr zu mir gehalten hätte, wäre sicherlich vieles anders gelaufen.

Stiefmutter fiel mir ständig in den Rücken und machte heimliche Bemerkungen über mich. Aus Kindermund erfuhr ich immer wieder, wie sie sich absicherte: „Sag es der Mami nicht." Ihre Heimlichkeiten nervten. Ich kämpfte dagegen an, doch ohne Erfolg.

Wenn die Kinder dagegen bei meiner Schwiegermutter waren, fühlte ich mich frei und unbeschwert. Sie beschimpfte mich zwar, aber sie hatte immer respektiert, dass ich die Mutter meiner Kinder war, und war mir nie in den Rücken gefallen. Unsere Konflikte trugen wir offen aus und dann war es wieder gut.

Kapitel 18

Aus der Traum!

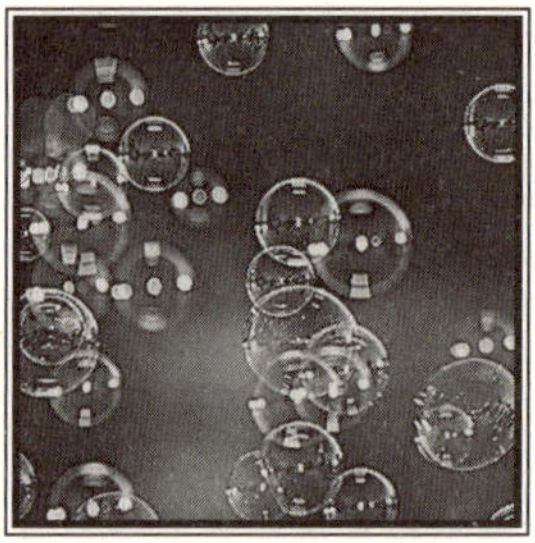

In meiner Arbeit ging ich richtig auf, ich hatte ja so viel Nachholbedarf: Viel zu früh war ich Hausfrau und Mutter geworden, gleich nach meiner Ausbildung, ohne mich im Beruf bewährt zu haben.

In diesem Job fühlte ich mich zum ersten Mal frei, gebraucht und unabhängig. Ich war so glücklich und konnte in dieser Zeit meine Sorgen für eine Weile vergessen. Jeden Tag kam ich gut gelaunt nach Hause und war auch meinen Kindern gegenüber positiv und ausgeglichen. Durch diese Arbeit bekam ich neue Kraft. Mein Selbstwertgefühl lief auf Hochtouren. Ich hätte Bäume ausreißen können!

Viele Gedanken und Pläne gingen mir durch den Kopf. Das war ja nur der erste Schritt; die Kinder gingen jetzt zur Schule, und nun war es denkbar geworden, meinen Mann zu verlassen. Wenn es auch nicht viel war, aber ich hatte jetzt ein eigenes geregeltes Einkommen und sah keinen Grund mehr, bei ihm zu bleiben. Ich war es satt, immer der Schuhabstreifer zu sein! Ich wollte in Zukunft lieber allein und im Frieden leben, auch wenn ich dann weniger zum Leben hätte. Ich wollte nicht mehr von meinem Mann angeschrien und abweisend behandelt werden –und jetzt schien der richtige Augenblick gekommen.

Meine „eheliche Pflicht“ hatte ich nach wie vor geleistet, obwohl ich keine Gefühle mehr hatte; immerhin konnte ich meinen Mann dadurch etwas besänftigen. Ob es richtig war? Ich weiß nicht. Aber ich war seine Frau und nahm meine Verpflichtungen als Ehefrau ernst.

Ich hatte immer verhütet. Als ich die Pille nicht mehr vertrug, entschloss ich mich zur Spirale. Aber wieder einmal konnte es bei mir nicht normal zugehen: Nach kürzester Zeit hatte ich beim Duschen plötzlich das Ding in der Hand. Das gibt es nicht! Wieder zum Frauenarzt. Er meinte, zu neunundneunzig Prozent könne so etwas nicht passieren, doch ich war dieses eine Prozent. Kostenlos bekam ich ein anderes Modell als Ersatz, aber schon nach sehr kurzer Zeit plagten mich plötzlich heftige Schmerzen im Bauchbereich. Ich ahnte, dass mit der Spirale etwas nicht stimmte; insgeheim befürchtete ich, dass sie verrutscht und ich dadurch schwanger geworden war. Also wieder zum Frauenarzt!

Meine Befürchtungen erwiesen sich als zutreffend: Ich war wieder schwanger! Konnte das sein? Für mich brach die Welt zusammen. Jetzt musste ich bei ihm bleiben. Alle Träume geplatzt, wie eine Seifenblase. Ich hatte mir alles so schön ausgedacht, aber es sollte nicht sein. ***Wo soll ich auch hin mit zwei Kindern und einem Baby?***

Meine Arbeit war für mich der erste Schritt zur Freiheit gewesen. Seit ich einer regelmäßigen Arbeit nachging und dazuverdiente, hatte mein Mann sich zwar etwas mehr Mühe gegeben, aber diesem Frieden war nicht zu trauen. Der zweite Schritt wäre gewesen, den Mann zu verlassen, der mich nie wirklich geliebt, mich nur gedemütigt hatte.

Und nun waren alle Pläne und Vorstellungen auf einmal in weite Ferne gerückt. Ein Kind abzutreiben kam für mich nicht infrage – undenkbar, nicht nur, wenn ich an Gott dachte! Dieser Preis war wirklich zu hoch.

Als ich meinem Mann die „freudige Nachricht“ mitteilte, freute er sich tatsächlich riesig. Ein richtig schöner Anblick war das. Aber mir war klar, dass dieser Zustand nicht von Dauer sein würde; schon zu oft hatten wir einige schöne Tage miteinander gehabt und dann war er von heute auf morgen wieder ganz anders zu mir. Mein Mann machte noch Witze darüber, dass sein Sperma so scharf sei und sich durchgesetzt habe. Das fand ich überhaupt nicht zum Lachen!

Und auch jetzt war es wie Tauziehen: Am Anfang der Schwangerschaft kümmerte er sich wirklich rührend um mich. Er war wie ausgewechselt – gerade so, wie ich ihn ganz am Anfang kennengelernt hatte. Es war herrlich, wie er sich um mich bemühte! Wie bei den anderen Schwangerschaften, auch da war er zeitweilig wirklich rücksichtsvoll gewesen. Daher beschloss ich, meine Schwangerschaft zu genießen.

Ich hätte einen ganzen Stall voll Kinder bekommen sollen. Wenn ich schwanger war, konnte er Zuneigung und Freude zeigen. ***Warum nicht auch sonst?*** Ich hatte schon zu viel erlebt, um dem Frieden wirklich zu trauen. Aber ich wollte mir diese schöne Zeit auch nicht vermiesen lassen durch die Frage, was sein würde, wenn das Baby erst einmal da war. Davor hatte ich nämlich Angst.

Noch während der Schwangerschaft konnte sich mein Mann beruflich verändern, so standen wir finanziell besser da. Alles schien perfekt zu sein und ich schöpfte wieder Hoffnung, dass nach der Geburt alles normal sein würde.

Mit vierzig gescheit oder nie in Ewigkeit

Bald würde mein Mann vierzig Jahre alt werden. Das wollte er richtig groß feiern, schließlich tut es da ja einen Ruck und der Mensch wird gescheit (das hatte ich zumindest von den Schwaben gelernt). Alfred bat mich, bei den Vorbereitungen zu helfen, und ich sah keinen Grund, es nicht zu tun. Ich wollte unserer Ehe noch eine Chance geben.

Ich war im achten Monat schwanger und hatte zwanzig Kilo zugenommen. Meine Beweglichkeit ließ zu wünschen übrig. Deshalb machte ich meinem Mann klar, dass ich nicht alles allein tun konnte und dass er mit anpacken musste. Das versprach er mir hoch und heilig. So machten wir einen Plan, wer was erledigen würde – unsere Arbeitsgemeinschaft schien wieder gut zu funktionieren.

Gleich am nächsten Tag weihte ich Stiefmutter ein. Ich hatte kaum zu Ende gesprochen, sagte auch sie mir ihre Hilfe zu. Mit großer Freude organisierte und plante ich, alles nach seinen Wünschen, und es machte wirklich Spaß. Stiefmutter und ich legten uns richtig ins Zeug; dieses Mal waren wir ein sehr gutes Team, wir waren so richtig in unserem Element – wir backten und kochten und alles war mehr als gelungen. Mein Mann steckte gelegentlich seinen Kopf durch die Tür und machte uns Komplimente.

Das Ganze sollte im Gemeindehaus stattfinden. Wie versprochen stellte er die Tische auf. Ich erinnerte ihn daran, auch die schweren Teller und die Stühle bereitzustellen. Natürlich! Selbstverständlich!

Alles war gekocht und gebacken. Stiefmutter war gegangen. ***Aber wo bleibt mein Mann?*** Ich hatte ihn schon eine ganze Weile nicht mehr gesehen. Vielleicht war er noch „kurz auf ein Bier“ zu seiner Schwester ins Wirtshaus gegangen? Ein Anruf bestätigte meine Vermutung. Am Telefon bat ich ihn nochmals um seine Hilfe. „Ich trinke noch schnell aus, geh schon mal vor, ich komme sofort!“ Ich glaubte ihm, packte alles ins Auto und fuhr zum Gemeindehaus; bis ich dort ankam, war schon eine ganze Weile vergangen, mein Mann war aber immer noch nicht da. Dabei waren es höchstens zwei Minuten zu Fuß. ***Wo bleibt er nur?***

Je mehr ich wartete, umso größer wurde meine Wut. Ich ahnte nichts Gutes, und meine Ahnung bestätigte sich: Ich wartete und wartete und wartete, aber er kam nicht. Also rief ich ein zweites Mal an. Im Hintergrund hörte ich seine Stimme, Volltreffer also. Ich forderte ihn nochmals auf zu kommen und machte ihm klar, dass ich schon lange auf ihn wartete. Anschließend könne er ja weiterfeiern, fügte ich verständnisvoll hinzu. „Okay, ich bin gleich da.“

Und wieder warten, warten und nochmals warten. Wie schon so oft in all den Jahren. Vergeblich. Immer wieder schaute ich auf die Uhr und als er nach einer Stunde immer noch nicht da war, hatte ich die Teller schon mal selbst geholt.

Stunden später, es war schon nach Mitternacht, war der Saal fertig. Ich auch! Meine Wut stieg mit jedem Gang, vor Enttäuschung heulte ich nur noch vor mich hin. Heute war Alfreds Geburtstag, welch ein Anfang. Ich kochte vor Wut!

Jetzt brauchte ich nicht mehr anzurufen, das hatte keinen Sinn mehr. Obwohl, ich wollte doch wissen, ob er tatsächlich immer noch im Wirtshaus saß. Seine Schwester, taktvoll wie sie war, meinte nur, sie würden gerade auf seinen Geburtstag anstoßen. Ich hätte es wissen können! Jetzt heulte ich bitterlich.

Das war nun wirklich zu viel! Dieses Mal verzieh ich ihm nicht! Das war das letzte Mal, dass ich ihm bei so etwas half. Das Maß war voll.

Die Gedanken überrollten mich. Ich hatte ihn mehrfach daran erinnert, mir zu helfen. Er hatte es mir versprochen. Ich war schwanger. Hochschwanger! Wie konnte er mir das antun?

Wie kann man nur so rücksichtslos sein?

Wie kann man nur allein in seinen Geburtstag hineinfeiern und seine hochschwangere Frau mit den Vorbereitungen für das Fest im Stich lassen?

Tief enttäuscht und erschöpft saß ich nun allein zu Hause.

Auch dieses Mal hatten seine guten Vorsätze nicht lange angehalten. Ich hatte recht: Diesem Frieden war nicht zu trauen. Wie schon so oft hatte er mir etwas versprochen und dann nicht gehalten. Ich kam mir vor wie auf dem Abstellgleis: Wenn man etwas braucht, holt man „es", und dann stellt man „es" wieder zurück. Wie praktisch. Ich fühlte mich wie etwas eigentlich Überflüssiges, das aber gelegentlich doch noch recht brauchbar ist.

In diesem Moment bereute ich alles: dass ich mit so einem Mann überhaupt Zeit verbracht hatte, dass ich mir Hoffnungen gemacht und ihm immer wieder eine neue Chance gegeben hatte.

Zwar hätte ich zu ihm ins Gasthaus gehen können, aber dazu war ich zu sehr verletzt. Ich hatte keine Ahnung, wie ich mich jetzt ihm gegenüber verhalten sollte; meine Wut war zu groß, um einen klaren Gedanken zu fassen. Trotzdem wollte ich ihm meine Enttäuschung mitteilen, im Stillen formulierte ich alle möglichen Vorwürfe.

Stoff dazu hatte ich ja übergenug. Auch wo es nichts vorzuwerfen gab; für Nachschub war gesorgt – meine große Vorratskammer war bestens gefüllt. Man findet ja immer etwas, und wenn es schon längst Schnee von gestern ist.

Ich war schon lange im Bett, als ich ihn hörte. Erst in den Morgenstunden kam er, und er war sternhagelvoll, er konnte nicht mal mehr gerade stehen. Jetzt waren es nur noch ein paar Stunden, bis die ersten Gäste kommen würden. Am liebsten hätte ich alles abgeblasen, doch dazu war es jetzt zu spät.

Ich konnte sein Verhalten nicht verstehen. Wie wollte er seine Gäste begrüßen? Bis die Leute kamen, konnte er niemals nüchtern sein. ***Wozu noch diese Feier?*** Ich war fix und fertig. Eigentlich konnte es mir egal sein, es war ja sein

Fest. Ich war körperlich und seelisch am Ende und konnte nicht mehr. Die Freude war mir gründlich vergangen!

Im Laufe des Vormittags trafen die ersten Gäste im Gemeindehaus ein. Mein Mann auch. Es war, wie ich befürchtet hatte: Er hatte noch einen riesen Rausch im Gesicht und machte vor allen den Clown. Seine schlechten Witze und seine ordinären Äußerungen waren nur peinlich. Jeder sah, wie betrunken er war. Ich setzte ein Lachen auf: Bloß nichts sagen, das geht mich ja nichts an. Ich wollte sowieso nicht lange bleiben, ein Vorwand würde sich schon finden.

Mein Mann ignorierte mich total, es kam nicht einmal ein Dankeschön. Auch sonst merkte er natürlich nicht, wie peinlich er war. Für ihn war es ein gelungenes Fest – er machte einfach da weiter, wo er in der Frühe aufgehört hatte. Sein neuer Kollege war ihm dabei eine willkommene Unterstützung, der war wie er, nur noch etwas schlimmer.

Nicht nur ich, alle gingen vorzeitig nach Hause. Wen wunderte es? Bei dem Zustand, in dem mein Mann sich befand?! Mit viel Ärger im Bauch wartete ich am nächsten Tag auf seine Reaktion; schweigend ging ich meiner täglichen Arbeit nach.

Ich schwieg – und wartete auf ein Dankeschön, das wäre ja das Mindeste gewesen. Oder vielleicht sogar auf Einsicht und Reue. Aber es kam nichts. Gar nichts! Er hatte mich ja *nur* versetzt. Er hatte ja *nur* sein Versprechen nicht gehalten. Er hatte ja *nur* lieber allein in seinen Geburtstag hineingefeiert.

Ist das nicht Grund genug für eine Entschuldigung?

Je mehr ich wartete, umso mehr staute sich wieder die Wut in mir auf. Aber es kam nichts. Einfach nichts. Ich konnte es nicht fassen. Nichts! Ich musste Dampf ablassen. Das konnte ich nicht verstehen – er tat, als wäre überhaupt nichts vorgefallen. Vorsichtig näherte ich mich an: Wie war er drauf? War jetzt der richtige Moment, ihn darauf anzusprechen?

Ich ließ es ruhig angehen. Ich wollte hören, was er dazu zu sagen hatte. Ich wollte ihn verstehen. Wenn man versteht, kann man auch vergeben. Vielleicht zeigte er ja auch Einsicht, und wenn es nur ein klein wenig war. Dann könnte ich ihm verzeihen.

Aber kaum hatte ich vorsichtig die erste Frage gestellt, eskalierte das Gespräch auch schon. Ein Wort gab das andere. Er verdrehte alles, behauptete, er sei im Recht. Meine Augen wurden immer größer: So was von Egoismus! So was von Unverschämtheit! Ich empfand nur noch Abscheu für ihn. Ich schwor ihm, das wäre der letzte Geburtstag, den ich für ihn ausgerichtet habe. Und dabei blieb es auch, von da an feierte er seinen Geburtstag mit seinen Freunden.

Dabei hatte ich gedacht, mit meinem Einsatz für diese Geburtstagsfeier könnte ich alles einigermaßen wieder ins Lot bringen. Von wegen! Es wurde nur noch schlimmer. Vor dem Geburtstag war er recht nett zu mir gewesen; seit Langem hatten wir wieder ein gemeinsames Vorhaben und ich freute mich, dieses Fest für ihn vorzubereiten.

Es hätte ein guter Neuanfang werden können, schließlich war ich mit dem dritten Kind von ihm schwanger. Immer noch dachte ich, durch dieses Kind würde alles wieder in Ordnung kommen und unsere Ehe könnte mit diesem Baby wieder neu aufleben. Diese Hoffnung hatte ich wirklich! Ich wollte unsere Ehe nicht aufgeben. Aber es war ein großer Irrtum, es sollte wohl nicht sein.

Durch sein egoistisches Verhalten brach für mich die Welt zusammen: Wieder eine Hoffnung, die sich nicht erfüllt hatte. Am Anfang hatte er sich so auf das Baby gefreut – und jetzt das! Ich merkte, dass ich diesen Kampf nicht gewinnen konnte. Wie viel Mühe ich mir auch gab, auch wenn die Absicht noch so gut war, er sorgte erfolgreich dafür, dass alles vergeblich war. Ich konnte machen, was ich wollte, es wurde nicht anerkannt. Alle Mühe schien umsonst zu sein.

Egal was er auch versprach, man konnte nicht damit rechnen, dass er es halten würde. Er änderte seine Meinung, wie es ihm gerade passte! Er machte nichts ganz fertig, was er begonnen hatte, und er hielt nicht, was er versprach. Unter dieser Sprunghaftigkeit litt ich sehr, aber wieder und wieder fiel ich auf ihn herein. Immer wieder glaubte ich ihm, obwohl er mich ständig enttäuschte. Ich war viel zu naiv und blauäugig, wollte es einfach nicht wahrhaben.

Warum kann er das mit mir machen? Warum ignoriert er mich ständig?

Immer wieder dachte ich über das Fiasko nach. Das Fest war eine Katastrophe gewesen, ich hatte mich so geschämt wegen seines Verhaltens! Er war so betrunken, dass er sich nicht mehr zu benehmen wusste. Dabei hatte ich alles für ihn getan. War ihm treu. Versuchte, ihm eine gute und verständnisvolle Frau zu sein, ihn zu unterstützen. Ich hatte ihm Kinder geboren, wollte ihnen eine gute Mutter, ihm eine gute Ehefrau sein. Und dazu war ich hochschwanger. Aber alles trat er mit Füßen!

Ich fühlte mich wirklich alleingelassen.

Von einem Mann, zu dem ich das Vertrauen verloren hatte.

Von einem Mann, der mich nicht respektierte, egal was ich tat.

Von einem Mann, der mich nicht für voll nahm.

Von einem Mann, dem ich egal war.

Dieses Gefühl, ihm einfach egal zu sein, war schrecklich für mich. Warum er so war, verstand ich nicht. Wieso wollte er allein in seinen Geburtstag hineinfeiern?

Ein Anruf hätte genügt, und ich wäre auch gekommen. Oder er hätte mich abholen lassen können. Ich hätte die Vorbereitungen gerne unterbrochen!

Dass auch am nächsten Tag keinerlei Reaktion von ihm kam, das brach mir vollends das Herz. Ich hatte es nicht wahrhaben wollen, dass er keine Liebe mehr zu mir hatte; doch jetzt gab es für mich keinen Grund mehr, an dieser Ehe festzuhalten.

Die Veränderungen, die ich angestrebt hatte, waren wie eine Seifenblase geplatzt. Im Gegenteil, es waren andere Veränderungen gekommen, die alles noch viel schlimmer machten.

Ich wusste nicht, wie es weitergehen sollte! Aber es nützte nichts, Trübsal zu blasen, davon wurde auch nichts besser. Ich war verheiratet und erwartete ein Baby und konnte nicht woanders hin. Das war die Realität.

Wieso die vielen Katastrophen in meinem Leben? Als stünde ich unter einem Fluch.

Nur noch wenige Tage bis zur Geburt! Ich konzentrierte mich vorwiegend auf das Baby. Es sollte alles gut gehen. Wir vermieden Konflikte und bewahrten Ruhe. Mein Mann wünschte sich einen Jungen und ich wollte ein Mädchen haben.

Dann kam die Geburt. Auch dieses Mal war er dabei. Alles verlief bestens, ich gebar ein gesundes Mädchen. Das Kind bekam den Namen, den ich wollte: Kerstin. Er fand ihn nicht so toll, aber weil er allen gefiel, mochte er ihn schließlich auch.

Zuerst lag ich allein, dann bekam ich Gesellschaft. Das war mir recht! Wir verstanden uns sehr gut, und wir redeten und lachten miteinander über dies und das. Es tat mir gut.

Eines Tages ging ich mit meinem Besuch ins Krankenhauscafé, und als ich zurückkam, waren alle meine Sachen samt meinem Bett verschwunden! Fragend und erschrocken stand ich da. Was war das denn? Keiner hatte mir etwas gesagt. Oder hatte ich es vielleicht nicht verstanden?

Wo waren meine Sachen? Ich war außer mir. So etwas hatte ich noch nie erlebt! Die Krankenschwester erklärte mir, sie hätten mich in ein anderes Zimmer verlegt, zu einer sehr netten Frau.

„Wieso ein anderes Zimmer? Ich habe mich hier wohlgefühlt!“ Freundlich versuchten sie mir zu erklären, der Ehemann meiner Bettnachbarin, mit der ich so gut ausgekommen war, habe verlangt, dass sie ein Einzelzimmer bekam. ***Wieso das denn?*** Ich war zuerst in diesem Zimmer gewesen und sie kam erst nach zwei Tagen dazu. ***Warum muss ich umziehen und nicht sie?***

Vorsichtig versuchte die Schwester mir zu erklären, die Frau sei Privatpatientin und der Mann habe auf einem Einzelzimmer bestanden, wie es ihm zustehe. Aber ich stellte mich stur und pochte auf mein Recht, ich sei zuerst im Zimmer gewesen und sie hätten ihr auch ein anderes Zimmer geben können. Sie gaben mir zu verstehen, es sei nichts mehr frei gewesen und deshalb hätten sie mich eben in ein anderes Zimmer gelegt. Abgeschoben, dachte ich bei mir.

Das hätte nicht passieren dürfen. Das mussten sie doch schon vorher gewusst haben, dass das eine Privatpatientin war. Ich war sauer! Aber es half mir nichts. Auch wenn sich sogar der Chefarzt einschaltete: Ja, da habe die Stationsleitung offensichtlich nicht gut geplant; er hätte es nicht gewusst und, natürlich, so etwas dürfe nicht passieren. Immerhin entschuldigte er sich.

Das Gefühl, abgeschoben worden zu sein, traf mich mitten ins Herz. Ich hatte deshalb so heftig reagiert, weil ich mich immer von meinem Mann abgeschoben fühlte, und davor von meinem Vater und dann noch von Stiefmutter. Wumm! Da war sie, die Wochenbettdepression!

Meine neue Bettnachbarin verstand mich und war sehr bemüht um mich. Sehr liebevoll versuchte sie mich zu trösten, doch meine Tränen wollten nicht aufhören. Auch die Privatpatientin kam noch zu mir und entschuldigte sich; eigentlich wolle sie gar nicht allein im Zimmer sein, aber ihr Mann habe darauf bestanden.

Ich fühlte mich dennoch schlecht. Als sei ich weniger wert. Doch überraschenderweise bekam ich sogar Besuch von der Familie meines Mannes! Ich freute mich über jeden von ihnen. Allerdings war meine Freude etwas gedämpft; dass damals beim ersten Kind kein einziger von ihnen gekommen war, das hatte ich nicht vergessen.

Schade, dass mein Schwiegervater das dritte Kind nicht mehr miterleben konnte; er hätte sich sicher gefreut, die kleine Kerstin kennenzulernen! Er hatte für jedes Kind einen Baum gepflanzt und dachte dabei, wir würden mindestens drei Kinder haben. Für die weiteren Kinder sollten wir die Bäume selbst pflanzen, hatte er dazu gemeint.

Kerstins Baum wartete schon auf sie!

Dieses Kind half mir durch schwere Zeit. So ungern ich das Kind auch zunächst haben wollte, umso mehr wurde Kerstin für mich zum Sonnenschein, ein Licht der Freude.

Kapitel 19

Geld macht auch nicht glücklich

Nun hatte ich drei Kinder, zwei Schulkinder und ein Baby. Und einen Mann, der meine ganze Kraft und Energie auffraß.

Unsere Streitigkeiten wurden immer heftiger und lauter: Einer übertönte den anderen, und schnell war das Geschrei in vollem Gange. Mir warf er vor, ich sei laut. Wo er recht hatte, hatte er recht, gerade bei der Kindererziehung setzte ich auf Lautstärke. Mir war alles zu viel! Meine Gefühle bestanden hautsächlich aus Kraftlosigkeit und Angst, aber auch ich wurde mit der Zeit launischer, aggressiver, rücksichtsloser und ungerecht. Ich wollte das nicht und wehrte mich dagegen, konnte es aber nicht ändern.

Die Kinder hatten schon eine Begabung darin, mich auf die Palme zu bringen – und nur zu oft begannen sie genau in dem Moment zu streiten und zu toben oder ungehorsam zu sein, wenn mein Mann auftauchte. Als hätten sie genau darauf gewartet! Manchmal hatte ich wirklich das Gefühl, dass sie das mit Absicht so machten. Es war zum Verrücktwerden. Als hätte es ihnen Spaß gemacht, mir das Leben noch schwerer zu machen, denn immer war ich der Dumme dabei.

Sollte er sich doch auch einmal um die Kinder kümmern! Mal sehen, wie er mit ihnen zurechtkam. Ob er es vielleicht besser und leiser hinbekam? Gedacht, getan: Ich hielt mich zurück und sagte nichts. Und schon nach kurzer Zeit kam es zur ersten Auseinandersetzung zwischen den Kindern und meinem Mann.

Oho, er machte es kein bisschen besser, im Gegenteil! Das zu sehen tat mir irgendwie gut, auch wenn ich von Schadenfreude nichts hielt. Er war schlichtweg überfordert und behalf sich mit einem militärischen Kommandoton: „Ab Marsch!“ „Auf geht's!“ „Aber flott!“ Jeder musste spuren. Auch ich. Als wäre ich eines seiner Kinder.

Ich bekam Angst vor ihm. Seine Respektlosigkeit den Kindern und auch mir gegenüber wurde durch seinen lauten, beherrschenden Ton offensichtlich. Wehe, es lief nicht so, wie er wollte, dann wurde er noch lauter.

Wenn ich die Kinder angeschrien hatte, fühlte ich mich hinterher schrecklich. Es war wie bei meinem Vater – zuerst schreien und dann sich schrecklich fühlen. War das „das Gewissen“? – Vielleicht! Das kam öfter vor, mein Verhalten war ähnlich wie das meines Vaters, der auch schnell laut geworden war. Aber gegen den Vater meiner Kinder war ich noch sehr vornehm.

Eine Zeit lang ließ ich es zu, dass er die Kinder anschrie; nur wenn es zu heftig wurde oder zu lange ging, mischte ich mich ein und versuchte, eine Eskalation zu verhindern. Aber meistens schaffte ich das dann doch nicht.

Alles war inzwischen so festgefahren, dass er durch meine Vermittlungsversuche nur noch gereizter wurde. Der einzige Vorteil war, dass ich dadurch seinen Zorn auf mich lenken konnte, wenigstens blieben so die Kinder verschont.

Natürlich musste alles seine Ordnung haben und manche Arbeiten mussten einfach erledigt werden. ***Aber muss es denn immer in so einem lauten Ton sein? Geht es denn nicht auch freundlicher?***

In ruhigem Ton versuchte ich ihn immer wieder zu überzeugen. Wieder und wieder sagte ich ihm, wir hätten doch beide Fehler gemacht und wir beide müssten unser Verhalten ändern. Aber es nützte alles nichts, denn in seinen Augen hatte er ja keine Fehler. Er hatte immer recht, eine andere Meinung war nicht gefragt.

Solange ich ihm zustimmte, war alles in Ordnung. Deshalb hielt ich oft den Mund. Es hatte keinen Sinn, ihm zu widersprechen. Doch manchmal konnte ich meinen Mund einfach nicht halten, und so gab es laute Auseinandersetzungen, die man sogar auf der Straße mitverfolgen konnte. Wenn er betrunken war, war alles noch viel schlimmer.

So oft kam er von der Arbeit angetrunken nach Hause, und häufig hatte er es vergessen, wenn er für mich etwas Wichtiges hätte erledigen sollen. Auf meine Nachfrage kam meistens nur ein gleichgültiges Achselzucken, und mir blieb nichts anderes übrig, als meine Wut wieder einmal zu unterdrücken. Natürlich bemerkte er, dass sein Versäumnis mir zu schaffen machte; also lachte er mich regelrecht aus und freute sich sogar, dass er es mal wieder geschafft hatte.

Was ist er nur für ein Mann? Warum freut er sich, wenn ich mich ärgere?

In einer solchen Situation wusste ich genau, dass ich jetzt am besten die Klappe hielt. Aber einmal reizte er mich so, dass ich mich nicht mehr zurückhalten konnte: Schwankend stand er vor mir und ließ das große Brotmesser vor meinem Gesicht kreisen, während er immer wieder von seinem Wurstbrot abbiss. Sein hämisches Grinsen machte mir klar, dass ich nur noch eine gleichgültige, freche und respektlose Antwort zu erwarten hatte.

Am liebsten hätte ich ihm das Glas an den Kopf geworfen, das da griffbereit in meiner Nähe stand. Zum Glück besaß ich noch so viel Geistesgegenwart, dass ich es stattdessen an ihm vorbei in die nächste Ecke schmiss. Immerhin konnte ich damit etwas Wut ablassen. Ich dachte, er käme dadurch vielleicht zur Besinnung – aber stattdessen lachte er noch mehr! Mich zu verspotten, das schien ihm das größte Vergnügen zu bereiten.

Ein anderes Mal warf ich sein Bettzeug die Treppe hinunter mit den Worten: „Du kannst schlafen, wo du willst, aber nicht mehr neben mir." Oh, das war aber zu viel gewesen! Er kam mir hinterher und packte mich so fest an den Armen, dass es wehtat. Sein Blick verhärtete sich, mit blutrot angelaufenem Gesicht schnaubte er wie ein wildgewordener Stier: „Das tust du nie wieder, sonst erlebst du was!" Als ich den Hass in seinen Augen sah, bekam ich wirklich große Angst vor ihm.

Was war das nur für ein schrecklicher Mann? Wie konnte ich nur so blind gewesen sein, ihn zu heiraten! Ich schleuderte ihm meinen Hass und meine Ablehnung ins Gesicht. Meine Angst stieg von Sekunde zu Sekunde und machte mich nur noch kühner. Ich wusste, dass ich im Recht war, deshalb nahm ich kein Blatt vor den Mund und ging zum Angriff über. Sicher war das der falsche Weg, aber ich wollte mir auch nicht alles gefallen lassen.

Unsere Auseinandersetzungen wurden immer heftiger. Egal wo wir gerade waren, er kannte keine Grenzen! Ich konnte ihn nicht mehr ertragen – ohne jeden Grund konnte er mich beleidigen und demütigen. Ein Wort gab dann das andere, und nach diesen Auseinandersetzungen war ich immer fix und fertig.

Was für ein sinnloses Dasein!

All der Streit hätte nicht sein müssen. Streit wollte ich eigentlich immer vermeiden.

Die Tatsache, dass ich meinen Mann nicht mehr verlassen konnte, machte mich immer trauriger. Mit zwei Kindern hätte ich es noch gewagt, aber mit dreien war es mir unmöglich geworden. Wo hätte ich auch hin sollen? Deshalb hatte ich auch noch nach Kerstins Geburt alles Mögliche angestellt, um unsere Ehe doch noch zu retten.

Alles vergeblich.

Wieso gibt er sich keinerlei Mühe? Warum hat er gar kein Interesse daran, dass es wieder normaler wird mit uns beiden? Hat er denn eine andere?

Er hatte mich ja schon einmal hintergangen, damals, als er im Auto angeblich „nur geknutscht" hatte. Wieso nicht auch jetzt? Ich suchte nach Gründen, warum alles kaputt ging. Ich versuchte, meine Fehler zu korrigieren, mich zu ändern.

Aber was ist mit seinen Fehlern?

Er tat nichts und wollte auch nichts verändern.

Warum nur? Warum will er mich nicht mehr?

Ich war ihm immer treu gewesen. Ich hatte mich ihm untergeordnet und tat meine Arbeit, ohne mich zu beschweren. Ich achtete auf ein gepflegtes Äußeres. Alles Mögliche stellte ich an, um wieder seine Aufmerksamkeit zu erringen, aber alles umsonst! Dabei hatte am Anfang der Schwangerschaft und monatelang alles wieder so gut ausgesehen, eben bis zu dem Geburtstag. Doch wollte ich nicht alles bloß hinschmeißen und versuchte erneut, ihm zu vergeben.

Aber das war nicht einfach, ja fast unmöglich. Schon allein darum, weil er sich mir gegenüber so verhielt.

Neue Hoffnung

Ich hatte ja gedacht, das Baby und die neue Arbeit würden ihn wieder häuslicher machen und der höhere Lohn würde etwas Entspannung in unsere Ehe bringen. Er verdiente wirklich recht gut und am Anfang sah es tatsächlich so aus, als würde sich jetzt alles entspannen.

Er musste hauptsächlich Melkmaschinen und Melkstände aufstellen, instand halten und reparieren. Nebenbei musste er die dazugehörigen Produkte verkaufen, das alles gehörte zusammen. Im ersten Jahr verlief alles ganz ordentlich: Er hatte Erfolg, die Reparaturen machten ihm Spaß und der Verkauf lief gut.

An den ersten beiden Firmenausflügen durfte ich auch teilnehmen. Es war richtig schön, wir kamen einander tatsächlich wieder näher.

Aber es fiel ihm je länger, je mehr schwer, allein zu arbeiten, er vermisste seine alten Kollegen – obwohl, schon bald hatte er sich mit einem der neuen Kollegen angefreundet. Der übte die gleiche Arbeit aus, nur in einem anderen Bezirk. Das war der, der auch bei der Geburtstagsfeier nicht fehlen durfte. Die beiden verstanden sich prächtig, doch dieser Mann bestärkte sein Verhalten noch, er hatte einen schlechten Einfluss auf ihn. Kein Wunder, dass der Stress wieder zunahm.

Nachdem der Reiz des Neuen verflogen war, war das höhere Einkommen das einzig Angenehme an seinem Job. Und auch das Kind war bald nichts Neues mehr.

Wie kann man nur so etwas glauben? Dass mehr Geld und ein zusätzliches Kind alles zum Guten wenden können?

Das Gegenteil traf ein! Nicht lange, und es kam wieder eine Wende.

Ich bemerkte, wie er immer unzufriedener wurde. Er klagte viel – über seine Arbeit und über seine Kunden, die ungeduldigen Bauern.

Das konnte ich verstehen. Diese Landwirte mit ihrer ruppigen Art – sie riefen bei uns an, oft nahm ich diese geschäftlichen Anrufe entgegen. Eigentlich war das nicht meine Aufgabe, doch was sollte ich tun? Seine Unlust stieg zusehends. „Scheiß Bauern!" Das war seine Devise; oft ging er nicht mehr ans Telefon, ließ das Handy klingeln oder schaltete den Anrufbeantworter einfach aus.

Natürlich bekamen auch wir seinen Unmut zu spüren, wir hatten nicht mehr viel zu lachen.

Wenn ich am Telefon war, versuchte ich, die verärgerten Bauern zu beruhigen. Ich schämte mich für sein Handeln, denn ich wusste genau, dass er wieder einmal in irgendeinem Wirtshaus herumsaß! Unter Aufbietung aller meiner Überredungskünste versuchte ich sie zu besänftigen, und damit hatte ich auch Erfolg. Aber das änderte nichts an seiner Unzuverlässigkeit: Die Wirtshausbesuche weiteten sich aus und alles Ermahnen war umsonst.

Er provozierte, wo er nur konnte. Einmal besprach er seinen Anrufbeantworter mit einem schlechten Witz. Als ein Vorgesetzter ihn telefonisch erreichen wollte und das zu hören bekam, erteilte er ihm eine Verwarnung. Wieder einmal davongekommen! Legte er es denn womöglich noch darauf an, seinen Job zu verlieren? Insgeheim wünschte ich mir, dass er eine andere Arbeit suchen würde, die ihm mehr lag.

Übertrumpft

Einmal wollte ich ins Wirtshaus zu meinem Mann, der war aber noch nicht da. Nur der Kollege. So warteten wir zu zweit auf ihn. In der Runde saßen mehrere Stammtischler, unter ihnen auch ein Mann, der nicht gerade gut aussah – er hatte tiefe Falten im Gesicht und ihm fehlten einige Schneidezähne.

Plötzlich fragte der Kollege den Mann, ob bei ihm denn schon Fasching sei, dass er sich eine Maske aufgesetzt hätte! Alle waren sprachlos. Und damit nicht genug – nach dieser Beleidigung fragte er ihn auch noch, ob er eine Zigarette für ihn hätte! Trotz allem blieb der Angesprochene ruhig und gab ihm das Gewünschte.

Erst als alle anderen am Tisch schweigend den Kopf schüttelten, merkte der Kollege, was er da gesagt hatte. Aber er machte sich nichts draus, war sogar noch stolz auf seine Taktlosigkeit und seine unverschämten, manchmal sogar schmutzigen Bemerkungen. Er schaffte es wirklich, meinen Mann zu übertrumpfen – und der nannte ihn noch seinen besten Freund!

Allerdings konnte Alfred auch anders sein und dann wirkte er sehr charmant: Einmal trafen wir uns bei diesem Kollegen und seiner Frau, um gemeinsam zu einem Faschingsball zu gehen. Dort saßen wir zu viert zusammen und ließen uns von der guten Laune anstecken. Als das Programm zu Ende war, wir waren gerade auf der Tanzfläche, ging der Kollege plötzlich an einen anderen Tisch und amüsierte sich dort mit Bekannten. Seine Frau ließ er einfach sitzen.

Als wir zurückkamen, standen ihr Tränen in den Augen. Sogar mein Mann erkannte, wie sich die Frau fühlen musste. Komisch, dass er bei anderen Mitleid hatte, aber für sein eigenes, gleiches Problem war er blind. – Mir tat diese Frau leid, das Gleiche hatte ich ja auch schon oft erlebt. Den Rest des Abends verbrachten wir mit ihr am Tisch, damit sie nicht allein dasitzen musste. Ihr Mann amüsierte sich derweil irgendwo anders.

Dieses Erlebnis bestärkte mich in dem, wie ich den Kollegen meines Mannes eingeschätzt hatte. Ja, diese Arbeit war nicht gut für meinen Mann. Die alte Arbeit hatte ihm besser gefallen, dort hatte er nettere Menschen um sich gehabt, Leute mit normalen Werten. Und der Kollege tat ihm wahrscheinlich noch weniger gut. Doch was hätte ich schon ausrichten können?

Wie ein altes Sprichwort sagt: „Zeige mir, mit wem du umgehst, und ich sage dir, wer du bist.“ Er hätte einen wirklich guten Freund gebraucht, einen, der ihm auch die Wahrheit über ihn und sein Verhalten gesagt hätte.

Leider hatte mein Mann keine wirklichen Freunde, das waren alles nur Trinkkumpanen. Denen war es recht, wenn es bei uns nicht funktionierte, dann hatten sie schon etwas, worüber sie herziehen konnten. Futter für Schadenfreude.

Aber wen interessieren meine Erkenntnisse schon?

Und wie vermittelt man seine Erkenntnisse jemandem, der an sich selbst gar keinen Fehler sehen will?

Eigentlich aussichtslos. Mein Mann jedenfalls wollte nichts davon hören, nahm seinen Kollegen noch in Schutz.

Lügen haben kurze Beine

Eines Tages kam er freundlich, fast schmeichelnd zu mir: Ob ich ihn zu seinem Kumpel bringen würde? Sie wollten unter Kollegen für zwei Tage einen Ausflug machen. Seltsam, dachte ich. Ohne Frauen? Das kam mir zunächst spanisch vor, denn bisher waren die Ausflüge immer „mit“ den Frauen gewesen. Aber er bestätigte es mir: „Ganz sicher, dieses Mal ohne Frauen!“ Ich glaubte ihm. Wieso sollte er mich auch belügen, es würde ja sowieso herauskommen. Ich hatte auch kein Problem damit, wenn Männer unter sich verreisen wollten. Warum denn nicht?

Gut gelaunt fuhr ich ihn also zu seinem Kollegen und überlegte mir dabei, wie ich mir diese Zeit so angenehm wie möglich gestalten könnte. Ehrlich gesagt, ich freute mich sogar auf die Tage, die ich allein sein konnte, also ohne meinen Mann. Ohne Stress. Herrlich!

Als wir ankamen, stand schon die ganze Familie im Hof. Sie luden ihre Sachen ins Auto. Warum packten die Kinder so viel Zeug hinein? Die Antwort ließ nicht lange auf sich warten: Die Frau des Kollegen kam auf mich zu – ob ich denn nicht mitführe? „Wieso? Wohin? Das ist doch ohne Frauen?“, fragte ich erstaunt zurück. Die Frau war empört, sah meinen Mann vorwurfsvoll an: „Wie kannst du nur!“

Von ihm kam keine Reaktion, außer dem Schulterzucken und dem spöttischen Grinsen, das ich nur zu gut kannte. Auch wenn er mich jetzt noch gefragt hätte, ich wäre nicht mitgekommen. Das hatte er absichtlich getan, nur um mich zu demütigen. Es war ihm kein bisschen peinlich! Mir war zum Heulen zumute, aber auch daran hatte er seine helle Freude! Ich sagte ihm nur noch, er müsse selber sehen, wie er zurückkäme.

Nicht mehr gut genug?

Von da an brachte ich ihn nirgends mehr hin. Aber dadurch wurde alles nur noch schlimmer: Plötzlich verglich er mich mit den Bauersfrauen. Immer und immer wieder kam er mit der Bemerkung, wie schwer diese Frauen arbeiten müssten, und jedes Mal traf es mich wie ein Messerstich. Ich konnte es nicht mehr hören! Schließlich hatte ich Kerstins wegen meinen Bürojob aufgegeben. Ich erinnerte ihn, dass ich auch auf seinem Hof gearbeitet hätte.

Wie kann man nur so bösartig und gemein sein? Merkt er denn nicht, wie verletzend er sein kann? Will er mich vielleicht loshaben?

Nie hatte er gewollt, dass ich war wie alle die Bauersfrauen. Das hatte er immer verabscheut, und doch verlangte er es von mir. Ich hatte immer gearbeitet. Nie war mir etwas zu viel gewesen. Und jetzt war es auf einmal nicht mehr genug.

… Geld …

Wieso nur? Ist ihm seine Familie nichts mehr wert?

Eine intakte Familie kann Berge versetzen. Eine gute Familie zu haben und sie zu lieben, das musste einem doch Erfüllung geben.

Hätte er mehr auf seine Familie geachtet, wäre er dadurch nicht ärmer geworden. Im Gegenteil, er hätte noch etwas gewinnen können: die Erfahrung, dass eine Familie hinter ihm steht, die ihm ein tief zufriedenes Lächeln geschenkt hätte.

Wusste er überhaupt, was Liebe war? Seine Gier hatte ihn selbst aufgefressen.

Warum auch immer, aber mir kam das Vergehen meines Stiefbruders wieder in den Sinn. Auch einer von den Männern, die Ekel, Hass und Ablehnung in einem hinterlassen. Meine Idealvorstellung von einem Mann war jetzt endgültig zerstört. Ich konnte nicht mehr lieben.

Was bin ich für meinen Mann? Eine Putzfrau, eine Frau, die seine Kinder erzieht, eine Köchin, damit alle etwas zum Essen haben, eine Waschfrau, damit jeder seine saubere Wäsche hat?

Ich solle meine Arbeit tun und alles andere hätte mich nicht zu interessieren. Das waren seine Worte. Ich war eine Sklavin, schuftete ohne Lohn. Nicht einmal den Lohn der Anerkennung dafür, dass ich Mutter, Hausfrau, Ehefrau war – nichts! Nichts als Ablehnung bekam ich.

Die Kinder hatten ansatzweise schon die gleiche Einstellung. Danke, Stiefmutter! Immer wieder war sie mir in den Rücken gefallen, hatte nicht nach meinen Vorstellungen gehandelt. Ich war frustriert.

Ich war eifersüchtig auf meinen Sohn und auf meine jüngste Tochter. Wenn es meinem Mann gerade in den Kram passte, kümmerte er sich um die beiden, konnte mit ihnen kuscheln und lachen und war stolz auf sie. An der Ältesten zeigte er kein Interesse, die kommandierte er nur herum, genau wie mich. Vielleicht hatte ich sie deswegen mehr gemocht, weil sie vom Vater abgelehnt wurde. Diese Ungerechtigkeit konnte ich kaum ertragen.

So schön es für die beiden jüngeren Kinder war, wenn er mit ihnen im Bett herumtollte, so wenig beachtete er mich. Als wäre ich überhaupt nicht da! Ich war für ihn sogar noch weniger als Luft – die kann man wenigstens noch einatmen. Ich konnte nicht verstehen, wie man so kalt sein konnte. Es war unfassbar. Diese Ungerechtigkeit war wirklich unerträglich!

Doch ändern konnte ich nichts daran.

Ich versuchte mich hübsch zu machen in der Hoffnung, er würde mich vielleicht bemerken. Mit allen Mitteln kämpfte ich um seine Aufmerksamkeit. Wenn ich sie wieder einmal errungen hatte, hielt das leider immer nur für kurze Zeit an.

Doch wozu dieser Aufwand? Was ist das für eine Liebe, die nur auf die Schönheit sieht? Und wenn die Schönheit nachlässt?

Diese Fragen bewegten mich. Ich war es leid, mich immer anstrengen zu müssen, um gesehen und geliebt zu werden. Ich probierte alles aus, nur um diese Ehe zu retten, aber das war eine Illusion: Meinem Mann war und blieb ich gleichgültig! Ich merkte, wie er sich immer mehr veränderte und das Interesse an mir verlor.

So schwer es mir auch fiel, ich ließ es zu, wenn er wollte, dass ich ihm „die eheliche Pflicht“ leistete. Immerhin war ich ja noch mit ihm verheiratet und so konnte ich ihn wenigstens etwas milder stimmen. Aber man kann sich nicht vorstellen, wie ich mich dabei fühlte: Ein Abfalleimer ist nichts dagegen! Man fühlt sich benutzt und schmutzig. Und bei jedem sexuellen Kontakt hatte ich Angst, nochmals schwanger zu werden, zumal ich sehr leicht empfing. Obwohl ich sie nicht gut vertrug, nahm ich sicherheitshalber wieder die Pille. Alles war besser, als noch ein Kind von diesem Mann. Das wäre ein Albtraum gewesen.

Jetzt musste Schluss sein! Ich hatte wirklich keine Lust, in so einem Chaos ein weiteres Kind großzuziehen, harmonische Familien gab es wohl nur im Traum. So entschloss ich mich zur Sterilisation.

Aber nicht ohne seine Zustimmung, ohne die hätte ich diesen Eingriff nicht vornehmen lassen wollen. Ich legte mir die Argumente zurecht, dass mir auch der Frauenarzt dazu geraten habe, weil mein Körper keine weitere Schwangerschaft mehr aushalten könne, und dass der Arzt mir nicht mehr garantieren könne, dass mein Körper diesen Belastungen noch gewachsen sei. Vorsichtig trug ich ihm mein Anliegen vor, und er stimmte zu. Einfach so. Ich war erleichtert!

Wo sollte ich es machen lassen? Darüber diskutierten wir ausführlich. Wir konnten wirklich richtig darüber reden wie zwei ganz normale Menschen. Wenn wir einer Meinung waren, hätte keiner vermutet, dass wir so massive Probleme miteinander hatten. Kein weiteres Kind, damit war er nur zu schnell einverstanden. Er wäre sogar bereit gewesen, sich selber sterilisieren zu lassen. Aber das war jetzt ja hinfällig geworden.

Der Eingriff wurde durchgeführt. Und ich schmiedete wieder Pläne, wie und wann ich meinen Mann verlassen könnte.

Ein paar Jahre musste ich noch aushalten, bis die Kinder in einem Alter wären, wo ich wieder arbeiten, auf eigenen Füßen stehen konnte. Eigentlich traurig, dass ich mir solche Gedanken machen musste. Mein heimlicher Plan war doch nicht wirklich in Ordnung. Ich hätte es so gerne anders gehabt, aber mein Mann war nicht in der Lage, etwas für unsere Ehe zu tun. Schade! So ein klein wenig Zuneigung musste er doch noch haben! Hinderte ihn sein Stolz? Ich weiß es nicht.

Er war so hartherzig geworden. Wir hatten uns auseinandergelebt.

Dass er jetzt mehr Geld verdiente, machte uns nicht glücklicher. Im Gegenteil: Es trennte uns noch mehr. Sein dank deutschem Steuerrecht weitaus höherer Lohn erleichterte es ihm nur, sich noch mehr zu entfernen und öfter auszugehen.

Geld macht nicht glücklich. Das bestätigte sich auch bei mir.

Kapitel 20

Wozu lebe ich eigentlich?

Ich war in einem Zustand der Verzweiflung und Hilflosigkeit. Ich sah in meinem Leben keinerlei Sinn mehr. Ich hatte keinen Lebensmut mehr. Die Freude war mir ganz abhandengekommen.

Keine Hoffnung mehr.

Was sollen mir die Kinder, wenn ich in Wirklichkeit keinen Ehemann habe?

Wo bleibt für die Kinder der Vater, wenn ihm Freunde, Festzelte, sein Vergnügen wichtiger sind als die Familie?

Was ist das für ein Ehemann, der keine Rücksicht auf einen nimmt, der nur auf seinen eigenen Vorteil aus ist?

Ein Ehemann, der einen ablehnt, vielleicht sogar noch hasst?

Wozu die ganze Mühe im Haus und mit all dem, dem ich hinterherjage?

Warum noch hier sein, wo doch keine Liebe ist?

Wozu das alles?

Nichts hatte mehr Bedeutung für mich.

Nichts war mir irgendwie noch wichtig. Ich war wie ausgebrannt. Ich war höchst unzufrieden mit meinem Leben, mit dem, was ich daraus machte und wie ich mein Leben selber zerstörte. Ich musste mit ansehen, wie alles den Bach runterging, wie alles zerbrach! Es fühlte sich an, als stünde ich neben dem Leben, als wäre ich gar nicht da. Als würde man einen gar nicht sehen. Unsichtbar, unscheinbar, unwichtig.

Habe ich denn alles falsch gemacht?

Nichts hatte mehr einen Sinn. Mein Leben dümpelte nur noch vor sich hin. Als kämpfte ich gegen eine Mauer an, die ich nie durchbrech'en können würde.

Alles fühlte sich so weit weg an.

Wozu lebe ich eigentlich?

Zwar hatte ich drei wundervolle Kinder, sie waren gesund, folgsam und die beiden Großen waren einigermaßen gut erzogen, Kerstin war ja noch sehr klein. Ich liebte dieses kleine Kind, schon bevor es das Licht der Welt erblickte, und erst recht, als sie da war. Wie schön sie war, und ihre sonnige Art! Aber meine Seele war gespalten, ich hatte ein gebrochenes Herz. Die Kraft war einfach weg. So befriedigte es mich nicht mehr, dass ich nur die Kinder haben sollte und sonst nichts. Es hatte nie jemanden interessiert, dass ich für die Familie da war – als würde es gar nicht zählen, Hausfrau und Mutter zu sein.

Ich war kraftlos und deprimiert. Ich hatte den Kampf aufgegeben und wollte nicht mehr. Aber keiner erkannte meine Not. Und wenn sie gesehen wurde, interessierte es keinen, im Gegenteil: Wenn es mir schlecht ging, kam Schadenfreude auf. Eigentlich konnte ja auch keiner wirklich helfen.

Ich gebe es zu: Ich war neidisch und eifersüchtig auf harmonische, gut funktionierende Familien. Das wollte ich auch immer haben, aber ich bekam es nicht. Finanziell waren wir zwar gut versorgt; doch was nützte es mir, wenn ich allein war und es mit keinem teilen konnte, wenn in unserer Ehe, in unserer Familie keine Liebe wohnte.

Was wir sonst zum Leben brauchten, hatte immer ausgereicht und ich war damit auch zufrieden. Ich hatte zwar nie zu viel Geld gehabt, aber wir hatten auch keinen Mangel. Und doch fehlte etwas! Ich suchte und suchte. Was war für mich das Richtige? Ich suchte etwas, wusste aber nicht, was es war. Und ich fand es nicht. Es musste doch noch etwas anderes geben als diese ständigen Quälereien.

Ich war sicher: Es musste doch einen Grund geben für all das. Doch im Moment fand ich es nicht heraus.

Wo sind für mich die Liebe, die Geborgenheit und das Zuhause, wo ich hingehöre?

Das Haus war voller Menschen und doch war ich einsam. Ich hatte ein gebrochenes Herz, weil keiner mich mochte.

Wo ist mein Zuhause, das Gefühl, angekommen zu sein?

Ich hatte keinen Grund mehr, an dieser Ehe festzuhalten.

Was für einen Sinn hat es noch, Kinder zu haben?

Was für einen Sinn hat es eigentlich, verheiratet zu sein?

Was ist das nur für ein Mann, dass er so mit mir umgehen kann?

Gibt es das eigentlich, „ganz normale" Ehen?

Diese Ideale waren meilenweit entfernt und ich glaubte nicht mehr daran. Für mich war das alles undenkbar. Ich sah alles nur noch grau in grau.

Hat es für mich überhaupt noch einen Sinn, so ein Leben zu führen?

Hat es noch Sinn, weiter in dieser Ehe zu leben?

Ich fühlte mich wie eine Gefangene. Ich war zwar versorgt, fand aber nicht die Geborgenheit, nach der ich mich so sehnte, die ich brauchte und nach der ich suchte. Es hatte keinen Zweck. Für mich schien es keinen Ausweg zu geben. Ich war gefangen in einer verzweifelten Ehe ohne Liebe, gefangen in dem Eheversprechen vor Gott, „bis dass der Tod uns scheidet". Dieser Gedanke war für mich wie ein Albtraum und wie ein Strick um den Hals. „In guten wie in schlechten Tagen“ – ich hatte ja keine Ahnung gehabt, dass fast nur schlechte Zeiten auf mich zukommen würden! Es war Leben ohne Hoffnung und ohne den Glauben, dass es irgendwann besser werden würde. Schon morgens beim Aufwachen fühlte sich das Herz so schwer an wie ein Stein. Von früh bis spät, bis es wieder zu Bett ging, standen mir die Tränen in den Augen.

Ich hatte nur noch eine einzige Hoffnung: meine Krankheit. Die Epilepsie. Froh sein über eine Krankheit? Der Gedanke selbst ist schon krank. Aber vielleicht konnte ich daran früher sterben. Die Anfälle setzten meinem Herzen ziemlich zu und meine Gedanken kreisten ums Sterben: Wie könnte ich selber von dieser Welt gehen? Alle Möglichkeiten stellte ich mir vor, doch ich war zu feige dazu.

Vielleicht werde ich gar nicht so alt? Oh, wäre das schön!

Man kann manchmal lange warten, bis man stirbt, gerade dann, wenn man darauf wartet. Doch schon bald holte mich die Realität wieder ein: die Kinder! ***Was mache ich mit den Kindern?***

Sie waren mir wichtig; ich wollte sie gut versorgt wissen. Deshalb hatte ich bei den ersten beiden Kindern Paten ausgesucht, die ihnen in finanzieller Hinsicht etwas bieten konnten. Dann erkannte ich, dass das nicht gut war, und suchte für das dritte Kind Paten, bei denen es notfalls eine Versorgung mit viel Liebe finden könnte.

Meine Seele konnte dieses Leben nicht mehr ertragen. Die Kinder waren mir zur Last geworden: Sie waren der Grund, warum ich meinen Mann nicht verlassen konnte.

Wohin mit drei Kindern?

Wie kann ich das alles bewältigen?

Wie soll ich sie denn versorgen?

Wem könnte ich sie überlassen?

Zu Stiefmutter konnte ich die Kinder nicht bringen, das war vorbei. Sie machte mir nur das Leben schwer und sie wusste immer alles besser, auch wenn sie im Unrecht war. Das nervte mich, und es hintertrieb meine Kindererziehung. Die Paten?

Bei den großen Kindern hatte ich sowieso das Gefühl, dass ich ihnen unwichtig war. Die große Tochter ließ sich von Stiefmutter einwickeln. Bei ihr hatte sie immer alles bekommen, was sie sich wünschte und was ich ihr nicht geben konnte. Silvia stand immer auf Stiefmutters Seite, auch wenn die noch so unrecht hatte. Ich konnte recht haben und anstellen, was ich wollte, meine beiden älteren Kinder hielten nicht zu mir. Der Sohn war ganz auf seinen Vater fixiert; der konnte sich noch so danebenbenehmen, er hielt immer zu ihm.

Zum Davonlaufen!

Ich schämte mich über meine negativen Gedanken, aber sie waren nun mal da. Sie waren Realität. ***Wie soll ich allein gegen diese Ungerechtigkeit angehen?*** Es war wie ein Fass ohne Boden! In meinem Umfeld war es kein Segen, Kinder zu haben.

Doch waren sie da und eigentlich waren sie mein einziger Halt, der einzige Grund, weiterzumachen. Sie waren Sinn und Inhalt meines Lebens. Schließlich war ich ihre Mutter und trug die Verantwortung für sie! So gut ich nur konnte, versuchte ich von ganzem Herzen, ihnen wenigstens das bisschen Liebe zu geben, das ich noch hatte.

Aber das war nicht mehr viel. Ich hatte kaum noch Kraft, kaum noch Reserven. Immer wieder reagierte ich aggressiv, manchmal auch ungerecht. Dann gab ich meine Fehler offen zu und entschuldigte mich bei ihnen und versuchte, es wiedergutzumachen. Das war mir wichtig! Die Kinder sollten lernen, wenn sie einen Fehler gemacht hatten, wie man richtig damit umgeht: die Fehler erst eingestehen und dann wiedergutmachen. Ich setzte bei ihnen auf Vertrauen und Liebe.

Leider verstanden sie das nicht wirklich; offensichtlich waren meine beiden Gegner, die gegen mich arbeiteten, stärker als ich. Meine Gegner, das waren mein Ehemann und meine Stiefmutter, so traurig es auch klingen mag – zwei Personen, denen man eigentlich vertrauen können sollte.

Wie sehr hätte ich meinen Mann gebraucht, als Ehemann und als Vater meiner Kinder. Aber er zeigte keinerlei Verantwortungsbereitschaft, null Interesse für die Familie. Immer wieder hatte er uns vergessen und versetzt. Das Wichtigste waren für ihn Freunde und Kneipentouren, danach kam lange nichts mehr. Als ich ihn kennenlernte und bis zur Hochzeit war er nett zu mir. Zwar war er nicht meine große Liebe, aber ich mochte ihn. Er wollte alles mit mir gemeinsam tun und eine Familie gründen.

Wo ist nun dieser Mann, den ich geheiratet habe? Kaum waren wir verheiratet, nach kürzester Zeit waren ***alle Vorsätze verschwunden?*** Ich verstand es nicht und wollte es auch nicht verstehen.

Alles nur eine Illusion oder was? Ich war auf einen Mann hereingefallen, der gar nicht der war, als den er sich ausgab.

Was hat das alles für einen Sinn?

Ich weigerte mich, alleinerziehende Mutter zu sein. Dafür hätte ich nicht zu heiraten brauchen! Ich wollte doch nicht nur irgendwie versorgt sein – ich wollte meine eigene Familie haben und ein Familienleben, wie ich es von zu Hause her gekannt hatte.

Oft war ich in solch einem Zustand, dass ich nur noch schreien wollte. Manchmal war ich so geladen, dass ich am liebsten auf meinen Mann eingeschlagen hätte. Nun, ich kannte meine Grenzen, aber meine Gefühle und Gedanken fuhren Achterbahn. Oft dachte ich an Selbstmord.

Ich hatte nur noch ein Ziel: Die Kinder sollten gut erzogen sein. Mir war wichtig, dass sie anderen gegenüber rücksichtsvoll waren und dass sie gute Umgangsformen hatten sowie Ehrlichkeit, Hilfsbereitschaft und Respekt vor Erwachsenen zeigten. Sie sollten selbstständig durchs Leben kommen, falls mit mir etwas passieren würde. Diesen Gedanken hatte ich häufig, weil meine eigene Mutter schon sehr früh gestorben war. Vielleicht war ihnen ja ein ähnliches Schicksal beschieden wie mir.

Und noch etwas war mir wichtig – sie sollten wissen, dass das Wichtigste die Liebe ist. Sie sollten wissen: Liebe ist stärker, mit Liebe kann man alles schaffen.

Das waren meine Erziehungsziele, das versuchte ich meinen Kindern beizubringen. Alles Ideale, die zu einem guten Menschen gehören! Mein Mann hatte am Anfang unserer Ehe die gleichen Ideale, und die wollte ich mit ihm zusammen unseren Kindern gegenüber praktizieren.

Warum hat er sich so verändert und arbeitet jetzt gegen genau diese Ideale, die ihm früher wichtig waren? Warum?

Wieso reicht er seine Ablehnung gegen mich an seine Kinder weiter? Einmal sagte er zu seinem Sohn, er müsse mir nicht helfen. *Wie kann er seinem Sohn so etwas sagen?*

Wie kann er seinem Sohn beibringen, seiner Mutter gegenüber respektlos zu sein?

Gegen meinen Mann und meine Stiefmutter kam ich nicht an, die beiden taten ja im Prinzip dasselbe. Bei der jüngsten Tochter hatten sie keine Chance mehr, die hielt ich so gut wie möglich von den beiden fern. Sie war noch zu klein und ich brachte sie lieber zu anderen Leuten als zu meiner Stiefmutter.

Mit einem Mann und einer Stiefmutter, die nicht zu mir standen, war es schwierig, mein Leben hinzubekommen.

Warum machte ich dennoch weiter? Weil ich meine Kinder liebte. Weil ich an ihnen eine große Aufgabe zu erfüllen hatte, weil ich ihnen gegenüber Verantwortung trug.

Ich liebte meine Kinder, und nur darum konnte ich immer wieder neuen Mut fassen und weitermachen, nur deshalb gab ich trotz allem nicht auf.

Wie eine Löwin kämpfte ich für meine Ideale.

Teil III

Die Chance

meines Lebens:

Ein neuer Mensch

Kapitel 21

Warum eigentlich nicht?

Ich musste ins Krankenhaus, es musste ja nicht die Epilepsie sein. Auch das war eine willkommene Gelegenheit, einmal rauszukommen! Ich war erleichtert. Angst vor der Operation hatte ich keine – mir war alles egal, auch wenn ich wie damals meine Mutter nicht mehr aufgewacht wäre. Sie hatte es ja gut.

Alles verlief bestens und ich kam wieder aufs Zimmer. Aber was war nur mit mir los? Ich war so nervös und wechselte immerfort mein Nachthemd. Warum eigentlich? Ich hatte mich doch nicht schmutzig gemacht!? Irgendetwas trieb mich und machte mich unruhig.

Meine Zimmergenossin begrüßte mich kurz und dann ignorierte sie mich. Vielleicht war sie ja schwerkrank und hatte große Schmerzen. „Mal sehen“, dachte ich, wartete ab und verhielt mich ruhig. Ich las, aber meine Lektüre befriedigte mich nicht wirklich. Sie las auch.

Am nächsten Tag versuchte ich erneut, sie anzusprechen. Vielleicht war sie ja heute etwas gesprächiger. Aber wieder nichts! Beim dritten Anlauf versuchte ich es mit Fragen, nach ihrem Namen und woher sie käme. Darauf gab sie mir eine kurze Antwort, aber das war's auch schon.

Immerfort las sie in ihrem Buch. Deutlich, fast arrogant gab sie mir zu verstehen, dass sie in Ruhe gelassen werden wolle. Dann drehte sie sich um und las wieder in ihrem Buch. Aus ihrer Stimme konnte ich deutlich heraushören, wie ich sie nervte. Ich konnte sie eigentlich nicht leiden – wie sie so neben mir lag, mit ihrem Selbstmitleid. So etwas Unhöfliches trifft man nicht alle Tage, und ausgerechnet bei mir lag eine dermaßen wortkarge Frau. Wo ich mich doch so gerne unterhalte!

Ich hatte Langeweile, also ließ ich nicht locker und sprach sie wieder an. Auch wenn sie sich dagegen wehrte und nicht mit mir reden wollte! Es war nicht einfach, denn schon wieder las sie in ihrem Buch. Gute Idee, vielleicht sprang sie ja darauf an. Ich nahm meinen Mut zusammen und fragte: „Was lesen Sie da?"

Schnippisch antwortete sie: „Die Bibel!" Oho, das hätte ich nicht erwartet. Welche Überraschung! Ich erklärte ihr, ich hätte noch nie eine Bibel in der Hand gehalten. „Darf ich?" Sie schaute mich an. Jetzt hält sie mich für ganz verrückt, dachte ich. Aber eigentlich war es mir egal, was diese Frau von mir hielt. Von der ließ ich mich nicht einschüchtern, auch wenn sie mich noch so abschätzig anschaute.

Sie zögerte etwas, aber dann reichte sie mir ihre Bibel. Ich freute mich wie ein Kind! So ein „heiliges Buch" in der Hand zu halten, das war für mich ein besonderer Augenblick. Ich hatte immer gedacht, eine Bibel, das hat doch nur der Pfarrer in der Kirche. Ich hatte mich nie wirklich damit befasst. Kirche und Religion, das war bisher für mich immer etwas Langweiliges gewesen, zum Einschlafen sozusagen: Rituale und leere Worte, die keiner verstand.

Den Religionsunterricht hatte ich eigentlich nur abgesessen. Da ging es zwar um den Glauben und was Gott alles tat, aber es hatte nichts mit mir zu tun. Es ging mir hier rein und da raus. Ich war katholisch, wuchs aber in einer evangelischen Gegend auf und mein Kommunionunterricht hatte nur vier Wochen gedauert. Über die Bibel und den Glauben wurde nicht viel gesprochen, weder zu Hause noch im Dorf.

Unter Glauben konnte ich mir nie wirklich etwas vorstellen, hatte mich auch nie groß darum gekümmert. Ich sah ja, wie die Leute zur Kirchentür herauskamen. Nicht so, als hätte die Predigt sie begeistert – eher als wären sie froh, endlich die Kirche wieder zu verlassen. Das gefiel mir nicht. Das war mir zu wenig.

An Weihnachten und Ostern kamen ja immer Bibelfilme im Fernsehen. Die ließ ich mir nicht entgehen, jedes Jahr sah ich sie mit Begeisterung. Sie lösten in mir immer eine tiefe Sehnsucht nach Gott aus. Auch alle Filme, in denen Nonnen eine Rolle spielten, hatte ich regelrecht verschlungen. Ich dachte sogar daran, einmal selbst Nonne zu werden. Aber Gott? Der war so weit weg, unerreichbar weit weg. ***Würde er mich überhaupt haben wollen?*** Ja, die Menschen früher, die aus den Bibelfilmen, bei denen war Gott. ***Aber ich?***

Wir hatten sogar einen Pater in der Familie, also einen Mönch, der Priester war. Er war Stiefmutters Schwager aus ihrer ersten Ehe und kam mehrmals im Jahr zu Besuch. Aber auch der konnte mir nichts vom Glauben vermitteln, das mich berührt hätte. Ich fragte ihn so manches: ***Was ist eigentlich Glaube und was bedeutet „Glaube"? Wie glaubt man eigentlich, wozu und warum?***

Aber statt Antworten kamen von ihm nur leere Worte, die irgendwo verhallten. Nein, was die Kirche predigte, das reichte mir nicht aus. Gott konnte ich mir nicht vorstellen, oder dass ich mich ihm irgendwie nähern konnte.

Und jetzt lag neben mir eine Frau, die ich nicht einmal leiden konnte, und sie gab mir sogar ihre Bibel in die Hand! Es bedeutete mir sehr viel, einmal die Bibel in der Hand zu halten. Und plötzlich war die Frau wie ausgewechselt. Auf einmal war sie nett und sie konnte reden. Was sie mir sagte, das beeindruckte mich und gab mir Denkanstöße.

Sie erzählte mir von Jesus, und das so lebendig, dass ich neugierig wurde und mehr darüber erfahren wollte!

Sie erzählte einiges über die Bibel und von einem lebendigen Glauben. Und das Allerbeste: Sie erzählte es so, dass ich es verstand. Es berührte mich! Beim Zuhören erwachte in mir wieder die Sehnsucht, Gott ganz nahe zu sein. Das war immer schon mein Wunsch gewesen.

Wie kann ich ihn kennenlernen? Wie soll ich zu Gott finden?

Sie sagte mir, in der Bibel würde beschrieben, was Jesus Christus getan hat und jetzt noch tut. Jesus sei nach wie vor für uns Menschen zugänglich, und man solle sein Leben in seine Hände geben. Das leuchtete mir ein. Das gefiel mir, dass Jesus erreichbar ist und dass man ihm sein Leben geben kann. ***Aber wie macht man das?***

Das sei nicht schwer, sagte sie. Wichtig wäre, dass man es wirklich von Herzen möchte. Beten sei nichts anderes, als mit Gott zu reden. Es brauche nur ein einziges Gebet, um Jesus in sein Leben hineinzulassen.

Reden mit Gott, einfach so? Und das hört er wirklich?

Ich? Wo ich doch so viel falsch gemacht und nie wirklich gebetet habe?

Das Tischgebet und das Gutenachtgebet habe ich doch nur aus Gewohnheit gesprochen, auch wenn es mir schon wichtig war. Aber jetzt auf einmal sollte Gott mir wirklich zuhören wollen?

Ich konnte es mir nicht vorstellen. Ich war sehr unzufrieden mit mir. Ich sah in meinem Leben keinen Sinn mehr.

Was ich auch machte – ich hatte versagt! Ich suchte und suchte und suchte, aber ich drehte mich nur im Kreis und kam nie ans Ziel. Ich wollte lieber tot sein als leben! Ich war so leer. Wie sich das anfühlt, kann man mit Worten nicht beschreiben. So ähnlich muss es sich anfühlen, wenn man unter Drogen steht und keinen klaren Gedanken mehr fassen kann.

Und nun erzählte mir diese fremde Frau mit einfachen Worten von diesem Jesus: wie Jesus einen liebe und dass er sein Blut für uns vergossen habe, für unsere Rettung. Und dass Gott noch der gleiche Gott sei wie vor zweitausend Jahren.

Jesus sei auch für meine Sünden gestorben und würde mir vergeben, wenn ich meine Vergehungen bei ihm bereinigen würde. Sie sprach von Buße und Umkehr. Das kannte ich von der Beichte in der Kirche. Doch meinte sie, dass man seine Fehler von Herzen bereuen und dass man sie vor Gott bekennen müsse.

Wenn man bete, müsse man es ernst meinen, so stehe es in der Bibel, in Jakobus 5,16: „Das Gebet des Gerechten vermag viel, wenn es ernstlich ist", also wenn es ernst gemeint sei. Und man müsse glauben, was man betet, sonst sei jedes Gebet sinnlos.

Die Frau sagte weiter: „Wenn man sich zu Gott wendet und ihn bittet, dass Jesus ganz in mein Leben kommt, schlägt er diese Bitte nicht ab. Denn Gott ist Liebe, und Jesus hat gesagt: ‚Niemand, der zu mir kommt, wird von mir abgewiesen.' Das steht in Johannes 6,37 (GNB). Und in Matthäus 7,7–8 steht: ‚Bittet, so wird euch gegeben; suchet, so werdet ihr finden; klopfet an, so wird euch aufgetan. Denn wer da bittet, der empfängt; und wer da sucht, der findet; und wer da anklopft, dem wird aufgetan.' Man muss glauben, was Jesus für uns alle getan hat." Das leuchtete mir ein. Was nützt es schon, den Mund aufzumachen, wenn kein Glaube dahinter ist?

Was die alles aus der Bibel wusste! Die Frau kannte sich echt aus. Ich hatte nicht gewusst, dass das alles tatsächlich in der Bibel stand.

Ja, das hörte sich alles gut und verständlich an, und doch hatte ich noch meine Zweifel. Innerlich dachte ich: Ich bin doch von Grund auf schlecht und Gott will sicher nichts von mir wissen. Aber ich hörte ihr weiter geduldig zu.

Sie sagte, man müsse sich entscheiden, sein Leben an Jesus herzugeben. Damit hätte er aber die volle Erlaubnis, in meinem Leben zu wirken. Dann las sie mir wieder etwas vor, 1. Johannes 4,16: „Gott ist Liebe; und wer in der Liebe bleibt, der bleibt in Gott und Gott in ihm." Es sei wichtig, sich von ganzem Herzen für Jesus zu entscheiden. Denn dann sei er in einem drin.

Ich hörte mir alles in Ruhe an und schwieg dazu. Sie drehte sich wieder um und las weiter in ihrer Bibel – und ich dachte über das nach, was sie gesagt hatte. Je mehr ich nachdachte, umso klarer wurde es mir.

Habe ich je nach Gott gefragt?

Ich kannte die Zehn Gebote aus dem Religionsunterricht. ***Habe ich je versucht, sie zu halten?***

Ich brauchte mich gar nicht zu wundern, warum Gott das viele Leid zulässt und dass mein Leben aus dem Ruder lief. ***Wieso sollte er es denn nicht zulassen, das viele Leid und all die Not? Wer interessiert sich denn heute noch für Gott?***

Auch ich gehörte zu denen, die sich nicht für ihn interessierten und nicht zu ihm gingen. Häufig hatte auch ich die Gläubigen verlacht, sie nicht für voll genommen.

Doch ich wusste: Was diese Frau sagt, das ist die Wahrheit! Ich konnte mir zwar kaum vorstellen, dass Jesus wirklich für mich da ist. Aber ich wollte schon immer Gott kennenlernen. Einen Gott, der für mich da ist, den hatte ich mir immer gewünscht. Was sie mir erzählt hatte, das war alles klar und verständlich. Eigentlich konnte ich es ja versuchen, ich hatte doch nichts zu verlieren. Es war mir sowieso alles egal. Aber wenn ich es nicht ausprobierte, würde ich diesen Gott vielleicht nie kennenlernen können.

Also, warum eigentlich nicht?

Ich wollte, dass dieser Jesus in mein Leben kommt, dass er mir hilft, dass er mit mir zusammen mein Leben aufräumt.

Ich wollte diesen Jesus erleben, mit ihm leben, ihn verstehen und in mir spüren, obwohl ich mir nicht wirklich vorstellen konnte, dass Gott mich liebt. Und doch wollte ich es mir vorstellen können. Der Gedanke war zu verlockend!

Ich nahm mir fest vor, es wirklich ernsthaft zu wollen, und ich wollte es versuchen. Wenn ich es nicht ausprobieren würde, könnte ich diese Beziehung zu Jesus nie erleben! Ich wollte nicht ohne Glauben beten wie bisher und alles nur herunterplappern, wie ich es in der Kirche getan hatte. So konnte ich Gott nie wirklich kennenlernen, das sah ich schon ein.

Beten ohne Gauben ist wie „nichts". Das war mir jetzt klar. Eigentlich hätte ich es ja wissen müssen. Aber ich hatte keine Ahnung und kannte auch die Bibel nicht, deshalb hatte ich vom Glauben bis dahin auch nichts wissen wollen. Darin unterschied ich mich nicht von den anderen Menschen um mich herum. Die wenigsten Menschen fragen nach der echten, der wahren Wahrheit.

Und die Allerwenigsten machen sich die Mühe, selber danach in der Bibel zu suchen. Es könnte ja sein, dass man dabei entdeckt, dass man Gottes Gebote wirklich nicht einhalten kann! Selbst wenn man meint, man führe ein gutes Leben und Gott müsse doch mit einem zufrieden sein, entdeckt man in der Bibel, dass es doch nicht reicht.

Mir war klar, _dass die Zehn Gebote einen Sinn haben_. In Deutschland kennt sie fast jeder. Gott hat sie uns zu unserem Schutz gegeben.

Gesetze und Gebote müssen sein, um die Ordnung aufrechtzuerhalten. Seltsam, dass man die Landesgesetze im Allgemeinen respektiert, von Gottes Geboten aber nichts wissen will. Man meint, sie wären unbequem, aber sie sind eigentlich als Schutz gedacht, damit „das Miteinander“ besser gelingt.

„Ich lege alles in Deine Hände“

Ja, das wollte ich, mein Leben und meine Hoffnung in Gottes Hände legen. Meine Hoffnung war dabei, dass Jesus alles in meinem Leben wieder lebenswert macht und mir einen Sinn gibt. Also entschied ich mich noch in derselben Nacht – meine Bettnachbarin schlief schon – und bat Jesus, in mein Leben zu kommen.

Mit ganz einfachen Worten redete ich zu Jesus. Wie es mir die Frau gesagt hatte, wie es in der Bibel steht: „Bittet, so wird euch gegeben; suchet, so werdet ihr finden; klopfet an, so wird euch aufgetan“ – so bat ich Gott und klopfte im Gebet bei ihm an. Denn so stand es in der Bibel und das war ja wohl die Wahrheit. Gott lügt doch nicht.

Herr Jesus!

Heute habe ich vieles über dich gehört. Ich konnte mir nicht vorstellen, dass du für mich da bist. Ich will es glauben, doch hilf mir zu glauben, zu verstehen, die Gebote zu halten, ein Leben mit dir zu leben.

Komm in mein Leben. Vergib mir alle meine Schuld. Ich habe so viel angestellt und Menschen verletzt. Es ist so viel, dass ich gar nicht mehr weiß, was ich alles angestellt habe.

*Doch bitte vergib mir und bitte, komm und nimm Teil an meinem Leben. Übernimm du die Kontrolle über mich, über alles, was ich habe, was ich bin und wohin ich gehe.
Ich weiß nicht mehr ein noch aus.*

Danke, dass ich jetzt zu dir kommen darf. Zeige mir, dass du lebst. Zeige mir, dass du mich liebst. Zeige mir, dass du bei mir bist.

Und ich bitte dich: Lass mich nie wieder los und hilf mir, und falls ich irgendwie wieder auf Abwege kommen sollte, hole mich wieder zurück zu dir. Gib mich nie auf. Ich brauche dich.

Lehre mich. Lehre mich zu beten. Lehre mich, dich zu verstehen. Lehre mich, ein guter Mensch zu sein.

Ich glaube an den Vater im Himmel, an Jesus Christus,
Gottes Sohn, und an den Heiligen Geist.
Ich glaube, dass du, Jesus Christus, dein Leben für mich hingegeben hast.
Ich glaube, dass du, Jesus Christus, dein Blut für mich vergossen hast.
Ich glaube, dass du, Jesus Christus, mein Fürsprecher und Mittler bist.

Ich lege alles in deine Hände, auf deinen Altar.

Ich danke dir, dem dreieinigen Gott, dem Vater, dem Sohn und dem Heiligen Geist. Amen.

Nach diesem Gebet fühlte ich mich richtig gut und erleichtert! Ich dachte: Jetzt wird alles wieder gut und mein Leben bekommt einen Sinn. Schon allein die Tatsache, dass ich in Zukunft für Gott leben würde, gab mir Kraft und Hoffnung. Wie das Leben mit Jesus aussehen würde, das konnte ich mir nicht vorstellen. Doch ich wusste und spürte: Es war richtig. Ich wusste genau: Jesus war in mein Leben gekommen und ab jetzt war er da. Was ich eigentlich in der Kirche erwartet hätte, hatte ich jetzt im Krankenhaus gefunden und zwar durch eine wildfremde Frau. Gott sei Dank! Ich freute mich so!

Gleich am anderen Morgen erzählte ich ihr, ich hätte „diesen Schritt" getan. Sie war sichtlich erstaunt, fast sprachlos – und es war ihr auf einmal peinlich, dass sie mich so zurückgewiesen hatte. Damit hatte sie nicht gerechnet, dass ich diese Entscheidung treffen würde! Wir freundeten uns an und tauschten unsere Adressen und Telefonnummern aus.

Und dann war ich wieder zu Hause. Da stand ich nun mit meiner Entscheidung für Jesus und fragte mich, wie es jetzt eigentlich weitergehen sollte. Ich hatte ja nie gelernt, wie man betet.

Wie merke ich, dass sich etwas verändert?

Was mache ich im Alltag mit dem, was ich jetzt weiß?

Ich hatte keine Ahnung. Mir war auch noch nicht bewusst, dass ich die Chance meines Lebens ergriffen hatte und ein neuer Mensch geworden war; das sollte mir erst im Lauf der Zeit so richtig klar werden.

Darum: Ist jemand in Christus, so ist er eine neue Kreatur, das Alte ist vergangen, siehe, es ist alles neu geworden! 2. Korinther 5 Vers 17

Es half alles nichts, ich hatte nur Ritas Adresse, vielleicht hatte sie eine Antwort darauf? Einige Zeit nach der Entlassung rief ich Rita an, und sie lud mich zu sich nach Hause ein. Bei Kaffee und Kuchen lernten wir uns näher kennen, und dann überreichte sie mir ein Geschenk.

„Für mich?“ Ich freute mich sehr, und als ich sah, was darin war, berührte es mich: Sie schenkte mir eine Bibel. Eine Bibel nur für mich allein!

Damit hatte ich nicht gerechnet, dass ich mit einem so besonderen Geschenk überrascht würde! Zu Hause fing ich gleich an, jeden Tag in dieser Bibel zu lesen, auch wenn ich nicht allzu viel verstand.

Also rief ich immer und immer wieder an mit den vielen Fragen, die ich hatte. Sie erklärte mir vieles, aber oft merkte ich auch, dass ich sie mit meinen Anrufen nervte. Gelegentlich überraschte ich sie sogar mit meinem Besuch.

Oft empfing sie mich total freundlich; wir genossen es und hatten gute Gespräche. Aber sie hatte auch eine dunkle Seite: Ritas Launenhaftigkeit machte es schwer, sie einzuschätzen, das fand ich wirklich schwierig, und nicht nur ich; ihre Launen machten auch meinen Kindern zu schaffen. Ich fragte mich immer wieder, wozu ich eigentlich immer noch zu ihr ging, aber irgendwie mochte sie auch. Und schließlich bedeutete Freundschaft ja nicht nur, die schönen Seiten gemeinsam zu genießen und sich zu mögen, sondern auch ihre Launenhaftigkeit zu ertragen und sie nicht gleich fallenzulassen.

Deshalb pflegte ich trotz allem die Beziehung zu ihr, auch wenn es manchmal schwierig war. Oft beteuerte sie unsere Freundschaft. Ich wollte ihr glauben, doch kamen mir manchmal auch Zweifel. Mir schien die Freundschaft ziemlich einseitig zu sein. Aber ich kannte sonst keinen Menschen, der mir etwas von Jesus erzählen konnte. Mit Rita konnte ich über Gott reden, sonst mit keinem.

Und ich war so hungrig, mehr von Gott zu erfahren! Also überhäufte ich sie weiterhin mit meinen Besuchen und Anrufen.

Manchmal dachte ich: Jetzt mach mal Pause und lass sie eine Weile in Ruhe; aber dann zog es mich doch wieder zu ihr. Wenn ich mich einmal längere Zeit nicht mehr gemeldet hatte, rief sie manchmal auch an. Daran konnte ich erkennen, dass Rita ebenfalls diesen Kontakt wollte. – Unsere Gespräche endeten nie ohne Gebet.

Ich mochte Rita und klammerte mich an sie, wollte nur zu gerne ihre Freundin sein, sie zur Freundin haben. *Aber ob sie das auch will?* Ich hatte sie nicht gefragt.

Hätte ich sie gefragt, ob sie meine Freundin werden wolle, und sie hätte mit Ja geantwortet, das wäre wie ein Bund gewesen. Damit wären wir eine gegenseitige Verpflichtung eingegangen.

Denn Freundschaft beruht auf Vertrauen und auf Gegenseitigkeit.

Gerne hätte ich mehr Gläubige kennengelernt, um mich auch mit ihnen austauschen zu können. Doch wie sollte ich solche Menschen kennenlernen? Gläubige, die sich ernsthaft Gedanken über Gott machten und wirklich nach seinen Geboten lebten? Leute, die auch Jesus in sich hatten?

Ich ging zu Menschen, die in die Kirche gingen, um bei ihnen Antworten zu bekommen. Aber wenn ich meine Fragen in Sachen Glauben auch nur vorsichtig anschnitt, stieß ich auf Zurückhaltung, ja auf Ablehnung. Sie schämten sich, über solche Dinge zu reden. ***Warum eigentlich?***

Das konnte ich nicht verstehen, und ich wollte es auch nicht. Doch fragte ich mich: ***Warum wollen sie den Herrn nicht wirklich kennenlernen?*** Ich meine, dies ist nur möglich durch das Gebet.

Es reicht nicht aus, nur in die Kirche zu gehen, schon gar nicht, wenn man widerwillig, ungern geht.

Es reicht auch nicht aus, nur in der Bibel zu lesen.

Alles ist wertlos, wenn man Gott nicht sucht und ihn nicht kennenlernen will.

Alles ist wertlos, wenn man nicht glaubt, dass Jesus Christus unser Erlöser ist, dass er wirklich für unsere Schuld bezahlt hat.

Es reicht nicht aus, nur die vorformulierten Gebete zu sprechen. Es ist nötig, dass man glaubt, was man betet. Alles ist wertlos, wenn man nicht glaubt.

Beim Beten wächst unsere Liebe zu Gott und wir lernen, ihm mehr und mehr zu vertrauen.

Ich jedenfalls wollte den Herrn noch viel besser kennenlernen, unbedingt! Und ich wollte Rita entlasten, vor meinen vielen Fragen zumindest teilweise verschonen. Deshalb suchte ich Gemeinschaft mit Gläubigen.

Rita besuchte regelmäßig einen Hauskreis; dort trafen sich Christen aus verschiedenen Konfessionen. Alle hatten sie diese Entscheidung getroffen und Jesus Christus als ihren persönlichen Erlöser und Herrn angenommen. Hier konnte ich auf meine vielen Fragen Antwort finden.

Solche Christen, die auch dazu stehen, dass sie Christen sind, stehen im Rampenlicht. Sie sind aufrichtig bestrebt, nach dem Wort Gottes zu leben und nach den Geboten Gottes zu handeln. Ihre Nachbarn, Kollegen, Freunde, Verwandten schauen genau hin, ob sie einen Fehler machen oder ob sie sich gut benehmen. Ob sie auch danach handeln oder ob sie nur darüber reden.

Natürlich sind sie Menschen und machen Fehler. Das dürfen sie auch. Aber wenn sie ihren Fehler erkannt haben, bereuen sie ihn wirklich und sind ernsthaft bestrebt, sich zu ändern.

Ich schloss mich diesem Hauskreis an. Leider gehörte ich noch zu denen, die nur über das Christsein redeten, aber nicht danach handelten. Aber das sollte sich ändern, ich lernte eine Menge.

Bei den Treffen saßen wir zusammen, eröffneten die Runde mit einem Gebet und jeder, der etwas berichten wollte oder Fragen hatte, konnte etwas sagen. Dann lasen wir einen Abschnitt aus der Bibel und sprachen darüber.

Wir erzählten, wie Gott unser Gebet erhört hatte, und dankten ihm gemeinsam dafür.

Wir tauschten uns darüber aus, was gerade schwierig war, und beteten dafür. Dazu braucht es Vertrauen, und natürlich blieb alles unter uns. Wir beteten für Alltägliches und Besonderes wie stressige Situationen, eine Prüfung, eine bevorstehende Operation oder einen Arzttermin, eine Erkrankung, ein schwieriges Kind oder eine Entscheidung, die zu fällen war. Egal welche Anliegen vorgebracht wurden, sie wurden ernst genommen, und im Glauben an Gottes Liebe und Hilfe beteten wir dafür.

Bevor wir wieder nach Hause gingen, wurde der Abend mit einem Segensgebet abgeschlossen.

Einmal die Woche besuchte ich diese Gruppe. Mein Mann akzeptierte alles, solange ich ihn damit in Ruhe ließ. Bei diesen Hauskreistreffen habe ich so viel gelernt, und ich bin echt dankbar dafür.

Mit der Zeit lernte ich die Bibel, das Wort Gottes, besser kennen. Ich lernte sie zu lesen und mehr zu verstehen, ich lernte zu glauben und zu leben, was darin steht. Diese Leute haben wirklich die Bibel im Alltag umgesetzt!

In dieser Gruppe lernte ich allmählich zu beten. Ich durfte erfahren, dass nach einem Gebet oft überraschend schnell Hilfe kam. Ich lernte aber auch, dass man Geduld braucht, wenn es mit der Gebetserhörung etwas länger dauert. Der regelmäßige Austausch half mir dabei sehr – man kann von den Erfahrungen anderer Menschen so viel lernen.

Ich lernte, wie man mit seinen Fehlern umgeht, wie man seine Sünden vor Gott bekennt und wie das mit der Wiedergutmachung ist. Die Grundvoraussetzung ist, dass man glaubt, dass Jesus für alle Sünden bezahlt und die Strafe getragen hat. Wenn man seine Sünden eingesteht, gehört dazu, dass man seine Fehler auch wirklich bereut. Eigentlich logisch, sonst kann sich nichts verändern.

Ich ging mit allem bewusster und gewissenhafter um. Ich wurde dankbar, sah nicht mehr alles als selbstverständlich an. Der Friede, mit dem ich erfüllt war, half mir, klarer zu sehen und Schwierigkeiten besser zu meistern. Im Gebet schöpfte ich immer neue Kraft.

Kapitel 22

Sektkollegen und ganz besondere Kunden

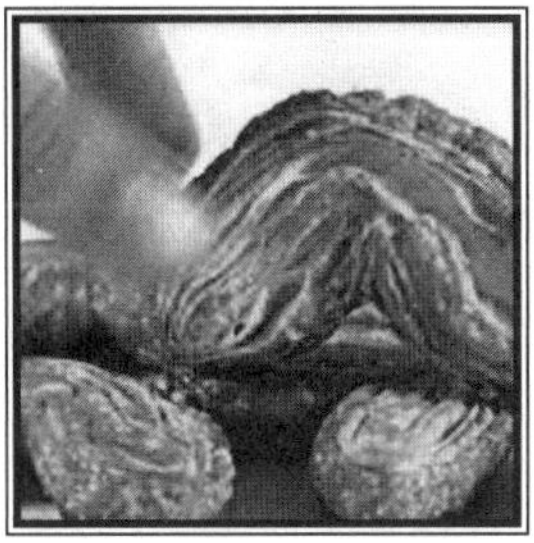

Die beste Entscheidung meines Lebens hatte ich nun also getroffen, war ein neuer Mensch geworden. Nach der Babypause brauchte ich aber wieder einen Job, um auf andere Gedanken zu kommen. Ich musste von zu Hause raus!

Die Gleichgültigkeit, die mein Mann mir gegenüber immer wieder an den Tag legte, war kaum mehr auszuhalten. Teilweise färbte sie schon auf die Kinder ab. Kein Wunder, darin war er ein zuverlässiges Vorbild.

Meine Nerven lagen blank. Ich wusste nicht mehr, ob ich als Frau überhaupt noch attraktiv war. Ich war kurz davor durchzudrehen!

Bin ich noch überhaupt noch zu etwas zu gebrauchen? Ich brauche einen Job, dachte ich. Das wäre genau das Richtige. Dann könnte es zu Hause wieder etwas entspannter zugehen, wie damals, als ich im Supermarkt gearbeitet hatte.

Doch woher soll ich jetzt eine geeignete Arbeit bekommen? Will mich überhaupt noch irgendjemand einstellen? Mit meinen drei Kindern, das jüngste noch

in den Windeln? Ich beschloss, damit zu meinem Herrn zu gehen und um eine Arbeitsstelle zu beten und zu sehen, was geschehen würde. Mein Glaube war noch schwach und ich fragte mich, ob mein Gebet überhaupt erhört würde.

Wieder musste ich zu Stiefmutter und sie fragen, ob sie auf die Kinder aufpassen würde, wenn ich bei der Arbeit wäre. Ohne zu zögern willigte sie ein und bestärkte mich sogar.

Beim Vorübergehen sah ich an einer Bäckerei in der Einkaufspassage einen Zettel an der Scheibe: „Verkäuferin gesucht". Die Bäckerei war mit einer Kantine gekoppelt. Unsicher betrat ich das Geschäft und fragte nach dem Vorgesetzten.

Die Küchenchefin empfing mich, und sofort war ich mitten im Bewerbungsgespräch. Sie stammte aus der gleichen Ortschaft wie ich. Das Gespräch dauerte nicht lange, und mit der Zusage in der Tasche verließ ich erleichtert und glücklich das Geschäft. Gleich danach bedankte ich mich mit einem Stoßgebet bei Gott!

Aufgeregt und nervös startete ich in den ersten Arbeitstag. Ich wurde freundlich begrüßt und dann mit prüfenden Blicken gemessen.

Am Anfang war alles noch ungewohnt und neu, doch ich lebte mich schnell ein. Schon nach einer Woche fühlte sich es an, als würde ich schon immer dazugehören. An Anpassungsfähigkeit hatte es mir noch nie gemangelt.

Zuerst musste ich an die Bäckereitheke. Backwaren verkaufen ist ja eine angenehme und saubere Arbeit. Aber all die vielen Sorten von Backwaren und die Preise dazu! Würde ich mir das alles merken können? Ich schrieb mir alles auf und lernte es zu Hause auswendig. Auch das Kopfrechnen musste ich üben. Zum Glück gab es elektronische Kassen, die alles hochrechneten. Doch wollte ich nicht ständig die Rechenmaschine zu Hilfe nehmen. Also trainierte ich Kopfrechnen und ruckzuck war ich wieder fit. Alles Übungssache.

Auch die hohen Torten! Gar nicht so einfach, die Balance zu halten und die Stückchen dann gut auf dem Teller zu platzieren. Einmal passierte mir ein Missgeschick, schwuppdiwupp kippte das Tortenstück von der Schaufel und glitt an der Glasscheibe der Tortenvitrine herunter. Es hinterließ einen knallroten Gelatinestreifen.

Mein Kopf wurde auch rot – und zu allem Unglück war das noch das letzte Stückchen von dieser Torte gewesen! Ich stieß ein lautes Lachen hervor und sagte: „Upps, jetzt ist es weg." Dann bat ich den Kunden, immer noch mit einem Lachen im Gesicht, sich etwas anderes auszusuchen. Zum Glück reagierte er freundlich.

Schwieriger war es, die Spuren des Missgeschicks zu beseitigen: Die ganze klebrige Masse hing an der Scheibe, bis hin zu den Kühlstäben unterhalb des Tresens! Die Kunden lachten, wie ich da versuchte, mit den Fingern die Matsche von den Kühlstäben zu entfernen. Doch ließ ich mich nicht aus der Ruhe bringen.

Als ich in der Bäckerei gut eingearbeitet war, manchmal musste ich auch Laugenbrezeln laugen und ausbacken, kam ich in die Kantine. Dort gefiel es mir weniger gut, das änderte sich später aber noch. Auch diese Arbeit war vielseitig: Ausschank von warmen und kalten Getränken, ein festes Angebot an Speisen, ein großes Sortiment an Würstchen und jeden Tag ein anderes Tagesgericht.

Das Tagesgeschäft war immer umfangreich: Waren auffüllen und alles putzen und noch so einiges. Reinigungsarbeiten waren für mich keine unangenehme Tätigkeit, für mich erfahrene Hausfrau gehörte das einfach dazu.

Wenn die Spülfrau ausfiel, musste eine von uns Verkäuferinnen einspringen. Einige Kolleginnen spülten nicht gerade mit Begeisterung, also meldete ich mich oft freiwillig dafür. Beim Spülen konnte ich meine Gedanken laufen lassen und ich brauchte nicht immer freundlich zu sein. Eine angenehme Abwechslung!

Für Verpflegung war gesorgt: Getränke und alles, was wir während der Arbeit verzehrten, bekamen wir umsonst. Viel war das nicht, denn wir alle achteten auf unsere Linie.

Samstags mussten wir am frühen Morgen da sein. Alle halfen mit, Ware einzuräumen und alles für den Verkauf vorzubereiten. Bevor der Laden öffnete, frühstückten wir gemeinsam. Das war es dann aber auch schon mit Pausen an diesem Tag, meist war für weitere Pausen keine Zeit mehr.

Samstags arbeitete ich am liebsten, da konnte ich meinem Mann aus dem Weg gehen und er konnte sich um die Kinder kümmern, was er sonst nie tat, denn sie waren ja entweder bei meiner Schwiegermutter oder bei Stiefmutter.

Allerdings bedeutete das auch, dass ich alles gut vorbereiten musste, weil mein Mann oft anderes für wichtiger hielt. Aber das nahm ich gerne in Kauf, um meine Arbeit in der Bäckerei tun zu können. Der Verdienst war nicht gerade hoch, aber okay. Und es gab noch einen viel wichtigeren Effekt:

Ich brauchte diese Arbeit, um wieder lachen zu können! Und dazu gab es dort reichlich Gelegenheit. Ich blühte regelrecht auf. Gelegentlich ließen wir mit einem Glas Sekt den Arbeitstag ausklingen, den Sekt spendierten wir abwechselnd. Ein besseres Arbeitsklima konnte man sich wohl nicht mehr wünschen!

Es fühlte sich gut an, etwas geleistet zu haben und müde und abgespannt nach Hause zu kommen. Die umfangreiche Arbeit und der Umgang mit Menschen, das war genau das Richtige für mich: Ich lebte wieder auf. Mein Selbstwertgefühl kam zurück und ich konnte wieder lachen.

Noch während der Probezeit passierte mir ein weiteres Missgeschick. Würden sie mich jetzt entlassen?

Jeden Abend kurz vor Ladenschluss musste die Theke geputzt werden. Dabei stieß ich an ein darüber hängendes Glasregal voller Biergläser. Nur ein klitzekleiner Stoß. Ich schaute hoch und atmete auf: Nichts passiert!

Doch plötzlich, wie aus dem Nichts, zerbrach das Regal in zwei Teile.

Mit der linken Hand hielt ich es fest und mit der Rechten fing ich fast alle Gläser auf. Meine Kollegin, die gerade bediente, kam mir sofort zur Hilfe und fing die übrigen Gläser auf. Nur eins ging zu Bruch. Eine große Leistung, die uns von den Kunden große Bewunderung eintrug. Da hatte sicher Gott mitgeholfen! Aber dann kamen auch schon die bangen Fragen: Was wird die Chefin davon halten? Wie wird sie reagieren? Ich bin ja noch in der Probezeit!

Die Kolleginnen trösteten und ermutigten mich, ich solle mir nicht so viel Gedanken machen. Eigentlich hatten sie recht: Es war, wie es war, und ich konnte jetzt sowieso nichts mehr ändern. Also beschloss ich, mir die gute Laune nicht vermiesen zu lassen – wenn ich gehen musste, dann hätte ich wenigstens eine schöne Erinnerung. Trotzdem konnte ich das flaue Gefühl im Bauch nicht ganz loswerden. Ich erwartete schon, etwas Unangenehmes anhören zu müssen. Aber nichts dergleichen geschah.

Die Probezeit war vorbei und ich wurde ins Team aufgenommen. Leider änderte sich damit auch meine Arbeitszeit – ich wurde für die Spätschicht eingeteilt. Ich hatte ein schlechtes Gewissen, wegen der Kinder. Zum Glück brauchte ich nur drei Tage in der Woche zu kommen, dann war die Stundenzahl beisammen. Und manchmal arbeitete ich ja samstags.

Ich lebte auf, aber auch meine Gedanken, meinen Mann zu verlassen, wurden aktiver. Ich hatte keine Lust mehr, mich ständig von ihm demütigen zu lassen. Es musste doch zu schaffen sein, allein zu leben.

Wenn ich nur dieses Eheversprechen nicht gegeben hätte! Aber uneheliche Kinder hatte ich nie haben wollen. Ich wollte geordnete Verhältnisse und deshalb hatte ich die Ehe geschlossen.

Und nun war ich Christin geworden, ich lebte mit dem Herrn. Dies zu wissen machte mir einerseits Freude, andererseits machte mir auch das schwer zu schaffen: Es war nicht einfach, die Gebote zu halten. Schon meinen Mann irgendwie bei guter Laune zu halten, kostete viel Kraft. Schnell gab ein Wort das andere und schon war der Streit komplett. Ich wollte mich doch nicht ständig versündigen!

Aber auch am Arbeitsplatz gab es reichlich Versuchungen: Da waren so viele Bewunderer. Ich wusste gar nicht, wie mir geschah. Hatte ich mich doch noch vor Kurzem ernsthaft gefragt, ob ich als Frau überhaupt noch begehrenswert war! Was war nur los, spielten denn alle verrückt?

Es schmeichelte mir natürlich, so etwas hatte ich noch nie erlebt. Ich kam mir gar nicht so hübsch vor. Hatten die vielleicht Sehstörungen, Tomaten auf den Augen? Aber ich ließ es mir gefallen. Es tat gut, so umworben zu werden.

Jeden Abend kam ein sympathischer Mann in meinem Alter und bestellte sich ein Bier. Er wartete immer, bis ich ihn bediente, und ließ andere gerne vor. Dann redete er lächelnd ein paar Takte mit mir, man hätte es auch einen Flirt nennen können. Kein Problem, ich spielte mit.

Dann setzte er sich an einen Tisch, von dem aus er alles im Blick hatte, und beobachtete uns bei der Arbeit. Jeden Abend, immer das Gleiche. Einmal fragte er mich, ob ich etwas mit ihm trinken würde. Verlegen lehnte ich ab mit der Begründung, ich müsse arbeiten. Aber er ließ nicht locker und sprach mich immer wieder darauf an: Wenigstens in meiner Pause! Irgendwann willigte ich dann doch ein.

Meine Pause war kurz, aber danach wusste ich fast alles über sein Leben und dass er Witwer war. Es tat mir für ihn leid und ich gab ihm zu verstehen, dass ich verheiratet sei. Das beeindruckte ihn aber nicht im Geringsten: Weiterhin kam er jeden Abend, um mich zu beobachten. Es war inzwischen ein freundschaftliches Verhältnis.

Ein anderer Kunde fand eher mein Interesse. Auch er holte sich jeden Abend seinen Kaffee und auch er kam nur zu mir. Bei ihm musste ich wirklich aufpassen, um nicht schwach zu werden! Dieser Mann brachte mich aus dem Gleichgewicht und mein Herz klopfte, wenn er nur zur Tür hereinkam. Auch er flirtete mit mir, doch anders als bei dem Biertrinker war es bei ihm gefährlich: Es nahm meine Gedanken in Beschlag.

Eines Tages nahm er allen Mut zusammen und fragte mich, ob ich mit ihm essen gehen würde. Das verunsicherte mich schon, damit hatte ich wirklich nicht gerechnet! Flirten über die Theke ist eine Sache, aber essen gehen, das war mir doch etwas zu privat. Andererseits reizte mich die Abwechslung in meinem grauen Alltag. Ich war nicht abgeneigt, inzwischen kannten wir uns ja schon besser. Nach einigem Überlegen dachte ich: Einmal zusammen essen, warum eigentlich nicht?

Aber als der Termin näher rückte, bekam ich es mit der Angst zu tun und betete zu Gott:

Lieber Vater, ich bitte um deinen Schutz, und wenn es dein Wille ist, verhindere du dieses Treffen. Blöderweise habe ich zugesagt, doch ich bitte dich, es zu verhindern, und vergib mir. Amen.

Schließlich war ich verheiratet! Ich hätte gar nicht erst zusagen sollen, doch diese Erkenntnis kam zu spät. Ich hatte Angst, dass ich jetzt einen Fehler machte – und Gott erhörte mein Gebet!

Nach Feierabend wartete ich, dass er mich abholte, aber er kam nicht. Ich ärgerte mich. Der kommt einfach nicht! Ohne abzusagen! Meine Kolleginnen versuchten, mich zu trösten, es war schon peinlich. Aber dann erinnerte ich mich an mein Gebet: Es sollte einfach nicht sein.

Erleichtert dankte ich Gott für sein Eingreifen und fuhr nach Hause. Zufall? Oder hatte Gott mich bewahrt? Würde er das auch wieder einmal tun?

Am nächsten Tag kam ein Arbeitskollege des Kaffeetrinkers und entschuldigte sich bei mir wegen des versäumten Treffens. Was war denn das? Konnte der es mir nicht selber sagen? Der Bote ging nicht auf meine Fragen ein, sondern beteuerte immer wieder, es täte dem Kaffeetrinker leid. Einen Grund konnte er mir nicht sagen. Ob es ein andermal möglich wäre?

Er war bestens vorbereitet und konnte mit mir auch schon ein neues Treffen ausmachen. Eigentlich war es für mich doch abgehakt. Aber ich war neugierig und so stimmte ich zu. Ich wollte wissen, ob Gott mich auch dieses Mal beschützen würde, und ich hätte doch zu gern erfahren, warum es am Vortag nicht geklappt hatte.

Am nächsten Abend war zu meiner Überraschung der Kaffeetrinker wieder da. Fragend schaute ich ihn an. Heute? Nein, er wollte sich nur noch persönlich bei mir entschuldigen. Normalerweise wäre er gestern persönlich gekommen, aber an diesem Tag konnte er nicht und darum hatte er seinen Kollegen vorbeigeschickt.

An „unserem“ Tag hatte er verschlafen und war deshalb nicht zur Verabredung gekommen. Es tat ihm offensichtlich leid. Ich glaubte ihm; so etwas sagt man nicht, wenn man lügt. Zu Hause dachte ich noch darüber nach. Auf jeden Fall wollte ich dieses Mal Gott mit einbeziehen. Ich wollte ihn fragen, ob er noch einmal so ein Treffen verhindern könnte.

Der Tag rückte näher. Ich war aufgeregt und betete:

Lieber Vater, jetzt bin ich neugierig. Ich bitte wieder um deinen Schutz und dein Eingreifen, um dieses Treffen zu verhindern. Amen.

An diesem Tag war besonders viel zu tun. Keiner konnte Pause machen. Von Anfang an bis zum Ladenschluss war die Kantine voll. Das Putzen musste daher auf den Feierabend verschoben werden. Es dauerte auch noch länger als sonst. Alle waren wir erschöpft und wollten nur noch heim! Erst als ich zu Hause ankam, fiel mir die Verabredung wieder ein. Wie peinlich! Was wird er von mir denken? Ich hatte es einfach vergessen. Peinlich, unmöglich! Jetzt waren wir wohl quitt.

Ich erinnerte mich an mein Gebet: Gott ließ es einfach nicht zu. Und wieder dankte ich Gott für seinen Schutz.

Doch wollte ich es nicht einfach dabei bewenden lassen, wollte mein Fehlen wenigstens erklären. Würde Gott mir nochmals helfen?

Lieber Vater, ich bitte dich um ein weiteres Treffen, dass ich zumindest einen Kaffee mit ihm trinken kann, um alles aufzuklären. Ich bitte wieder um deinen Schutz und deine Führung. Amen.

Gleich am nächsten Abend kam er. Als er so vor mir stand, wäre ich am liebsten in den Boden versunken! Ich wusste nicht, was ich sagen sollte. Doch er war wie sonst, ruhig und gelassen: Ob wir gemeinsam einen Kaffee trinken könnten. Konnte das sein? Genau darum hatte ich Gott gebeten! Wir setzten uns ein wenig abseits, um miteinander zu reden. Voller Verständnis nahm er meine Entschuldigung an und wir verblieben dabei, gute Freunde zu sein.

Am Tisch sah ich einen Ring an seinen Finger. Ich hätte schwören können, dass ich den zuvor noch nie an ihm gesehen hatte. Oder hatte ich ihn schlichtweg übersehen? Der Ring war mir nie aufgefallen.

Zu Hause dankte ich Gott, dass er meine Bitte erhört hatte. Der Mann kam weiterhin regelmäßig, um bei mir seinen Kaffee zu trinken.

An einem Samstag durfte ich Frank zur Arbeit mitbringen. Meine Kolleginnen hatten ihre Freude an ihm und er wurde von ihnen bestens versorgt.

An diesem Tag war ich in der Bäckerei eingeteilt. Die Schlange war lang und ich hatte alle Hände voll zu tun. Da stand ein Mann mit erhobenen Händen vor mir und hielt den ganzen Betrieb auf. Ich traute meinen Augen und Ohren nicht! „Sind Sie eine schöne Frau“, sagte er immer wieder. Ich errötete. War das peinlich, alle schauten auf uns! Ich wusste gar nicht, was ich sagen sollte.

Frank kam dazu und stellte sich neben den Mann. Ihm machte es offensichtlich Spaß, jedenfalls grinste er von einem Ohr zum anderen. Der Mann hörte nicht auf, mir Komplimente zu machen! Ich wollte ihm erklären, dass ich verheiratet sei, und mein Sohn stehe neben ihm, aber das schien ihn nicht im Geringsten zu stören. Wieder streckte er seine Arme aus: „Sie haben ein wunderbares Lächeln."

Inzwischen war aus der Schlange ein Stau geworden. Die anderen Verkäuferinnen schauten wie gebannt zu und hatten Mühe, ihre Kunden zu bedienen! Ich war einerseits geschmeichelt, andererseits war es mir aber auch peinlich. Meine Kolleginnen lachten nur und später sagten sie mir, so etwas wäre noch nie vorgekommen.

Ein paar Tage später kam ein junger Mann mit Glatze zu mir, um seine Bestellung zu machen. Er fackelte nicht lange, sondern bat gleich um ein Date. Mit prüfenden Blicken schaute ich ihn an. Er war zwar gut gebaut und es war schön, so umschmeichelt zu werden, doch langsam wurde es mir zu viel. So liebenswürdig wie möglich gab ich ihm einen Korb.

Es war Samstag, der Laden war gerammelt voll. Für ein Schwätzchen war keine Zeit. Doch ich behielt den Überblick. Nacheinander, als hätten sie sich verabredet, betraten meine Verehrer die Kantine.

Jeder saß für sich. Der Erste nickte, der Nächste saß mit erhobenen Armen da und winkte mir zu, ein anderer prostete mir mit seinem Glas zu – jeder machte sich bemerkbar, jeder auf seine Art.

Die Kolleginnen gaben ihre Bemerkungen zum Besten. Eine Kollegin meinte, man könnte mich nicht mehr an die Theke stellen, ich würde die Männer anziehen wie die Fliegen. Irgendwie fand ich es witzig.

Mit der Zeit bekam ich die Kassenaufsicht. Das war ein Privileg, diese Tätigkeit durfte längst nicht jeder ausüben. Und es gab andere, die schon länger da waren. Ich wusste es zu schätzen.

Diese Firma schien perfekt für mich zu sein. Doch eines Tages kam eine unangenehme Nachricht, die uns alle bis hinauf zur Chefin sehr verärgerte: Ab sofort mussten wir alles bezahlen, was wir aßen oder tranken. Immerhin bekamen wir zehn Prozent Rabatt.

Doch nicht nur das! Die Arbeitsstunden wurden gekürzt – vier Personen sollten die Arbeit von bisher fünf Mitarbeitern machen. Das sorgte für Missstimmung und Aufruhr. Bisher waren wir alle voll ausgelastet gewesen, und jetzt hieß es plötzlich, noch mehr zu rennen. Und zehn Prozent Rabatt, wo es bisher kostenlos gewesen war! Das bedeutete „Dienst nach Vorschrift“: Keiner hatte noch Lust, für diese Firma mehr zu tun als nötig. Denn das hatten wir getan – wenn es darauf ankam, waren wir alle parat und taten mehr, als wir mussten.

Wir fühlten uns betrogen und ausgenutzt. Unzufriedenheit und Wut lagen in der Luft – Grundstein für Diebstahl und Unehrlichkeit. Jeder stachelte jeden auf und die Versuchung zum Stehlen war groß. Die neue Regelung hing aus, aber keiner hielt sich daran, einfach aus Protest. Genauso wie die anderen Kolleginnen aß und trank auch ich weiterhin, ohne zu bezahlen.

Mein Gewissen sagte mir zwar: „Tue es nicht“ – immerhin war ich ein neuer Mensch geworden –, doch die Kolleginnen sagten, die Ware würde sowieso weggeworfen. Die zehn Prozent Nachlass schenkten sich nichts, denn unsere Preise waren höher als anderswo. Und tatsächlich: Was nicht verkauft werden konnte, wurde an Schweine verfüttert! Das ärgerte mich wirklich, und ich nahm das als Vorwand, mir das Recht herauszunehmen, ebenfalls nicht zu bezahlen. Wie alle anderen. Obwohl es nicht recht war.

Sicher, andere Bäckereien gaben den Verkäufern einen besseren Rabatt oder erlaubten den kostenlosen Verzehr. Aber auch wenn es einem nicht passt, an die im Betrieb geltenden Regeln hat man sich zu halten: Wir hatten die Ware zu bezahlen, obwohl wir nun wirklich zu niedrig entlohnt wurden. Auch wenn die Firma dadurch sicher nicht in die roten Zahlen gekommen wäre: Wir hatten nicht das Recht dazu, weiterhin kostenlos zu essen und zu trinken.

Eine Kollegin hielt sich daran und wurde daher von den anderen abgelehnt, das machte sie zur Außenseiterin. Ich war ein neuer Mensch geworden und wollte eigentlich von all dem Bösen loskommen, und nun stand ich wieder mittendrin. Ich machte mich mitschuldig und ließ es einfach so laufen, ohne groß darüber nachzudenken.

Hätte ich mich zu der Kollegin gestellt, wäre sie nicht mehr die Einzige gewesen. Wir wären dann zwar beide Außenseiter gewesen, aber ich hätte mich für Recht und Wahrheit eingesetzt.

Ich hatte mich von der Hetzkampagne mitreißen lassen. Gott hatte ich überhaupt nicht gefragt und ich dachte auch nicht mehr daran, wie Gott mir immer geholfen hatte. Wie dumm von mir! Jetzt war ich voll in Sünde verstrickt und merkte es nicht einmal. Ich wollte einfach nicht auf mein Gewissen hören.

Ob das wohl gutging?

Kapitel 23

Gewissensbisse

Bei der Arbeit war ich anerkannt; hier bekam ich die Bestätigung, die ich so dringend brauchte. Manchmal war es mir auch zu viel, aber ich brauchte diese Anstellung, um wieder auf eigenen Füßen stehen zu können. Ich wollte ein zweites Mal versuchen, meinen Mann zu verlassen. Und dazu musste ich unabhängiger werden, ich musste mein eigenes Geld verdienen! Manchmal zweifelte ich daran, ob ich meinen Plan würde umsetzen können, aber für eine Erwerbstätigkeit gab es ja auch noch andere Gründe.

Es ist für die Kinder doch gut, wenn die Mutter arbeiten geht – das redete ich mir zumindest ein. ***Wirklich?*** Meine Bekannten, Freunde und Verwandten jedenfalls bestätigten mich in diesem Gedanken.

Und was auch ganz wichtig war: Ich gehörte jetzt zu den Erwerbstätigen. Was auch immer ich tat, aber ich gehörte dazu und konnte mitreden.

Dass man „nur Hausfrau" war, traute man sich damals kaum zu sagen. Heute ist das auch wieder so. ***Ist das recht?*** Eigentlich war ich der Überzeugung, der Mann hätte das Geld nach Hause zu bringen und die Frau sollte den Haushalt versorgen, die Familie und was sonst noch dazugehört. Doch solche Gedanken hört man kaum mehr, man erntet damit nur Stirnrunzeln und Kopfschütteln – anstatt für sein Engagement anerkannt zu werden. Ich schaffte es nicht länger, meinen eigentlichen Standpunkt aufrechtzuerhalten, und machte es wie alle. Ich wollte auch dazu gehören, anerkannt sein. Aber ich fühlte mich schlecht dabei, weil mein Gewissen mir etwas anderes sagte.

Wenn ich arbeiten war, versorgte Stiefmutter die Kinder. Sie waren also nicht sich selbst überlassen. Aber war es richtig, Stiefmutter so einzubeziehen? Ich dachte und redete es mir auch ein: Warum eigentlich nicht – das hält sie jung und sie hat eine sinnvolle Aufgabe. Aber immer wieder zweifelte ich doch, ob es das Richtige war und ob ich nicht meine Kinder vernachlässigte.

Schiebe ich sie damit denn nicht ab?

Beeinflusst Stiefmutter meine Kinder nicht doch zu sehr?

Diese Gewissensbisse quälten mich immer und immer wieder. Bei Silvia zeigten sich schon Auffälligkeiten: Plötzlich wollte sie nicht mehr mit mir nach Hause gehen. Wenn ich sie abholte, warf sie sich oft auf den Boden und schrie, was das Zeug hielt. Ich musste sie regelrecht nach Hause schleifen. Das zerrte an meinen Nerven.

Wieso wehrt sie sich auf einmal so gegen mich? Ich wollte den Grund wissen. Ich schlug sie doch nicht und behandelte sie gut. ***Lehnt Silvia mich ab, weil mir die Arbeit wichtiger ist? Oder gibt es noch einen anderen Grund? Warum schreit sie immer so, wenn wir von Stiefmutter nach Hause gehen?***

Dann fiel mir auf: Das war nur an den Tagen so, an denen Frank nicht dabei war. Sonst hatte ich nie Probleme mit ihr. Das gab mir zu denken. Ich war mir sicher, es hatte etwas mit Stiefmutter zu tun. ***Nur was? Was tut Stiefmutter, was sagt sie zu ihr?*** Offensichtlich irgendetwas, wodurch Silvia mich in einem anderen Licht sah!

Gleich am nächsten Tag suchte ich das Gespräch mit Stiefmutter und stellte sie zur Rede. Sie zuckte mit den Schultern, tat ahnungslos. Und doch war ich mir sicher, dass sie der Grund sein musste! Weil ich aber keine Beweise hatte, ließ ich alles wie bisher weiterlaufen, denn wenn ich nichts beweisen konnte, durfte ich sie auch nicht beschuldigen. Doch tief in meinem Herzen war ich überzeugt: Es musste an ihr liegen.

Trotz dieser Schwierigkeiten konnte ich mir nicht mehr vorstellen, meinen Arbeitsplatz aufzugeben. Dieses Beschäftigungsverhältnis war für mich der Weg zur Freiheit! Ich konnte und wollte es mir nicht mehr vorstellen, wieder nur noch zu Hause und von meinem Mann abhängig zu sein. Ich wollte nicht mehr, dass er so viel Macht über mich ausüben konnte. Immer wieder fragte ich mich, was ich sonst tun könnte, um das Verhalten meiner Tochter zu ändern.

Ich überlegte hin und her und immer wieder kam mir das Wort „Liebe“ in den Sinn. ***Wie kann ich meiner Tochter besser zeigen, dass ich sie lieb habe?*** Ich wünschte mir eine andere, bessere Lösung für meine Kinder, eine Lösung, die mir keinen Ärger einbringen würde. Doch da war der Wunsch der Vater des Gedankens, so einfach ging das nicht.

Ich versuchte, den Aufenthalt der Kinder bei Stiefmutter zu reduzieren. Mit meinem Mann konnte ich nicht darüber sprechen, den interessierte das alles nicht. Wichtig war für ihn nur meine monatliche Lohnabrechnung! Meine Kollegen kamen mir entgegen, so dass ich oft vormittags und samstags arbeiten und nach der Schule mehr zu Hause sein konnte.

Kerstin konnte ich hin und wieder bei einer Bekannten abgeben. Bei ihr konnte ich sicher sein, dass meine Kleine nicht negativ beeinflusst wurde. Diese Frau hatte Haustiere und einen großen Garten, für Kinder einfach ideal! Als Gegenleistung bot ich ihr meine Hilfe an: Ich würde ihren kranken Sohn betreuen, so konnte auch sie eine Arbeit annehmen. Damit war uns beiden geholfen. So gelang es mir, wenigstens die Jüngste von Stiefmutter abzuschirmen.

Als Stiefmutter erfuhr, dass ich Kerstin zu einer Freundin brachte, reagierte sie aufgebracht, ja bösartig. Einmal sagte sie sogar, das würde sie mir nie verzeihen! Darauf erwiderte ich nur, sie müsse aber verzeihen, sonst bräuchte sie gar kein Vaterunser mehr zu beten.

Unser Mutter-Tochter-Verhältnis war sowieso angespannt, darum war es mir ziemlich egal, wie sie darüber dachte. Ich wusste auch, dass sie mir auf jeden Fall weiterhin helfen würde, sonst hätte sie ja keines meiner Kinder wiedergesehen. Wir wussten, dass wir aufeinander angewiesen waren: Ich brauchte sie, um die Kinder zu betreuen (und für Kerstin würde ich sie noch lange brauchen), und sie brauchte mich, um sich gebraucht zu fühlen, wichtig und geschätzt. Stiefmutter schenkte einem nichts und sie ließ sich nichts schenken.

Eigentlich brauchte sie sich gar nicht so aufzuregen. Ich hatte ihr das Kind ja nicht ganz entzogen, ich wollte nur vermeiden, dass sie zu viel bei ihr war. Ganz besonders bei der Jüngsten wollte ich gezielt verhindern, dass sie von Stiefmutter womöglich schlecht beeinflusst wurde.

Bei der Arbeit war es nicht anders: Auch hier versuchte ich, mein schlechtes Gewissen zum Schweigen zu bringen. Ich war ein neuer Mensch geworden, und mein Gefühl zeigte mir, dass es falsch war, so zu handeln wie die anderen und die von mir verzehrten Speisen und Getränke nicht zu bezahlen. Eigentlich stimmte ich ihnen nicht zu, hatte ihnen aber auch nicht widersprochen. Um mein schlechtes Gewissen etwas zu beruhigen, bezahlte ich wenigstens einen Teil.

Warum nur einen Teil? Warum nur halbe Sache?

Wer im Kleinen nicht treu ist, kann das Große nicht empfangen.

Knapp daneben heißt auch das Ziel verfehlt.

Dabei war ich immer noch „besser" als so manche anderen. Einige Kollegen gingen sogar so weit, dass sie schon vor Ladenschluss ihre Waren beiseite schafften, natürlich ohne zu bezahlen! Gelegentlich handelte ich ähnlich, aber „wenigstens" wartete ich bis Geschäftsschluss und bediente mich erst dann – es wurde sowieso alles weggeworfen. Und doch: Es war nicht recht.

Ich nahm einfach alles nicht mehr so genau. Ich fühlte, das war falsch, doch ich hatte Angst davor, wie die anderen reagieren würden, wenn ich nicht mitmachte. Dabei machte ich mir selbst etwas vor, aber das merkte ich gar nicht: Einerseits versuchte ich, mein Leben irgendwie wieder auf die Reihe zu bekommen, las auch regelmäßig in der Bibel und betete weiterhin zu Gott. Andererseits bemerkte ich nicht, dass Gott mir den Rücken zukehrte, und dass ich damit dem Bösen Tür und Tor öffnete! Ich war Gott nicht mehr treu. Ich ging den vermeintlich einfacheren Weg und vertraute dabei noch auf Gottes Hilfe.

Hätte ich treu meine Sachen bezahlt und nicht geschwiegen, hätte sich sicherlich alles zum Guten gewendet. Doch ich schwieg und ließ allem seinen Lauf und merkte nicht, wie ich im Glauben „lau“ geworden war. Und alles kam anders als erhofft: Je länger ich auf Gott vertraute, umso schlimmer wurde es! Ich verstand die Welt nicht mehr. Jetzt hatte ich alle Karten auf Gott gesetzt, mein Leben in seine Hände gelegt, aber es wurde nicht besser, sondern noch schlimmer.

Kapitel 24

Einfach Luft

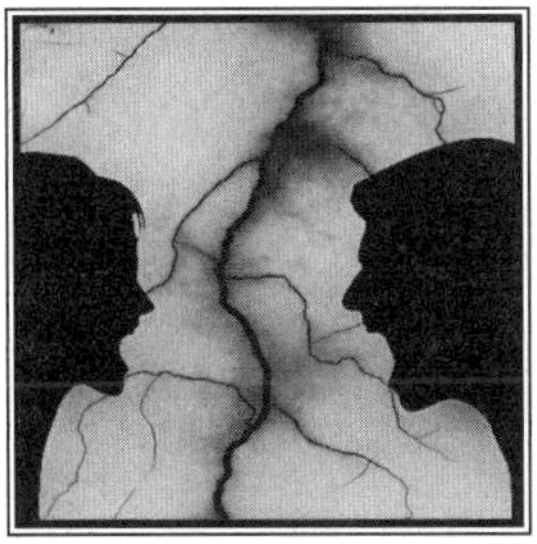

Mit meinem Mann war es kaum noch auszuhalten. Für ihn war ich einfach Luft! Kerstin kroch häufig zu uns ins Bett. Ausgelassen und mit viel Gelächter tobten mein Mann und sie dann herum. Ich versuchte mitzumachen, um vielleicht so seine Aufmerksamkeit zu erhaschen. Doch kein Blick, kein einziges Wort! Ich lag neben ihm und war für ihn unsichtbar, als wäre ich überhaupt nicht vorhanden.

Ich war wie Luft für ihn. Aber anders als die Luft in unserem Schlafzimmer, für mich war die jedenfalls zum Zersägen dick! Luft kann man einatmen, doch an der Luft in unserem Schlafzimmer drohte ich zu ersticken. Das verstand ich nicht. ***Habe ich ihm irgendeinen Grund dazu gegeben?*** All die Jahre war ich ihm treu gewesen, ich ordnete mich unter und hatte ihm drei Kinder geboren. ***Warum behandelt er mich so?***

Solange sie noch klein war, war Kerstin sein Favorit. Ich war eifersüchtig auf meine kleine Tochter! Dass auch Silvia auf sie eifersüchtig war, konnte ich gut verstehen. Mein Mann war mit ihr nie so liebevoll umgegangen wie mit Frank und Kerstin; die nahm er häufiger mit, wenn er Besorgungen machte oder irgendwo hinging.

Warum er solche Unterschiede machte, konnte ich nie verstehen. Vielleicht kam es daher, dass Silvia mein ganzer Stolz war: Sie war fleißig und pflichtbewusst, erledigte alle ihr aufgetragenen Arbeiten korrekt und tat vieles freiwillig, ohne dass ich etwas sagen musste. Bei den Jüngeren war es anders. Sie gehorchten zwar auch, doch meistens erst, wenn ich es mit Nachdruck sagte. Sie waren auch lieb, aber doch viel anstrengender.

Silvia und ich hatten etwas gemeinsam: Wir beide wurden von unserem Mann nicht geliebt – ich nicht als Ehefrau und sie nicht als Tochter. Den Sohn dagegen liebte mein Mann über alles. Er durfte überall dabei sein. Wegen seiner flapsigen Art musste ich ihn öfters maßregeln, was meinem Mann überhaupt nicht gefiel; bei den Töchtern konnte es ihm dafür gar nicht streng genug hergehen! An seine Erziehungsmethoden konnte und wollte ich mich aber nicht halten. Alle Kinder sollten ohne Ausnahme gleich erzogen werden.

Solange wir an einem Strang gezogen hatten, war alles noch erträglich gewesen. Am Anfang unserer Ehe waren wir über Erziehung gleicher Meinung, aber inzwischen war das anders. Wir hatten auch beschlossen, vor den Kindern keine Streitereien auszutragen. Aber er hielt sich an nichts. Er tat immer das Gegenteil von dem, was ich sagte oder wollte.

So vieles war nun anders als am Anfang. Der gegenseitige Respekt war nicht mehr vorhanden, und damit begannen die Schwierigkeiten in der Erziehung unserer Kinder. Die ewige Gleichgültigkeit übertrug sich auch auf sie, und alles, das Leben im Allgemeinen und die Kindererziehung im Besonderen, wurde immer schwieriger. Ständig arbeiteten wir gegeneinander.

Will er mich denn loswerden? Man hätte es meinen können. ***Warum ist er mir gegenüber so beleidigend, ablehnend und hartherzig?***

Nicht einmal vor den Kindern nahm er sich zusammen. Er maßregelte und beleidigte mich vor den Kindern. Vor allem wenn er schon einige Flaschen Bier getrunken hatte, war es ihm ganz egal, ob die Kinder dabei standen. Er merkte es wirklich nicht, wie „daneben" er war.

Angetrunken war er schlimmer, als wenn er ganz betrunken war. Wenn er total betrunken war, so richtig abgefüllt, wollte er nur noch schlafen und dann gab es keinen Streit. Im angetrunkenen Zustand jedoch diskutierte er liebend gern, und wenn man nicht seiner Meinung war, reagierte er aggressiv und streitsüchtig. Also hielt ich in solchen Fällen lieber den Mund, es führte doch zu nichts; dann gab es auch keinen Streit. Aber manchmal konnte ich mich doch nicht mehr beherrschen und wurde ebenfalls laut, manchmal so laut, dass man es auf der Straße hörte. Dabei wusste ich genau, dass das nicht gut war.

Ich sah keinen Ausweg mehr, diesem Kreislauf zu entkommen.

Unfair daran war, dass ich allein an allem schuld sein sollte. Nein! Diesen Schuh zog ich mir nicht an! Zum Streiten gehören bekanntlich immer zwei. Natürlich hatte ich auch meine Fehler, aber ich gestand sie ein und versuchte sie auch zu ändern (leider manchmal ohne Erfolg). Aber nicht nur ich hatte Fehler, und ich sah nicht ein, dass immer nur ich schuld sein sollte. Ich musste mich wehren.

Manchmal gerieten unsere Auseinandersetzungen so außer Kontrolle, dass die Teller flogen. Ein Wunder, dass nie etwas passierte! Der Lautstärke nach zu urteilen, hätte man meinen können, bei uns herrsche Mord und Totschlag. Ich war verzweifelt und wusste nicht, was ich tun sollte. Ich konnte es nicht mehr ertragen, wie er mich anschrie und ständig beleidigte. Außerdem musste ich die Kinder ordentlich erziehen und schon deshalb konnte ich seine Taktlosigkeiten nicht einfach so hinnehmen.

Was will er denn von mir? Was habe ich ihm denn getan?

Ich war mir keiner Schuld bewusst.

Wieso kann er mich nicht verstehen? Wieso arbeitet er immer gegen mich? Erkennt er denn nicht, dass er damit auch den Kindern schadet?

Er versuchte nicht einmal, darüber nachzudenken, wie unser Zusammenleben besser werden könnte.

Wieso kämpft er nicht um unsere Ehe?

Ich versuchte, ja ich bemühte mich, ihm mit Verständnis und Freundlichkeit zu begegnen. Ich achtete auf mein Äußeres, auch an den Tagen, an denen ich den ganzen Tag zu Hause war, und versuchte, wenn irgend möglich, seine Wünsche zu erfüllen, auch meine Pflichten als Hausfrau und Ehefrau. Ich achtete darauf, meinem Mann treu zu sein. Ja, manchmal dachte ich schon an Trennung, natürlich. Aber ich wollte nicht einfach kampflos aufgeben. Ich war der Meinung, es lohnt sich immer zu kämpfen.

Auch wenn es zwischen uns nie die große Liebe gewesen war, wollte ich doch, dass unsere Ehe gut verlief. Aber wie ich mich auch bemühte, er nahm es nicht wahr. Unsere Ehe war die reine Berg- und Talfahrt, es wurde immer schlimmer! Ich erkannte meinen Mann nicht wieder, so sehr hatte er sich verändert.

Das konnte nur an seinem Alkoholkonsum liegen, anders konnte ich es mir nicht erklären, es sei denn, es steckte eine andere Frau dahinter. Alles an ihm veränderte sich zum Schlechteren. Nicht nur seine Aggressivität nahm zu, auch sein Aussehen. Er nahm immer weiter zu. Ich war es ja gewohnt, dass er dick war, doch jetzt schien er geradezu zu explodieren!

Aber das konnte ich noch ertragen. Wenn er nur nicht so bösartig gewesen wäre! Nicht nur zu mir, er machte nicht einmal vor anderen oder fremden Frauen halt. Besonders zu Frauen, die er nicht leiden konnte oder an denen ihm etwas nicht passte, konnte er plötzlich aus dem Nichts heraus beleidigend sein. Deren Ehemänner stellten sich in der Regel vorbildlich vor ihre Frauen und nahmen sie in Schutz, was ich an meinem Mann immer vermisste. Seine Auftritte waren für mich so peinlich und demütigend. Freude gab es für mich zu Hause schon lange nicht mehr.

Hat er denn Freude daran, andere zu demütigen?

Kennt er keinerlei Achtung vor dem Mitmenschen?

Mit seinen Trinkbrüdern dagegen konnte er richtig locker, lustig, freudig sein. Für ihn waren die Kameraden im Wirtshaus wichtiger als seine Familie. Zu Fremden war er normalerweise hilfsbereit und freundlich. Wahrscheinlich ahnte keiner, dass er in der Familie so anders war.

Wenn er nicht im Wirtshaus saß, verbrachte er seine Freizeit in seinem „Arbeitszimmer“. Stundenlang konnte er dort verweilen, das Familienleben bekam er nur am Rande mit. Was die Kinder in Wirklichkeit machten oder weshalb ich sie schalt, interessierte ihn nicht, nur der Lärm störte ihn. Dann stürmte er aus seinem Refugium und wurde selber laut, ohne den wirklichen Grund zu kennen. Das wollte er auch gar nicht, man konnte meinen, dass er gar nicht zuhörte. War sein Ärger verflogen, ging er wieder zurück in sein Zimmer.

Brauchte ich wirklich einmal seine Unterstützung, stieß ich auf taube Ohren: „Keine Zeit!“ Diese Ausrede kam so oft. Es war zwecklos und unmöglich, mit ihm normal über uns zu sprechen. ***Warum keine Zeit?*** Er schnauzte mich an und gab mir zu verstehen, das Geld käme schließlich nicht von selbst herein. Wenn ich dann einwendete, andere Väter würden auch das Geld verdienen und sich trotzdem um die Familie kümmern, wollte er nicht hören. Für ihn sei Geld das Wichtigste! Fassungslos fragte ich ihn, wenn Geld das Wichtigste sei, wieso er mich dann überhaupt geheiratet hätte. Das Wichtigste sei doch die Liebe. – Statt einer Antwort lachte er nur.

Doch so schnell gab ich nicht auf. Vielleicht verstand er doch etwas von dem, was ich sagte! Um ihn zum Zuhören zu bringen, setzte ich mich einfach auf die Zeitung, die er gerade las. Oder ich versperrte ihm den Weg, wenn er weglaufen wollte. Dann konnte ich zwar alles loswerden, aber es änderte sich trotzdem nichts.

Zum Beispiel wollte ich ihm nahebringen: Wenn man geliebt wird, kann man das Doppelte leisten. Dann kommen Freude, Kraft und Ausdauer von allein. Aber er winkte immer nur ab. Dabei hatte ich inzwischen sogar in der Bibel entdeckt, dass die Liebe das Höchste ist:

Nun aber bleiben Glaube, Hoffnung, Liebe, diese drei; aber die Liebe ist die größte unter ihnen. 1. Korinther 13,13

Das zu lesen war mir eine große Bestätigung. Also ließ ich nicht locker und redete weiter auf ihn ein: Irgendwann musste er doch weich werden! Immer und immer wieder wollte ich ihn darauf aufmerksam machen, was ich eigentlich von ihm wollte. Ich versuchte ihm zu erklären, wenn keine Liebe vorhanden sei, sei das bedrückend, man sei wie gelähmt und bekäme nichts mehr zustande. Alles sei dann nur noch sinnlos und schwer.

Kapitel 25

Ein Ende mit Schrecken

Immer und immer wieder suchte ich das Gespräch mit Alfred. Und alles, was ich sagte und dachte, wurde letztendlich tatsächlich Realität!

Einmal fragte ich ihn, ob es ihm denn egal wäre, wenn ich mir einen anderen Mann nehmen würde? Oder ob er sich von mir trennen wolle? Ob es in seinem Leben eine andere Frau gebe? Aber es kam keine Antwort. Nichts! Ich spürte, da stimmte etwas nicht. Aber was? Ich konnte sein Verhalten nicht verstehen.

Alle meine Gesprächsversuche schienen ins Leere zu laufen. Ich war leer und ausgebrannt und enttäuscht. Auch von Gott.

Gott? Wo ist er denn? Warum hilft er mir nicht? Ich betete und versuchte, mein Leben in Ordnung zu bringen. Doch stattdessen ging nach und nach alles zu Bruch. Ich resignierte.

Wozu soll ich noch beten? Es hatte ja doch keinen Zweck.

Ich sah keinen Ausweg mehr. Die Beleidigungen meines Mannes und seine Gleichgültigkeit stürzten mich emotional in die Tiefe. Ich konnte nur noch an seine Gleichgültigkeit denken.

Wie kann ich ihn dazu bewegen, sich wieder für mich zu interessieren? Vielleicht hilft es, ihn eifersüchtig zu machen?

Diesen Gedanken verdrängte ich schnell: Das wäre Ehebruch, das durfte nicht sein! Aber meine Verzweiflung nahm zu. Mein Herz war gebrochen und die Bitterkeit nahm immer mehr Raum in mir ein. Mein Leben schien so sinnlos. Ich sehnte mich nach Gott, aber ich spürte, dass ich sehr weit weg von ihm war. Vor Verzweiflung und Selbstmitleid wusste ich nicht mehr, was ich tun sollte. Ich griff nach jedem Strohhalm, ohne auch nur ein wenig nachzudenken, was dieser für Auswirkungen haben könnte.

Und so machte ich einen meiner größten Fehler.

Wieder einmal gab es einen Ehekrach. Wir waren gerade auf dem Balkon. Am Ende ging Alfred aus dem Haus und ich stand wie aufgelöst da. Ich dachte: Jetzt ist alles aus, und konnte nur noch weinen. Er war gegangen und ich wusste nicht, wohin. Wer weiß, wann er wiederkommen würde! Schon oft war er, ohne etwas zu sagen, einfach für mehrere Tage verschwunden gewesen. Ich war in Tränen aufgelöst, fast hysterisch und total verzweifelt.

Da kam plötzlich mein Schwager um die Ecke, wie aus dem Nichts, als hätte er gewusst, was gerade passiert war. Hatte er etwas gehört und den richtigen Augenblick abgepasst? Er kam oft genau in solchen Momenten. Ich mochte ihn. Er hatte eine so ausgeglichene Art. In seiner Gegenwart fühlte ich mich wohl.

Und nun geschah etwas, das nie hätte geschehen dürfen, das ich am liebsten aus meinem Leben streichen würde – aber es geschah! Mein Schwager nahm mich tröstend in den Arm und versuchte, mich zu beruhigen. Als er mich so in seinem Arm hielt, durchströmte mich ein Gefühl von Geborgenheit und Sicherheit. Das hatte ich nie gekannt. Es war so schön! Dann versuchte er mich zu küssen – und ich ließ es zu.

Es war nur ein Kuss, ein harmloser Kuss, aber er sollte mein ganzes Leben verändern. Er küsste mich! Mein Ehemann hatte das all die Jahre nicht zustande gebracht! Dieses Gefühl war mir fremd, und doch fühlte es sich so gut an. Durch diesen einen Kuss wurden in mir Gefühle geweckt, die ich bis dahin nicht gekannt hatte. – In mir passierte etwas, was ich eigentlich überhaupt nicht wollte.

Was ist denn das? Erschrocken ließ ich ihn los, und jeder ging wieder seiner Wege.

Über diesen einen Kuss habe ich mir viele Gedanken gemacht. Wie leichtfertig gehen wir doch im Allgemeinen mit Küssen um. Und was kann ein einziger Kuss bewirken!

Wie konnte das nur geschehen? Bei all den Männerbekanntschaften in der Bäckerei war ich standhaft geblieben, hatte der Versuchung nicht nachgegeben. Und jetzt so etwas! Nein, das wollte ich nicht. Das wollte ich ganz schnell wieder vergessen!

So einfach ging das aber nicht. Er kam wieder und wieder, und bald war ich ihm verfallen. Viele Gespräche hatten wir miteinander – und dann gestand er mir seine Liebe. Wir sprachen vertraut über unser Leid und unsere Sehnsüchte. In gewissen Dingen ähnelten wir uns sehr, und auch unsere Ehepartner hatten Gemeinsamkeiten.

Aber ob das Liebe war? Wohl kaum die Liebe, von der die Bibel spricht. Sonst hätte das in mir nicht so ein Chaos angerichtet! Zu meinen, durch diese Affäre würde das Leben leichter, war eine Täuschung. Im Gegenteil, es kamen immer neue Probleme hinzu, und so langsam verlor ich den Überblick. Dennoch trafen wir uns weiterhin. – Bis ich einmal schwach wurde, und da war es um mich geschehen.

Mir war bewusst, dass wir beide Ehebruch begingen, aber all diese Gebote Gottes, die hatte ich sowieso schon lange hinter mir gelassen. Mir war doch alles nur noch egal. An Gott verschwendete ich keinen Gedanken mehr! *Wozu auch?* Bisher war nichts besser geworden, eher schlimmer. Meine Ehe war sowieso schon kaputt, also was soll's.

Und nun konnte ich meinem Schwager nicht mehr widerstehen, gerade als wäre ich süchtig nach ihm. Wir nutzten jede Gelegenheit, einander zu sehen.

Wenn er von der Arbeit kam und an unserem Haus vorbeifuhr, konnten wir uns unauffällig verabreden. Ich schaute schon rechtzeitig auf die Uhr und sicher fand sich im Vorgarten ein Unkräutchen, das ich ausrupfen konnte. Klappte es einmal nicht, fand er einen Vorwand, um kurz vorbeizukommen. Wir fanden immer einen Weg, uns zu verabreden, ohne das Telefon zu benützen. Ich staunte über unseren Einfallsreichtum!

Dieser Mann gab mir etwas, was ich mir jahrelang von meinem eigenen Mann ersehnt und nicht bekommen hatte, und ich verliebte mich in ihn. Anfangs wehrte ich mich noch dagegen, und ich wusste, dass ich das eigentlich nicht durfte. Doch dieses Gefühl überrannte mich! Dagegen war ich machtlos, auch wenn ich mich dabei überhaupt nicht gut fühlte. Das schlechte Gewissen plagte mich, aber die Heimlichkeiten nahmen ihren Lauf. Ich war diesem Mann so verfallen, dass ich einfach nicht mehr von ihm lassen konnte. Ich machte mir selber etwas vor und wollte glauben, dass er mich liebte, was aber eigentlich nicht sein konnte. Es waren nur die Gefühle, die da verrücktspielten.

Immer wieder trafen wir uns für ein kurzes angenehmes Beisammensein. Immer mit dem Blick auf die Uhr, damit jeder wieder rechtzeitig zu Hause war. Zuerst fuhr der eine los, und wenn der außer Sicht war, der andere – natürlich auf einer anderen Strecke. Wir wechselten den Treffpunkt ständig, und keiner bemerkte es. Kaum war ich wieder zu Hause, war alles wieder trostlos wie zuvor.

Nur dass sich die Gefühle überschlugen: Das Herz fängt an zu pochen und sehnt sich nach dem anderen. Es war kaum noch auszuhalten. Früher hatte ich es leichter gehabt, als ich dieses Gefühl noch nicht kannte. Damals musste ich nur mit der Ablehnung fertigwerden, die mein Mann mir entgegenbrachte, aber jetzt war ich auch noch unglücklich verliebt. Das machte es keinesfalls leichter, im Gegenteil! Das befriedigte mich auch nicht, machte mich nur noch unglücklicher.

Ich hatte ein Leben geführt, in dem für Liebe kein Platz war, die Lebensweise meines Mannes hatte mir sehr zu schaffen gemacht. Aber was hatte ich jetzt? Gefühle, die mit mir Achterbahn fuhren, eine Liebe, die nicht sein durfte, und das Bewusstsein, diesen Mann nie besitzen zu dürfen. Ein ewiges Versteckspiel. Nie dürfte ich seine Nummer eins sein, war nur die rechtlose Geliebte! Ich stellte mir vor, wie es wäre, immer mit ihm zusammen zu sein, aber auch dieser Gedanke erschreckte mich:

Und wenn er plötzlich wieder an seine Frau denkt und mich vielleicht mit ihr vergleicht? Vielleicht bin ich dann wieder nicht gut genug?

Als mich diese Erkenntnis überkam, bereute ich, dass ich mich in ihn verliebt hatte. Am liebsten hätte ich jetzt einfach den Schalter umgelegt: Aus! Aber das ging nicht. Wie sehr ich mich auch bemühte, die Sehnsucht war zu groß. Also nichts wie weg mit dieser Erkenntnis!

Keiner entdeckte unsere Liebschaft, nur Stiefmutter wusste davon. Ich hatte sie eingeweiht und sie unterstützte mich, deckte uns. Ich beruhigte mein Gewissen, indem ich mir einredete, ich bräuchte ja nicht zu lügen. Es würde ja sowieso keiner nach mir fragen, keiner mich vermissen. Das stimmte ja auch.

Mein Gewissen sagte mir zwar etwas anderes, nämlich, dass mein Handeln falsch war, doch mein Herz konnte nicht anders. Eine schreckliche Zwickmühle, in der ich mich da befand! All die Jahre hatte ich auf Treue gehalten, und nun war ich plötzlich in so ein Chaos hineingeraten.

Am besten hätte ich stillschweigend alles beendet. ***Aber wie soll das gehen?*** Ich sah keinen Ausweg. Zu tief steckte ich im Schlamassel.

Stiefmutter hatte einen Ausweg, und dazu musste ich sie nicht einmal informieren. In meiner Not bat ich sie, für mich Karten zu legen, und sie wusste Antwort – auf alle meine Fragen! Das hatte sie in ihrer Jugend von einer Zigeunerin gelernt, und das Pendeln auch.

Ich hatte ihr gelegentlich zugeschaut, wenn sie für eine Tante Karten legte. Heimlich nahm ich nun ihre Karten und ihr Pendel mit nach Hause, um mir selber die Antworten zu holen. Vorläufig – nur bis ich mir die Utensilien selbst besorgt hätte. Alles, was auf ihren Karten stand, übertrug ich auf meine. Jetzt war ich unabhängig! Genauso unbemerkt, wie ich sie mir „ausgeliehen" hatte, legte ich Stiefmutters Karten und Pendel wieder zurück. Ich lernte schnell, und wenn ich Fragen hatte, gab Stiefmutter bereitwillig Auskunft. Was Gott wohl davon halten mochte, daran verschwendete ich keinen einzigen Gedanken.

Ich war zufrieden mit den Informationen, die ich so gewann, aber in Wirklichkeit war es mir keine Hilfe. Es half mir nicht, das Problem zu lösen, und ich wurde richtig süchtig danach. Um in Übung zu kommen, praktizierte ich diese okkulten Techniken auch für andere, und die Sucht wurde stärker. Mein Interesse an Hexerei und okkulten Praktiken wuchs, alles Außergewöhnliche und Unheimliche faszinierte mich.

Keiner bemerkte meine inneren Kämpfe, ich konnte alles überspielen: die endlose Warterei auf eine so kurze Zeit der heimlichen Liebe, und dann war sie schon wieder vorbei. Eine Illusion. Träume, die nur Träume bleiben.

Alles spitzte sich immer mehr zu. Das ganze Hin und Her ging nicht spurlos an mir vorüber: Mein Körper spielte verrückt. Bei der kleinsten Arbeit lief mir der kalte Schweiß die Schläfen herunter. Selbst die Arbeit in der Bäckerei, die ich immer so gemocht hatte, wurde zur Anstrengung, zur Höchstleistung. Meine Kraft schwand immer mehr.

Die Epilepsie war auch wieder da: Wann immer es zu Hause stressig wurde, bekam ich Anfälle. Zunächst waren sie eher leicht, aber sie kamen immer öfter und wurden immer heftiger.

Von den Anfällen bekam mein Mann nichts mit, da er fast nur noch in den Wirtshäusern unterwegs war. Er lehnte mich noch mehr ab als zuvor, wenn das überhaupt noch steigerungsfähig gewesen war. Dass ich Epilepsie hatte, wusste er. Nach dem Tod meines Schwiegervaters hatte er einmal so einen Anfall mitbekommen. Damals schleifte er mich die halbe Nacht durchs Zimmer, um mich wachzuhalten. Dass die Anfälle jetzt wieder verstärkt auftraten, davon wusste er aber nichts, wir redeten ja nicht mehr miteinander, und sie kamen meistens, wenn er noch im Wirtshaus war.

Mein Herz konnte es kaum verkraften, ich bekam Herzrasen und alles begann sich zu drehen. Oft meinte ich, kurz vor dem Herzinfarkt zu stehen. Besonders nachts hatte ich Angstzustände, Angst wie kurz vor einem Herzinfarkt; das Atmen fiel mir schwer, als ginge mir die Luft aus. Meine Verzweiflung nahm überhand und schien endlos zu sein. Eigentlich konnte ich mir diese Probleme nicht auch noch leisten! Ich saß in der Zwickmühle und kam nicht mehr heraus. Zudem bekam ich Pickel, was mich sehr belastete, weil es mir wichtig war, gut auszusehen.

Die Nächte wurden zur Qual. Mein Mann hatte Asthma, und entweder konnte ich nicht schlafen, weil er hustete, oder wegen seines Inhaliergeräts – oder aber wegen meines schlechten Gewissens, das mich ständig plagte. Immerhin war ich ein neuer Mensch geworden, als ich Jesus mein Leben übergab, und dieser neue Mensch war nicht für „Seitensprünge" gemacht! Ich war müde und wollte schlafen, konnte aber nicht. Um die Nacht abzukürzen, versuchte ich es mit Fernsehen, aber dazu war ich wiederum zu müde. Was ich auch tat, es ging einfach nicht. Ich fand keine Ruhe. So ging es etwa zwei Jahre lang. Ein Schrecken ohne Ende.

Endlich fing ich wieder an zu beten. In einfachen Worten und aus ehrlichem Herzen kniete ich vor Gott und flehte ihn an, ja ich schrie zu ihm. Alles legte ich ihm detailliert vor und bat ihn um Hilfe. Aber lange änderte sich nichts. Solange diese Beziehung der unerlaubten Liebe bestand, wurde mein Zustand immer kritischer. Dabei bemerkte keiner, wie es in mir aussah. Ich hatte jahrzehntelange Übung, seit meiner Kindheit hatte ich mit meinem Humor alles überspielen können. Aber wirklich lachen konnte ich schon lange nicht mehr.

Die okkulten Machenschaften sollten alles wieder zum Guten wenden, hoffte ich. Welch ein Unsinn! Es funktionierte nicht, ich wurde immer kränker und schwächer. Mir gelang einfach nichts mehr, es war wie ein Fluch. Die Arbeit wurde zur Überwindung, ich vernachlässigte den Haushalt und die Kinder waren mir gleichgültig geworden. Aber weiter suchte ich Hilfe bei meinem Schwager und der Wahrsagerei. Ein Teufelskreis.

Ich erkannte, dass durch die Schuld, die ich mir aufgeladen hatte, meine Schwierigkeiten immer schlimmer und heftiger wurden: Diebstahl, Ehebruch, Okkultismus. Das alles war mir immer verhasst gewesen, und nun erdrückte es mich. Ich hatte den Bogen überspannt und nur Gott konnte mich von meiner Schuld befreien. Würde er mir verzeihen? Ich hoffte es.

Mir wurde klar: Den Teufel gibt's wirklich, und ich bekam Angst vor ihm. Und doch: Obwohl ich merkte, wie gefährlich das war, spielte ich weiterhin mit dem Feuer.

„*Sag niemals nie*" – das ist ein guter Rat. Denn genau das, was für mich immer tabu gewesen war und wofür ich die Menschen am schärfsten verurteilte, genau das tat ich jetzt selbst.

Deshalb habe ich beschlossen, keinen mehr zu verurteilen, weil man schneller in etwas hineinrutschen kann, als man eigentlich will.

Immer mehr schrie ich nachts zu Gott, aber mir schien, als hörte er mich nicht. Ich schrie zu ihm, er solle mich befreien und mich aus meiner Not herausholen.

Hilf mir, Herr!
Jesus!!

Ich konnte nur noch „Jesus" schreien. Und Gott hörte mein Schreien und half mir, aber ganz anders, als ich es mir vorgestellt hatte.

Wir wollten nach Ungarn fahren und dort Urlaub machen, mein Mann und ich, der Schwager und die Schwägerin und die Kinder. In diesem Urlaub sollte ich von diesem Mann loskommen. Doch wie schwer das werden würde, das konnte ich nicht ahnen.

Wir waren alle im selben Haus untergebracht, wie vor einigen Jahren schon einmal; damals war noch nichts zwischen meinem Schwager und mir. Es war wie gehabt: Nach dem gemeinsamen Frühstück gingen wir zum Plattensee und auf die Märkte. Nicht immer alle zusammen, einfach wie jeder Lust hatte. Abends gingen wir essen. Fertig. Keine Unternehmungen, keine Besichtigungen; vom Land selber sah ich so gut wie nichts.

Ich wollte die Beziehung beenden, wusste aber nicht wie. Immer wieder war der Schwager da und wir tauschten uns durch Augenkontakt aus. Ich versuchte, mit Gott in Verbindung zu bleiben:

Ach Herr, wie soll das gehen? Wie soll ich von ihm lassen, wenn er mir doch ständig hinterherläuft, wenn wir uns täglich begegnen, wenn er sich mir ständig nähern will?

Ach Herr! Mein Herz ist schwer und kann kaum noch atmen. Es ist mir zu viel! Diese Beziehung ist mir zu anstrengend.

Vergib mir, Herr! Ich habe große Schuld auf mich geladen und komme von ihm nicht mehr los. Herr, greife ein und hilf mir, dass ich nicht noch mehr Dummheiten mache. Amen.

Und dann ging es ganz schnell: Der Urlaub war fast zu Ende, und wieder einmal stellte mir der Schwager nach, er wollte mich küssen und ich konnte nicht widerstehen. Dabei wurden wir von meiner Schwägerin erwischt.

Das war das Ende. Das war die Hilfe des Herrn! Allein hätte ich es nie zustande gebracht. Aber diese Situation war so peinlich und schrecklich für mich, mit Worten kann ich es gar nicht beschreiben. Ich stand da und wäre vor Scham am liebsten in den Boden versunken! Ohne mir ein Wort zu sagen, lief mein Schwager seiner Frau hinterher, um ihr alles zu erklären.

Ich weiß nicht, was er ihr alles erzählte. Vielleicht, dass zwischen uns gar nichts wäre. Eines wusste ich: dass er mich fallenließ wie eine heiße Kartoffel, und das war für mich das Schlimmste. Nun sah ich ihn, wie er wirklich war.

War er ein Feigling? Oder wollte er um seine Ehe kämpfen? Vielleicht beides. Ich hätte gewollt, dass mein Ehemann sich auch einmal so um mich bemühte, doch das hatte ich bei ihm nie erlebt.

Oh, war das unangenehm! Schweigend gingen wir uns aus dem Weg. Aber die Blicke sprachen Bände. Und ich hatte keine Rückzugsmöglichkeit! Das schnitt mir den Atem ab. Noch in der Nacht, als ich im Bett lag, bekam ich einen Anfall, einen wirklich heftigen. Ich wollte nur noch sterben, das hielt ich nicht mehr aus. Mein ganzer Körper zuckte wie unter Strom. Meine Muskeln erlahmten und ich war nicht mehr fähig zu sprechen, konnte nicht mehr gehen. Das ganze Haus war in Aufruhr. Zum Arzt wollte ich nicht, also brachen wir den Urlaub ab. Zu Hause normalisierte sich mein Zustand.

Lieber ein Ende mit Schrecken als ein Schrecken ohne Ende, sagt der Volksmund. Gott hatte mich gezüchtigt, und das war Gnade. In der Bibel steht in Hebräer 12,6: „Denn welchen der Herr liebhat, den züchtigt er."

Gott hatte eingegriffen, das war mir klar. Andererseits sehnte ich mich nach dem Schwager. So wollte ich es nicht stehenlassen, einfach nur Wegbleiben, ohne ein klärendes Wort! Das fand ich nicht in Ordnung, so Knall auf Fall, ohne ein tröstendes Wort zum Abschied. Das zermürbte mich.

Warum fiel es mir so schwer, warum kam ich nicht von ihm los?

Also doch Liebe?

Weiß ich überhaupt, was Liebe ist? **Diese Frage stellte ich mir immer wieder. Je mehr ich mich das fragte, umso mehr zweifelte ich daran. Ich drehte mich im Kreis und es hörte nicht auf.**

Vater im Himmel und Jesus Christus!

Ich bitte dich, vergib mir meine Schuld.
Ich habe große Schuld auf mich geladen.

Du sagst: Wer bittet, dem wird gegeben, und wer anklopft, dem wird aufgetan, und wer sucht, der wird finden.

Jesus, du bist für mich ans Kreuz gegangen. Vergib meine Lügen, meinen Ehebruch, meine okkulten Praktiken, das Stehlen. Obwohl ich dir gehöre, habe ich so große Sünden begangen.

Jesus, du bist meine einzige Hoffnung und Rettung. Wasche mich rein durch dein kostbares Blut, das du für mich vergossen hast.

Hilf mir, ein guter Mensch zu werden.
Hilf mir, so wie ich ungehorsam war, jetzt gehorsam zu sein.
Hilf mir, dass der Schmerz in meinem Herzen aufhört.

Hilf mir, dass ich über diesen Mann hinwegkomme, dass ich ihn nicht mehr sehe. Wie soll ich ihn vergessen, wenn ich ihn immer sehe? Es ist klar, wir wohnen beide im gleichen Ort. Doch in deinem Wort steht auch, dass bei dir nichts unmöglich ist. Amen!

Ich betete noch weiter, was mir eben in den Sinn kam. Und Gott erhörte mich: Meinen Schwager sah ich von nun an nicht mehr. Ich sah ihn nicht einmal mehr mit dem Auto an unserem Haus vorbeifahren! Hatte er nun andere Arbeitszeiten? Ich weiß es nicht.

Ich versuchte ganz bewusst, ihn zu sehen, um Gott zu prüfen – ich wollte ganz sicher sein, ob Gott mein Gebet erhört hatte. Und tatsächlich: Ich sah ihn nicht mehr, genauso wie ich Gott gebeten hatte.

Einerseits freute es mich, andererseits war ich innerlich zerrissen.

Doch mit der Zeit konnte ich dem abrupten Ende auch Gutes abgewinnen: Dass der Schwager sich überhaupt nicht mehr blicken ließ, dadurch machte er es mir leichter, die Finger von ihm zu lassen. Dieses plötzliche, unvermittelte Ende war zwar schmerzhaft, aber es war meine Rettung. Irgendwann konnte ich wieder klar denken, und nun fühlte ich mich schmutzig und total schlecht.

Und ich fühlte mich benutzt, auch wenn ich selber schuld daran war. Als mir zu Ohren kam, dass mein Schwager mich tatsächlich verleugnet und alles abgestritten hatte, war mir klar: Er hatte mit mir nur gespielt. Dass er mich mit dieser Peinlichkeit alleingelassen hatte, das brach mir das Herz. Von Männergeschichten hatte ich die Nase jetzt gestrichen voll!

Je mehr ich daran dachte, umso schlechter ging es mir und desto mehr schrie und flehte ich zu Gott. Er hatte mir da herausgeholfen, es hatte sehr wehgetan, aber anders wäre es wohl nicht möglich gewesen. – Auch jetzt war Gott der Einzige, der mir noch helfen konnte. Ich *wusste*, dass er mir helfen würde.

Die Lüge fraß mich regelrecht auf. Ich wollte meinem Mann alles beichten. Ich musste ihm die Wahrheit sagen mit allen Konsequenzen und auch, welche Beweggründe ich überhaupt hatte, dass es so weit kommen konnte. Ich wollte ihm erklären, dass ich es nicht mehr aushalten konnte, wie er mit mir umging.

Mein Herz klopfte unaufhörlich. Mir war nicht wohl bei der Sache. Ich hatte Angst vor diesem Gespräch.

Ob er mich anschreit? Hinauswirft? Mich schlägt?

Aber ich musste und wollte es bereinigen. Und alle meine Befürchtungen erwiesen sich als gegenstandslos, nichts dergleichen geschah. Als ich es beichtete, saß er an seinem Schreibtisch. Er hörte mir zu und blieb ganz ruhig, als hätte er auf Durchzug gestellt. Er würdigte mich keines Blickes. Es war schrecklich!

Kann er mir jemals verzeihen?

Als Antwort kam nur ein Satz. Einer, der seine Gleichgültigkeit noch mehr unterstrich: „Jetzt hat meine Schwester auch einmal etwas abgekriegt."

Entsetzt stand ich da. Mit allem hatte ich gerechnet, nur nicht mit so einer Antwort und so einer Reaktion. Ich konnte es nicht glauben!

Wie kann er nur so kalt sein? Wie kann man nur seiner eigenen Schwester so etwas wünschen? Sie war doch das Opfer bei der ganzen Geschichte!

Was für einen Hass muss er auf seine Schwester haben, welche Eifersucht, welchen Neid! Was er da an den Tag legte, das hatte nichts mehr mit mir zu tun.

Was hat dieser Mann erlebt, dass er so werden konnte? Wie kann man nur so denken! Ich fragte ihn, ob ihm klar sei, was er da sagte. Was er seiner Schwester wünsche.

Und dass ich mich jetzt nicht mehr wundere, dass er mich so gar nicht lieben könne. Ja, das war es! Jetzt ergab es einen Sinn. Dieser Hass auf seine Schwester. Wie ablehnend er zu seiner Mutter war. Wie er mich behandelte. Und meine Tochter. Und wie er fremde Frauen beleidigte: Er hatte etwas gegen Frauen, und das musste von irgendetwas in seiner Kindheit herrühren.

Jetzt wusste ich: Er hatte mich nie geliebt und er war auch gar nicht fähig zu lieben. Ich hatte mit einer Szene gerechnet, mit Schlägen oder mit einem Rauswurf, aber nein, von ihm kam nur – Gleichgültigkeit …

Ich erinnerte mich daran, wie ich von anderen erfuhr, dass er mit einer anderen Frau zusammengewesen war. Damals beteuerte er, es sei nur ein Kuss gewesen, es sei nichts passiert. Von wegen nichts passiert!

Der Kuss hatte ihm etwas bedeutet. Der Kuss hatte seine Gefühle angeregt. Damals hatte ich davon nichts verstanden, aber jetzt kannte ich die Macht eines Kusses.

Warum brauchte er einen Kuss von einer anderen? Warum holte er ihn nicht bei mir? ***Bin ich ihm nicht genug?*** Ich hatte es ihm damals zwar verziehen, aber es stach immer noch in mir.

Vertrauen hatte ich zu meinem Mann schon längst nicht mehr. All die Jahre nicht. Und jetzt war ich noch verzweifelter! Mein Leben hatte noch weniger Wert als vorher. Die Wunden wollten nicht verheilen.

Wäre zwischen uns alles in Ordnung gewesen, wäre diese Geschichte mit meinem Schwager nicht passiert. Wäre zwischen uns alles in Ordnung gewesen, hätte es richtig Ärger gegeben. Aber bei uns war gar nichts in Ordnung, sonst hätte er doch nicht so kalt reagiert. So gleichgültig. Eine Affäre, um meinen Mann eifersüchtig zu machen? Von wegen!

Kapitel 26

Jetzt ist Schluss!

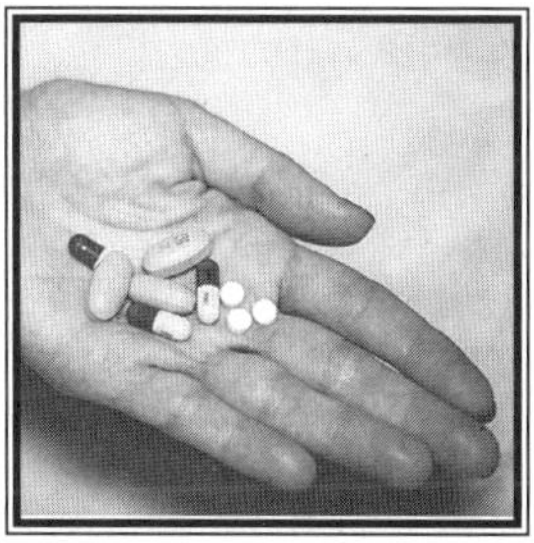

Ich war allein. Ich fühlte mich so einsam. Ich fiel in eine schwere Depression.

Meine Familie hatte für mich keine Bedeutung mehr und ich meinte, ohne mich hätten sie es bestimmt leichter. Ich sagte zu Gott, er solle mein Blut nehmen, damit meine Familie gerettet würde. Ich war sehr apathisch. Jede Arbeit fiel mir schwer. An nichts mehr hatte ich Interesse, geschweige denn Freude. Ich fühlte mich ausgelaugt und total leer.

Wozu lebe ich eigentlich noch?

Was hat das Leben für einen Sinn?

Zu was bin ich eigentlich gut?

All die alten Fragen lebten wieder neu in mir auf. Meine Depression stieg weiter an: Nun hatte ich alles verloren, da war nichts, was mich noch hielt. Es gab nur Vorwürfe, Beschimpfungen und Ablehnung. Was ich getan hatte, war nicht zu entschuldigen. Gott hatte mir geholfen und die Beziehung beendet, aber ich hatte keinen Frieden in mir.

Meine Unzufriedenheit wuchs von Tag zu Tag. Ich fühlte mich schmutzig und wertlos, und da wollte ich einfach heraus!

Nacht für Nacht betete ich und jedes Gebet war getränkt mit meinen Tränen.

Ich bereute zutiefst, aber es half nichts. Ich stand da mit dem Schmerz, den ich mir selbst eingebrockt hatte. Stiefmutter wollte mich trösten, sie goss ihren Hass auf meinen Schwager über mich aus. Böse Worte fand sie für ihn: Er sei zwanzig Jahre älter und hätte es besser wissen müssen. Ich musste sie bremsen: „Nein, ich bin erwachsen und verheiratet. Ich hätte es auch wissen müssen! Ich wusste es auch, aber ich habe dieser Versuchung nicht widerstanden. Ich bin schuld."

Ich bekannte mich zwar zu meiner Schuld, konnte aber nicht mehr damit leben. Die Tatsache, dass es zwischen meinem Schwager und mir nie ein klärendes Wort gegeben hatte, dass ich einfach so abserviert worden war, beeinträchtigte mein Selbstwertgefühl. Jede Nacht lag ich wach und erzählte Jesus, wie ich mich fühlte. Und ich gab mir alle Mühe, wieder gut zu sein!

Zuerst beschloss ich, bei der Arbeit ehrlich zu werden – damit auch diese Schuld von mir wich. Um wieder ein gutes Gewissen zu bekommen. Die Arbeit half mir zu vergessen. Aber sie fiel mir schwer.

Nach der Arbeit war ich für meine Kinder da. Aber ich funktionierte nur noch, hatte keinerlei Empfindungen, keine Gefühle mehr für sie. Als wäre ich schon … Ja genau, jetzt machte ich Schluss!

Eines Abends – mein Mann war wieder einmal ausgegangen – beschloss ich, meinem Leben ein Ende zu setzen, damit keiner mehr durch mich geschädigt würde. Schluss jetzt! Ich legte mir einen Plan zurecht.

Die sanfte Methode wäre das Richtige für mich, ich konnte keinen Schmerz mehr ertragen. Und wenn ich ging, sollte alles in Ordnung sein! So brachte ich die Wohnung auf Hochglanz und kochte das Lieblingsessen meiner Familie. Schrieb jedem der Kinder ein Abschiedswort.

Am Abend wartete ich ab, bis die Kinder alle schliefen und mein Mann wie gewöhnlich im Wirtshaus war. Duschte mich, zog mir frische Kleider an. Dann nahm ich eine Flasche Wein und suchte alle Tabletten und Schmerzmittel zusammen. Mein Herz wurde immer schwerer und ich weinte aus tiefstem Herzen. So ging ich nochmals zu Gott:

O Herr!

Vergib mir meine Schuld und vergib auch mein Vorhaben.
Ich weiß, man darf es nicht tun. Deshalb komme ich zu dir und bitte:
Sei du jetzt in dieser Stunde bei mir. Ich habe so viel Schlimmes getan
und ich kann damit nicht mehr leben.

Ich bin gefangen in dieser Ehe, wo ich weder Freude und Erfüllung
noch Liebe gefunden habe. Ich habe Dinge getan, durch die ich
Menschen verletzt habe. Sie wären alle zufriedener und glücklicher,
wenn es mich nicht geben würde.

Ich war und bin jedem gleichgültig. Ich sehe keinen Sinn
in meinem Leben. Ich mache jetzt Schluss damit.

Jesus Christus, Gottes Sohn, mein Fürsprecher, mein Mittler, vergib mir
meine Schuld und hilf mir. Ich weiß keinen anderen Ausweg mehr und
ich bitte darum, dass ich für immer bei dir sein darf. Amen!

Danach stand ich von den Knien auf, setzte mich auf mein Bett und füllte das Glas mit Rotwein. Nach und nach nahm ich die vorbereiteten Tabletten ein, versuchte, nebenher noch in der Bibel zu lesen. Die größte Wohltat waren die Psalmen, also blieb ich dabei.

Dann war die Flasche leer und alle Tabletten waren geschluckt. Ich legte mich hin und zog die Decke über den Kopf. Das war's dann wohl. Schluss! Den Wecker brauchte ich nicht mehr zu stellen.

Am nächsten Morgen wachte ich pünktlich auf und fühlte mich wie neu geboren. Ich war fit wie nie zuvor.

Das konnte ich nicht glauben! Keinerlei Übelkeit, kein Durchfall, kein Erbrechen noch sonstige Beschwerden? Für mich war es ein Wunder. Und ich begriff etwas: Gott hatte es nicht zugelassen, dass ich starb. Vielleicht waren es auch nur die falschen Tabletten gewesen.

Aber der Alkohol? Nicht mal ein Kater? Und keine Nebenwirkungen von dem Medikamentencocktail?

Dieses Schlüsselerlebnis reichte mir aus, um wieder auf den rechten Weg zu kommen. Offensichtlich wollte Gott mich noch nicht im Himmel haben! Ich dankte Gott, dass ich noch lebte:

Vater im Himmel!

Ich danke dir für deinen Schutz und für deinen Sohn Jesus Christus.
Ich danke dir, dass ich noch lebe. Ich danke dir, dass du noch nicht willst, dass ich diese Erde verlasse.

Ich danke dir, dass mein inneres Auge dich jetzt erkannt hat.

Ich danke dir, dass du mir meine Schuld vergeben hast. Bitte hilf mir, in Zukunft gehorsam zu sein. Zeige mir, wie ich dir dienen kann. Lass mich für dich ein Wohlgeruch sein. Ich will so leben, dass du dich darüber freust, dass du mich gerettet hast.

Hilf mir, mein Leben zu ordnen und aufzuräumen.
Gib mir, gib meinem Leben einen Sinn und einen neuen Lebensinhalt.
Herr, ich bitte dich, erhöre mein Gebet. – Amen!

Mir war klar geworden: Jetzt ist wirklich Schluss!

Ich will Sünde nicht mehr einfach so hinnehmen.

Ich will mir Gedanken machen über mein Leben.

Ich lasse meinen Begierden keinen freien Lauf.

Ich will nichts verniedlichen.

Auch wenn es „nur" ein Kuss ist. Auch kein „nur Ausprobieren" okkulter Praktiken. Auch wenn es „nur" ist, um dazuzugehören, obwohl ich genau weiß, dass es verkehrt ist. Das reicht schon, und Gott zieht sich von einem zurück.

Für den einen mag es harmlos sein, aber einem anderen kann es das ganze Leben verderben. Mich hätte es fast das Leben gekostet.

Von dem Tag an bezahlte ich alles, was ich am Arbeitsplatz verzehrte. Ich blieb nichts mehr schuldig. Auch damit war jetzt Schluss!

Alle okkulten Gegenstände warf ich weg, sogar Stiefmutters Zauberzeug – sie sollte keinen mehr damit verführen können! Meine ganze Familie hatte sie dadurch beeinträchtigt, und beinahe wäre durch mich noch eine zweite Familie zugrunde gegangen.

Ich war so dankbar, dass mein Schwager bei seiner Frau blieb, dass sie ihm vergeben konnte. Möge sie gesegnet sein! Ich bat den Herrn darum, dass ich mich bei ihr entschuldigen kann, und nach etwa zwei Jahren wurde auch das möglich.

Ich hatte Gott vergessen. So wie ich am Anfang Gott einbezogen, ihn um alles gebeten und ihm für alles gedankt hatte, so hatte ich nun alles außer Acht gelassen: Ich dankte nicht mehr, ich betete nicht mehr, ich bezog ihn nicht mehr in mein Leben ein.

Wie konnte ich all das vergessen, was Gott schon für mich getan hatte und wie er sich für mich einsetzte? Das war die Folge der Sünde.

Was kann es doch für schwere Auswirkungen haben, wenn man nicht auf Gott hört.

Kapitel 27

Neue Erkenntnisse

Die Bibel sagt in Matthäus 6,24: „Niemand kann zwei Herren dienen." Das war mir jetzt klar geworden: Wenn man Jesus Christus als Herrn und Erretter angenommen hat, kann man nicht die Gebote Gottes außer Acht lassen. Genau das hatte ich getan, aber es war mir nicht gut bekommen. Ich hatte mich zwar für Jesus Christus entschieden und war ein neuer Mensch geworden. Ich wollte mit Jesus leben und auf seinen Wegen gehen, aber ich tat es nur zur Hälfte.

Ich wollte es, konnte es aber nicht. ***Was tun?*** Ich las doch in der Bibel und ich betete auch. Wahrscheinlich hat es mir das Leben gerettet, dass ich vor meinem Suizidversuch Gott um Vergebung gebeten habe! Landläufig würde man sagen, ich hätte Glück gehabt. – Ich nenne es Gnade.

Da stand ich nun mit meiner Erkenntnis. Aber wie ging es für mich jetzt weiter mit Gott, was sollte ich jetzt tun?

Ich hatte ganz gehörig Dummheiten gemacht und dadurch einiges angerichtet. Deshalb war es mir wichtig, mich aufs Neue für Jesus Christus zu entscheiden und in Zukunft die Gebote Gottes zu beherzigen.

Wohin gehe ich jetzt mit meinen ganzen Problemen?

Wie soll das alles wieder gut werden?

Mein Leben lag in Trümmern, und dieser Trümmerhaufen kam mir vor wie ein unüberwindlicher Berg. Ich brauchte Hilfe!

Aber wohin sollte ich gehen? Zum Pfarrer? Nein, zu dem hatte ich kein Vertrauen. Mit meinem kleinen Funken Glauben bat ich Jesus Christus, mir zu helfen und mir zu zeigen, wohin ich gehen, wo ich Hilfe suchen sollte. Kurze Zeit nach diesem Gebet kam auch schon die Antwort:

Rita erzählte mir von einer Veranstaltung, an der mehrere Prediger aus verschiedenen christlichen Kirchen und Ländern das Evangelium verkünden würden, sie habe einen Prospekt davon. Ob ich nicht mitkommen wolle? – Das ging mir nun doch ein wenig zu schnell! Ich brauchte noch Bedenkzeit.

Aber ich fragte Jesus Christus, was er von dieser Veranstaltung hielt und ob ich Rita dorthin begleiten solle. Auf dem Prospekt klang es ja gut, nur konnte ich mir nicht wirklich vorstellen, was das für eine Veranstaltung sein sollte. Aber je länger ich darüber nachdachte, umso tieferen Frieden verspürte ich über dieser Sache. War das Gottes Antwort auf meine Frage? Wahrscheinlich schon.

Ich sagte also zu und wir fuhren gemeinsam hin. Ich hatte keine Ahnung, was uns dort erwartete, und beschloss, erst einmal alles anzuschauen. Dann würde ich schon sehen.

Auf einem riesigen Platz standen viele Zelte, wie auf einem Vergnügungsplatz. Gemeinsam gingen wir von Zelt zu Zelt und schauten uns neugierig um.

Das größte Zelt war das Hauptzelt, hier wurden die Gottesdienste abgehalten. In einem kleineren Zelt wurde rund um die Uhr von Freiwilligen die Bibel vorgelesen. Am Eingang hing eine Liste, hier konnte sich jeder für eine halbe Stunde eintragen. Durch das laute Lesen des Wortes Gottes rund um die Uhr sollte die Veranstaltung unterstützt werden, im Übrigen schade es keinem, in der Bibel zu lesen, im Gegenteil. Also trug ich mich auch für eine halbe Stunde ein. Alles war so neu für mich, aber es war ein gutes Gefühl.

Ein Zelt war fürs leibliche Wohl und zwei Zelte waren zum Übernachten, eins für Frauen und eins für Männer. Viele waren auch mit dem eigenen Zelt oder mit dem Wohnmobil gekommen. Die Veranstaltung dauerte nämlich mehrere Tage, und wer wollte, konnte umsonst übernachten.

Ich war überwältigt! Für alles war gesorgt; die ganzen Arbeiten während der Veranstaltung, zum Beispiel die Reinigung der Sanitäranlagen, wurden ausschließlich von freiwilligen Helfern durchgeführt. Auch für Kinderbetreuung war gesorgt, damit die Eltern ungestört den Gottesdienst besuchen konnten. Es war toll. Alles war so friedlich. Die Leute waren zuvorkommend und hilfsbereit, ohne dass man dafür den Geldbeutel aufmachen musste.

Und dann begann der Gottesdienst im Hauptzelt. Auch das war ein überwältigendes Erlebnis – so viele Gläubige auf einmal, die mit voller Hingabe beten! Am Ende des Gottesdienstes durfte man nach vorne gehen, und dort waren Leute, die beteten persönlich für einen. Dabei wurde ein Satz über mich ausgesprochen, der tief in mein Herz eindrang: „Der Herr hat viel Zeit und er nimmt sich viel Zeit für dich." Dieses Wort war gerade das Richtige für mich, denn ich hatte in meinem Leben schon so viel Zeit verplempert.

Nach diesem Besuch wusste ich: Das ist es, das habe ich gesucht! Ich wusste: Hier bin ich richtig. Tief in meinem Herzen wusste ich es einfach. Und ich beschloss, so oft wie möglich an diesem Christen-Treffen teilzunehmen. Ich wollte mehr von Jesus Christus erfahren!

Spät in der Nacht fuhren wir wieder nach Hause. Auch Rita hatte beschlossen wiederzukommen. Am nächsten Tag musste ich arbeiten, fuhr erst am Nachmittag hin. Rita war schon dort, sie hatte ihre Kinder mitgebracht.

An diesem Tag blieb ich eher für mich, beteiligte mich wie geplant am Bibellesen. Das war mein Beitrag.

Die Predigt im Abendgottesdienst war auf Englisch und wurde Satz für Satz übersetzt. Nicht schlecht, so hörte man alles zwei Mal und hatte Zeit mitzudenken. Alles, was der Prediger sagte, konnte man in der Bibel nachlesen, es war nichts Erfundenes dabei.

Das Thema war „Erfüllt vom Heiligen Geist". Ich hatte keine Ahnung, was das bedeuten sollte, aber die Bibelstellen, auf die der Prediger sich bezog, überzeugten mich. Man konnte im Zelt eine besonders friedvolle Atmosphäre spüren. Die Predigt war wieder lebendig, überzeugend und kein bisschen gestellt. Die wussten, worüber sie sprachen! So kannte ich Kirche noch gar nicht: Während der Predigt gab es keinen einzigen langweiligen Moment! Auch das war mir neu, bisher war Kirche immer langweilig gewesen. – Dann betete der Prediger noch und der Gottesdienst war zu Ende.

Dachte ich jedenfalls.

Aber was dann passierte, das hatte ich wirklich noch nie erlebt! Die Menschen benahmen sich plötzlich so sonderbar. Von jetzt auf nachher war das Zelt voller Betrunkener! Sie lachten, freuten sich, hatten weiche Knie, taumelten herum. Ich stand nur da wie ein Brett und wunderte mich: Waren denn jetzt alle verrückt geworden? Ich wollte auch so Spaß haben! Ich wollte doch auch erleben, was sie alle empfanden. Stattdessen stand ich einfach traurig und enttäuscht da und beobachtete das Ganze.

Vom Heiligen Geist erfüllt? Das hatte ich in der Bibel gelesen, aber ich konnte mir nichts darunter vorstellen. Dieser Gedanke machte mich noch trauriger, denn ich verspürte wirklich nichts von dem, was die anderen im Zelt erlebten. Auch Rita war offensichtlich vom Geist Gottes berührt. Ich konnte es nicht mehr ertragen! Ich hatte das Gefühl, nicht dazuzugehören. Mir war zum Heulen und ich wollte nur noch weg. Mit Tränen in den Augen betete ich:

Jesus, hast du mich vergessen?
Oder willst du mich gar nicht mehr haben?

Plötzlich kam ein unbekannter junger Mann auf mich zu, fasste mich an der Schulter und sagte: „Ich soll dich segnen im Namen des Herrn Jesus Christus." In dem Moment wurden meine Beine wie Gummi und ich verhielt mich wie die anderen. Es war herrlich, ein unbeschreibliches Gefühl beflügelte mich.

Ich freute mich sehr, wusste ich doch jetzt, dass Jesus mein Gebet gehört und mich nicht vergessen hatte. Jetzt konnte ich beruhigt nach Hause fahren.

So wurde ich bei meinem zweiten Besuch auf dem Camp mit Freude und Frieden erfüllt. Und ich beschloss von ganzem Herzen, meinen Weg mit dem Herrn zu gehen, damit mein Leben wieder in Ordnung kam.

Rita und ich nahmen uns vor, die Gottesdienste hier öfter zu erleben.

Diese Gottesdienste waren weder evangelisch noch katholisch. Es waren Katholiken und Evangelische dabei und auch Leute, die zu keiner der beiden

Großkirchen gehörten, sie gingen in irgendeine Freikirche. Auch dieses Camp wurde von einer Freikirche veranstaltet.

Freikirchen, das sind Gruppen oder Gemeinden, in denen sich Menschen treffen, die an Jesus Christus glauben – Gläubige, die gemerkt haben, dass es mehr von Gott gibt.

Alle sind auf dem gleichen Weg und haben sich dazu entschieden, dass Jesus Christus ihr persönlicher Erlöser ist. Fast alle – natürlich sind auch Menschen willkommen, die sich erst noch informieren wollen, was es mit Jesus Christus auf sich hat. Alle lesen die Bibel bei sich zu Hause und beten mit eigenen Worten, was sie auf dem Herzen haben, ob für ihre eigenen Probleme oder für jemand anderen.

Gebet ist kein bloßes Rezitieren von Formeln.

Gebet hat Gewicht.

Gebet hat Kraft.

Beim Beten wächst unsere Liebe zu Gott und wir lernen, ihm mehr und mehr zu vertrauen.

Das konnte ich selber spüren und erleben.

Der Gottesdienst begann immer mit Lobpreis – das ist die Kurzform für „Gott loben und preisen“ und bedeutet, dass man Gott mit Liedern anbetet, mit Singen und Musizieren. Ich stand da und hörte zu – und war berührt von diesem Anblick, wie sie voller Hingabe sangen, viele mit erhobenen Händen. In diesem Gottesdienst fühlte ich mich getragen und geborgen.

In Freikirchen wird aus der Bibel gepredigt, und sie sind auch darauf bedacht, nach der Bibel zu leben. In der Predigt wird die Bibel so erklärt, dass es jeder verstehen kann. Nach dem Gottesdienst geht man mit dem Wort Gottes gefüllt nach Hause. Rituale, wie man sie von den Großkirchen kennt, gibt es in den Freikirchen kaum.

Ich spürte, hier war ich richtig, bei diesen Menschen, die ebenfalls mit und für Gott leben wollten! Unter ihnen gibt es suchende Menschen und reife und nicht so reife Gläubige – Menschen wie ich, die erst lernen müssen, auf dem richtigen Weg zu gehen. Mir wurde bewusst, dass ich noch viel zu lernen hatte. Doch tief in mir hatte ich jetzt die Gewissheit: Gott ist mit mir.

Mir wurde klar: Wer – oder was – nicht für mich ist, ist gegen mich. Also entschied ich mich, alles aus meinem Leben zu verbannen, was nicht gut für mich ist. Ich wollte eng mit Jesus leben und nicht mehr so oberflächlich wie bisher.

Ich lernte, die Bibel zu lesen und darin Antworten zu finden. Ich lernte, Gottes Gebote ernst zu nehmen. Gottes Gebote sind dazu da, dass man sie ernst nimmt und befolgt und nicht so lebt, wie es einem gerade passt. Die Zehn Gebote haben einen Grund. Gott hat sie uns zu unserem Schutz gegeben; sie sind gute Lebensregeln. Würden die Menschen ihr Leben danach ausrichten, wäre die Welt etwas freundlicher.

In den Großkirchen hatte ich beobachtet, dass ein Großteil der Leute aus Tradition oder aus Gewohnheit in die Kirche ging oder um vor den Leuten gut dazustehen, aber nicht aus voller Überzeugung. Ihr Glaube kam oft nicht von Herzen und einige nahmen es mit dem Glauben nicht so genau. Echt schade.

Wissen sie, was sie verpassen?

Wissen sie überhaupt, was Glaube ist?

Wissen sie überhaupt, was sie glauben?

Glauben sie überhaupt, was sie beten?

Es reicht nicht aus, nur vorformulierte Gebete zu sprechen. Es ist nötig, dass man glaubt, was man betet. Alles Beten ist wertlos, wenn man nicht glaubt.

Ich wollte nicht mehr zu denen gehören, die Gott nicht kennen.

Ich wollte nicht mehr zu den Gottlosen gezählt werden.

Ich wollte nicht mehr nur ein Kirchgänger sein, nur „christlich".

Wenn man keinen Glauben hat und noch nicht erlebt hat, welche Wunder Gott tut, wenn man glaubt – dann kann es schon peinlich sein,

über den Glauben zu sprechen. „In die Kirche gehen" und „christlich sein" heißt noch nicht unbedingt, dass man glaubt.

Warum betonen manche Leute so sehr, sie seien christlich und gingen in die Kirche? Vielleicht wissen sie gar nicht, was der lebendige Glaube alles bewirken kann. Vielleicht müssten sie es nicht so vor sich hertragen, christlich zu sein, wenn sie wirklich glauben, wirklich mit Jesus Christus leben würden.

Könnten sie nicht einfach sagen: „Ich bin Christ"? Warum sagen sie nur, sie seien „christlich" – ist es ihnen denn peinlich, Christ zu sein? Christ sein und christlich sein, das scheint zweierlei zu sein. Ich habe es so erlebt: Wer sich als Christ bekennt, glaubt fest an Gott. Wer sagt, er sei christlich, tut oft nur so. Diese Leute sind nicht ganz so bei der Sache. Ihr Herz ist nicht hundertprozentig dabei.

Aber in Glaubensdingen halbe Sache zu machen, ist dem Herrn ein Gräuel. So steht es in der Bibel:

Ich weiß deine Werke, dass du weder kalt noch warm bist. Ach, dass du kalt oder warm wärest! So aber, weil du lau bist und weder kalt noch warm, werde ich dich ausspeien aus meinem Munde. Offenbarung 3,15–16

Deshalb ist es wichtig, dass jeder darüber nachdenkt, wie er zu Gott steht.

Jesus sprach zu ihm: Ich bin der Weg und die Wahrheit und das Leben; niemand kommt zum Vater denn durch mich. Johannes 14,6

Als ich diesen Satz in der Bibel las, war das für mich eine schöne Bestätigung; ich wusste, dass ich Jesus brauchte und dass es genau richtig war, dass ich ihn in mein Leben aufgenommen hatte.

Es reicht nicht aus, nur in die Kirche zu gehen, schon gar nicht, wenn man widerwillig, ungern geht. Es reicht auch nicht aus, nur in der Bibel zu lesen.

Alles ist wertlos, wenn man Gott nicht sucht und ihn nicht kennenlernen will. Alles ist wertlos, wenn man nicht glaubt, dass Jesus Christus unser Erlöser ist, dass er wirklich für unsere Schuld bezahlt hat.

Menschen, die aus Überzeugung zum Gottesdienst gehen, tun das, weil sie wissen, dass in der Bibel die Wahrheit steht. Sie sind bereit, sich vom Herrn verändern zu lassen und ihr Leben nach Gottes Geboten auszurichten.

Sie leben in Gottesfurcht, aber auch in der Freude, dass Jesus immer für uns ist und dass er in uns lebt. Sie sind deswegen nicht perfekt, sie machen auch Fehler. Aber wenn sie einen Fehler erkennen, bereuen sie ihn und Gott vergibt ihnen. Das glauben sie und sie spüren es auch, sie fühlen sich wieder frei.

Das ist kein Freibrief, bewusst und willentlich immer wieder die gleichen Fehler zu machen. Gott sieht in unser Herz, ob es uns damit ernst ist oder nicht. Gott lässt sich nicht verspotten, heißt es in der Bibel in Galater 6,7 (GNB): „Macht euch nichts vor! Gott lässt keinen Spott mit sich treiben. Jeder Mensch wird ernten, was er gesät hat." Man sollte Gott nicht unterschätzen! Ich tat es und fiel damit voll auf die Nase. Nachdem ich mich ihm wieder zugewendet hatte, waren meine Probleme zwar immer noch da, aber ich betete, und dadurch konnten alle Schwierigkeiten leichter überwunden werden. Jetzt bekam alles wieder einen Sinn. Ich brauchte mich nicht zu fürchten, denn Gott hat alles unter Kontrolle.

Wenn man es einmal richtig erkannt hat und dann erlebt, was Gott tut und wie er hilft, dann ist es eigentlich einfach, die Beziehung zu dem dreieinigen Gott zu pflegen.

Es ist auch einfach, diese Beziehung anzufangen; man braucht nur mit seinen eigenen Worten zu beten, Gott zu sagen, was man auf dem Herzen hat, und ihn in sein Leben einzuladen. Natürlich sollte man es auch ernst meinen, das ist wahrscheinlich die einzige Voraussetzung. Ich bin überzeugt: Wenn man das ernst meint, das ist ein deutliches Zeichen, dass zumindest ein Funken Glauben vorhanden ist.

Wenn dann auch Zweifel aufkommen, ist das keine Katastrophe, sondern ganz normal und verständlich. Zweifel können ausgeräumt werden, und Gott ist daran mindestens genauso interessiert wie wir.

Lebendiger Glaube wächst – wie alles Lebendige. So war es bei mir, und bei vielen anderen ist es ebenso.

1. Thessalonicher 5,17: „Betet ohne Unterlass." So steht es im Wort Gottes. Ist das ein harter Befehl, den man unmöglich ausführen kann? Gott will immer unser Bestes, und darum muss es gut für uns sein, ständig zu beten – sonst hätte er uns nicht diese Anweisung gegeben. Um zu beten, braucht man nicht in der Kirche auf die Knie zu gehen. Beten ist Reden mit Gott. Man kann ständig mit Gott reden, und wenn es nur in Gedanken ist. Gott sieht in unser Herz und er kennt unsere Gedanken schon von Weitem (Psalm 139,2).

Jakobus 5,16: „Das Gebet des Gerechten vermag viel, wenn es ernstlich ist." Das ist eine klare Ansage für Gebetserhörungen – „ernstlich" bedeutet: Unser Gebet muss ehrlich gemeint sein und von Herzen kommen.

Warum beten die Menschen nicht viel mehr, wenn Gott doch versprochen hat, dass unser Gebet viel bewirken kann? Und was ist so peinlich daran, über das Beten zu sprechen?

Matthäus 6,5–6: „Und wenn du betest, sollst du nicht sein wie die Heuchler … Wenn du aber betest, so gehe in dein Kämmerlein und schließ die Tür zu und bete zu deinem Vater im Verborgenen; und dein Vater, der in das Verborgene sieht, wird dir's vergelten öffentlich." Zum Beten braucht man keine Kirche, keine Glocken und kein Gebetbuch. Es reicht, wenn unser Herz sich auf Gott ausrichtet, wo auch immer wir gerade sind. Gott hört jedes Gebet, sogar die Bitte um Glauben, wenn man meint, man hätte keinen. Diese Bitte schlägt er keinem ab!

Matthäus 7,7: „Bittet, so wird euch gegeben; suchet, so werdet ihr finden; klopfet an, so wird euch aufgetan." Bitten und anklopfen, das heißt: Wir sollen den Mund aufmachen und Gott bitten. Wir sollen zu ihm kommen und er macht uns die Tür auf.

Matthäus 7,8: „Denn wer da bittet, der empfängt; und wer da sucht, der findet; und wer da anklopft, dem wird aufgetan." Das ist eine feste Zusage. Manchmal müssen wir dranbleiben, aber mit Geduld und Ausdauer und mit einem Funken Glauben werden wir sehen, wie Gott uns gibt, wie er die Tür auftut. – Manchmal fällt die Erhörung anders aus, als man es sich vorgestellt hat. Denn Gott allein weiß am besten, was gut für uns ist; darum sollte man es auch ihm überlassen, wie er alles in Ordnung bringt.

Das sind ein paar der vielen Bibelstellen zum Gebet, die mir ganz wichtig wurden, und ich möchte sie jedem nahebringen, der noch auf der Suche ist oder noch Zweifel hat.

Jeder kennt das „Vaterunser", und viele nehmen es in den Mund, die ansonsten nicht unbedingt glauben, was in der Bibel steht. Liegt es nur an der kirchlichen Erziehung und an der Tradition, dass viele es immer noch auswendig aufsagen können und dass es immer noch ständig gebetet wird?

Für Suchende ist das Vaterunser ein genialer Einstieg. Es ist ein echt starkes Gebet, wenn man es im Glauben betet. In diesem Gebet ist mehr enthalten, als man sich vorstellen kann. Wenn man genau hinschaut, ist dort *alles* enthalten! Jesus hat es uns gelehrt, aber nicht als eine Art Zauberformel, die wir herunterleiern oder -rasseln und damit Gott günstig stimmen, sondern als eine Art Vorlage, die wir mit unseren eigenen Worten ergänzen können.

Dieses Gebet ist zu finden in Matthäus 6 ab Vers 9, aber auch in Lukas 11,2–3.

„Vater unser im Himmel!" Das ist eine Anrede. So dürfen wir den Herrn ansprechen. Er ist unser Schöpfer, aber er ist auch unser Vater, der uns liebt und der perfekter ist als der vollkommenste menschliche Vater, den man sich nur vorstellen kann. Unsere Gebete sollen ernst gemeint sein und nicht nur so heruntergeplappert werden. Wir reden mit dem höchsten, dem allmächtigen Gott. Das sollten wir nie vergessen!

„Geheiligt werde dein Name." Das ist Anbetung, hier geben wir dem Allerhöchsten Ehre.

„Dein Reich komme. Dein Wille geschehe, wie im Himmel so auf Erden." Das ist eine Aufforderung an Gott, in unser Leben einzugreifen. Der kommt er gerne nach. – Aber manchmal hat Gott einen anderen Plan, als wir uns vorstellen können: „Der Mensch denkt und Gott lenkt." Er weiß, was für uns gut ist.

„Unser tägliches Brot gib uns heute." Das ist eine Bitte um Versorgung.

„Und vergib uns unsere Schuld, wie auch wir vergeben unsern Schuldigern." Es ist wichtig, dass wir anderen vergeben. Wollen wir aber nicht vergeben und unser Herz meint etwas anderes, als unsere Lippen ausdrücken, dann sind wir Lügner. Die meisten vergessen diesen Satz lieber. Sie tragen den anderen ihre Fehler nach und werden bitter. Ich betete immer wieder zu Gott, dass er mir helfen sollte zu vergeben.

Dieser Satz über Vergebung ist sehr ernst zu nehmen. Er ist vielleicht der schwierigste Satz im Vaterunser, besonders, wenn wir immer und immer wieder verletzt worden sind. Deshalb gehe ich darauf etwas näher ein.

Wenn wir noch nicht vergeben können, dürfen wir Gott bitten, dass er uns hilft, von Herzen zu vergeben. Es kann eine große Hilfe sein, wenn man weiß, *wem* man *was* vergeben muss. Vielleicht muss ich ja mich selbst aus der Anklage entlassen? Oder aber ich bin überhaupt nicht schuld? Auch hier hilft Gott gerne, dass wir den Durchblick bekommen. Er hat versprochen: Bittet, so wird euch gegeben!

Wenn uns bewusst wird, dass wir noch jemandem vergeben sollten, ist das sozusagen die Erkenntnis des Tages – kein Grund, sich schlecht zu fühlen! Vergeben heißt allerdings nicht einfach „Schwamm drüber, war nicht so schlimm" – sondern: Ja, das war böse, und es hat richtig wehgetan. Es war so böse, dass Gott Jesus dafür bestraft hat, als der am Kreuz hing; und genau deshalb, weil Jesus schon dafür bestraft worden ist, brauche ich nicht auch noch zu strafen, nicht einmal in meinen Gedanken. Mich nicht und auch keinen anderen Menschen.

Man kann auch so denken (und diese Rollenverteilung steht in der Bibel, bloß nicht so auf einem Blatt): Was ist meine Rolle? Gott ist der Richter, dem will ich lieber nicht vorgreifen, der kann das besser als ich. Der Teufel ist der Ankläger; nein, dem mache ich sicher keine Konkurrenz! Der Heilige Geist ist mein Rechtsanwalt, keiner kann das besser, also soll er mal. Falls ich selbst vor Gericht stehe: Jesus steht mir bei und er hat mich für gerecht erklärt. – Was bleibt mir dann noch? Soll ich bitteschön Folterknecht, Henker oder Gefängniswärter spielen? Nein danke, ich will leben! Soll Gott mit dem Übeltäter tun, was er für richtig hält. Und tschüss! (Bibelstellen zum Nachlesen: Jakobus 4,12; Offenbarung 12,10; Johannes 16,26 – das Wort „Beistand" kann auch „Rechtsanwalt" bedeuten; Römer 8,33.)

Vorsicht! Wenn wir uns weigern zu vergeben, schaden wir damit vor allem uns selbst. Das Ergebnis sind Bitterkeit, Groll, Hass – und Hass frisst einen auf. Wer's nicht glaubt, frage einen Psychologen.

Allerdings heißt das nicht, dass wir ganz cool bleiben müssen, wenn unsere Vergebung echt sein soll. Gott hat uns geschaffen als Menschen, die zornig werden können. Unser Zorn ist wie ein Messgerät, das uns hilft zu erkennen, wenn etwas nicht in Ordnung ist und geändert werden muss. Die große Frage ist dann immer: Was genau ist nicht in Ordnung, was genau sollte ich tun, damit sich etwas ändert?

Vielleicht muss ich meine eigene Einstellung ändern: Wenn die Sonne mich blendet, freue ich mich über meinen Platz an der Sonne.

Oder ich ändere das, was mich ärgert: Wenn die Sonne mich blendet, kann ich eine Sonnenbrille aufsetzen oder die Augen schließen.

Oder ich entferne mich: Wenn die Sonne mich blendet, gehe ich eben ins Haus.

Wenn ich vergeben will und ich erinnere mich daran, was mir angetan wurde, darf ich auch weinen und zornig sein – solange ich mir und anderen nicht schade und kein fremdes Eigentum beschädige. Und irgendwann sollte mir die reife Erkenntnis dämmern: Okay, soll doch Gott sich drum kümmern. Ich lasse den Übeltäter los!

Das ist Vergebung.

„Und führe uns nicht in Versuchung, sondern erlöse uns von dem Bösen." Gott kennt unsere Schwächen genau. Deshalb hat er uns auch diese Bitte zur Verfügung gestellt, damit wir nicht vom Bösen und durch das Böse verführt werden.

Gerade in unserem Wohlstand sind Versuchungen nicht selten. Aber auch Armut führt in Versuchung, wie meinen Bruder und mich, als wir bei Onkel und Tante waren und kein Taschengeld bekamen.

Manchmal lässt Gott auch Versuchungen zu, um uns zu prüfen, ob wir gehorsam und treu sind. Und wie oft sind wir selber schuld, führen uns selbst in Versuchung, weil wir Gott nicht in unsere Pläne einbeziehen.

„Denn dein ist das Reich und die Kraft und die Herrlichkeit in Ewigkeit." Mit diesen Worten wird unser allmächtiger Gott geehrt.

„Amen." Mit Amen werden die Worte eines Gebetes bestätigt. Amen heißt: „So ist es, so sei es." Das Amen ist für Gott wie eine Unterschrift. Viele sagen „Amen" und wissen dabei nicht wirklich, was sie gerade gebetet haben. Das ist wie eine Unterschrift unter einem Vertrag, den man nicht gelesen hat. Man bedenke die Folgen!

Es sollte jedem bewusst sein, was er da ausspricht, und von jedem ernst genommen werden, was diese Worte zu bedeuten haben.

Noch ein Grund, warum wir beten sollen: Ein Kind muss auch zuerst die Eltern fragen oder bitten, wenn es etwas möchte. Nur ein Baby versteht man ganz ohne Worte, aber wenn ein Mensch sprechen kann, lernt er auch, seine Wünsche zu formulieren, damit man weiß, was er überhaupt will. Wenn die Eltern meinen, es sei gut für das Kind, erfüllen sie ihm den Wunsch. Wenn nicht, lehnen sie die Bitte ab und erklären dem Kind, warum.

Mit Gott ist es genauso: Er weiß genau, welche Wünsche jeder hat, denn er sieht unser Herz. Doch erfüllt er nicht jeden Wunsch, sondern nur die, die uns gut tun – wenn wir an ihn denken, an ihn und seine Hilfe glauben. Glaube und Gebet sind wichtige Voraussetzungen, damit Gott unsere Wünsche erfüllt. Wie schade, dass nur so wenige Menschen beten!

Das Geheimnis beim Beten ist, dass man glaubt, was man betet. Beten tut man nicht nur mit dem Mund, sondern mit dem Herzen, dann wird Gott das Gebet auch erhören.

Wir beten nicht um Bequemlichkeit, sondern um Lösungen.

Wir können auch für andere beten. Es sollte aber auf jeden Fall zu etwas Gutem dienen.

Die Bibel ist Gottes Wort, und man sagt, dass man in der Bibel Antworten auf alle Fragen finden kann.

Es gibt so viele Kirchen, und sie sind nicht in allem gleicher Meinung; aber wenn es um die Bibel geht, sind sich alle Kirchen einig: Die Bibel ist das Wort Gottes. Wenn das Wort Gottes nicht die Wahrheit wäre, wäre die Konsequenz, dass alle Gläubigen (also auch ich) sowie die Priester und Pastoren verrückt sind. Das Wort Gottes ist und bleibt einfach die Wahrheit.

Wie wichtig das Wort Gottes ist, ahnen wir, wenn wir den Anfang des Johannesevangeliums lesen. Johannes 1,1: „Am Anfang war das Wort, und das Wort war bei Gott, und das Wort war Gott."

Um Gottes Wort zu verstehen, brauchen wir die Hilfe des Heiligen Geistes. Ich möchte jeden ermutigen, den Heiligen Geist in sein Leben einzuladen. Ohne ihn können wir nicht verstehen, was in der Bibel steht, geschweige denn es tun.

Ich kann es jedem nur wärmstens empfehlen, jeden Tag ein wenig in der Bibel zu lesen. Auch wenn man nicht viel versteht. Mir ging es am Anfang auch so. Aber wenn wir lesen, kommt mit der Zeit auch das Verstehen dazu – und langsam aber sicher wird einem die Bibel zum wichtigsten und lebendigsten Buch. So habe ich es selbst erlebt.

Die Bibelstellen in diesem Buch habe ich hauptsächlich aus der Luther-Übersetzung 1912/1998 zitiert. Einige habe ich der

Übertragung „Die Gute Nachricht" bzw. Gute Nachricht Bibel (GNB) entnommen, wenn sie dort deutlicher oder verständlicher waren.

Es kommt aber nicht auf die Bibelübersetzung an. Lesen Sie in der Bibel, die Sie haben. Wenn Sie keine Bibel haben und eine kaufen wollen oder sich eine wünschen dürfen, lassen Sie sich in einem christlichen Buchladen beraten, welche für Sie die beste ist. Ich habe die Bibel schon in verschiedenen Übersetzungen gelesen und es steht überall dasselbe drin, nur die Wortwahl ist unterschiedlich und der Stil. Aber der Sinn ist überall derselbe. Überzeugen Sie sich selbst.

Und vielleicht noch wärmer empfehle ich jedem, die Bibel wenigstens einmal komplett durchzulesen, von vorn bis hinten, um sich einen Überblick zu verschaffen: Was steht überhaupt drin – und was steht *nicht* drin?

Es dauerte eine Weile, bis ich mich an dieses Projekt wagte, und es war für mich eine Entdeckungsreise mit vielen Überraschungen. Aber mehr verrate ich nicht!

Kapitel 28

Eine Anlaufstelle entsteht

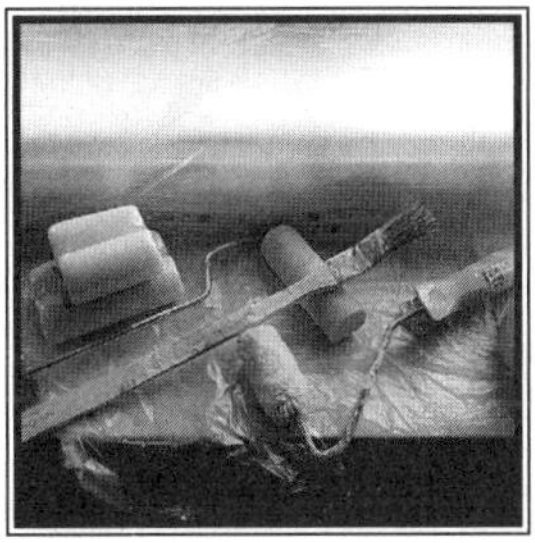

Das hätte ich von Anfang an tun sollen, aber lieber spät als nie: Ich beschloss, es der Kollegin gleichzutun, die alles bezahlte, was sie zu sich nahm. Sie wurde deshalb gemieden, hatte es schwer bei den anderen Mitarbeitern. Doch ich beschloss, mich nicht einschüchtern zu lassen, auch wenn die Kollegen mich vielleicht auch so behandeln würden. Ich konnte nicht auf Gottes Wegen gehen und dabei Dinge tun, die nicht richtig sind.

Und siehe da, ich hatte mich in meinen Kolleginnen gründlich getäuscht! Sie reagierten überraschend positiv und respektierten meinen Entschluss und wie ich ihn begründete. Nun waren wir zu zweit auf diesem Weg der Ehrlichkeit – und statt dass ich Probleme bekommen hätte, stieg mein Ansehen im Betrieb: Sie erkannten, dass sie mir vertrauen konnten.

Kurz darauf gab es wieder eine große Veränderung. Wie meistens war ich gut gelaunt zur Arbeit gekommen. Aber was war das denn? Lauter schlecht gelaunte Kolleginnen! Ja, die Zentrale hatte beschlossen, unsere Arbeitszeiten zu verlängern. Bei gleichem Lohn!

Haben die denn überhaupt eine Ahnung, wie es in der Praxis aussieht? Zuerst die Stellenkürzungen und jetzt noch das! Auch ich war sauer über die Entscheidung dieser Theoretiker.

Plötzlich war nichts mehr wie zuvor. Es herrschte eine angespannte Stimmung und keiner ging mehr gerne zur Arbeit. Man wurde immer mehr ausgenützt, der einzelne Mensch zählte nicht. Aber jeder von uns war auf die Arbeitsstelle angewiesen. Das wussten auch unsere Vorgesetzten, also bissen wir eben die Zähne zusammen und ballten die Faust in der Tasche.

Durch die Verlängerung und Neugestaltung der Arbeitszeit, dazu kam ja noch der immer weite Weg zum Arbeitsplatz, war ich jetzt deutlich weniger zu Hause. Meine Kinder hielten sich gezwungenermaßen viel bei Stiefmutter auf, was mir gar nicht gefiel. Besonders die Veränderung an meiner älteren Tochter fiel mir unangenehm auf: Sie fühlte sich sehr zu Stiefmutter hingezogen, die hatte ihr immer wieder etwas Schönes genäht. Eigentlich hatte ich nichts dagegen, aber sie übertrieb es mit den Kleidern!

Zwischen Stiefmutter und mir tobte ein Konkurrenzkampf, in dem ich mit meinen finanziellen Möglichkeiten nicht mithalten konnte. Mir schien, dass sie meine Kinder kaufen und mich ausstechen wollte: Wenn sie erfuhr, dass ich den Kindern etwas kaufen wollte, kam sie mir häufig zuvor. Daher beschloss ich in Zukunft zu schweigen, sie sollte über meine Vorhaben so wenig wie möglich erfahren. Leider gelang es mir aber nicht immer, weil die Kinder oft unabsichtlich so manches ausplauderten. – Also gab ich diesen Kampf auf; ich merkte, dass ich gegen sie keine Chance hatte.

Meine einzige Hoffnung war, dass die Kinder einmal selber erkennen würden, dass es mehr gibt als nur die materiellen Dinge: Familie, Liebe, Zusammenhalt, das Miteinander, Ehrlichkeit, Vertrauen, Respekt und Achtung voreinander. Das alles hatte bei mir einen sehr hohen Stellenwert.

Aber so weit waren sie noch nicht. Die Kontrolle über meine Kinder entglitt mir zusehends. Doch meine Arbeit tat mir gut: Es war nicht nur das eigene Geld; ich genoss es, die Kolleginnen um mich zu haben, anerkannt zu werden, teilweise unabhängig zu sein.

Aber ist es wirklich das Richtige, wenn es mir zwar gut geht, aber ich sehe meine Kinder immer weniger?

Bestimmt nicht. Meine Kinder waren mir immer noch wichtiger als der eigene Verdienst und meine Unabhängigkeit. Ich wollte ihre Erziehung nicht ganz meiner Stiefmutter überlassen! Also suchte ich nach einer anderen Lösung. Aber wie sehr ich auch suchte, ich fand keine geeignete Arbeitsstelle.

Vater im Himmel, was soll ich tun? Ich brauche eine andere Arbeit, die näher liegt, damit ich mehr bei den Kindern sein kann. Amen.

Und mir kam tatsächlich eine Idee: Ich würde einen eigenen Laden eröffnen! Das wollte ich eigentlich schon immer tun. Je mehr ich darüber nachdachte, umso mehr nahm der Gedanke Gestalt an. Tagsüber arbeitete ich wie gewohnt in der Bäckerei und abends überlegte ich, wie ich meinen Plan umsetzen könnte. Eigentlich hätte ich ihn liebend gern mit meinem Mann durchgesprochen, aber mit ihm konnte man nicht mehr reden. Sein ganzes Verhalten und seine launenhafte Art machten mir Angst.

So war ich mit meinen vielen Fragen und Zweifeln allein:

Ist jetzt wirklich die richtige Zeit für so ein Wagnis?

Was für einen Laden kann ich schon aufmachen mit dem bisschen Geld, das ich habe?

Vor einigen Jahren hatte ich schon einmal ernsthaft davon geträumt, einen Laden zu eröffnen. Da war doch die alte Werkstatt in unserem Haus – die Räumlichkeiten wären günstig gewesen. Ich hätte keine Miete zahlen müssen und von zu Hause aus arbeiten, nebenbei die Kinder beaufsichtigen können.

Ebenerdig, direkt an der Straße, im Fenster konnte man ein Schaufenster gestalten. Einfach ideal! Sogar ein Holzofen stand drin, für den Winter. Hier war früher schon einmal ein Laden gewesen, Schwiegermutter hatte ihn geführt. Ich konnte mich noch erinnern, wie ich in den Ferien hier einkaufen war. Aber für einen Laden war der Ort inzwischen wirklich zu klein! Mein Mann lehnte mein Vorhaben ohnehin ab mit der Begründung, er hätte keine gute Zeit gehabt, als seine Mutter den Laden führte. Wo du recht hast, hast du recht, dachte ich. Auch ich hatte keine gute Erinnerung an diesen Laden, aber das lag wohl vor allem an der Persönlichkeit seiner Mutter. Nun gut, damals wurde also nichts daraus, und dieses Mal behielt ich meine Gedanken zunächst für mich.

Dann kam eine neue Idee: ein christlicher Buchladen! Immer stärker wurde dieser Gedanke und ich spürte, es sollte wohl in diese Richtung gehen. Aber so absolut sicher war ich mir doch nicht. Ich brauchte Gewissheit! Ich konnte mit niemandem darüber reden, aber ich musste mich entscheiden. So legte ich mein Vorhaben in Form eines Gebetes vor Gott hin. Ohne ihn wollte ich dieses Projekt sowieso nicht starten.

Himmlischer Vater!

Ich komme zu dir im Namen von Jesus Christus.

Was soll ich tun? Ich wünsche mir, nein, es drängt mich förmlich dazu, einen Laden zu eröffnen. Was willst du, Herr? Ist es jetzt die richtige Zeit dafür? Oder soll ich es lieber sein lassen?

Ich brauche deine Führung. Hilf mir, richtig zu entscheiden. Es soll ein christlicher Buchladen werden und dazu eine Anlaufstelle für Suchende, die Gebet brauchen.

Was könnte ich zudem noch in den Laden mit hineinnehmen? Ich habe keine Ahnung. Bitte hilf mir bei der Suche und gib mir Bestätigungen, dass du mit mir bist. – Amen.

Alles ging seinen gewohnten Gang: Ich ging meiner täglichen Arbeit nach und besuchte die Gottesdienste der Freikirche, so oft ich konnte. Wenn der Gottesdienst zu Ende war, konnte man nach vorne kommen und für sich beten lassen. Ich nahm dieses Angebot an und sagte kurz, was mich bewegte. Nach dem Gebet sagte die Person beiläufig: „Versuche es einfach, Gott sieht deinen Einsatz. Es wird bestimmt eine Anlaufstelle.“ Diese Worte brannten regelrecht in mir. Es war eigenartig, doch ich wusste ganz genau: Das ist das Richtige! Ich bewahrte diesen Satz in meinem Herzen, dass der Laden eine Anlaufstelle sein würde, und ging damit wieder ins Gebet. Ich wollte nichts tun, bevor der Herr mir irgendein Zeichen gab!

Vater im Himmel, ich bitte dich, gib mir einen Hinweis oder ein Zeichen. – Amen.

Einige Wochen nahm ich mir Zeit, bis ich eine endgültige Entscheidung traf. Wichtiger als alles war mir, Gott in meine Entscheidung mit einzubeziehen. Ohne seine Erlaubnis und seine Unterstützung wollte ich das Wagnis nicht eingehen.

Ich erinnerte mich, wie Abraham seinem Sohn Isaak eine Frau suchte, das steht in 1. Mose (Genesis) 24. Im Glauben, dass Gott es schon recht leiten würde, schickte er seinen Knecht Elieser. Als der ankam, betete er zu Gott und sagte ihm, woran er erkennen wollte, welche Frau die Richtige war. Und Gott machte es genau so, wie Elieser gebetet hatte! Elieser fand auf Anhieb die Richtige für Isaak.

Ich machte es auch so. Daran wollte ich erkennen, dass es richtig war, so einen Laden zu eröffnen – an dem Satz: „Es wird eine Anlaufstelle sein."

Die Antwort ließ nicht lange auf sich warten. Immer, wenn ich nun von meinem Vorhaben sprach, kam der Satz: „Es wird eine Anlaufstelle." Von allen Seiten, von ganz unterschiedlichen Leuten bekam ich diesem Satz zu hören! Nun glaubte ich fest, dass ich es wagen sollte.

Aber noch mehr: In einem Gottesdienst bekam jemand einen Gedanken oder eine Vision für die Gemeinde – es handele sich um einen christlichen Buchladen mit einer Kaffee-Ecke, wo Menschen zusammenkommen und wo man auch Gespräche führen kann. Das war zwar auf die Gemeinde gemünzt, aber ich wusste in meinem Herzen: Das galt auch mir!

Nun machte ich mich auf die Suche nach geeigneten Ladenräumen. Es war nicht so einfach, in meiner Preislage ein geeignetes Objekt zu finden. Aber ich ließ mir Zeit, ich hatte es nicht eilig, hatte ja meinen Job. Ich wusste auch nicht, was ich zu den Büchern sonst noch verkaufen konnte. Eigentlich hätte ich es doch wissen müssen – eine Kaffee-Ecke, wie jemand in der Gemeinde den Eindruck gehabt hatte. Doch das war mir damals nicht aufgefallen, ich hatte nur die christlichen Bücher im Kopf.

Aber nur das, das war mir doch zu riskant. Das zweite Standbein musste etwas sein, das es in dieser Stadt noch nicht gab. Und dann kam eine gute Bekannte auf mich zu und erzählte mir, es sei doch so schade, dass die Inhaberin des Second-Hand-Ladens heiraten und wegziehen wolle. Bei mir klingelte es! Das war die Lösung! Das könnte ich doch zu den Büchern noch dazu nehmen!

Als ich ihr von meinem Vorhaben erzählte, half sie mir – sie war Maklerin – kostenlos bei der Suche nach einem Laden. Schnell wurde sie fündig, ich konnte sogar wählen! Gemeinsam schauten wir alle Möglichkeiten an.

Aber so schnell hatte ich nun auch nicht damit gerechnet. Ich bekam kalte Füße, wollte mich nicht gleich entscheiden. Das ging mir jetzt doch etwas zu schnell!

Ich hatte ja meinen Mann noch gar nicht gefragt, was er von der ganzen Sache hielt. Es war mir wichtig, auch ihn einzubeziehen.

Einerseits brauchte ich seine Unterstützung, nicht nur bei den Vorbereitungen, sondern auch für den Betrieb des Ladens. Mit all dem schriftlichen Drumherum hatte er mehr Erfahrung als ich. Ich schätzte sein Wissen und seine Meinung. Ohne seine Erlaubnis und seine Unterstützung wollte ich den Laden auf keinen Fall eröffnen.

Aber er war auch mein Ehemann und ich wollte mich meinem Mann und seiner Entscheidung unterordnen, wie es in der Bibel steht:

Ihr Frauen, ordnet euch euren Männern unter, so wie ihr euch dem Herrn unterordnet. Epheser 5,22 (GNB)

Diese Bibelstelle war mir heilig! Und auch der vorhergehende Vers:

Ordnet euch einander unter. Epheser 5,21 (GNB)

Beide Bibelstellen sind von besonderer Bedeutung: Die Frau soll auf ihren Mann hören, aber beide sollen einander achten.

Wenn ich mich meinem Mann unterordnete, lag die Verantwortung bei ihm.

Diese beiden Aspekte waren für mich Grund genug, meinen Mann um seine Meinung und seinen Rat zu fragen. Aber wie würde er reagieren? Ich wusste nur eines: Gott war mit mir. So ging ich zögernd und doch entschlossen zu seinem Schreibtisch. Dort saß er eigentlich immer, wenn er zu Hause war.

Mein Herz klopfte. Was würde er sagen? Vielleicht sagte er Nein. In diesem Moment wäre es mir gerade recht gewesen. Dann hätte ich sogar vor Gott einen handfesten Grund gehabt, die Sache mit dem Laden fallenzulassen!

Als ich meinem Mann mein Vorhaben schilderte, saß er nur da, als sähe er mich nicht. Als könnte er mich gar nicht hören! So fragte ich ihn, ob er denn gehört habe, was ich sagte; daraufhin kam ein brummiges „Ja". Aber das war mir zu wenig. Ich wollte wissen, was er dazu zu sagen hatte, egal wie seine Entscheidung ausfallen würde. Dieses Mal antwortete er: „Mach doch, was du willst, das machst du ja so oder so."

Aber auch das war mir nicht genug, ich wollte ein klares Ja oder ein klares Nein hören. Etwas anderes wollte ich nicht gelten lassen. Und bei einem Nein hätte ich das Vorhaben fallenlassen. Da, endlich schaute er mich an, fragte nach, hörte mir richtig zu! Also legte ich ihm nochmals alle Ideen und alle Fakten dar – und er antwortete, es wäre ihm egal. Oh nein! Ich fragte nochmals nach. „Ja, du solltest es ruhig machen." Aber ich wollte mehr als nur eine lauwarme Genehmigung! Ich brauchte seine volle Unterstützung in Rat und Tat. Und wieder kam ein „Ja". War er wirklich einverstanden? Ich konnte es kaum glauben. Doch er sagte noch einmal Ja.

Was Wunder, dass er nun doch etwas genervt klang! Ich machte ihm klar, dass ich mir sicher sein musste, weil ich auf jeden Fall seine tatkräftige Hilfe brauchte. Gegen alle Erwartungen hatte er zugestimmt; dabei war sogar mir klar, dass es ein Wagnis war! Aber nun glaubte ich an seine Zustimmung und an seine Unterstützung, bei der es ja um unser gemeinsames Geld ging.

Im nächsten Schritt musste Stiefmutter informiert werden. Sie äußerte sich im ersten Moment erst einmal nicht. Erst als meine Geschwister einige Tage später zu Besuch kamen, ging es los: Vor allen verkündete sie, daraus würde sicher nichts Gescheites!

Konnte sie mir das denn nicht sagen, wenn wir allein waren? Wahrscheinlich suchte sie eine Gelegenheit, mich zu demütigen. Und zwar ganz bewusst vor Zeugen, dann konnte sie später unwidersprochen sagen: „Ich habe es dir ja gleich gesagt." Ich hätte es wissen müssen. Eigentlich hatte ich von ihr ja gar nichts anderes erwartet. Und meine Geschwister hackten brav alle auf mir herum. Wie bei einer Verschwörung.

Zwei meiner Brüder hatten sich damals schon selbstständig gemacht, aber mit ungleich höherem finanziellem Einsatz. Einer ist bis heute nicht gerade erfolgreich und der andere hatte am Anfang viel Pech. Aber bei ihnen akzeptierte Stiefmutter offensichtlich, dass sie den Schritt in die Selbstständigkeit wagten, es schien ganz normal und richtig zu sein. Nur bei mir nicht! Bei meinen Brüdern dagegen war Stiefmutter stets dafür, egal was sie auch machten und versuchten, und wenn es noch so gewagt war.

Hätten sie mir wenigstens Tipps gegeben, das wäre hilfreich gewesen – doch es kamen nur Vorwürfe und Schwarzmalereien. Ich fühlte mich nicht verstanden, und je mehr ich versuchte, mein Vorhaben zu erläutern, umso weniger hörten sie mir zu! Aber das konnte mir nun auch egal sein, denn ich hatte mein Vorhaben dem Herrn vorgelegt und war mir sicher: Es war richtig! Ich war im Glauben fest davon überzeugt und ich wollte mich nicht mehr aufhalten lassen. Falls es nicht klappen würde, konnte ich wenigstens sagen, dass ich es versucht hatte.

Ich hatte die Zustimmung meines Mannes und glaubte fest daran, dass er mich bei allem unterstützen würde. Vorsichtshalber fragte ich ihn nochmals, ob seine Zusage auch wirklich gelte und ob ich mit seiner Unterstützung rechnen könne. Aus seinem Bart brummte ein „Ja".

Der Plan stand fest und ich wagte den Schritt. Nichts konnte mich mehr aufhalten! Ich ging an die konkreten Vorbereitungen. Jeden Schritt legte ich Gott vor, denn ich wollte seine Unterstützung haben für all die Formalitäten und Behördengänge. Dann schloss ich den Mietvertrag ab und nahm den Schlüssel in Empfang – die Renovierungsarbeiten konnten beginnen. Der Vermieter kam mir sehr entgegen: Miete brauchte ich erst ab der Eröffnung zu bezahlen.

Noch am selben Tag zeigte ich meinem Mann die Ladenräume. Den Second-Hand-Laden fand er eine gute Idee. Es war so schön zu sehen, wie er sich einsetzte. Ganz wie in alten Zeiten, wenn wir gemeinsam etwas geplant hatten! Als gelernter Elektriker beriet er mich gut. Gemeinsam kauften wir Lampen und er montierte sie gleich. Er war so eifrig dabei, dass ich wirklich glaubte, dass er mir dieses Mal bis zur Fertigstellung helfen würde.

Die Kündigung reichte ich erst ein, als der Eröffnungstermin feststand. Ich brauchte ja das Geld, das ich verdiente, um die Räume herzurichten und im Baumarkt eine günstige Einrichtung zu kaufen. Mit dem Haushaltsgeld, das mein Mann mir jeden Monat gab, wäre das nicht möglich gewesen.

Mit Gottes Hilfe gingen alle Arbeiten gut voran. Es war nicht ganz einfach, der Laden war in einem traurigen Zustand. Alles musste neu gemacht werden; da hieß es tapezieren, streichen und Fußboden legen! Es gab viel zu tun, aber ich hatte vier treue Helfer: meine beste Freundin vom Ort, zwei Nachbarn und eine Frau vom Frauenstammtisch. Dafür bin ich ihnen heute noch dankbar. Wenn man Hilfe braucht, erkennt man, was gute Freunde wert sind.

Jetzt konnte ich meine „goldenen Hände" unter Beweis stellen. Na ja. Die geraden Wände tapezieren, das ging ja noch, aber die Decke war eine echte Herausforderung! Mit viel Gelächter und Humor konnten die Tapeten schließlich doch oben befestigt werden; zwischendurch klebten sie gelegentlich in den Haaren. Als aber alles fertig tapeziert und gestrichen war, sah der Raum hell und freundlich aus. Ich war begeistert und voller Dank für die vielen Hände, die geholfen hatten.

Geheizt wurde der Raum mit einem alten Nachtspeicherofen. Aber im Winter wären die Heizkosten zu hoch gewesen, ich brauchte eine andere Lösung. Alle anderen Teile des Hauses wurden mit Öl beheizt, es gab Einzelöfen. Doch leider hatte der Laden weder einen Ofen noch einen Öltank. Es gab nur einen Kaminanschluss. Immerhin. Woher sollte ich das Fehlende bekommen? Ich hatte keine Ahnung!

Wieder eine Gelegenheit, auf Gott zu vertrauen und seine Größe zu erleben: Im Glauben eröffne ich den Laden und im Glauben werde ich auch in diesem Punkt seine Hilfe sehen. Zu Hause, wenn alle Kinder in ihren Betten waren, zog ich mich zurück und betete:

Himmlischer Vater, ich habe ein Problem und brauche deine Unterstützung. Ich bitte um einen Öltank und um einen Ölofen. Ich habe aber kein Geld dafür und ich weiß nicht, wo ich es hernehmen soll. Bitte hilf mir und zeig mir eine Lösung, am besten kostenlos. – Amen.

Zuversichtlich glaubte ich, was ich betete: dass Gott mir eine Lösung geben würde.

In der Nacht hatte ich eine Idee: Da gab es doch eine Anzeigenrubrik „Zu verschenken" – und tatsächlich, da wurden gleich zwei Öltanks angeboten! Ich schaute beide an und wählte einen aus. Der Autoanhänger leistete gute Dienste und mit einer Freundin trug ich den Tank in den Keller.

Jetzt fehlte nur noch der Ofen. Die Maklerin konnte mir einen umsonst organisieren. Ich war überglücklich, wie treu Gott half, nachdem ich gebetet hatte! Manche mögen das Zufall nennen, aber solche Zufälle passieren meistens erst dann, wenn man gebetet hat. Ich weiß, dass es Gottes Führung und Versorgung war.

Als Nächstes kam der Fußboden dran. Ich hatte mich für einen PVC-Boden entschieden, da er besser zu pflegen war als ein Teppichboden. Auch dafür hatte ich jemanden, der mir den Boden kostengünstig verlegte. Er war sogar ein Fachmann auf diesem Gebiet.

Bevor der Belag verklebt werden konnte, musste er eine Nacht lang ausgerollt liegen. Okay, auch das ging gut.

Aber am nächsten Morgen traute ich meinen Augen nicht: Unter dem losen PVC-Boden stand Wasser! Woher kam diese Pfütze nur? Wahrscheinlich ein Rohrbruch. Aber nein, mit den Wasserleitungen war alles in Ordnung. Was tun?

O Herr, hilf mir aus meiner Not! Du siehst, wann Eröffnung sein soll,
und jetzt droht eine Verzögerung. Wie soll ich das Wasser
wegbekommen? Und woher kommt es überhaupt?
Ich bitte um eine Lösung. – Amen.

Ich informierte den Handwerker. Ratlos standen wir beide im Laden. Ich holte den Vermieter hinzu, aber auch ihm war schleierhaft, woher das viele Wasser kam. Nochmals schaute er überall nach, vielleicht war ja doch etwas übersehen worden – nichts! Es waren weder ein Rohrbruch und noch sonst irgendwelche Mängel erkennbar.

Ich hatte mich schon fast damit abgefunden, dass ich die Eröffnung verschieben musste. Doch dann hatte der Bekannte eine Idee: Ein Entfeuchtungsgerät musste her! Wenn am nächsten Morgen kein neues Wasser da war, könnte er den Boden verkleben. Das Gerät lief die ganze Nacht hindurch. Ich hoffte flehentlich, dass es klappen würde. Noch am Abend flehte ich zu Gott, dass er doch bitte den Boden trocknen und dass kein weiteres Wasser kommen sollte!

Am nächsten Tag wartete mein Vermieter schon vor der Ladentür auf mich. Gespannt schauten wir gemeinsam, ob alles in Ordnung wäre. Und tatsächlich: Kein Wasser war mehr zu sehen, ja, es war alles vollkommen trocken, als sei nichts gewesen. Mein Vermieter konnte es kaum glauben, dass von dem Wasser gar nichts mehr zu sehen war – zumal er es sich immer noch nicht erklären konnte, wo es überhaupt hergekommen war. Mir fiel ein Stein vom Herzen! Mein freundlicher Vermieter ging zurück in sein Café und kam mit einem großen Teller voll süßem Gebäck zurück.

Der Boden konnte gelegt werden und der Laden erstrahlte in neuem Glanz.

Ich rätselte noch lange: Woher war das Wasser wohl gekommen? Es blieb weiterhin trocken. Das konnte nicht mit rechten Dingen zugegangen sein! Es musste sich um eine geistliche Angelegenheit handeln, offensichtlich wollte der Teufel mit allen Mitteln diesen Laden verhindern. – Für mich Grund genug weiterzumachen. So leicht gab ich mich nicht geschlagen! Die Schwierigkeiten und das Eingreifen Gottes waren mir ein Zeichen, dass ich auf dem richtigen Weg war. Wohl muss ich zugeben, dass mir ab und zu schon auch Zweifel kamen. Doch jetzt konnte ich nicht mehr zurück. Ich ließ mich nicht einschüchtern und machte im Glauben weiter.

Oh nein! Die Toilette! Wer konnte das machen? Eigentlich wusste ich nur einen: meinen Schwager. Ja, genau den. Er war Fachmann für Sanitär.

Seit damals hatte ich keinen Kontakt mehr zu ihm gehabt. Ich hatte gebetet, dass ich ihn nicht mehr sehen wollte, und genau so war es gekommen. Aber in meinem Herzen war „das Thema" doch noch nicht abgeschlossen – schon der Gedanke an ihn brachte mein Herz auf Hochtouren.

Das darf nicht sein. Ich will das nicht! Dass die Gefühle immer noch da waren, das machte mir Angst. Aber ich wollte darüber hinwegkommen. Ich wollte, dass es aufhörte und ich ihm wieder normal begegnen konnte. So brachte ich wieder einmal meine Gedanken und Gefühle für diesen Mann vor Gott:

Vater im Himmel, ich bitte im Namen von Jesus Christus, erhöre mein Gebet. Du siehst meine Gedanken und Gefühle. Ich möchte dir nichts vormachen. Ich habe immer noch Gefühle für ihn und möchte, dass das aufhört. Ich möchte mich auch nicht mehr versündigen.
Vergib mir, Herr.

Doch dieser Mann ist Sanitärinstallateur und er ist der Einzige, den ich kenne, der diese Toilette montieren könnte. Ich bitte dich, dass er mir hilft. Ich verspreche dir: Ich lasse ihn in Ruhe.

Nur eines noch: Bitte gewähre mir ein letztes Gespräch mit ihm und gib mir die Gelegenheit, noch einmal mit ihm über diese Sache zu reden, damit ich in meinem Herzen einen endgültigen Schlussstrich ziehen kann. Wenn du es nicht willst, dann verhindere es.

Ich danke dir, dass du mich angehört hast. – Amen.

Gleich nach diesem Gebet versuchte ich, ihn am Telefon zu erreichen. Ich wusste ja genau, wann er allein zu Hause war. Ich wollte nicht, dass seine Frau etwas davon erfuhr. Bei jeder Ziffer, die ich wählte, schlug mein Herz höher. Mir war regelrecht schlecht vor Angst!

Wie würde er reagieren? Würde er mir helfen?

Und wenn er Ja sagt? Ich hatte Angst vor der Begegnung.

Er willigte sofort ein und kam pünktlich. Aufgeregt ließ ich ihn ein und wir begrüßten uns schüchtern. Wer hatte mehr Angst vor wem? Wir kamen uns nicht zu nahe, doch konnte alles gesagt werden. Deutlich zog ich einen Schlussstrich unter diese Affäre und fühlte mich sofort richtig frei! Endlich hatte ich über dieser Geschichte Frieden gefunden. Sobald er draußen war, bedankte ich mich bei Gott, dass er dieses Gespräch zugelassen hatte.

Jetzt konnte ich mit der Einrichtung beginnen. Dazu gehörte auch der Schriftzug am Schaufenster. Ein Freund der Maklerin hatte mir ein günstiges Angebot gemacht. Den Auftrag hatte ich schon lange erteilt und so langsam wunderte ich mich, dass immer noch niemand gekommen war. Was war los? Hatte er mich vergessen?

Er hatte mir damals zugesichert, er wäre termingerecht fertig. Ich verließ mich darauf. Um sicherzugehen, fragte ich trotzdem nach – und tatsächlich, er hatte mich vergessen! Aber er sicherte mir zu, er würde trotzdem rechtzeitig fertig. Ich ließ mich beruhigen und wartete. Und wieder kam niemand, also fragte ich ein weiteres Mal nach. Ich konnte es kaum glauben: Er habe das Bein gebrochen und so kurzfristig könne kein Mitarbeiter einspringen. „Sobald jemand frei wird, schicke ich ihn sofort", sagte er und versuchte, mich zu beruhigen. Welch ein Trost.

Immer neue Schwierigkeiten! Wieder einmal drohte die Eröffnung zum anberaumten Termin zu scheitern. Ich hatte Panik. Zwei Tage vor der Eröffnung konnte ich auch niemand anderen mehr beauftragen, und schon gar nicht so günstig. Es war eine Katastrophe und ich war verzweifelt. Weinend flehte ich zu Gott, ich schrie zu ihm in meinem Laden:

Vater im Himmel, es soll dein Laden werden und es droht zu scheitern. Am liebsten würde ich alles hinschmeißen. Wenn du willst, dass dieser Laden fertiggestellt und eröffnet werden soll, weil es dein Wille ist, dann sorge du dafür, dass es auch geschieht, und bringe mir vor der Eröffnung einen Ersatz für die Schaufensteraufschrift. Danke. – Amen.

Nach diesem Gebet war es mir leichter und ich hatte wieder Hoffnung.

Am Tag vor der Eröffnung kam jemand von dieser Firma. Weil kurzfristig ein Auftrag geplatzt war, hatte er Zeit für meine Beschriftung! Voller Freude tanzte ich im Laden und dankte dem Herrn, meinem Gott. Aber noch mehr freute ich mich darüber, dass ich wieder einmal erlebt hatte, dass Gott mein Flehen und Bitten hört und erhört – wie es in der Bibel steht:

Bittet und ihr werdet bekommen! Sucht und ihr werdet finden! Klopft an und es wird euch geöffnet! Matthäus 7,7–8 (GNB)

Ich freute mich so! Aber da wartete noch ein Schocker auf mich: Am selben Tag, dem letzten vor der Eröffnung, begann ich mit dem Aufbau der günstigen Regale aus dem Baumarkt. Es war noch so viel zu tun, aber keiner hatte Zeit, mir zu helfen. Es war schon spät am Abend und ich kam kaum voran. Das Wasser stand mir bis zum Hals, ich fühlte mich total überfordert. Weinend versuchte ich, die Regale aufzubauen. Aber wie ich mich auch mühte: Allein konnte ich unmöglich fertig werden. Die Tränen flossen und ich war einem Nervenzusammenbruch nahe.

Am schlimmsten war die Enttäuschung darüber, dass mein Mann nie nachfragte, wie es mir mit den Arbeiten im Laden ging. Seine Gleichgültigkeit war es, die mich am meisten verletzte. Nun heulte ich noch mehr. In meiner Verzweiflung schmiss ich alles hin und kniete mitten im Laden nieder, um zu beten. Wieder einmal schrie und flehte ich zum Herrn. Ich schilderte ihm meinen Engpass und dass ich Hilfe brauchte, um die Regale aufzubauen:

Vater im Himmel, ich bitte dich im Namen von Jesus Christus, schicke mir deine dienstbaren Engel, dass sie mir helfen, die Regale aufzubauen. – Amen.

Kaum war ich mit meinem Gebet fertig, merkte ich, wie ruhig und gelassen ich geworden war. Nun konnte ich weitermachen. Plötzlich ging die Tür auf und meine Bekannte betrat den Laden. Sie hatte noch Licht gesehen und gedacht, vielleicht bräuchte ich ja Hilfe. Ganz überraschend war ein Geschäftstermin geplatzt. Über meine Lippen kam ein stilles „Danke" an den Herrn, und dann sagte ich zu ihr: „Dich schickt der Himmel." Und das meinte ich wirklich ernst!

Daraufhin schufteten wir die ganze Nacht hindurch. Erleichtert begrüßte ich den neuen Tag, sortierte die Ware ein, hängte die Vorhänge auf, die eine Freundin genäht hatte. Es sah toll aus, der Laden war ein Schmuckstück geworden. Kurz vor der Eröffnung kam der Vermieter mit feinem, köstlichem Gebäck.

Kapitel 29

Ein Fehlschlag?

Endlich war alles fertig und ich konnte Eröffnung feiern. Ich war so erleichtert! Und vergaß nicht, wie Gott mir geholfen hatte. – Wie viele Leute würden wohl kommen? Ich öffnete die Tür und die Spannung stieg. Da, die erste Kundin! Sie sah meinen Fisch-Aufkleber am Ladentisch: Ob ich auch eine „entschiedene Christin" sei? Die Freude war groß.

Für mich war es ein weiteres Zeichen von Gott, dass die erste Kundin eine Gläubige aus einer Freikirche war. Bis heute sind Thea und ich gute Freundinnen. Die Leute kamen aus der ganzen Umgebung. Die Eröffnung war ein voller Erfolg! Nach Ladenschluss blieb ich noch eine Weile im Laden und bedankte mich bei Gott.

Aber wo bleibt meine Verwandtschaft? Meine Stiefmutter? Meine Geschwister?

Keiner von ihnen war gekommen. Keine Glückwünsche, nicht einmal ein Anruf, obwohl sie den Termin genau kannten! Ich war enttäuscht. Den ganzen Tag hatte ich zur Tür geschaut, ob vielleicht doch einer von ihnen kommen würde. Doch es kam niemand, weder aus der Familie meines Mannes noch von meiner Familie. Bis abends hatte ich gehofft, es würde doch noch jemand erscheinen oder wenigstens anrufen. Nein, keiner. Ich war enttäuscht.

Die folgenden Tage verliefen gut, und ich lebte mich als „Unternehmerin" immer mehr ein. Aber schon nach einer Woche wurde im Städtchen ein weiterer Second-Hand-Laden eröffnet! Ich war entsetzt: Zwei Second-Hand-Läden in dieser kleinen Stadt? Am liebsten hätte ich meinen Laden sofort geschlossen. Mir war klar, dass ich gegen die andere Ladenbesitzerin keine Chance hatte. Sie war viele Jahre hier Kindergärtnerin gewesen und gut bekannt. Ich dagegen war eine „Fremde".

Schon bald merkte ich, dass ich Konkurrenz bekommen hatte, es wurden immer weniger geeignete Kleider abgegeben. Drohte meinem Laden das Aus, bevor es überhaupt richtig begonnen hatte? Aber ich hatte einen Mietvertrag für drei Jahre abgeschlossen, also galt es durchzuhalten.

Ein Fotogeschäft neben meinem Laden wollte schließen. Ob ich Interesse hätte? Ich müsse nur Filme zum Entwickeln annehmen und die fertigen Bilder wieder ausgeben. Ich hätte keinerlei Ausgaben und wäre ein Angestellter im eigenen Geschäft. War das die Lösung? Ich hoffte es!

Alles wurde bis ins Detail ausgehandelt. Doch im letzten Moment überlegte er es sich anders – angeblich war mein Laden dafür doch zu klein. Das konnte er erzählen, wem er wollte! Das konnte niemals der wahre Grund sein; meine Räumlichkeiten waren sogar etwas größer als seine! Gelassen nahm ich es hin und redete mir ein, es hätte eben nicht sein sollen.

Wie ich auch suchte, es tat sich keine Tür auf, dass ich etwas anderes hätte machen können. Ich investierte noch etwas, versuchte es zusätzlich mit Geschenkartikeln, die mich gerade so über Wasser hielten. Aber es war zum Verzweifeln: Nur wenige Leute „verirrten" sich in meinen Laden. Ich hatte viel Zeit zum Nachdenken.

Von meinem Mann konnte ich keine Hilfe erwarten, noch nicht einmal einen guten Rat, was Männern ja oft nur zu leicht fällt. Aber bei meinem Mann stieß ich auf taube Ohren, wenn ich etwas von ihm wollte, obwohl er mir seine Unterstützung versprochen hatte. Hatten Stiefmutter und meine Geschwister doch noch recht behalten mit ihren düsteren Voraussagen? Jetzt konnten sie sich freuen über meine Niederlage. Es kam mir fast vor wie ein Fluch.

Ich fühlte mich sehr allein. Vor allem von meiner Verwandtschaft kamen nur Vorwürfe, und Unterstützung kam von keiner Seite. Dabei litt ich doch schon so mehr als genug an meinen Problemen, hätte erst recht seelische Unterstützung und guten Rat gebraucht.

Was habe ich von meiner Familie eigentlich erwartet? Und was von sonst wem? Wer nicht zur Eröffnung gekommen war, das war meine Familie.

Mit dem Laden ging es nur bergab. Mit den christlichen Waren und den Geschenkartikeln ging es „gerade so". Meine Bekannte, die Maklerin, verschaffte mir noch ein weiteres Einkommen: Ich konnte eine Reinigungs-Annahmestelle mit hineinnehmen und damit kamen wieder etwas mehr Leute in meinen Laden. Aber ich konnte das Geschäft doch nicht gleich wieder schließen. Der Mietvertrag lief drei Jahre!

Das erste Jahr war voller Verzweiflung und Prüfungen. Dieser Laden war eine Herausforderung, es galt wirklich, Schwierigkeiten zu überwinden. An manchen Tagen kam stundenlang keine Kundschaft.

Was soll ich nur den ganzen Tag tun?

Die ersten Jahre, nachdem ich Jesus kennengelernt hatte, hatte ich täglich in der Bibel gelesen, aber nicht systematisch, sondern mal hier und mal da. Das tat auch gut, aber das ganze Buch durchzulesen, das war mir einfach „eine Nummer zu groß"; das Lesen war ja nie meine Stärke gewesen. Mit drei Kindern hieß es ständig Mama hier und Mama da, und zu meiner Erwerbstätigkeit hatte ich noch Mann, Schwiegermutter, Haus, Hühner und Radieschen zu versorgen! Dabei hätte ich wirklich gern die ganze Bibel gekannt, denn es kam schon mal vor, dass verschiedene Christen unterschiedlicher Meinung waren.

Jetzt hatte ich also richtig Zeit, die Bibel komplett durchzulesen und herauszufinden, was alles in diesem Buch geschrieben steht. So machte ich mich ans Werk und las die Bibel vom ersten bis zum letzten Kapitel durch. Nach zehn Monaten hatte ich es geschafft, und ich freute mich riesig!

Ich kann es jedem nur empfehlen, mindestens einmal im Leben die Bibel von vorne bis hinten durchzulesen. Das ist etwas ganz anderes, als wenn man jeden Tag nur ein kleines Stückchen daraus liest. Mit einer größeren Schrift und in einer modernen Übersetzung (Übertragung) fällt das Lesen leichter.

Wenn die Einsamkeit mich fast erdrückte, betete ich:

Vater im Himmel, das erdrückt mich förmlich, diese Einsamkeit.
Es kommen keine Leute, als ob die Türe verschlossen wäre.
Schicke mir jemanden. – Amen.

Jemanden? Ich hätte beten sollen: Fülle den Laden mit Menschen, dass ich auch etwas verdiene! Doch das fiel mir die ganze Zeit kein einziges Mal ein, ich betete immer um „jemanden". Und dann dauerte es auch nicht lange und die Tür ging auf. Es tat sich immer etwas, wenn ich gebetet hatte: Entweder kamen gute Bekannte einfach auf eine Tasse Cappuccino oder Tee herein, oder jemand kam zum Beten, andere um zu plaudern, aber auch Kundschaft. Ich freute mich über jeden, der kam, das war wirklich immer ein Sonnenstrahl für meine deprimierte Seele.

Eines Morgens hatte ich einen Traum, so real, ganz anders als ein normaler Traum. Er war so eindrücklich, dass ich ihn heute noch im Detail weiß: In meinem Laden, genau da, wo eigentlich der Ölofen stand, war plötzlich ein schwarzer und sehr aggressiver Hund mit einer hässlichen Fratze und wollte mich angreifen! Ich erkannte, dass dieser Traum irgendwie eine Botschaft von Gott war, wusste aber nicht, was ich damit anfangen sollte. Also schob ich ihn beiseite und fuhr wie jeden Morgen in den Laden.

Es sollte wieder so ein Tag werden, ein Tag mit Zeit in Hülle und Fülle.

Da es kalt war, zündete ich den Ölofen an. Und dann schlug ich meine Bibel auf. Was auch sonst? Ich wusste irgendwie nicht so richtig, was ich mit mir anfangen sollte. An diesem Tag fiel mir das Alleinsein wirklich schwer, und so betete ich eben, Gott solle mir doch bitte jemanden schicken. Kaum hatte ich Amen gesagt, ging die Tür auf! Es war Lisa, die Freundin von Thea, die inzwischen auch für mich eine treue Freundin geworden war. Lisa fragte mich, ob ich Zeit hätte, mit ihr zu beten – nicht für eine persönliche Not, sondern für die Stadt und für die Menschen in unserem Land.

Klar hatte ich Zeit! So beteten wir und sangen Loblieder. Da plötzlich, was war denn das? Der Ofen spielte verrückt! Die ganze Zeit hatte er ruhig vor sich hin gebrannt, wie es sich gehörte, aber jetzt spuckte er Feuer und an der Seite kamen Stichflammen heraus. Wir erschraken und wussten uns nicht zu helfen. Wieso spuckte er Feuer, das war doch nicht normal!?

Es musste etwas mit unserem Gebet zu tun haben, dass mir plötzlich wieder einfiel: „Wo Gott ist, ist der Teufel nicht weit.“ Und, natürlich, was hatte ich heute früh geträumt? Hier waren wohl finstere Mächte im Spiel! Also stellten wir uns vor den Ofen, streckten unsere Hände aus und geboten den Flammen im Namen Jesu Christi zu weichen. Und siehe da: Die Flammen reagierten! Man konnte zusehen, wie die Flammen nachließen, bis der Ofen wieder normal brannte. Er machte nie wieder Schwierigkeiten, und nur ein schwarzer Fleck an der Wand blieb zurück. Wir waren erstaunt. So etwas hatte ich noch nicht erlebt. Wie kraftvoll doch Gebet sein kann!

Das Gebet zu zweit hat große Kraft. In der Bibel gibt es dazu eine ganz tolle Stelle:

Auch sage ich euch: Wenn zwei von euch eins werden auf Erden, um irgendetwas zu bitten, so soll es ihnen widerfahren von meinem Vater im Himmel. Denn wo zwei oder drei versammelt sind in meinem Namen, da bin ich mitten unter ihnen. Matthäus 18,19–20

Es ist ein großes Vorrecht für jeden Menschen, der Jesus Christus als Herrn und Erlöser angenommen hat, in seinem Namen zu beten. Jesus hat versprochen:

Nicht ihr habt mich erwählt, sondern ich habe euch erwählt und gesetzt, dass ihr hingeht und Frucht bringt und eure Frucht bleibe, auf dass, was ihr den Vater bittet in meinem Namen, er euch gebe. Johannes 15,16

Nachdem ich diese Wahrheit erkannt hatte, betete ich bewusst im Namen Jesu.

Mit der Zeit hatte es sich im Städtchen herumgesprochen, dass in meinem Laden gebetet wurde. Es gab Leute, die mieden ihn, weil er „so christlich“ sei, andere wiederum suchten ihn aus genau diesem Grund auf.

Sobald sich ein Gespräch auch nur ein wenig in diese Richtung entwickelte, bekannte ich meinen Glauben, und wenn es sich ergab, erzählte ich etwas von Jesus Christus. Je nach Situation fragte ich die Person auch, ob ich für sie beten dürfe. Die meisten willigten ein. Wenn jemand ablehnte, respektierte ich das auch – wollte nicht aufdringlich sein.

Eine junge Mutter kam öfter mit ihren beiden kleinen Kindern, um dies und das zu kaufen. Immer wieder kamen wir ins Gespräch, der Alltag bot Stoff genug. Einmal sprach sie über das Leiden ihres Kindes, es hatte Neurodermitis. Sie wusste sich nicht mehr zu helfen: Das Kind hatte sich schon ganz blutig gekratzt und weinte nur noch.

Als sich es im Gespräch ergab, erzählte ich ihr von Jesus Christus und fragte sie mutig, ob sie glauben könne, dass Jesus ihr Kind heilen kann? Die Bibel sei voll von Berichten, dass Jesus Kranke heilte, und er habe seine Nachfolger beauftragt, das Gleiche zu tun. Sie hörte aufmerksam zu. Ob ich für ihr Kind beten dürfe? Ja, ich durfte. So betete ich für das Kind und dann ging sie wieder.

Das war unsere letzte Begegnung, ich sah diese Frau nie wieder. Hatte sie doch Anstoß genommen? Erst sehr viel später erfuhr ich von meiner Freundin, dass dieses Kind geheilt war. Das war Gottes Werk! Das zu erfahren war nicht nur eine große Freude für mich, diese Gebetserhörung war auch eine Stärkung. Wieder einmal durfte ich erleben, welche Kraft im Gebet liegt.

Ich wünschte mir, da noch mutiger zu sein. Ich war entschlossen, mehr von Gott zu bekommen und mehr mit Gott zu bewirken.

Viele sozial Schwache suchten meinen Laden auf, unter ihnen war eine Mutter von sieben Kindern. Sie kam regelmäßig, und ich freute mich, wenn ich auf diese Weise das eine oder andere Kleidungsstück wiedersah! Sie unterhielt sich gern mit mir. Eines Tages sprach sie über ihre Probleme und so erfuhr ich alles über ihr Leben: Diese Familie war arm und sie mussten umziehen, konnten sich aber keinen Möbelwagen leisten. Wahrscheinlich hatten sie sich selbst in diese Lage gebracht, aber das interessierte jetzt nicht. Jedenfalls hatte ich nicht das Recht, sie zu verurteilen. Angeblich hatten sie die Miete regelmäßig bezahlt. Doch das änderte nichts an ihrer jetzigen Notlage.

Sie tat mir aufrichtig leid, allerdings wusste ich auch nicht, wie ich ihnen helfen konnte. Ich hatte nicht das Geld für einen Möbelwagen, aber ich erzählte ihr von Gott und von Jesus Christus und dass Gott immer eine Lösung hat. Und dass ich ihr Problem vor Gott bringen und zu Hause allein und in aller Ruhe dafür beten würde.

Sie hörte aufmerksam zu und zum Schluss nickte sie zustimmend. Ich verabschiedete sie mit ein paar tröstenden Worten: „Mal sehen, was Gott für eine Lösung hat."

Wie versprochen, betete ich noch am selben Abend für diese Frau. Mitten in der Nacht, ich wachte zwischendurch auf, kam mir die Lösung: Wir hatten doch einen Traktor und einen Wagen dazu. Damit könnten wir den ganzen Umzug schaffen! Wer freute sich wohl mehr, als ich ihr das mitteilte? Sie sah mich freudestrahlend an.

Die Lösung war also gefunden, jetzt musste sie nur noch in die Tat umgesetzt werden. Mein Mann war absolut dagegen. Ich konnte nicht verstehen warum, eigentlich gab es keinen Grund – außer, dass er keine Gelegenheit ausließ, seine Macht über mich zu demonstrieren. Nun ja, ich machte ihm klar, als seine Ehefrau könne auch ich über den Traktor verfügen.

Und dann war es so weit: Ich setzte mich auf den Traktor und fuhr zu der Familie. Alle warteten schon auf mich. Kurze Zeit später war der Wagen beladen und die erste Fuhre konnte in die neue Wohnung befördert werden.

Ich fuhr mehrmals, und dann hatten wir es geschafft. Es war ein gutes Gefühl, geholfen zu haben. Ich war schon immer schnell dabei gewesen, wenn irgendwo Hilfe benötigt wurde. Wenn man jemandem hilft, kommt immer etwas zurück, und ich freute mich so zu sehen, wie Eltern und Kinder strahlten und erleichtert waren.

Aus dieser Aktion entstand eine wunderbare Freundschaft. Ich hatte ihnen kein Geld geben können, und Gott wusste das. Aber er kannte meine Bereitschaft. Auch hier kann man sagen: Geld ist nicht alles. Dafür hatte ich den Traktor und ich schenkte ihnen meine Zeit – und Gott beschenkte mich mit der Freundschaft zu dieser Familie! Gute Worte geben und für jemanden beten ist gut und wichtig. Aber manchmal zeigt sich Gottes Liebe auch durch unsere Hand am Arm, durch unsere Werke.

Sie wollten sich irgendwie erkenntlich zeigen und schenkten mir eine gebrauchte Heimorgel. Die funktionierte zwar nicht ganz einwandfrei, aber das Geschenk kam von Herzen, zumal ich mir schon immer ein Tasteninstrument gewünscht hatte, seit dem Klavier bei Tante Martha. Ich war platt, als sie mir dieses Teil schenkten, freute mich riesig darüber.

Aber wohin mit dem sperrigen Ding? Nun, auch dafür würde sich eine Lösung finden. Ich sagte nichts, um sie nicht zu verletzen. Vorläufig stellte ich das Instrument in den Flur, aber eigentlich war der zu klein dafür, und mein Mann ärgerte sich darüber.

Er war schon schlecht gelaunt nach Hause gekommen, irgendetwas musste vorgefallen sein. Nach kurzer Zeit ging er wieder zur Tür hinaus, Richtung Wirtshaus. Als er mitten in der Nacht zurückkam, lag ich schon im Bett. An seinem Schritt konnte ich erkennen, wie betrunken er war, und sein lautes Herummaulen und die laute Radiomusik zu nächtlicher Stunde zeigten mir, dass er gereizt war und dass ich mich leise verhalten musste. Dieser Zustand war immer äußerst kritisch.

Vorsichtig ging ich hinunter und lugte durch die halboffene Küchentür. Er bemerkte mich nicht. So hatte ich ihn aber noch selten gesehen! Ich bekam es mit der Angst zu tun.

Was mache ich nur, wenn er ins Schlafzimmer kommt? Wie weit wird er gehen?

Bisher hatte er mir nie etwas angetan, auch wenn er betrunken und gereizt war, aber heute traute ich meinem Mann alles zu. Dann kam mir die Heimorgel in den Sinn. Schon am Abend hatte er sich darüber geärgert! Meine Angst stieg von Minute zu Minute. Am ganzen Körper zitternd ging ich wieder ins Bett und betete leise:

Vater im Himmel, ich bitte um deinen Schutz.
Hilf mir in meiner Not – ich weiß nicht, was er tun wird.
Jesus Christus, sei mein Schild und stelle dich vor mich.
Amen.

Da kam er auch schon maulend die Treppe hoch! Wie starr lag ich in meinem Bett, stellte mich schlafend. Meine Gedanken riefen nur noch:

Jesus, Jesus!

Ich hatte schreckliche Angst, was er wohl tun würde, und ich spürte seine Gereiztheit. Dann blieb er vor unserem Bett stehen und brüllte so laut, dass sein Kopf hochrot anlief, ich solle gefälligst meinen Arsch aus dem Bett bewegen und verschwinden.

So einen hasserfüllten Mann kannte ich nur aus dem Film! Ruhig drehte ich mich um, schaute ihn an und sagte ihm mit ruhiger, fast sanfter Stimme, er solle nicht so brüllen und sich schlafen legen. Aber er ließ sich nicht beruhigen, im Gegenteil: Mein ruhiger Ton brachte ihn noch mehr in Rage und er brüllte noch lauter! Als er merkte, dass ich nicht darauf einging, bekam er noch größere Wut. Er drehte sich um, ging die Treppe wieder hinunter und schlug auf das Instrument ein. Ich hörte nur seine Schreie und die Schläge. Noch nie hatte ich so dringlich zu Gott um Hilfe gefleht wie in dieser Nacht.

Dann kam er wieder ins Schlafzimmer. Wieder drehte ich mich auf die Seite und wartete ab. Wieder blieb er vor meinem Bett stehen und brüllte wie beim ersten Mal, nur noch lauter, er wiederholte immer wieder, was er schon zuvor geäußert hatte: Er wollte mich tatsächlich hinauswerfen! Erneut drehte ich mich ruhig zu ihm um und wies ihn mit sanfter Stimme an, sich ins Bett zu legen: „Dies ist meine Seite zum Schlafen und die andere Seite ist deine Seite zum Schlafen."

Das war zu viel, jetzt rastete er vollends aus. Er wendete sich ab und ging die Treppe hinunter, nur um noch mehr als zuvor mit bloßen Händen auf das Instrument einzuhämmern! Ich bekam panische Angst und flehte noch mehr, ganz leise, zu unserem Herrn:

Jesus, Jesus, hilf mir!

Das wiederholte sich mehrmals. Immer wieder brüllte er mich an und beschimpfte mich mit den schlimmsten Worten, dann ging er wieder die Treppe hinunter und schlug auf die Heimorgel ein. Wie ein tollwütiges Tier! Gott sei Dank waren die Kinder außer Haus; sie durften bei Freunden übernachten und so bekamen sie von dieser Attacke nichts mit.

Irgendwann schlief er auf dem Sofa neben seinem Schreibtisch ein. Am Morgen schaute ich mir die Bescherung an: Bei beiden Manualen waren fast alle Tasten herausgebrochen. Die vier Pedale aus Messing waren verbogen, und alles war mit Blut verschmiert. Ich hatte Angst. Wie würde er sich benehmen, wenn er aufwachte?

Leise rief ich Pastor Daniel an. Ich brauchte jemanden, dem ich mich anvertrauen konnte. Ich schilderte ihm meine Angst und hoffte, sie würden im Gottesdienst für uns beten. Jesus hat ja versprochen:

Auch sage ich euch: Wenn zwei von euch eins werden auf Erden, um irgendetwas zu bitten, so soll es ihnen widerfahren von meinem Vater im Himmel. Denn wo zwei oder drei versammelt sind in meinem Namen, da bin ich mitten unter ihnen. Matthäus 18,19–20

Daran glaubte ich fest. Wenn also viele gleichzeitig im Gebet für mich einstanden, würde Gottes Kraft noch wirksamer werden. Ich glaubte, dass Jesus mir helfen würde, das hatte er auch schon in der Nacht getan. Sicher hätte er mir auch dann beigestanden, wenn ich allein gebetet hätte. Doch an diesem Morgen war ich zu erschöpft und ich fühlte mich blockiert. Aber ich wollte auch nicht selber in die Gemeinde gehen. Wäre ich weg gewesen, wenn er aufwachte, das hätte ihn noch mehr gereizt, und ich versuchte, ihm so wenig wie möglich Anstoß zu geben.

Ich wollte da sein, wenn er aufwachte und wenn meine Kinder nach Hause kamen, damit ich sie warnen konnte. Wie gut, dass sie diese Nacht nicht miterleben mussten – es reichte vollauf, dass sie die Auswirkungen des Geschehens sahen. Sie erschraken wirklich bei diesem Anblick, und auch in mir steckte noch die Angst. Dieses Mal war er wirklich zu weit gegangen.

Im Nachhinein staunte ich über meine Ruhe, die ich die ganze Zeit hatte bewahren können. Es war ein Wunder, dass nicht noch mehr passiert war; statt auf die Orgel hätte er ja auch auf mich einschlagen können. Aber der Herr hatte mich beschirmt und mir war nichts geschehen.

Als er am Nachmittag erwachte, tat er, als sei nichts gewesen. Das war immer so; auch den Kindern gegenüber tat er immer, als sei sein Verhalten das Normalste von der Welt. Wieder einmal kam keinerlei Entschuldigung, er äußerte auch kein Bedauern.

Nach diesem Erlebnis beschloss ich: So konnte es nicht mehr weitergehen, jetzt musste etwas geschehen! Ich wollte nicht mehr, dass er nach seinen Saufgelagen wieder in meine Nähe kam. Wenn er schon einmal so ausgerastet war, konnte er ein anderes Mal noch einen Schritt weiter gehen und mich angreifen! Ich konnte nicht mehr, und ich wollte nicht mehr. Ich wollte nur noch meinen Frieden – aber *mit* Gott und nicht ohne ihn. Also dachte ich weder ans Ausziehen noch an Selbstmord. Viel besser: Ab jetzt gab es getrennte Schlafzimmer!

Aber wie? Wir hatten ja kein Zimmer, das nur darauf wartete, bezogen zu werden. Doch ich fand eine Lösung, wenn nur die Kinder einverstanden waren.

Zuerst erklärte ich ihnen, wie sich die Lage zugespitzt hatte, und sie zeigten großes Verständnis. Ich war stolz auf sie! Gemeinsam machten wir einen Plan, wie wir die Räume nutzen sollten:

Kerstin verzichtete auf ihr Zimmer, in Zukunft teilten wir uns einen Raum. Auf keinen Fall aber wollte ich den gleichen Fehler machen wie meine Stiefmutter damals. Deshalb beschloss ich, ihr Bett in den begehbaren Schrank unter der Dachschräge zu stellen (der immer noch auf die Regalbretter wartete …). Sie sollte ihr eigenes Bett haben und eine eigene Ecke, und damit hatte auch sie eine Rückzugsmöglichkeit.

Die beiden Großen sollten weiterhin jeder sein eigenes Reich haben, nur dass Silvia zu uns ins Dachgeschoss zog. Ihr bisheriges Zimmer würde jetzt das Zimmer meines Mannes werden. So hatten wir jetzt ein gemeinsames Bad und wir waren für uns, ohne dass mein Mann zu uns hinaufkommen musste. Sein künftiges Zimmer hatte eine Waschgelegenheit, und dann gab es ja noch das kleine Bad, das von Anfang an in der Wohnung gewesen war.

Ganz schön viel Umräumerei. Wie sollte ich es nur schaffen, meinen Mann vor vollendete Tatsachen zu stellen? Ich hatte Angst. Wenn er mich bei meiner Aktion erwischen würde, das ginge nicht gut aus, da war ich mir ziemlich sicher! Ich musste an einem Tag Silvias Zimmer ausräumen und ihre Möbel in Kerstins bisherigem Zimmer wieder aufstellen. In Kerstins Zimmer stand nicht viel, das Kinderbett war schnell umgeräumt. Dann galt es noch einen Teil von unserem Schlafzimmer in Silvias bisherigem Zimmer aufzubauen und die Sachen meines Mannes einzuräumen.

An einem *Tag*? Ich hatte nur den Mittwochnachmittag, da war mein Laden geschlossen und mein Mann bei der Arbeit. Es war ein guter Plan, aber ihn allein oder nur mit den Kindern umzusetzen, das schien mir doch etwas schwierig. Also legte ich mein Vorhaben Gott hin:

Himmlischer Vater, ich bitte um deine Unterstützung und um deinen Schutz. Jesus, sei du bei mir. Aber ich weiß nicht, wie ich es nur mit der Hilfe der Kinder in die Tat umsetzen soll. Sie haben doch nicht die Kraft dazu. Wie soll ich es tun? Hilf mir bitte. In Jesu Namen – Amen.

Am Montagmorgen ging ich wie gewohnt in meinen Laden. Es war der einzige Ort, wo ich zur Ruhe kommen konnte. Zufällig (na ja, diese Art Zufälle kannte ich schon) besuchte mich an diesem Morgen die Mutter der sieben Kinder. Der Schreck vom Wochenende war mir noch ins Gesicht geschrieben, und sie fragte mich, was geschehen war. So erzählte ich ihr auch von meinem Plan – und nun erntete ich, was ich gesät hatte: Ohne lange zu überlegen, bot sie mir ihre Hilfe an. Ich war begeistert! Das war die Lösung! Gott sei Dank!

Stiefmutter gab mir ein schönes französisches Bett. Das wäre sonst auf dem Sperrmüll gelandet, aber ich freute mich sehr darüber.

Der Vater mit den größeren Kindern erschien pünktlich, und gemeinsam schafften wir es tatsächlich. Eine reife Leistung: Nach nur drei Stunden waren alle Zimmer fertig und komplett eingeräumt. Viele Hände – schnelles Ende! Ich war so dankbar.

Nun warteten wir gespannt auf meinen Mann. Da, das Auto! Keine Minute zu früh, erst als alles fertig war. Gott hatte uns wirklich beschirmt. Schnell noch ein Stoßgebet:

Lieber Gott, steh uns bei!

Es war mir schon mulmig, als ich auf ihn zuging und ihn begrüßte. Zuerst machte ich ihm klar, dass er zu weit gegangen war, und dann zeigte ich ihm sein neues Zimmer. Wahrscheinlich war es ihm bewusst gewesen, auch wenn immer noch keine Entschuldigung über seine Lippen kam. – Er nahm die Ausquartierung ruhig auf und das Zimmer gefiel ihm; und meinte sogar, es sei gemütlich eingerichtet.

Die räumliche Trennung war notwendig gewesen und ich spürte die Erleichterung. Sie gab mir Sicherheit, ohne dass ich hätte ausziehen müssen. Schade, dass es so kommen musste, aber anders ging es nicht mehr. Ich wollte Frieden, wollte keinen Streit mehr. Und ich war dankbar für die guten Aspekte.

Zwar hatte ich die Nase voll von diesem Mann, der mein Leben zerstört hatte, aber Pastor Daniel wies mich darauf hin, dass ich meinen Mann nicht verlassen solle. Er zitierte einen Bibelvers, 1. Korinther 7,10: *„... dass die Frau sich nicht scheide von dem Manne."* Den las ich in der Bibel nach und ich nahm ihn mir zu Herzen. Ich beschloss, meinen Mann nicht zu verlassen und keine Scheidung zu suchen, auch wenn ich mein Leben lang allein bleiben müsste.

Meine drei Kinder und ich hatten unsere Zimmer nun auf einer Ebene, und wir fanden es sehr gemütlich. Kerstin kam jede Nacht zu mir ins Bett, und auch die beiden Großen saßen abends noch bei mir, um zu plaudern. Es war eine wertvolle Zeit und wir kamen einander wirklich näher. Unser Zusammenhalt wurde gestärkt.

Zu Hause hatte ich anfangs immer allein gebetet. Später lehrte ich auch die Kinder zu beten, besonders wenn wir abends alle auf meinem Bett saßen.

Auch ich hatte im Elternhaus gelernt, abends und am Tisch zu beten. Das waren zwar vorformulierte Gebete und oft hatte ich sie nur heruntergeleiert, aber es war immerhin ein Anfang gewesen.

Mir war wichtig, meinen Kindern die Wahrheit nicht vorzuenthalten. Entscheiden müssen sie sich selbst, aber als Mutter war es mir Wunsch und Verpflichtung, ihnen den Glauben nahezubringen. Vielleicht ist es mir nicht ganz gelungen, doch sie können nicht mehr sagen, sie hätten noch nie davon gehört.

> ***Behaltet die Gebote im Gedächtnis****, die ich euch heute verkünde!* ***Prägt sie euren Kindern ein und sagt sie euch immer wieder vor*** *– zu Hause und auf Reisen, wenn ihr euch schlafen legt und wenn ihr erwacht.*
> 5. Mose (Deuteronomium) 6,6–7 (GNB)

Also immer und bei jeder Gelegenheit.

Deshalb nahm ich die Kinder ab und zu zum Gottesdienst mit. Hier lernten sie auch neue Freunde kennen, Freunde, die gute Gedanken haben.

Wie gewohnt ging ich weiterhin jeden Morgen in den Laden. Eines Tages kam eine Frau zu mir, ich sollte bitte für sie beten. Sie hatte große Angst vor der bevorstehenden schweren Operation. Ich betete gerne! Dazu hatte ich ja den Laden ins Leben gerufen. – Nach der Entlassung kam sie wieder, um sich für das Gebet zu bedanken. Der Arzt war überrascht, wie schnell sie sich erholte, und sie erzählte, dass jemand für sie gebetet hatte. Für solche kleinen Erfolge lohnte es sich, jeden Tag da zu sein.

Einige Leute entschieden sich, Jesus Christus in ihr Leben aufzunehmen. Bei manchen von ihnen war ich mir sicher, dass sie diese Entscheidung ernst nahmen und sie in ihrem Leben umsetzten. Bei anderen musste ich leider beobachten, dass es nur ein Lippenbekenntnis gewesen war, nur um mir zu gefallen, um mich nicht zu enttäuschen. Ich glaube, dass solche Bekenntnisse nichts bewirken, weil sie nicht aus dem Herzen kommen. Menschengefälligkeit bringt uns doch nicht weiter; wichtig ist, dass Gott mit uns zufrieden ist! In der Bibel steht:

Man muss Gott mehr gehorchen als den Menschen. Apostelgeschichte 5,29

Die Leute, die diesen Schritt nur mir zuliebe taten, hatten nichts begriffen. Schade auch, dass einige einfach vergaßen, was Gott ihnen schon Gutes getan hat. Gott lässt sich nicht spotten. Wenn man einen Bund mit ihm schließt, sollte man ihn ernst nehmen und wirklich darauf bedacht sein, ein neues, anständigeres Leben zu führen, in Ehrfurcht vor Gott. Nicht dass es mit einem schlimmer wird als zuvor!

Manche kamen auch „nur", um sich mit mir zu unterhalten. Manchen konnte ich wirklich weiterhelfen. Anderen hörte ich einfach zu, und wieder andere konnte ich trösten.

Und dann saß ich wieder allein da, viele Stunden lang. Ich nutzte die Zeit und las die Bibel durch. Nachdem ich mir diesen ersten Überblick verschafft hatte, verstand ich die Bibel schon besser. Jetzt wusste ich so einigermaßen, was drin steht und was nicht. Ich war mächtig stolz auf meinen Erfolg! Lesen war nie meine Leidenschaft gewesen, davon konnte meine Omi ja ein Liedlein singen. – Ich nutzte die Zeit auch, um mein Leben aufzuräumen; darüber mehr im nächsten Kapitel.

Viel Zeit, um herumzusitzen, eine Anlaufstelle, um mit Leuten ins Gespräch zu kommen und ihnen zuzuhören, jede Menge Zeit zu beten, die Bibel durchzulesen und Gott seine Sünden zu bekennen – nicht gerade das, was man erwartet, wenn man einen Laden eröffnet!

War das Ganze also ein Fehlschlag, hatte ich etwas falsch gemacht? Gott hatte gesagt: „mit einem Café". Das wäre das Richtige gewesen, das hätte so gut zu den Büchern gepasst. Anlaufstelle bedeutete ja, dass Leute kämen, damit ich für sie beten und mit ihnen reden konnte. Dafür wäre ein Cafébetrieb ideal gewesen. Aber das hatte ich leider überhört, das hatte ich verpasst. Ja, ich hätte es langsamer angehen, besser vorbereiten können. Aus diesen Fehlern konnte ich lernen.

Trotz allem hatte Gott etwas Gutes daraus gemacht: Ohne Zweifel war mein Laden eine Anlaufstelle. Menschen kamen zum Glauben und mein Glaube wurde gestärkt. Ich hatte Ruhe und viel Zeit und ich nutzte sie gut. Und ich erlebte viele Gebetserhörungen! Dafür hatte sich der Aufwand gelohnt, auch wenn ich dadurch nicht reich wurde. Aber ich konnte doch nicht immer nur drauflegen! Mein Konto war schon lange im Minus.

O Herr, ich muss den Laden schließen, damit ich nicht noch tiefer in die Schuldenfalle rutsche. Hilf mir bitte, die Schulden zu tilgen. Herr, du weißt, die Kinder haben Geld auf ihrem Konto und sie wollen es mir freiwillig geben. Aber da muss mein Mann zustimmen. Bitte bewege du sein Herz, dass er einwilligt.

Und hilf mir auch, aus dem Mietvertrag herauszukommen. Der Vermieter will sein Geld. Aber Herr, du weißt ja, dass ich keines habe. Bitte berühre du sein Herz, damit er die Miete wenigstens kürzt. Herr, sei mir gnädig und vergib mir alle meine Schuld und die Fehler, die ich gemacht habe. – In Jesu Namen – Amen.

Kapitel 30

Jetzt wird aufgeräumt!

Ich vertraute voll und ganz auf Gottes Hilfe. Ich war stärker geworden und meine Angst hatte nachgelassen. So schnell konnte mich nichts mehr erschüttern. Schließlich hatte Gott mir das Leben neu geschenkt. Diese zweite Chance wollte ich nutzen: Jetzt wird aufgeräumt!

Seltsam: Je mehr ich Gottes Wege ging, umso schwieriger wurde meine Lage! Aber ich war überzeugt, dass Jesus Christus mich durch diese Schwierigkeiten durchtragen würde. Ich beklagte mich nicht, schließlich hatte auch ich meinen Teil dazu beigetragen, dass in meiner Ehe nicht alles gut war, und das waren eben die Folgen.

Geld war für mich nie das große Thema. Ich war der Überzeugung, wenn ich Gottes Gebote halte und es ehrlich meine, wird er mich auch versorgen. Ich war zufrieden mit dem Wenigen, das ich hatte. Ich bin bescheiden aufgewachsen und stellte keine hohen Ansprüche.

Die Gottesdienste besuchte ich, so oft ich konnte. Gerne wäre ich öfter hingefahren, aber der finanzielle Engpass setzte meinen Wünschen Grenzen. – Eines Tages stand ich an der Tankstelle und die Tankkarte funktionierte nicht mehr. Was war das denn? Nach mehreren vergeblichen Versuchen fragte ich an der Kasse nach, und siehe da: Mein Mann, der schon immer versucht hatte, mich knappzuhalten, hatte unsere gemeinsame Tankkarte für mich sperren lassen. Ohne Vorwarnung! Er hätte behauptet, gar keine Frau zu haben. Ich war erst einmal sprachlos. Dann gab ich die Überraschung zurück und sagte ihnen, ich sei seine Ehefrau. Wirklich peinlich, vom eigenen Mann so verleugnet zu werden.

Rita war entsetzt, aber das half auch nicht weiter. Der Verkäufer wusste nicht, wie er sich verhalten sollte. Diese Situation war ihm sehr unangenehm, das war ihm anzusehen. Zum Glück hatte ich noch genug Geld in der Tasche und konnte trotzdem tanken und dem Verkäufer noch ein paar freundliche Worte sagen. Mittlerweile konnte ich mit solchen Peinlichkeiten ruhig und gelassen umgehen.

Auch unser gemeinsames Konto ließ er für mich sperren. Eiskalt. Dass er so weit gehen würde, das hätte ich nicht gedacht. Schließlich war ich immer noch mit ihm verheiratet! Zum Glück hatte ich für den Laden ein separates Konto eingerichtet.

Er gab mir siebenhundert Mark Haushaltsgeld im Monat, aber das reichte nicht wirklich. Mit dem Wenigen, was mir der Laden einbrachte, konnte ich mich gerade so über Wasser halten. Ich kam mir vor wie eine Alleinerziehende, mein Mann dagegen hatte Geld in Hülle und Fülle. Nicht selten spendierte er im Wirtshaus mehrere Flaschen Wein! Es brachte mich auf die Palme, wenn ich davon erfuhr: Mir rechnete er alles vor, aber was er Tag für Tag im Wirtshaus liegen ließ, das sah er nicht. Er beließ es ja nicht bei einem Bier, oft kippte er fünf oder sechs oder noch mehr, und oft aß er noch etwas dazu. Mit seiner Sauferei belastete er die ganze Familie.

Für das viele Geld, das er in den Gasthäusern ausgab, hätte man sich andere Dinge leisten können, zum Beispiel einen schönen Familienurlaub. Eigentlich hätte es uns richtig gutgehen können: Wir mussten keine Miete zahlen und die Nebenkosten waren nicht sehr hoch.

Ich hatte mich für ein ehrliches Leben mit Gott entschieden, sonst hätte ich schon lange das Konto abräumen können. Aber Geld war mir nie das Wichtigste. In der Bibel steht, dass Gott uns versorgt und uns Recht schafft, und darauf verließ ich mich. Je größer die Schwierigkeiten, umso stärker wurden mein Glaube und mein Vertrauen zu Gott.

Immer wieder erwähnte Pastor Daniel in seinen Predigten, wie wichtig Buße und Umkehr seien. Je mehr ich darüber nachdachte, je klarer wurde mir: Es ist an der Zeit, dass ich meine Sünden vor Gott bereinige, mein Leben aufräume, all das Gerümpel loswerde, das sich in mir angesammelt hat. Ich wollte sicher sein, dass Jesus mir vergeben hatte, und ich wollte all das Schlechte loswerden, das bei mir zusammengekommen war.

Das hört sich wie Beichte an, dachte ich. Aber dieses Wort hatte ich in der Freikirche noch nie gehört. Also nahm ich allen Mut zusammen und fragte den Pastor: „Ich will Buße tun, wie macht man das hier?" Er freute sich sichtlich über meine Frage und dann erklärte er es mir genau.

Zu Hause ließ ich mir alles nochmals durch den Kopf gehen, und wie so oft fragte ich auch dieses Mal Gott, wie er das haben wollte:

Vater im Himmel!

Ich will vor dich treten und meine Sünden bekennen. Ich möchte alles vor dir bereinigen, was in meinem Leben nicht in Ordnung war, und das ist sehr viel. Wohin soll ich damit gehen und wie soll das geschehen?
Ich bitte um deine Gnade und Vergebung.
Ich bitte um deinen Schutz und himmlischen Beistand.
Bitte führe und leite mich durch deinen Heiligen Geist.

Jesus Christus, Gottes Sohn, du bist auch für mich gestorben und hast auch für mich den Tod überwunden. Du hast dein Blut auch für mich vergossen. Reinige, heilige und befreie du mich. Ich bin ein Sünder und möchte meine Sünden vor dich und ans Kreuz bringen. Ich bitte um Vergebung. Bitte mach du all das Krumme in meinem Leben wieder gerade. Ich glaube dir und ich vertraue auf dich.
Ich danke dir. – Amen.

Mir war es wichtig, zuerst zum Herrn zu gehen: Ich wollte, dass Gott auch bei diesem Vorhaben seine schützende Hand über mich hielt. Immerhin macht man sich sehr verletzlich, wenn man vor einem Zeugen seine Sünden bekennt: Was, wenn der diese Informationen nicht für sich behielt? Oder sie mir bei „passender" Gelegenheit unter die Nase rieb? Das musste nun wirklich nicht sein.

Ein paar Tage später rief ich Pastor Daniel an und er lud mich zu einem persönlichen Gespräch ein. Seine Ehefrau war auch dabei. Zuerst beteten sie für mich und baten, dass Gott mir half, wenn ich jetzt mein Leben bereinigen wollte. Dann erklärten sie mir genau, wie sie das in ihrer Kirche handhabten. Dabei verflog meine Anspannung. Das alles beeindruckte mich sehr!

Dann war ich dran. Ich erzählte ihnen etwas über mein Leben und meine Nöte und auch, dass ich vorhatte, meinen Mann zu verlassen. Da unterbrach er mich und ermahnte mich, eine Ehefrau dürfe ihren Ehemann nicht verlassen, und zitierte gleich die Bibelstelle dazu:

Für die Verheirateten dagegen habe ich eine verbindliche Vorschrift. Sie stammt nicht von mir, sondern von Christus, dem Herrn: Eine Frau darf sich von ihrem Mann nicht trennen. 1. Korinther 7,10 (GNB)

Auch im nächsten Vers steht etwas Wichtiges zum Thema:

Hat sie sich von ihm getrennt, so soll sie unverheiratet bleiben oder sich wieder mit ihrem Mann aussöhnen. Ebenso wenig darf ein Mann seine Frau fortschicken. 1. Korinther 7,11 (GNB)

Ich schluckte. Ich war also tatsächlich lebenslänglich gefangen und den Demütigungen meines Mannes ausgeliefert. Ich war gefangen! Wenn auch in einem halbwegs vergoldeten Käfig.

Pastor Daniel und seine Frau verstanden meine Lage und versicherten mir, dass Gott darum wusste. Gott wolle, dass es uns gut geht, er wolle unsere Wunden heilen und unseren Mangel ausfüllen. Wir müssten bereit sein, vor dem Herrn alle Sünden zu bekennen, dann habe der Teufel kein Anrecht mehr auf uns und wir könnten ein Leben führen, wie es Gott gefällt.

Sie gaben mir Unterlagen, die mir helfen sollten, meine Sünden zu erkennen, und darunter stand jeweils ein Vorschlag, wie man beten konnte. Und sie versprachen, in der Gemeinde eine Frau zu finden, die mich auf diesem Weg seelsorgerlich begleiten würde.

Zum Abschluss beteten wir. Wir, also auch ich. Wir beteten, dass die richtige Person gefunden würde. Zuerst beteten Pastor Daniel und seine Frau, dann sollte ich ebenfalls laut beten. Ich sträubte mich. Was sollte ich nur sagen? Ich war es nicht gewohnt, laut zu beten, und schon gar nicht, wenn jemand zuhörte.

Ausgenommen natürlich das Gutenachtgebet und das Tischgebet, die kannte ich auswendig, das war etwas anderes.

Das war noch bevor ich den Laden hatte. Jahrelang war ich mit meinem Glauben und meiner Gottesbeziehung ziemlich auf mich allein gestellt gewesen. Natürlich war mir Beten nichts Fremdes mehr; alles, was mir auf dem Herzen lag, und alles, was mich bewegte, brachte ich im Gebet vor Gott.

Aber laut beten und andere hören zu? Das hatte ich noch nie getan! Sie sprachen mir Mut zu, also fing ich schüchtern an und stotterte so vor mich hin. Sie machten mir nochmals Mut: Es sei ganz normal, wenn es sich am Anfang etwas holperig anhören würde. Reine Übungssache. Mit der Zeit würde es fließender werden. Und so war es auch.

Nach diesem einen Gespräch war ich erst einmal erleichtert. Die Gespräche konnte ich immer mit einem Gottesdienstbesuch verbinden, das ließ sich gut einrichten. Immerhin saß ich für einen Weg eineinhalb Stunden im Auto, das musste sich doch irgendwie „lohnen", und gerade nach so einem Gespräch wollte ich dem dreieinigen Gott danken und ihn ehren. Nach jedem Gottesdienst fühlte ich mich frei und voller Kraft; auch dieses Mal war es nicht anders. Danach fuhr ich in aller Ruhe nach Hause.

Auf der Heimfahrt dachte ich über unser Gespräch nach.

Die Bibelstellen, die der Pastor mir aufgezeigt hatte, nahm ich mir zu Herzen. Ich beschloss, meinen Mann nicht zu verlassen und alles zu versuchen, um mich mit ihm zu versöhnen. Ich wusste: Was sie mir gesagt hatten, das war die Wahrheit. Ich spürte einen großen Frieden in meinem Herzen.

Jetzt konnte es losgehen mit dem Aufräumen! Im Laden war es ruhig, so bereitete ich mich auf mein erstes Treffen zur Lebensbereinigung vor, für mich nannte ich es „meine erste Buße".

Zuallererst lud ich im Gebet den Heiligen Geist ein und bat Jesus Christus, mir zu helfen. Ich legte ein leeres Schulheft auf den Tisch und schrieb alles auf, was mir in den Sinn kam. Das war eine ganze Menge! Ich erkannte bald, welch ein kostbarer Schatz der Ordner war, den ich zur Vorbereitung vom Pastor erhalten hatte:

So konnte ich systematisch vorgehen, um nichts zu vergessen. Ich hatte ein richtig gutes Gefühl dabei und mir wurde vieles klar.

Nicht lange, und ich konnte mit der Frau, die mich begleiten sollte, das erste Treffen vereinbaren. Aber war sie wirklich die Richtige für mich? Ja! Sie war die Richtige! Schon am Telefon spürte ich: Bei dieser mütterlichen Frau war ich in guten Händen, ich konnte ihr vertrauen.

So setzte ich mich mit meinen Notizen ins Auto und machte mich auf, meine Sünden zu bekennen. Meine Begleiterin war wirklich sehr nett. Wir zogen uns in einen leeren Raum zurück, nur wir beide. Sie war sehr behutsam mit mir. Am Anfang war ja alles noch sehr fremd und es fiel mir schwer, alles so preiszugeben.

Ich war bereit, alle meine Sünden zu bekennen. Ich war bereit, mein Leben aufzuräumen, und spürte, dass ich jetzt auch die Kraft dazu hatte.

Und Gott zeigte mir, was ich zu bekennen, in Ordnung zu bringen hatte. Er zeigte mir, was da an Lügen, Gleichgültigkeit und Gemeinheiten von mir ausgegangen war.

Gott zeigte mir auch Menschen, denen ich vergeben musste, Menschen, die mir das Leben schwer machten, die mich zurückhielten, kleinhielten, die nicht für mich, sondern gegen mich waren. Auch Menschen in meiner Familie. Aber was immer sie mir angetan hatten, ich war nun bereit, reinen Tisch zu machen.

Mein Herz klopfte. Da saß ich nun und wusste nicht so recht, was ich jetzt eigentlich tun sollte. Die Seelsorgerin erkannte, dass ich Angst hatte, und machte mir Mut – ich wäre nicht die Einzige, die gesündigt hätte, auch sie habe so manches zu bekennen gehabt. Außerdem würde ich es nicht ihr sagen, sondern Jesus. Sie sei nur Zeugin und Helferin – und sie würde nichts weitererzählen, sonst würde sie sich vor Gott schuldig machen.

Bevor wir begannen, sangen wir noch ein Lied und beteten gemeinsam. Danach fing ich an, unserem Herrn Jesus Christus zu bekennen, was ich eben bekennen wollte. Schon während meines Bekenntnisses spürte ich, wie es mir leichter ums Herz wurde! Die Tatsache, dass man seine Fehler wirklich vor Gott bereut, erfüllt einen mit Frieden. Man kann es regelrecht spüren.

Viele Male fuhr ich zu meiner Seelsorgerin, um alle meine Sünden zu bekennen, mitunter drei Mal in einer Woche. Kein Weg war mir zu weit. Aber ich bereute keine einzige Fahrt, kein einziges Treffen! Am Ende war ein ganzes Schulheft voll geworden. Natürlich habe ich bei diesen Terminen nicht nur meine Sünden heruntergebetet, das wäre ja schnell gegangen. Wir sprachen auch über dies und jenes. Sie half mir sehr, diese Situationen zu verstehen, und ich erkannte, wie ich es hätte besser machen können – für die Zukunft. Ab und zu wurde mir auch bewusst, dass ich noch jemandem vergeben musste.

All das braucht Zeit, und die nahmen wir uns gerne. Sie nahm sich auch Zeit, mich ausführlich zu segnen, damit auch meine Seele heil werden konnte. Schon allein, dass sie sich Zeit für mich nahm, dass ich ihr wichtig war, dass sie mir zuhörte, mich ernst nahm, das berührte mich tief.

Hinterher fühlte ich mich jedes Mal leichter, als wäre eine schwere Last von mir abgefallen. Was hatte ich doch bisher alles mit mir herumgeschleppt! So lernte ich Beichte ganz anders kennen als bisher. Es hört sich vielleicht seltsam an, aber ich freute mich immer schon auf das nächste Mal.

Böse Überraschungen

Bevor ich zu Hause ins Auto stieg, um wieder einmal Sünden zu bekennen, erlebte ich regelmäßig böse Überraschungen. Da wollte wohl jemand verhindern, dass ich mein Leben aufräumte und ans Licht brachte, was Finsternis war!

Mehrmals kam mein Mann angetrunken nach Hause und suchte Streit mit mir. Einmal fiel ich die Treppe hinunter. Eines Morgens fiel unerwartet Schnee, aber ich hatte noch Sommerreifen drauf.

Gerade an diesem Tag hatte ich einen Seelsorgetermin und ich wollte ihn unbedingt wahrnehmen! Ich betete die ganze Fahrt hindurch und vertraute auf Gottes Bewahrung. Es schneite immer noch, und an einer steilen, kurvenreichen Strecke kam ich mit meinem Auto ins Schleudern. Ich hatte es nicht mehr unter Kontrolle, brauchte die ganze Fahrbahnbreite. Ich bekam es mit der Angst zu tun und konnte nur noch schreien:

Jesus, hilf mir und mach den Weg frei, dass kein Auto entgegenkommt, und bringe mich heil ans Ziel!

Heil und sehr erleichtert kam ich an, aber ein Vergnügen war diese Fahrt nicht gewesen! Außerdem musste ich abends den gleichen Weg wieder zurückfahren. Es schneite und schneite, und nach dem Gottesdienst lag der Schnee ziemlich hoch.

Mir wurde angst und bange bei dem Gedanken an die Heimfahrt. Aber Angst war jetzt fehl am Platz, da musste ich durch. Und wenn ich nicht den Berg hinaufkam? Wieder fing ich an zu beten:

Vater im Himmel, ich bitte dich um deine dienstbaren Engel. Schicke sie mir zur Hilfe und schiebe du das Auto diesen steilen Berg hinauf.

Und wirklich, das Wunder geschah: Obwohl so viel Schnee auf der Straße lag, kam mein Auto mühelos den Berg hoch. Wohlbehalten kam ich zu Hause an. Nun wurden aber die Reifen gewechselt, gleich am nächsten Tag!

Gelegentlich wollte Silvia mit zum Gottesdienst. Damit sie während des Gesprächs nicht vor der Tür sitzen musste, brachte ich sie solange zu einer Freundin, die ebenfalls zum Gottesdienst kommen würde. Unterwegs bemerkte ich, dass der Tank fast leer war. Ob es bis zur nächsten Tankstelle reichen würde? Es sah nicht danach aus. Ich sah mich schon mit leerem Tank irgendwo im Nirgendwo stehen, und mein Herz begann zu rasen. In meiner Not sagte ich zu meiner Tochter: „Es kann nicht schaden, jetzt ein kurzes Stoßgebet gen Himmel zu schicken."

Oh Herr Jesus Christus, bitte vergib mir, dass ich nicht schon früher getankt habe. Doch hilf mir jetzt bitte, dass das Benzin bis zur nächsten Tankstelle reicht! – Amen.

Da schrie meine Tochter laut auf: „Sieh mal, Mami! Die Tanknadel ist hochgegangen!" Ich war erleichtert. In meiner Begeisterung jubelte ich ein „Halleluja!" – jetzt würde das Benzin reichen.

Was für Schwierigkeiten auch auftauchen mochten, ich ließ mich durch nichts davon abhalten, meine Sünden zu bekennen und mein Leben aufzuräumen. Im Gegenteil: Je mehr Schwierigkeiten auf mich zukamen, umso gewisser wurde ich: Es war richtig und der Teufel wollte mich eben daran hindern! Offensichtlich erkannte er nur zu gut, dass er jedes Mal an Macht verliert, wenn ein Mensch seine Sünden bekennt.

Und jedes Mal fuhr ich mit einem tiefen Frieden wieder nach Hause. Ich wurde immer stärker und sicherer in meinem Tun. Jedes Mal, wenn ich mich von etwas gelöst hatte, merkte ich, wie Gott mich mit etwas Neuem füllte. Was auch immer ich brauchte, ob Mut, Kraft, Schutz oder Weisheit, er gab mir immer das Richtige.

Als wir durch waren, wollten wir das Heft verbrennen – zum Zeichen, dass nun alles bereinigt war. Dabei erlebten wir etwas Merkwürdiges: Die letzte Seite mit den „okkulten Vergehen" wollte einfach nicht brennen. Wir mussten sie mehrmals anzünden, bis es schließlich klappte. Hinter all dem okkulten Zeug musste wirklich eine Macht stecken! Aber nun war alles ans Licht gekommen.

Manches hatte ich allein vor Gott bereinigt, einfach zu Hause; bei anderem war ich dankbar, dass ich eine Begleiterin hatte. Die Gewissheit und der Glaube, dass alles nun bereinigt war, gaben mir ein befreiendes Gefühl der Reinheit.

Ich war erleichtert.

Ich kann jedem nur raten, von ganzem Herzen in Gegenwart eines Seelsorgers oder einer Seelsorgerin seine Sünden vor Gott zu bekennen. Dass das nicht nur irgendein Psycho-Spielchen ist und auch kein leeres Ritual, das findet man schnell heraus, wenn man es selbst ausprobiert.

Ich bin überzeugt: Wenn man nur halbherzig, leichtfertig, widerwillig beichtet und ohne Glauben, diesen Selbstbetrug kann man sich gleich sparen. Lügt man damit nicht Gott an? Ob er das segnen würde?

Reicht es denn nicht, Bußandachten zu besuchen? – Diese Frage bekommt augenblicklich Junge: Sind die Besucher wirklich ganz bei der Sache? Gehen sie aus Überzeugung dorthin oder nur, um ihr

schlechtes Gewissen zu besänftigen? Um sagen oder denken zu können, man sei ja in der Andacht gewesen?

Jedenfalls wenn ich an meine Bußandacht-Erfahrungen denke, muss ich zugeben: Ich war nicht wirklich bei der Sache. Ich war zu sehr abgelenkt. Ich persönlich glaube nicht, dass alles in Ordnung ist, wenn man vor Weihnachten und Ostern eben mal zur Bußandacht geht.

Mir persönlich wäre das jedenfalls zu wenig und zu unsicher, ob damit wirklich alles bereinigt ist. Ein persönliches Sündenbekenntnis ist doch noch etwas ganz anderes. Aber zum Glück muss ich das nicht beurteilen. Nur Gott sieht in die Herzen und er sieht genau, wer es ehrlich meint und wer nicht.

Was hilft es, zu bestimmten Zeiten zu fasten oder sich besinnlich und fromm zu geben, wenn man den Rest des Jahres sündigt, wie es einem gerade passt, besonders in der Fastnachtszeit?

Ist in der Fastnachtszeit wirklich alles erlaubt? Wer sagt das? Wie sehen das die Betroffenen, die Betrogenen? Und die Folgen der Zügellosigkeit? Sind die am Aschermittwoch vielleicht auch vorbei? Wer glaubt, das hinterließe keine Spuren, der irrt sich. Es hinterlässt immer Spuren. Wie viel Streit und Leid werden in dieser Zeit ausgelöst, durch sinnloses Geschwätz, durch den leichtfertigen Umgang mit Gefühlen, durch freizügigen Sex und Ehebruch, in der Regel unter Alkoholeinfluss?

Es ist nur für den angenehm, der das Vergnügen hat, und das auch nur im Moment. Für diejenigen, die erleben müssen, dass der Ehepartner in einem anderen Bett aufwacht, oder die zusehen müssen, wie er oder sie jemand anderen küsst, ist es sicher nicht lustig. Solche Dinge habe ich in der Fastnachtszeit häufig beobachtet, habe mich ja lange genug selbst so verhalten. Aber danach fühlte ich mich immer schlecht. Und wenn mein Mann sich mehr mit anderen Frauen amüsierte als mit mir, war ich eifersüchtig – ganz zu Recht!

Gott hat viel Geduld mit uns Menschen. Aber wie lange hat er Geduld, wenn keine Veränderung in Sicht ist? Gott sieht lange zu, aber irgendwann ist das Maß voll – und dann braucht man sich nicht zu wundern, wenn einen das Leid überfällt. Und dann ist der Jammer groß:

Warum? Wieso? Weshalb? – Auch mein eigenes Leid hatte ich mir zum Teil selbst zuzuschreiben, das wurde mir durch mein Sündenbekenntnis bewusst.

Es war nicht einfach, vor Gott und Menschen alles zu bekennen. Aber es war befreiend! Gott lässt sich nichts schenken, sagt man. Bei Gott geht man nie leer aus, besonders wenn man darauf bedacht ist, in Zukunft nach Gottes Willen zu leben, wenn man sich von Gott verändern lassen will:

Der Herr kennt die, die zu ihm gehören. ... Wer sich zum Namen des Herrn bekennt, muss aufhören, Unrecht zu tun. 2. Timotheus 2,19 (GNB)

Aber diese Entscheidung muss jeder für sich selbst fällen.

Ich habe es ausprobiert und das Wort Gottes ist wahr. Alle Ehre gebührt dem Herrn, er hat mir viel Gutes getan! Ich habe wirklich eine Menge Sünden begangen. Aber ich durfte auch erleben, wie mein Leben eine neue Richtung bekam und sich so manches „wie von selbst" erledigte. Zum Beispiel wurden meine Anfälle in der Zeit der Lebensbereinigung spürbar schwächer und sie kamen seltener. Es lohnte sich also wirklich, auch wenn eine neue Wahrheit am Anfang manchmal schmerzlich war.

Ich konnte mein verkorkstes Leben vor Gott bereinigen, und ich war mir sicher: Gott würde auch mit allem anderen fertigwerden!

Zum Beispiel mit meiner Epilepsie: Bei einem Heilungsgottesdienst ging ich nach vorne und bat jemanden, für mich zu beten. Ich nannte keine Einzelheiten, aber offensichtlich wusste Gott genau, wo ich Heilung brauchte. Das ist jetzt etwa 15 Jahre her, und seitdem habe ich keinen einzigen epileptischen Anfall mehr gehabt! Gott sei Dank.

Kapitel 31

Meine Taufe

Inzwischen war mein Weg der Umkehr und Buße abgeschlossen und ich wollte unbedingt getauft werden – durch Untertauchen im Wasser, wie Jesus Christus sie auch vollzogen hatte. Für mich war die Taufe ein sehr wichtiger Schritt, um Jesus Christus ganz zu gehören, das alte Leben von mir abzuwaschen und von Neuem zu beginnen.

Ich glaube, außer dem Glauben an Jesus Christus ist die wichtigste Voraussetzung, um so eine Taufe wirklich ernsthaft zu vollziehen, dass man Buße getan hat und von seinen Sünden umgekehrt ist und dass die innere Einstellung stimmt. Man sollte wirklich überzeugt sein, dass man den Weg mit Jesus Christus konsequent gehen will. Man sollte bereit sein, das eigene, egoistische „Ich" abzulegen und sich von Jesus Christus durch den Heiligen Geist verändern zu lassen.

Veränderung geschieht auch durch Sündenbekenntnis und Vergebung. Nicht zuletzt deshalb, weil man erkennt, was dahintersteckt, und alles mit Gottes Augen zu sehen lernt. Die Bibel nennt das „das Denken verändern". In Römer 12,2 (GNB) heißt es:

„Passt euch nicht den Maßstäben dieser Welt an. Lasst euch vielmehr von Gott umwandeln, damit euer ganzes Denken erneuert wird."

Dass wir anderen vergeben, die uns Unrecht angetan haben, ist genauso wichtig, wie die eigenen Sünden zu bekennen. Normalerweise reagiert der Mensch ohne Gott auf die Sünde eines anderen, indem er sozusagen zurücksündigt. Lieblosigkeit erzeugt Hass.

Wenn wir unsere Sünden vor Gott bekennen und sie wirklich bereuen und in Zukunft darauf bedacht sind, nach Gottes Geboten zu leben und nicht mehr zu sündigen – dann geschieht Veränderung.

Sicher kommt es vor, dass man den gleichen Fehler immer wieder mal macht. Es kann sein, dass dem eine Verletzung des Herzens zugrunde liegt, die man vielleicht noch gar nicht erkannt hat. Aber Gott will das heilen, und wenn wir ihn darum bitten und bereit sind, selbst zu vergeben, dann tut er es auch.

Jesus vergibt immer wieder, er hat am Kreuz schon längst für alles bezahlt. Das ist aber kein Freibrief zum Sündigen. Wenn wir erkennen, wie kostbar seine Gnade ist und was es ihn gekostet hat, dann wollen wir gar nicht mehr sündigen, sondern so leben, dass es ihm Ehre macht.

Der Herr sieht uns ins Herz. Wenn wir mutwillig sündigen und gar keine Veränderung *wollen*, dann züchtigt er seine Kinder. Das tut weh, ich habe es selbst erlebt, und ich kann nur davor warnen! Darauf würde ich es gewiss nicht noch einmal ankommen lassen wollen.

Weil ich täglich in der Bibel las, bekam ich immer mehr den Durchblick. Mit der Zeit wurde sie für mich viel mehr als nur ein Buch: Die Bibel wurde mir zu einer wichtigen Hilfe im Alltag.

Die Geschichten der Bibel haben eine Bedeutung, sind Lebenshilfe. Am besten findet man das mit der Hilfe des Heiligen Geistes selbst heraus. Durch das Bibellesen wachsen unsere Liebe, unser Glaube und unser Vertrauen zum Herrn. Kein Wunder, denn um jemanden zu lieben und ihm zu vertrauen, sollte man ihn doch einigermaßen kennen,

und wenn wir in der Bibel lesen, lernen wir den Herrn kennen – was ihn freut und was er hasst und überhaupt, wie er tickt.

In meinem kleinen Laden hatte ich ja sehr viel Zeit, die Bibel durchzulesen, durchzuarbeiten. So las ich auch von der Taufe, die Jesus vollzogen hatte – er ließ sich ganz im Wasser untertauchen. Das wurde mir immer wichtiger, und ich wollte so schnell wie möglich auch selbst getauft werden. Aber wo und wann? Ich betete, dass Gott etwas arrangieren sollte. Rita war schon seit einem halben Jahr getauft, und ich war etwas neidisch auf sie. Sie hatte auch engeren Kontakt zu anderen in der Gemeinde. Aber ich wusste: Auch ich würde bald getauft werden.

Beim Taufgespräch meinte Pastor Daniel, ich hätte einen Marathonlauf von Beichte hingelegt. Natürlich, das wollte ich ja – so schnell wie möglich mein Leben vor Gott in Ordnung bringen. Als er mir den Tauftermin nannte, brach ich in Jubel aus: Das war ja mein Geburtstag!

Ich malte mir alles so schön aus und freute mich riesig darauf! Aber nein, es sollte nicht sein, der Termin wurde abgesagt. Für eine einzige Person würden sie das Becken nicht aufheizen. Ich konnte das verstehen, und im Winter wollte ich auch nicht gerne ins eiskalte Wasser steigen. Trotzdem war ich sehr enttäuscht: Schade!

Der nächste Tauftermin war für Januar geplant, aber auch der wurde abgesagt. Ich wäre nämlich wieder die Einzige gewesen.

Bei einem Gottesdienst im Januar hatte jemand für die nächste Taufe einen geistlichen Eindruck in Form eines Bildes: „Es waren zwei Seen zu sehen. Die Menschen liefen zu dem ersten See, aber dort durften sie nicht untertauchen. Dann gingen sie weiter zu dem zweiten See, dort wurde die Wassertaufe vollzogen. Als sie wieder aus dem See herauskamen, waren sie nicht nur im Wasser, sondern auch gleich mit dem Heiligen Geist getauft." Ich dachte noch: Welch schönes Bild! Dieser Eindruck, den verschiedene Leute in der Gemeinde gleichzeitig bekommen hatten, berührte mich und ich sorgte dafür, dass ich ihn nicht vergaß: Ich stellte mir vor, wie schön es wäre, wenn ich das miterleben könnte.

Und noch ein Termin platzte – dieses Mal, weil die Gemeinde für eine Woche später einen Kongress geplant hatte. Weil sich bei diesem großen Treffen sicher noch weitere Gläubige zur Taufe entschließen würden, plante Pastor Daniel den Taufgottesdienst für Pfingstsonntag ein, und dann sollte auch ich getauft werden.

Dieser Termin gefiel mir sehr. Gott hatte sicher einen guten Grund dafür, dass meine Taufe mehrfach verschoben wurde! Ich war überzeugt, dass alles seine bestimmte Zeit hat, und dachte: Bestimmt bereitet der Herr einen ganz besonderen Tag für mich vor.

Der Kongress rückte näher und mit ihm meine Taufe. Ich wollte an dem Kongress teilnehmen und meine Kinder auch. So organisierte ich für uns vier samt den beiden drei Wochen alten Welpen ein Wohnmobil. Die kleinen Hunde waren in einem Puppen-Reisebett untergebracht und stellten sich auf dem Kongress als inoffizielle Kinder-Attraktion heraus.

Ich freute mich sehr, dass die Kinder teilnahmen. So konnten sie auch mit ihren Freunden zusammen sein, die sie inzwischen in der Gemeinde gefunden hatten. Sie sollten sehen, dass es viele andere Kinder und Erwachsene gab, die an Jesus Christus glauben und mit ihm leben. Sie sollten sehen, wie sie beten und Gott loben. Natürlich hatten sie das auch in den Gottesdiensten erlebt, aber zu dem Kongress wurden 1500 Teilnehmer erwartet, das ist schon noch etwas anderes. Und das gleich vier Tage lang! Wie damals, als ich im Jahr zuvor zum ersten Mal hier gewesen war.

Die Mutter der sieben Kinder, die mir bei meiner internen Umzugsaktion geholfen hatte, war weiterhin regelmäßig in meinen Laden gekommen, und jetzt fragte sie mich, ob sie mitkommen dürfe. „Na klar!", hätte ich am liebsten geantwortet. Vielleicht erkannte sie in diesen Tagen etwas, was ihr von Nutzen sein würde. Nur konnte ich sie leider nicht mitnehmen, so groß war das Fahrzeug nun auch wieder nicht.

So fuhr sie mit dem Zug. Auch ihr Mann und fünf Kinder waren mitgekommen, und da standen wir nun zu elft vor meinem Wohnmobil! Das ging nicht. In die Schlafzelte wollte sie nicht, dort hätte sie die Kinder aus den Augen verloren. Das konnte ich gut verstehen, ich wollte meine drei Kinder ja auch bei mir haben und deshalb hatte ich das Wohnmobil gemietet. So stellten wir das dazugehörige Vorzelt auf, in dem konnten sie gern kampieren. Es herrschte ein totales Chaos!

Meine Kinder waren etwas verärgert, weil sie es sich anders vorgestellt hatten. Ich eigentlich auch. Doch irgendwie wird es schon gehen, dachte ich. Und tatsächlich, wir sollten es nicht bereuen: Die Frau war mir während der ganzen Zeit sehr hilfreich. Wir hatten nicht das Geld, um im Verpflegungszelt zu essen, und so bekochte sie uns alle und hielt generell das Chaos einigermaßen in Grenzen. Gott sei Dank hatten wir die ganzen vier Tage lang herrliches Wetter und konnten immer draußen essen.

Die Kinder sah ich meist nur zu den Mahlzeiten oder wenn sie schliefen. Alle drei fanden gleich Kontakt zu anderen Kindern und hielten sich die ganze Zeit im Kinderzelt auf. So konnte ich unbesorgt an den Gottesdiensten teilnehmen oder meinen Dienst tun. Auch meine beiden Glaubensfreundinnen, die ich durch den Laden gefunden hatte, waren mit ihren Kindern da.

Wie die anderen aus der Gemeinde wollte auch ich mich nützlich machen. Mit einigen anderen Frauen reinigte ich die Toiletten und Duschen, und mehrmals trug ich mich zum Bibellesen ein. Rita betreute die Gastredner, damit hatte sie persönlichen Kontakt zu ihnen. Jeder kannte und lobte sie, und ich war ein wenig neidisch auf sie. Aber ich wollte solche negativen Gedanken nicht. Sie überkamen mich einfach. Deshalb wollte ich sie gleich wieder loswerden! Als ich erkannte, dass ich mich mit solchen Gedanken versündigte, zog ich mich sofort zurück und ging auf die Knie:

Jesus Christus, bitte vergib mir meine Sünde. Meine Gedanken sind voller Neid auf Rita. Ich will das nicht, denn ich möchte dir gefallen. Ich bekenne, dass ich neidisch bin auf Rita, weil sie so angesehen ist, mich dagegen bemerkt niemand. Jesus Christus, vergib mir meine Schuld. Ich lege dir den Neid und die negativen Gedanken hin, ich lege sie am Kreuz ab. Bitte wasche mich rein durch dein kostbares Blut.

Ich will mich mit Rita freuen und ich freue mich, jetzt bald ganz zu dir zu gehören. Danke, Jesus Christus, Amen.

Ich erinnerte mich an eine Bibelstelle:

Weiter nun, Brüder, bitten und ermahnen wir euch in dem Herrn Jesus – wie ihr von uns empfangen habt, wie ihr wandeln und Gott gefallen sollt, dass ihr darin immer reicher werdet. 1. Thessalonicher 4,1

Dieses Wort nahm ich mir zu Herzen, denn ich wollte Gott gefallen und ich will es immer noch. Alles, was ich dort tat, tat ich aus voller Überzeugung und Hingabe für den Herrn, unsern Gott. Gott sieht alles, *was* wir tun, und er sieht auch, *wie* wir es tun.

Die Taufanwärter wurden zu einem freiwilligen dreitägigen Fasten aufgerufen. Man konnte so fasten, wie man wollte – auf Essen verzichten, nur Wasser trinken oder auch Saft. Die meisten fasteten ohne Essen, tranken aber. Ich hatte mir schon zu Hause vorgenommen, vor meiner Taufe total zu fasten, also drei Tage lang nicht zu essen und nicht zu trinken. Das wollte ich ganz speziell für den Herrn tun, ich wollte dem Herrn in Zukunft ganz nahe sein. Sicher ist das nicht ganz ungefährlich, drei Tage lang nicht zu essen und dabei nicht einmal zu trinken, aber ich vertraute mich dem Herrn an, er sollte mich bewahren:

Vater im Himmel, ich bitte dich im Namen von Jesus Christus: Behüte und beschütze mich und meine Kinder während dieser Fastenzeit. Du weißt, es ist nicht ganz ungefährlich, doch ich vertraue dir, dass du mich da durchträgst, dass ich keinen Schaden nehme. Ich bitte dich, sei du mir gnädig und sei bei meiner Taufe anwesend. Ich bitte, nimm mein Fasten-Opfer an, dass es große Auswirkung auf mein Leben hat.

Ich bitte dich, Jesus Christus, erreiche auch die Herzen meiner Kinder, dass du auch in ihrem Leben zum Mittelpunkt wirst. Erreiche auch die Familie, die bei mir wohnt, und offenbare du dich ihnen. Danke, dass du mich hörst. – Amen.

Ich fastete im Vertrauen darauf, dass es für mich größere Auswirkungen haben würde. Ich fastete aus vollster Überzeugung und aufgrund meiner Hingabe an den Herrn. Manche wollten es mir ausreden, mich zum Abbrechen überreden. Aber wenn ich im Glauben etwas machen will, dann will ich es auch durchziehen. Ich wollte nicht spielen, dazu war mir „die Sache des Herrn“ zu wichtig! Man mag mich für extrem, versponnen und sonst was halten, aber damit kann ich leben: Früher, ohne Jesus Christus, hatte ich mehr als genügend Schwierigkeiten. Wenn ich jetzt *mit* Jesus Schwierigkeiten bekomme oder habe, dann hat es wenigstens einen Sinn – er wird ihn schon kennen. Ich wusste, dass es nicht leicht sein würde, drei Tage total zu fasten, aber ich ließ mich darauf ein. Das war es mir wert.

Dieser Kongress war für mich ein Erlebnis von der Sorte, die man nicht so schnell vergisst! Die drei Fastentage fühlten sich endlos an. Der erste Fastentag war noch einigermaßen okay. Unangenehm, aber auszuhalten. Die meiste Zeit war ich in einem der Zelte, die Lobpreismusik tat mir gut.

Der zweite Tag war schwerer. Der Hunger war nicht das Problem, aber der Durst: Der Mund wurde trocken. Nun ja, mit der Zeit gewöhnte ich mich daran. Gegen Mittag bekam ich heftige krampfartige Schmerzen. Sie tauchten in verschiedenen Abständen auf und verschwanden auch wieder.

In der Nacht konnte ich kaum schlafen. Ich war dankbar für jedes kleine Nickerchen, das mir die Zeit verkürzte.

Am dritten Tag war es fast unerträglich. Die Krämpfe wurden immer heftiger. Ich schrie vor Schmerzen. Meine Freundinnen redeten mir immer wieder zu, ich solle etwas trinken. So kurz vor dem Ziel? Auf keinen Fall! Das ziehe ich durch, auch wenn ich es kaum mehr aushalten kann.

Ich ging zum Hauptzelt, um für mich beten zu lassen, dass Gott mir half durchzuhalten. Hinter der Bühne hielten sich immer ein paar Personen auf, die auf Wunsch für einen beteten. Dieses Angebot wollte ich jetzt wahrnehmen – und siehe da: Kaum hatten sie Amen gesagt, waren die Krämpfe weg!

Bald waren alle Vorbereitungen für die Taufe abgeschlossen. Das Wichtigste war ein weißes Kleid oder, wenn man keines hatte, ein großes weißes Tuch. Ich holte mein weißes Kleid und was ich sonst noch brauchte, und dann konnte es losgehen. Ich freute mich so, dass es jetzt endlich so weit war!

Die Taufe sollte in einem Hallenbad in der Nähe stattfinden. Wir standen alle im Eingangsbereich – alle, das waren wir Täuflinge mit den Pastoren und allen, die mitkommen wollten –, und plötzlich gab es Aufregung: Es hieß, wir dürften nicht hinein, jedenfalls nicht mit Kleidern und Schuhen. Aber wir ließen uns doch nicht in der Badehose taufen! Das heißt, unter dem Taufkleid trugen wir unseren Badeanzug, aber das Taufkleid musste schon sein. Und die Zuschauer behielten natürlich ihre Kleider an, sie wollten ja auch nicht ins Wasser gehen.

Also standen wir alle herum und warteten, bis sich eine Lösung finden würde. Irgendwann hieß es, wir neun Täuflinge könnten schon mal in die Umkleide. Inzwischen verhandelte unser Pastor weiter. Das war eben Premiere, die erste Taufe in einem so großen Rahmen; sonst waren die Taufen immer im Taufbecken unter der Bühne im Gottesdienstraum durchgeführt worden. Wir neun waren schon lange fertig umgezogen und sahen durch die Scheibe, dass die Pastoren immer noch über die Regeln diskutierten. Aber wir Täuflinge beschlossen, nicht wegzugehen, bis alle bei der Taufe dabei sein durften.

Wir versuchten, einander zu ermutigen, und dann sagte einer aus der Runde: „Kommt, wir bilden einen Kreis und flehen zu Jesus." Also fassten wir uns an den Händen und sangen und beteten im Glauben, was das Zeug hielt! Wir wussten, Jesus würde auch für alle anderen die Tür öffnen. Wie wir so beteten, spürte ich eine Kraft durch unsere Hände fließen. Das war nicht nur die Wärme unserer Hände, nein, das war die Kraft Gottes! Es fühlte sich an, als würde Strom durch uns fließen. Es ist kaum zu beschreiben, das muss man selbst erlebt haben.

Wir waren so bei der Sache, dass wir nicht mitbekamen, was sich draußen tat. Aber dann kamen sie herein, einer nach dem anderen! Wir jubelten laut, schrien vor Freude. Jesus hatte die Tür für alle geöffnet! Er hatte unser Gebet erhört!

Eine kleine Änderung hatte die Lösung gebracht: Die Taufe fand nun nicht mehr wie vorgesehen im Innenbecken statt, sondern im Außenbecken. Wir mussten nur die Schuhe ausziehen und das Hallenbad in Badelatschen barfuß durchqueren. Draußen durften wir dann mit unseren Taufkleidern in das Becken steigen, das ließen die Vorschriften zu.

Uns war es sowas von egal, wo wir letztendlich getauft wurden, und draußen war es sowieso schöner. Die Sonne schien am wolkenlosen Himmel und die Temperatur war ideal.

Es sah schon seltsam aus, wie all die Leute in ihren Kleidern und einige mit Gitarren in der Hand am Beckenrand entlang durch das Hallenbad marschierten.

Die Badegäste sahen uns verwundert an. So etwas hatten sie wohl noch nie gesehen! Auch für mich war es die erste Glaubenstaufe, die ich miterlebte. Es war also eine mehrfache Premiere, nicht nur für das Hallenbad und seine Besucher, nicht nur für die Pastoren, sondern auch für mich.

Da standen wir nun in unseren weißen Kleidern, Hosen und T-Shirts oder einfach nur in den Bettlaken, die wir um unsere Badekleidung gewickelt hatten. Auch Pastor Daniel, der die Taufe durchführte, war ganz in Weiß. Das weiße Kleid symbolisiert die Reinigung durch das Blut Christi, die Vergebung der Sünden und den Neuanfang mit Jesus.

Wer wollte, konnte ein Foto von uns machen, bis die Musiker ihre Instrumente aufgestellt hatten. Dann ging es endlich los! Inzwischen war es 15 Uhr, die Tauffeier begann auf die Minute genau.

Außer unserem Pastor waren noch drei Pastoren dabei, einer kam aus Texas, einer aus Neuseeland und einer aus Israel. Pastor Daniel, er ist übrigens Inder, gab uns die letzten Anweisungen, und dann begrüßte er alle. Er verriet uns, dass das seine erste öffentliche Taufe war, und drückte seine Freude darüber aus, dass so viele Pastoren und Teilnehmer dabei waren, und über die vielen Täuflinge, die Musiker aus Neuseeland, das herrliche Wetter und dass es doch noch geklappt hatte.

Dann stellte er sich ins Becken. Die anderen drei Pastoren streckten ihre Arme aus und hielten ihre Hände über ihm, beteten und segneten ihn, während im Hintergrund das Anbetungsteam sang und spielte. Nun begann die eigentliche Taufhandlung.

Ich wollte nicht gerade die Erste sein, ich wollte erst einmal den anderen zusehen, damit ich wusste, was ich zu tun hatte. Dann kam ich an die Reihe. Wie die anderen stieg ich ins Becken und stellte mich vor Pastor Daniel hin, mit den gefalteten Händen hielt ich mir gleichzeitig die Nase zu.

Er segnete mich und schloss ab mit „im Namen des Vaters, des Sohnes und des Heiligen Geistes. Amen“. In diesem Moment packte er mich, kippte mich nach hinten und tauchte mich ganz unter – und dann stand ich auch schon wieder. Das war alles!

Bevor ich aus dem Wasser stieg, las er noch einen Bibelvers vor, meinen Taufspruch:

Fürchte dich nicht, ich bin mit dir; weiche nicht, denn ich bin dein Gott; ich stärke dich, ich helfe dir auch, ich erhalte dich durch die rechte Hand meiner Gerechtigkeit. Jesaja 41,10

Jeder Täufling bekam einen anderen Bibelvers mit auf seinen Lebensweg. Es war ein sehr feierlicher Moment.

Als ich wieder trocken war, kam eine Frau auf mich zu und sagte, als ich getauft worden sei, hätte sie über dem Becken eine weiße Taube gesehen. Diese Frau kannte mich nicht, wahrscheinlich war sie nur zum Kongress gekommen. In der Bibel ist die Taube ein Symbol für den Heiligen Geist, und was diese Frau gesehen hatte, vervollständigte die Erfüllung jenes Eindrucks vom Januar.

Es war ganz ähnlich eingetroffen: Im ersten „See" (in unserem Fall war es ein Schwimmbecken in der Halle) durften wir uns nicht taufen lassen, wir mussten durch diese Halle barfuß am Schwimmbecken vorbeigehen. Erst im zweiten „See", dem Außenbecken, konnte schließlich die Taufe stattfinden, und einer wie der andere wurden wir getauft, wie Jesus die Wassertaufe vollzogen hatte.

Und ich war nicht nur dabei, wie ich gebetet hatte, ich war unter den Täuflingen! Mich berührte das sehr. Auch dass es so schön war! Ich hatte nicht damit gerechnet, eine so schöne Taufe erleben zu dürfen.

Wieder zurück auf dem Kongressgelände trafen wir Täuflinge und Pastor Daniel uns im kleineren Nebenzelt. Dort war alles schon vorbereitet für unser gemeinsames Abendmahl. Doch zuvor gab er uns noch diverse Ratschläge mit auf den Weg. Einer davon traf mich wie ein Messerstich: Wir sollten uns nicht berauschen! Ich entschied mich, von nun an keinen Alkohol mehr zu trinken, als einzige Ausnahme ließ ich das Abendmahl zu und den Schuss Wein in der Bratensoße, aber da verfliegt der Alkohol ja beim Kochen.

Dann stellten wir uns alle im Kreis auf. Während wir gemeinsam ein Anbetungslied sangen über Jesus, das Opferlamm Gottes – einen vertonten Bibelvers aus der Offenbarung an Johannes –, betete der Pastor über jedem von uns und segnete uns, jeden einzeln.

Unser Gesang wurde immer klangvoller und schöner. Je länger wir sangen, umso mehr spürte ich wieder dieses Gefühl in den Händen. Als ich an der Reihe kam mit dem Kelch, spürte ich an meiner linken Schulter, dass mich jemand berührte. Was war das? Ich fragte später nach, aber außer uns war niemand im Zelt, nur wir Täuflinge und der Pastor. Wir standen im Kreis und hielten uns an den Händen und der Pastor war in der Mitte. Ich erkläre es mir so: Es könnte „etwas Himmlisches" gewesen sein, vielleicht ein Engel. Ich weiß es nicht.

Dann war ich dran. Ich hatte das Gefühl, über dem Boden zu schweben, aber ich stand natürlich mit beiden Beinen fest auf dem Boden. Als Pastor Daniel bei der letzten Person angekommen war, sangen wir weiter und er betete laut. Auch wir beteten laut. Wir lobten den Herrn und priesen ihn von ganzem Herzen.

Nun stellten wir uns im Halbkreis vor dem Tisch mit dem Brot und dem Wein auf. Pastor Daniel las uns aus der Bibel vor, wie man das Abendmahl feiern soll:

Ich nämlich habe als Überlieferung, die vom Herrn kommt, empfangen, was ich euch weitergegeben habe:

In der Nacht, in der Jesus, der Herr, ausgeliefert wurde, nahm er Brot, sprach darüber das Dankgebet, brach es in Stücke und sagte: „Das ist mein Leib, der für euch geopfert wird. Tut das immer wieder, damit unter euch gegenwärtig ist, was ich für euch getan habe!"

Ebenso nahm er nach dem Essen den Becher und sagte: „Dieser Becher ist Gottes neuer Bund, der durch mein Blut in Kraft gesetzt wird. Tut das, sooft ihr von ihm trinkt, damit unter euch gegenwärtig ist, was ich für euch getan habe!"

Jedes Mal also, wenn ihr dieses Brot esst und von diesem Becher trinkt, verkündet ihr damit die Rettung, die durch den Tod des Herrn geschehen ist, bis er wiederkommt.

Wer daher auf unwürdige Weise das Brot des Herrn isst und von seinem Becher trinkt, macht sich am Leib und am Blut des Herrn schuldig. Darum sollt ihr euch prüfen, bevor ihr das Brot esst und von dem Becher trinkt. Denn wenn ihr esst und trinkt ohne Rücksicht darauf, dass ihr es mit dem Leib des Herrn zu tun habt, zieht ihr euch durch euer Essen und

Trinken Gottes Strafgericht zu. Das ist ja auch der Grund, weshalb viele von euch schwach und krank sind und nicht wenige sind sogar gestorben. Wenn wir uns selbst zur Rechenschaft ziehen würden, müsste der Herr uns nicht auf diese Weise richten. Wenn er es aber tut, dann geschieht es, um uns zurechtzuweisen, damit wir nicht im letzten Gericht zusammen mit der ungläubigen Welt verurteilt werden.

Meine Brüder und Schwestern, wenn ihr also zusammenkommt, um das Mahl des Herrn zu feiern, dann wartet aufeinander. Wer zu großen Hunger hat, soll vorher zu Hause essen. Sonst bringen eure Versammlungen euch nur Bestrafung ein. Alles Weitere werde ich regeln, wenn ich komme.
1. Korinther 11,23–34 (GNB)

Dann segnete Pastor Daniel das Brot und reichte jedem ein Stückchen mit den Worten: „Der Leib Christi." Wir alle beteten leise vor uns hin. Der Pastor lobte den Herrn über den Sturm, der gerade in diesem Augenblick, als das Abendmahl herumgereicht wurde, über unserem Zelt wehte. (Er nannte den Sturm „Gottes Kraft".) Nach dem Brot nahm Pastor Daniel den Kelch und segnete den Wein. Jetzt war draußen ein sehr starkes Unwetter. Das Zelt fing an gewaltig zu wackeln. Wir hörten, wie das Zelt zusätzlich gesichert wurde. Am Hauptzelt hatten sich schon Verankerungen gelockert oder sogar gelöst. Der Pastor reichte den Kelch herum mit den Worten: „Das Blut Jesu." Wie auf Kommando beruhigte sich das Gewitter nun wieder. Zum Abschluss sangen wir noch einige Lieder und beteten miteinander.

Nun war das Fasten beendet und wir freuten uns auf die dampfende Reissuppe, die wir gemeinsam einnahmen. Nach den drei Tagen Fasten war die Suppe köstlich! Für mich war aber das Trinken der Höhepunkt: Langsam, langsam, der erste Schluck war ein Hochgenuss!

Am Abend gingen wir wieder ins Hauptzelt. Dort wurden wir mit Jubel begrüßt und auf der Bühne vorgestellt. Dann erzählten sie, wie sie in aller Eile die Zelte gesichert hatten. Auch ein Erlebnis! Wir hatten einen fröhlichen Abend voller Lobgesang.

Damit ging der Kongress zu Ende. Mein Laden war die ganze Zeit über geschlossen gewesen, und ich trauerte dem entgangenen Umsatz kein bisschen nach. So groß war er ohnehin nicht, und Gott konnte mir die paar Kunden auch in der nächsten Woche schicken. Ich wusste, dass ich unter Gottes Schutz stand: Was auch immer mir passieren würde, ich war nicht mehr allein! Ich half noch bei den Aufräumarbeiten, dann fuhr ich mit den Kindern und den Welpen wieder nach Hause.

Der Kongress war für mich eine reich gefüllte Zeit. Meine Taufe ist für mich untrennbar damit verbunden. Ich spürte die Gewissheit, dass Gott mich liebte. Das Fasten war zum Teil sehr schmerzhaft gewesen, aber ich hielt durch bis zum Schluss! Das war für mich das Wichtigste: Nicht aufgeben, bis man am Ziel ist.

Endlich war ich getauft, wie Jesus sich von Johannes dem Täufer taufen ließ, wie es in der Bibel steht. Sicher ist Gott das wichtig, sonst hätte er es nicht in der Bibel beschrieben!

Man sollte es doch so machen, wie es in der Bibel steht. Wozu haben wir das Wort Gottes denn sonst? Natürlich, dass wir uns danach richten und so in Gottes guten Ordnungen leben.

Dann kam Jesus aus Galiläa an den Jordan zu Johannes, dass er sich von ihm taufen ließe. Aber Johannes wehrte ihm und sprach: Ich bedarf wohl, dass ich von dir getauft werde, und du kommst zu mir? Jesus aber antwortete und sprach zu ihm: Lass es jetzt so sein! Denn so gebührt es uns, alle Gerechtigkeit zu erfüllen. Da ließ er's ihm zu. Und als Jesus getauft war, stieg er alsbald herauf aus dem Wasser. Und siehe, da taten sich die Himmel auf über ihm. Und er sah den Geist Gottes gleich einer Taube herabfahren und auf ihn kommen. Und siehe, eine Stimme vom Himmel herab sprach: Dies ist mein geliebter Sohn, an welchem ich Wohlgefallen habe. Matthäus 3,13–17

Es ist ein Unterschied, ob man sich taufen lässt oder nicht.

War ich nicht schon als Säugling getauft worden? Nun, die „Kindertaufe" ist eigentlich nichts anderes als eine Segnung. Josef und Maria waren auch mit dem Baby Jesus in den Tempel gegangen, um es segnen zu lassen und das Kind im Glauben dem Herrn zu übergeben. Aber als Jesus dreißig war, ließ er sich taufen.

Kapitel 32

Fröhliche Weihnachten!

Der Alltag hatte wieder begonnen.

Nach wie vor saß ich Tag für Tag im Laden und nach wie vor gingen die Geschäfte schlecht. Ich hatte in der Nähe eine Gemeinde gefunden, in der ich mich ebenfalls sehr wohlfühlte, und fuhr nur noch ab und zu die weite Strecke zu der Freikirche, in der ich getauft worden war.

Ich betete für meinen Laden, allein und mit Glaubensgeschwistern, aber es änderte sich nichts. Pastor Daniel hatte mir immer wieder zugesichert, auch einmal in meinen Laden zu kommen und ihn zu segnen, aber er kam nie. Dann erfuhr ich von seinen Besuchen bei Rita, die ja in der Nähe wohnte. Das ärgerte mich maßlos: Um sie zu besuchen, dafür hatte er Zeit, für mich nicht. Wenn er schon so weit gefahren war, hätte er sich doch wenigstens ein einziges Mal die Zeit nehmen können für die paar Kilometer bis zu meinem Laden!

Auch Rita wusste, dass ich darauf wartete und dass er mir seinen Besuch schon mehrfach versprochen hatte. Sie hätte ihm sogar den Weg zeigen können. Er war bestimmt zehnmal bei ihr gewesen! Meine Enttäuschung war groß, diese Ungerechtigkeit löste in mir Neid und Bitterkeit aus. Ich war sauer und zwar auf beide.

Doch diese Wut, die ich da in mir trug, gefiel mir nicht. Ich brachte sie vor Jesus. Am einfachsten wäre es ja gewesen, Rita zu meiden und auch die Gemeinde nicht mehr aufzusuchen. Doch das wäre zu einfach gewesen, und vor allem wäre ich so dem Wort Gottes nicht gerecht geworden: Ich musste ihnen vergeben und es mit ihnen klären, anstatt sie zu verurteilen. Wenn andere Menschen mit mir anders umgingen, war das deren Problem, aber ich wollte nach den Geboten Gottes leben. Auf gut Deutsch: meinen Stolz überwinden und ihnen begegnen als jemand, der ihnen von Herzen vergeben hat. Als hätten sie es nicht getan.

So saß ich unter Tränen im Laden und schüttete mein Herz vor Gott aus. Ich beschwerte mich bei Gott über den Pastor und diese seltsame Freundin:

Jesus Christus, ich vergebe Pastor Daniel und ich vergebe Rita. Vergib auch du mir meine Wut, den Neid und die Bitterkeit, die ich in mir aufgestaut habe. Bitte befreie mich von meiner Schuld und wasche mich rein durch das kostbare Blut Jesu Christi. – Amen.

Nach diesem Gebet war es, als wäre mir ein schwerer Fels vom Herzen genommen worden. Ich ging zu Rita und sprach sie direkt darauf an, aber sie redete sich heraus. Entweder sie verstand nicht, was ich meinte, oder sie wollte nicht verstehen. Ich hatte manchmal den Eindruck, dass sie mit mir in einem Konkurrenzkampf stand; das war mir schon des Öfteren aufgefallen. Das musste ich aber nicht ergründen, es reicht, dass Gott ins Herz sieht. Ich vergab ihr.

Pastor Daniel dagegen entschuldigte sich und ich spürte, dass es ihm leidtat. Kurz zuvor hatte ich gebetet:

Vater im Himmel, du siehst diese Ungerechtigkeit, du siehst, dass er meiner Bitte nicht nachkommt. Was soll ich jetzt tun? Es ist so weit zur Gemeinde und eigentlich kann ich mir die Fahrerei nicht leisten. Wenn du willst, dass ich die Gemeinde wechsle, dann gib mir als Zeichen, dass Pastor Daniel mich mit einem Segen entlässt. – Amen.

Dann fuhr Pastor Daniel für eine Woche nach Mallorca. Das nahm ich zum Anlass, die neue Gemeinde zu besuchen, die um einiges näher lag. Ups, auch dort war der Pastor für eine Woche nach Mallorca geflogen! Merkwürdig, dachte ich. Aber es stimmte: Sie besuchten ein und dieselbe Veranstaltung, und dort sprachen sie auch über mich.

Pastor Daniel sprach den anderen Pastor an, er hätte keine Zeit gefunden, um meinen Laden zu segnen – ob nicht er sich um mich kümmern könnte? Keine Zeit, naja. Aber das war die Antwort auf mein Gebet! Es war in Ordnung, wenn ich die Gemeinde wechselte. Von nun an fuhr ich nur noch zu besonderen Anlässen hin.

Nicht lange, und Pastor Michael besuchte mich in meinem Laden. An diesem Nachmittag hatte ich meine älteste Tochter dabei. Wir beteten für den Laden, für uns und für verschiedenes. Ich dankte Gott, dass er meine Bitte erhört hatte. Die Geschäfte gingen zwar nach wie vor schlecht, doch dass Pastor Michael mit mir für den Laden betete und ganz besonders mit Silvia, das beruhigte mich: Gott wusste um meine Probleme und so brauchte ich mir keine Sorgen zu machen.

Je länger die Flaute währte, umso mehr verstärkte sich in mir das Gefühl, dass ich den Laden schließen sollte. Ich beschloss, das Weihnachtsgeschäft noch mitzunehmen und zum Jahresende zu schließen. Das bedeutete viel Arbeit, ich musste die Leute informieren, damit sie vor Weihnachten ihre Ware abholten. Alles Übrige würde dem Kleidercontainer zum Opfer fallen. Fast alle Kunden kamen – ich freute mich, dass wir uns verabschieden konnten.

Nun freute ich mich auf ein schönes Weihnachtsfest mit meinen Kindern.

Wir hatten zu Mittag gegessen, aber der Weihnachtsbaum fehlte immer noch. Mussten wir dieses Jahr womöglich ohne feiern? Und dann kam er, aber wie! Voller Eis, die Äste hingen vom Gewicht herunter, stellte mein Mann ihn ins Wohnzimmer. So etwas hatte ich noch nie gesehen! Die Kinder kamen mit Schüsseln und Badetüchern, mit denen wir das Tauwasser vom Teppich abzuhalten versuchten. Schöne Bescherung!

Wir hatten uns fein gemacht und ich schickte die Kinder zum Händewaschen. Wir wollten uns gerade zu Tisch setzen, da klingelte es. Wer mochte das sein? Wir hatten doch niemanden eingeladen? Ein Freund meines Mannes – er wollte ihn abholen, Weihnachten feiern! Ich wusste, dass ich dagegen machtlos war, und rastete aus. Zuerst pflaumte ich den Besucher an, ob er sich denn nicht schäme, einen Familienvater an Heiligabend von seinen Kindern wegzuholen?!

Dann kam mein Mann dran: Ob er überhaupt ein Gewissen hätte, erst so einen Weihnachtsbaum hinzustellen und dann seine Kinder allein zu lassen?! Das war ja nicht mehr nur mein Problem; was er da tat, das ging auf Kosten der Kinder. Gemeinheit! Vielleicht hatte er ja eine Affäre und ganz bestimmt wartete seine Thusnelda auf ihn … Völlig aufgelöst kam ich ins Wohnzimmer zurück. Die Kinder trösteten mich liebevoll: „Mami, dann feiern wir eben unter uns!“ Diese Worte berührten mich und ich weinte erst recht. Ladenschließung, ein vereister Weihnachtsbaum und dann noch dieser Auftritt – das war einfach zu viel.

Fröhliche Weihnachten! Wir warfen den Baum raus, der tropfte nämlich immer noch und zum Schmücken hatte es sowieso nicht mehr gereicht. Dann machten wir uns an das Weihnachtsessen und tauschten anschließend unsere Geschenke aus, bevor wir zu Stiefmutter gingen. Die hatte Besuch von ihrem Sohn, sie hatten gerade fertig gegessen. Später besuchten wir alle zusammen die Christmette und ließen den Abend ruhig ausklingen.

Zwischen Weihnachten und Neujahr räumte ich den Laden leer. Es war noch eine Menge zu tun. Weinend packte ich die Kisten, zerlegte die Möbel und putzte den Laden. Ich konnte meine Tränen nicht mehr aufhalten! Die ganze Zeit redete ich mit Gott, dass es mir leidtat wegen der Ladenschließung, dass ich versagt, den Laden unprofessionell geführt hätte. Ich klagte mich selber an, dass ich eine schlechte Mutter sei, eine schlechte Ehefrau und dass ich nichts auf die Reihe bringen würde. Dann kniete ich vor unserem Herrn nieder und bat ihn um Vergebung und um Hilfe:

Vater im Himmel, Jesus Christus, ich bitte um Vergebung, dass ich so unfähig bin, etwas anzupacken und richtig zu machen. Ich bitte dich um deine weitere Hilfe. Versorge du mich und die Kinder. Was soll ich jetzt tun?

Ich bitte dich, verschaffe du mir eine Arbeitsstelle, damit ich genügend zum Leben habe und dass ich meine Schulden zurückbezahlen kann. Vater im Himmel, ich muss auch Zinsen zahlen.

Ich bitte dich, dass die Kinder mir ihre Sparbücher ausleihen dürfen, die sie vom Großvater haben, damit die Zinsen nicht noch weiter anwachsen. Das geht nur, wenn mein Mann einverstanden ist. Ich werde es ihnen wieder zurückzahlen, aber dazu brauche ich eine Arbeit und ein Einkommen. Ich flehe dich an, himmlischer Vater, hilf mir in meiner Not.

Ach, eines noch, Vater im Himmel: Der Vermieter bekommt noch Geld von mir, die Miete für die restlichen zwei Jahre. Kannst du da etwas machen, dass er mir Nachlass gewährt? Er hat ja jetzt auch einen schön renovierten Laden zu vermieten. Ich bitte dich um eine Lösung. Amen.

Sehr lange betete ich und sang dazwischen immer wieder Lobpreislieder. Nach dem Gebet war es mir leichter.

Das mit der Miete wollte ich noch im alten Jahr regeln, es nicht weiter auf die lange Bank schieben. Also suchte ich umgehend den Vermieter auf. Mit Herzklopfen betrat ich sein Café und bat um ein Gespräch.

Ich schilderte ihm alles: Dass ich den Laden geschlossen hätte, da die Kosten zu hoch und der Umsatz zu klein wären. Ich schilderte meine finanzielle Not und fragte ihn, ob er mich nicht aus dem Vertrag entlassen könne.

Der Vermieter war nicht gerade erfreut. Er bedauerte es sehr, dass ich den Laden schließen musste, und bestand auf Erfüllung des Vertrags. Aber ich ließ nicht locker. Ich versuchte ihm klarzumachen, dass er durch mich einen neu renovierten Laden hätte und dass es kein Problem sein dürfte, einen neuen Mieter zu finden. Das sah er ein. Er ließ sich erweichen und erließ mir für die Zeit bis zum Ende des Mietvertrags die Hälfte der Monatsmiete. Das war mehr, als ich erwartet hatte!

Ich übergab ihm den Laden und die Schlüssel. Zum Abschluss lud er mich auf einen Kaffee ein und gab mir für die Kinder noch einen riesigen Teller seiner Köstlichkeiten mit. So konnte ich fröhlich nach Hause gehen! Wieder einmal dankte ich Gott für seine Hilfe.

Ein paar Tage später brachte ich meinem Vermieter noch eine Bibel, als Dank. Sie sollte ihm ein Segen sein.

Ohne einen Kommentar gab mein Mann seine Zustimmung, das Geld auf den Sparbüchern meiner Kinder zu leihen und damit einen Teil meiner Schulden zu bezahlen. Damit war das Kapitel „Laden" für mich erledigt.

O Herr, ich danke dir für deine Hilfe. Du hast für alles gesorgt. Und jetzt bitte ich dich noch um einen neuen Job, damit ich der Bank und meinen Kindern die Schulden zurückzahlen kann. Du hast mir zwei Hände und zwei Füße und einen Kopf gegeben, und ich mache alles, wohin du mich auch schicken magst. Jede Arbeit soll mir recht sein. Ich danke dir, dass du mir helfen wirst. Denn ich weiß jetzt: Du bist da. Ich erkenne deine Gnade und danke dir für jede Hilfe, die du mir gibst. – Amen.

Ich war nur froh, heil aus dieser Sache herauszukommen! Aber ich bereute es nicht, den Laden gehabt zu haben. Ohne diesen Laden hätte ich viele Eindrücke und Erlebnisse, freudige und weniger freudige Ereignisse, Gebetserhörungen und viele Erfahrungen mit Gott nicht gehabt. Ich habe viel gelernt in und mit diesem Laden.

Auch im Leben eines Christen bleiben Traurigkeit, Schwierigkeiten und Demütigungen nicht aus. Aber wer betet und auf Gott vertraut, auf Jesus Christus und den Heiligen Geist, die alles zum Guten wenden, kann es wesentlich besser ertragen. Und Gottes Hilfe ist nicht fern.

Kapitel 33

Bestens versorgt

Ich brauchte eine Arbeitsstelle! Ich konnte nicht nur zu Hause sein, meine Zukunft stand auf zu wackeligen Füßen: Mein Mann redete von Scheidung. Ich wusste zwar nicht, ob es ihm damit ernst war, aber er hatte es schon immer verstanden, zu seinem Vorteil zu leben und zu handeln „ohne Rücksicht auf Verluste".

Ich hatte nicht vor, nur auf meinen Vorteil zu achten, und ich wollte niemandem schaden, auch nicht meinem Mann. Ich wollte mich nicht auf die gleiche Stufe stellen wie er.

Gott hatte mich immer bestens versorgt. Ich hatte zwar nie zu viel Geld zum Ausgeben gehabt, auch wegen der hohen Besteuerung meines Verdienstes, doch es war immer genug und ich war zufrieden mit meiner finanziellen Situation. Als ich nicht mehr genug Geld hatte, um neue Kleider zu kaufen, trug ich alles ab, was sich in der besseren Zeit so angesammelt hatte. Eines Morgens stand ich vor dem Spiegel und probierte einen Pulli an. Was sah ich da – er hing an mir herunter, wie ein Lumpen.

Was ist da los? Den habe ich doch vor Kurzem noch getragen?

Beim nächsten Pulli dasselbe. Ein Pulli nach dem anderen – unmöglich!

Jesus, was willst du mir damit sagen? Ist die Zeit der Trauer vorbei?
Geht es jetzt aufwärts mit mir und ich kann wieder
neue Kleider kaufen?

Endlich fand ich einen Pulli, der noch passte. Ich dachte: Egal was passiert, ich vertraue auf meinen Gott, den Allmächtigen! Nach wie vor ging ich meinen Weg mit Gott, auch wenn ich mal den Kürzeren zog.

Auch bei der Jobsuche war Gott meine erste Anlaufstelle. Ich betete zu ihm:

Himmlischer Vater, ich bitte dich um eine Arbeit. Egal was.
Du weißt, wer jemanden sucht. Diese Arbeit mache ich nur für dich.
Lass mich ein Licht und ein Segen sein. Ebne mir die Bahn.

Heiliger Geist, bitte lege mir die Arbeit direkt vor die Füße, dass ich gar nicht anders kann. Alle anderen Möglichkeiten, die nicht von dir sind, weise ich von mir. Jesus Christus, ich bitte dich, sei du bei der Bewerbung mit mir und sei du mein Schild.
Amen.

Nicht zu schade zum Spülen

Nicht lange danach erschien eine Anzeige, es handelte sich um eine Stelle in einer Spülküche. Das war für mich okay. Hauptsache eine Arbeit und eigenes Geld, um auf eigenen Füßen stehen zu können! Mit mir bewarben sich zehn weitere Frauen. Ich holte mir ein Formular und füllte es aus, sagte dabei leise vor mich hin:

Jesus, hilf mir.

Ich war noch nicht ganz fertig, da wurde ich auch schon aufgerufen. Mein Herz klopfte.

Das Gespräch verlief positiv und alle waren sehr freundlich. Sie fragten mich, wann ich frühestens beginnen könnte. Ich könne davon ausgehen, dass ich die Arbeit bekommen würde. So schnell? Ich war überrascht. Alles andere war nur noch „reine Formsache". Ich freute mich über die schnelle Antwort, dass Gott so schnell geholfen hatte. Freudig lobte ich den dreieinigen Gott und dankte ihm. Und schon eine Woche später war mein erster Arbeitstag.

Zuerst wurde ich jedem Mitarbeiter in der Küche und in der Spülküche persönlich vorgestellt. Dann bekam ich meine Arbeitskleidung und anschließend wurde ich von einer Kollegin in alle Tätigkeiten eingeführt. Ich hatte abwechselnd Früh- und Spätdienst, und je nach Arbeitszeit waren auch die Arbeiten etwas unterschiedlich.

Eine Kollegin warnte mich gleich vor einer anderen Kollegin, die gebe gerne den Ton an und sei schwierig. Ich sagte nichts dazu. Wenn sie mit ihr nicht klarkam, hieß das ja noch lange nicht, dass auch ich mit ihr Probleme bekommen würde! Und so war es auch: Zu mir war sie richtig nett. Natürlich ließ sie mich wissen, wie sie am liebsten arbeitete, aber das taten die anderen doch auch. Ich fügte mich ein und merkte schnell, dass ich sogar den angenehmeren Teil der Arbeit hatte.

Wir durften eine bestimmte Menge kostenlos essen und trinken, und was wir darüber hinaus bezahlen mussten, war wirklich nicht viel. Der vielleicht einzige Nachteil an diesem Job waren die Arbeitszeiten: Wenn ich von der Spätschicht nach Hause kam, waren die Kinder schon zu Bett gegangen. Kam ich von der Frühschicht, war die Schule schon lange zu Ende und sie waren bei Freunden oder bei Stiefmutter. Durch diese Arbeit sah ich die Kinder nur noch selten. Also betete ich wieder:

O Herr, ich will mich nicht beschweren,
doch die Arbeitszeiten sind länger als ursprünglich vereinbart
und ich sehe die Kinder so gut wie gar nicht mehr.
Hast du nicht eine andere Lösung? Vielleicht eine nähergelegene
Arbeitsstelle mit besseren Arbeitszeiten?
Ich bitte dich um eine Lösung. Danke. – Amen.

Karotten olé, Rettich adieu

Eines Morgens fuhr ich mit leichtem Fieber zur Arbeit. Die Probezeit war fast zu Ende und ich wollte meine Arbeit nicht wegen Krankheit gleich wieder verlieren. An diesem Tag ging alles gut, doch am nächsten Tag brach ich an der Spülmaschine zusammen. Natürlich wurde ich sofort nach Hause geschickt und lag danach drei Wochen mit hohem Fieber im Bett. In dieser Zeit kam ein Anruf von einer nahen Gaststätte: Ob ich nicht bei ihnen arbeiten könne? Ich sagte zu – mit dem Vorbehalt, dass ich noch in einem Arbeitsverhältnis stehe und erst alles überdenken müsse. Aber als ich wieder gesund war, war auch diese Entscheidung gefallen.

Ganz klar, es war ein Wink vom Himmel. Die Arbeitszeiten schienen perfekt zu sein und das in nur der halben Entfernung! Der Stundenlohn war zwar nicht hoch, aber ich konnte nicht klagen.

Ich musste „nur" noch kündigen. Dieser Gang fiel mir besonders schwer, weil alle so nett und so herzlich zu mir gewesen waren.

Vater im Himmel, ich bitte dich, dass ich diesen Arbeitsplatz im Segen
und mit Freude verlassen darf. Gib mir die richtigen
Worte in den Mund und, Jesus, gehe du mit.
Heiliger Geist, bereite du bitte alles vor. – Amen.

So im Glauben gestärkt wollte ich es gleich hinter mich bringen. Sie waren nicht sehr begeistert, aber unter diesen Umständen konnten sie es verstehen. Ich blieb noch so lange, bis sie eine neue Frau einstellen konnten. Zum Abschied bereitete ich für jeden eine Kleinigkeit vor und schrieb dazu auf eine Karte ein paar persönliche Worte und einen Bibelvers.

Es überraschte mich, wie gut das Wort Gottes bei ihnen ankam, eine Frau wollte sogar noch eine weitere Karte haben! Für eine andere Frau hatte ich wohl genau die richtigen Worte gefunden, sie klagte mir gleich ihr Leid. Es war ein gutes Gefühl, so etwas zu hinterlassen. Oft wird das Evangelium nicht so freundlich aufgenommen.

Nur drei Monate hatte ich hier gearbeitet, aber es war eine wertvolle Zeit gewesen. Guten Gewissens konnte ich diesen Ort verlassen und war jederzeit bei allen Kollegen willkommen.

Meine neue Arbeit in der Gaststätte gefiel mir gut. Dort lebte ich wieder richtig auf. Eigenes Geld zu verdienen, das war schon ein gutes Gefühl. Für das leibliche Wohl war bestens gesorgt: Bevor wir überhaupt anfingen zu arbeiten, gab es ein gemeinsames Frühstück. Der Schwerpunkt lag in der Küche, bei der Nahrungszubereitung. Jeden Tag richtete ich die Salatbar her, das gehörte zu meinen festen Aufgaben.

Als die Wäscherei Urlaub machte, übernahm ich gegen zusätzliche Bezahlung die Wirtschaftswäsche. Die konnte ich machen, wann ich wollte. Silvia half mir beim Mangeln; sie legte die Tischdecken zusammen und besserte sich so das

Taschengeld auf. Stiefmutters Hilfe brauchte ich kaum mehr in Anspruch zu nehmen, und meine freien Tage bekam ich, wie ich sie brauchte.

Nach einiger Zeit bemerkten sie in der Gaststätte, dass ich bewusste Christin war, aber das schien niemanden zu stören. Sie respektierten mich rundum. Nach und nach konnte ich meine Schulden bei den Kindern zurückzahlen. Ich war bestens versorgt!

Bis eine arrogante, verwöhnte Achtzehnjährige aus reichem Hause dazukam. Sie kam nur für ein paar Wochen in den Ferien, um zu sehen, was Arbeiten bedeutet. Aber ein paar Wochen können lang sein und man kann auch in kurzer Zeit viel Unheil anrichten.

Was immer die Küchenchefin sagte, sie stimmte zu. Sie aß sogar immer das Gleiche wie die Chefin, als hätte sie keine eigene Meinung. Wie sie der Chefin in den Hintern kroch, das war schon richtig peinlich. Den beiden war es nicht bewusst, wie dumm sie sich verhielten. Und auf einmal konnte ich der Chefin nichts mehr recht machen, sie brauchte wohl einen Sündenbock.

Monatelang hatte ich jeden Tag alle Salate gemacht und sie waren immer in Ordnung gewesen. An einem Tag war mein Karottensalat der Chefin jedoch nicht süß genug. Ich fand ihn richtig gut, wollte aber keinen Streit und machte ihn so, wie sie es haben wollte. Und immer noch hatte sie etwas an meinem Salat auszusetzen! Ich hatte das Gefühl, sie suchte Streit. Natürlich zog sie dieses junge Ding zu Rate und, wie konnte es anders sein, sie stimmte der Chefin zu.

Jetzt probierten auch die anderen Kolleginnen den Salat und meinten, er wäre wirklich süß genug. Aber die Chefin war wie vom Teufel geritten. Gereizt riss sie mir die Flasche mit dem Süßstoff aus der Hand und schüttete sie zur Hälfte auf die Karotten. Ich lachte in mich hinein, es war einfach lächerlich! Alle probierten nochmals und sagten übereinstimmend, jetzt sei er zu süß. Alle – außer der Chefin und der Neuen natürlich. Daraufhin rastete die Chefin vollends aus und wollte uns beibringen, dass sie die Chefin war. Wo sie recht hat, hat sie recht, dachte ich, und besänftigte sie: Keiner würde bestreiten, dass sie die Chefin sei, aber der Salat sei jetzt trotzdem ungenießbar.

Solange das Mädchen im Haus war, ging es ständig so. Ich hatte bald keine Lust mehr, dort zu arbeiten. Also fragte ich die Chefin, ob irgendetwas zwischen uns wäre, dass ich auf einmal nichts mehr recht machen konnte. Verlegen verneinte sie es und nahm sich die nächsten Tage wieder etwas zusammen. Sie hatte Angst, ich könnte sonst vielleicht gehen. – Sobald das Mädchen weg war, kehrte wieder Normalität ein und alles war wie sonst.

Im Herbst arbeitete das verzogene Mädchen wieder für einige Wochen bei uns. Das konnte ja heiter werden, und richtig: Das gleiche Spiel ging wieder von vorn los. Die Chefin war wie ausgewechselt und ich konnte ihr wieder nichts mehr recht machen. Wieder legte sie sich mit mir an, wieder wegen des Karottensalats. Ich machte ihn genau wie jeden Tag und auf einmal war er ihr wieder zu sauer! Ich wollte jedem Streit aus dem Weg gehen, darum hielt ich mich zurück und konzentrierte mich auf die anderen Salate. Aber der Streit lief mir förmlich hinterher.

Die Salatbar für die Mittagsausgabe hatte ich fertig, wartete nur noch auf den Wurstsalat. Damit die einzelnen Behälter nicht herumrutschten, hängte ich als Platzhalter einen leeren hinein, dann konnte nichts passieren.

Als die Chefin den Wurstsalat fertiggestellt hatte, wollte sie den Salat in die Salatbar einhängen. Ich warnte sie, sie müsse zuerst den leeren Behälter herausnehmen – aber sie hörte nicht. Ohne genau hinzuschauen, stellte sie den Behälter mit dem Wurstsalat in den Platzhalter, aber das funktionierte nicht: Der Wurstsalat hing ein paar Zentimeter höher als die anderen Salate! Als sie den Wurstsalat herausholen wollte, war es geschehen: Die beiden Behälter hatten sich ineinander verklemmt. Was sie nicht gerade beruhigen konnte … Sie fluchte vor sich hin, natürlich war ich schuld, und rüttelte und zerrte so lange an den Behältern herum, bis unter anderem auch der Wurstsalat zu Boden gegangen war.

Ganz ruhig fragte ich sie, ob sie den leeren Behälter denn nicht gesehen habe. Sie begann aber nur herumzuschreien. Mir platzte schier der Kragen:Sie hatte das alles angerichtet, sie hatte sich so in ihren Zorn hineingesteigert, aber die ganze Schuld schob sie nur auf mich! Es tat mir beinahe gut zu sehen, wie sie im Hinausgehen mit ihrem Ellenbogen noch einen riesigen Behälter voll Rettichsalat zu Boden fegte. Er war mit Sahne angemacht. Ohne ein Wort zu sagen, putzte ich die Sauerei auf, die meine Chefin angerichtet hatte. Ich fühlte mich ungerecht behandelt und betete leise vor mich hin:

Jesus, ich lege dir diesen Streit hin auf deinen Altar und ich löse mich davon. Herr, vergib meiner Chefin und vergib auch mir, wo wir ungehalten waren. Stehe du mir bei, ich bitte dich.
Amen.

Aber damit nicht genug: Ihre Tochter, die gerade zu Besuch war, rannte auf mich zu, zeigte mit dem Finger auf mich und schrie mich an, ich wäre schuld daran, dass ihre Mutter sich so aufregen würde. Daraufhin warf ich sie aus der Küche hinaus und empfahl ihr dringend, sich zu überlegen, was sie da sagte. Sie war gerade erst dazugestoßen und wusste gar nicht, worum es ging. Die anderen Kolleginnen gaben mir zwar recht, aber sie schwiegen, wollten ihren Arbeitsplatz nicht gefährden.

Manchmal gab es Situationen, die mich so verletzten, dass ich auf die Toilette musste; dort konnte ich beten:

Vater im Himmel, hilf mir. Du siehst diese Ungerechtigkeit.
Jesus, bitte vergib mir, wo ich zu impulsiv gehandelt habe.

Es waren immer nur kleine Stoßgebete und natürlich variierten sie je nach Situation. Diese Gebete gaben mir immer die Kraft, weiterzumachen und durchzuhalten. Unser Verhältnis war seit dem Streit nicht mehr so freundlich. Ich hielt mich zurück, wo ich konnte, und machte meine Arbeit wie bisher. Das Arbeitsklima spitzte sich weiter zu; erst als die junge Göre weg war, kehrte wieder einigermaßen Frieden ein.

Neben diesen Schwierigkeiten bei der Arbeit bombardierte Rita mich mit ihren Telefonaten und ihren Problemen.

Sie war inzwischen in die Nähe der Gemeinde von Pastor Daniel gezogen. Wenn sie wieder einmal „völlig fertig" war, fuhr ich zu ihr, um sie zu trösten, meist war das bei Nacht. Das war mir oft zu viel, eigentlich hatte ich selber Probleme genug und hätte die Ruhe gebraucht, aber ich konnte und wollte sie nicht im Stich lassen. Sie war meine Freundin und dazu noch meine Schwester im Glauben, so war es mir Verpflichtung, ihr beizustehen.

Doch Rita schien nie aus ihren Problemen herauszukommen. Sie konnte richtig nervig sein! Ich half ihr, wie ich nur konnte, wusste aber noch nicht, dass das erst der Anfang ihrer Probleme war – Rita war geschieden und Mutter von drei Kindern. Sie suchte eine Wohnung, aber ihre Mittel reichten nicht, um sich etwas Anständiges mieten zu können; so bekam sie nur Absagen.

Auch ich suchte in meiner Gegend, und ich wurde fündig – bei uns im Ort! Wir besichtigten die Wohnung gemeinsam und Rita bekam die Zusage. Wir organisierten alles für den Umzug, aber am Umzugstag, der Möbelwagen war schon fix und fertig gepackt, kam ein Anruf: Sie konnte die Wohnung doch nicht beziehen.

Warum das auf einmal? Mir war klar: Da konnte nur mein Ehemann dahinterstecken. Er konnte Rita nicht ausstehen und bestimmt hatte er dafür gesorgt, dass sie dort nicht einziehen konnte. Also räumten wir alles wieder aus dem Lkw heraus. Bei uns beiden lagen die Nerven blank!

Wir stellten die ganze Angelegenheit unter die Herrschaft Gottes, aber es tat sich nichts. Ich wusste nicht, warum Gott in diesem Fall unsere Gebete nicht erhörte. Interessant ist aber, dass sich so bewahrheitete, was sie immer über sich ausgesprochen hatte – eines schönen Tages würde sie obdachlos sein. Jetzt sah es wirklich danach aus! Aber was sollten wir tun? Wir suchten eben weiter.

Notaufnahme

In dieser Zeit arbeitete ich oft bis in den späten Abend. Wenn ich dann gegen elf Uhr nach Hause kam, schliefen die Kinder schon. An so einem Abend klingelte es kurz vor Mitternacht. Wer wollte denn jetzt noch was von mir?

Vor der Tür standen Rita und ihr geschiedener Mann. Der erklärte mir, sie hätte einen Nervenzusammenbruch, ob sie bei mir bleiben könne? Ohne groß nachzudenken ließ ich mich überrumpeln, sagte Ja. Ich wollte sie auch nicht abweisen, sie nicht im Stich lassen. Rita war nur noch ein Häufchen Elend, einfach fix und fertig. Einerseits wäre es wohl seine Aufgabe gewesen, er hätte sie sicher aufnehmen können. Anderseits kann ich auch verstehen, dass sie zu einer Vertrauten gehen wollte, da er eine Freundin hatte. Also nahm ich sie auf und ließ sie bei mir im Bett schlafen. Für diese Nacht jedenfalls.

„In so einem Fall" – ihre Wohnung wurde zwangsgeräumt. Die Möbel wurden bei verschiedenen Leuten und bei ihrem Ex-Mann untergestellt. Einige Möbel, die noch in der alten Wohnung in der Garage standen, holten wir ein paar Tage später ab und stellten sie in unsere Scheune. Ritas Kinder wohnten vorübergehend bei Freunden, später kamen sie zu ihrem Vater und eines nahm sie zu sich.

Eigentlich gehörte Rita in stationäre Behandlung, aber nach der Scheidung und ohne Job war sie nicht mehr krankenversichert. Mit Gottes Hilfe war sie bis dahin auch nie wirklich so krank geworden, dass sie einen Arzt gebraucht hätte.

Am nächsten Morgen begann der Tag wie gewohnt. Ich sagte den Kindern, dass Rita vorübergehend bei uns wohnen würde. Begeistert waren sie nicht, denn sie mochten Rita nicht so besonders. Ich konnte sie verstehen – mit ihren Launen und Herrschgelüsten war Rita schon eine schwierige und stolze Person.

Meine größte Sorge war, wie mein Mann auf sie reagieren würde, denn dass er nicht gerade gut auf sie zu sprechen war, das hatten wir ja schon zu spüren bekommen. Hätte er damals nicht interveniert, hätte sie ja jetzt eine Wohnung gehabt! Doch da erlebte ich einmal eine angenehme Überraschung: Auch er meinte, man müsse ihr doch helfen. Vielleicht funktionierte sein Gewissen doch noch ein klein wenig?

Offensichtlich hatte Rita in ihrer Ehe nicht groß auf Geld achten müssen, umso schlimmer war es für sie, jetzt nichts mehr zu haben. Das Zusammenleben mit ihr war eine große Herausforderung für mich: Wir waren so unterschiedlich und hatten auch verschiedene Ansichten. Jeder hatte am anderen etwas auszusetzen und es krachte zwischen uns so manches Mal.

Dann kam auch noch Ritas jüngste Tochter zu uns, ihr Heimweh nach der Mutter war zu stark geworden. Mein Mann bewohnte immer noch das eine, von mir eingerichtete Zimmer. Silvia zog zu Frank, und Rita konnte mit ihrer Tochter den frei gewordenen Raum beziehen. So gut es ging, versuchte ich, es ihr gemütlich zu machen. Es war zwar nicht ihr Zuhause, aber ich wollte nach Kräften ihren Schmerz lindern.

Ritas Zustand verbesserte sich zusehends. Tagsüber saß sie zunächst viel auf unserem überdachten und windgeschützten Balkon. Als sie wieder auf den Beinen war, half sie mir im Haushalt, kümmerte sich um die Wäsche und kochte sogar. Das war für mich eine spürbare Erleichterung, aber mir war auch klar, dass es kein Dauerzustand sein konnte.

Trotz der Spannungen zwischen uns beiden denke ich gerne an diese Zeit zurück; es war gut für uns alle, das zu erleben, für die Kinder und auch für mich.

Es fühlt sich gut an, für jemanden da zu sein und ihm trotz der eigenen schwierigen Umstände helfen zu können.

Am meisten ärgerte es mich, wenn sie mir vorhielt, ich könne froh sein, dass mein Mann noch im Haus wohnte. Sie neidete mir mein „einigermaßen normales Leben". Ja, Rita hatte keine Ahnung, was es bedeutet, mit so einem Mann unter einem Dach zu wohnen! Aber auch diese Seite meines Mannes sollte sie kennenlernen.

Eines Morgens klemmte ein Strafzettel hinter dem Scheibenwischer von Ritas Auto – der TÜV war abgelaufen. Wer hatte sie wohl angezeigt? Wir beide rätselten, denn irgendjemand musste ja die Polizei informiert haben. Sie vermutete ihren Ex-Mann dahinter und ich verdächtigte meinen Mann. Das konnte sie sich aber überhaupt nicht vorstellen! So brachten wir es im Gebet vor den Herrn und baten ihn, uns zu zeigen, wer das angezeigt haben könnte und warum.

Die Antwort blieb nicht lange aus: Am Abend kam mein Mann angetrunken nach Hause, wir saßen gerade im Wohnzimmer. Es war uns beiden nicht wohl bei der Sache; in angetrunkenem Zustand war er unberechenbar. Rita fragte bange: „Und wenn er jetzt zu uns hereinkommt?"

Vorläufig hantierte er noch in der Küche, brutzelte sich etwas. Dann kam er mit der Pfanne zu uns herein. Als er Rita sah, wurde er laut – jetzt würde sie nicht mehr herumfahren, dafür würde er schon sorgen! Nun wussten wir also, wer sie angezeigt hatte.

Wie fies muss jemand sein, um so etwas tun zu können?

Da musste wirklich eine ganze Menge Hass mitspielen! Jetzt hatte sie eine Ahnung bekommen, wie mein Mann auch sein konnte, und sie bekam Angst vor ihm. Ihr dämmerte, wie schwierig es war, mit so einem Menschen zu leben. Wer war nun wirklich besser dran, sie oder ich? Sie änderte ihre Meinung – jedenfalls fragte sie mich, wieso ich mich nicht scheiden ließ und warum ich ihm überhaupt noch die Wäsche wusch.

Doch da musste ich ihr widersprechen und bezog mich auf die Stelle aus 1. Korinther 7, die mir damals Pastor Daniel vorgelesen hatte: Als verheiratete Frau hätte ich auch Pflichten und ich müsse mein eigenes Leben vor Gott verantworten; was mein Mann mache, sei sein Problem. Das respektierte sie, sagte nichts mehr dazu.

Das war offensichtlich eine heilsame Erfahrung für sie. Vor diesem Einblick in unser Zusammenleben hatte sie sich immer mit mir verglichen und gedacht, mir ginge es viel besser als ihr! Ritas Gejammer war mir ziemlich auf den Wecker gegangen, aus ihr sprachen so viel Unglauben und Undankbarkeit. Sicher hatte sie kein Zuhause mehr, war quasi obdachlos geworden, wenngleich sie nicht unter der Brücke schlafen musste.

Aber hatte ich sie nicht immer wieder gewarnt, sie solle vorsichtig sein mit solchen Aussagen über sich selbst? Worte hätten Macht und am Ende träfe diese „Prophetie" tatsächlich noch ein? Es war wirklich so eingetroffen.

Ich erklärte ihr, es habe alles seinen Grund und sie sollte dankbar sein, dass sie nicht auf der Straße gelandet, sondern bei mir untergekommen war. Sie sei doch bestens versorgt und Gott würde ihr auch wieder eine Wohnung geben. Sie solle einfach aushalten, dankbar sein und glauben.

Abgesehen davon verlief ihr Aufenthalt aber harmonisch, wir redeten und beteten viel miteinander. Wenn wir einander nervten, erinnerte es uns eben daran, dass wir am besten bald wieder getrennte Wege gehen sollten.

Vergleichen ist nicht ratsam, denn bei jedem Menschen sehen die Probleme anders aus und so leicht unterschätzt man, was der andere zu tragen hat. Mir jedenfalls reichte meine eigene Not, ich wollte mit niemandem tauschen.

Die junge „verwöhnte" Aushilfskraft – Kind reicher Eltern – ging wieder zur Schule. Aber es war nicht mehr so wie zuvor, ich wurde weiterhin gemobbt. Nicht nur hatten sie begonnen, mich wegen meines Glaubens zu verspotten. Damit konnte ich leben, Jesus hat ja gesagt:

Freuen dürfen sich alle, die verfolgt werden, weil sie tun, was Gott will – mit Gott werden sie leben in seiner neuen Welt. Freuen dürft ihr euch, wenn sie euch beschimpfen und verfolgen und verleumden, weil ihr zu mir gehört. Freut euch und jubelt, denn bei Gott erwartet euch reicher Lohn. Matthäus 5,10–12 (GNB)

Einmal sprang ich für eine Kollegin ein, das heißt, ich erklärte mich dazu bereit. Aber als der Tag kam, ging es mir gar nicht gut, ich hatte starke Magenkrämpfe; also griff ich zum Telefon und meldete mich krank. Als es mir am Nachmittag etwas besser ging, machte ich mich doch noch auf den Weg, um mein Versprechen mindestens teilweise einzulösen. Aber wie ich es auch erklärte, man schenkte mir keinen Glauben. Die Chefin nannte mich eine Lügnerin.

Jetzt war das Maß voll. Ständig attackierte sie mich und jetzt das. Das war zu viel! Das hatte ich wahrlich nicht nötig. Ich hatte das Rechte tun wollen, aber es war wohl doch das Falsche gewesen. Ich wollte ehrlich sein, aber anscheinend hören viele lieber eine Lüge als die Wahrheit. So konnte ich nicht mehr weiterarbeiten. Ich kündigte.

Und nun war ich wieder arbeitslos. Dazu die zerbrochene Ehe und eine Bekannte mit Kind im Haus! Mir war zum Heulen, es war mir alles zu viel und die Lage war verzweifelt. Deshalb ging ich nicht direkt nach Hause. Ich wollte zuerst meinen Frust bei Gott loswerden, um nicht meinen Hausgenossen unrecht zu tun. Also fuhr ich irgendwo hin, wo ich allein war, und setzte mich auf eine Bank. Ich wollte in Ruhe die Sachlage vor Gott bringen, das war zu Hause nicht möglich. Ich erinnerte mich daran, was ich in der Bibel und auch auf Postkarten gelesen hatte:

Alle eure Sorgen werft auf ihn; denn er sorgt für euch. 1. Petrus 5,7 (GNB)

Das glaubte ich fest: dass Gott für mich sorgte, auch in dieser Situation. Ich begann zu beten und spürte gleich, wie mir leichter wurde:

Vater im Himmel, du siehst, wie sie mit mir umgegangen ist.
Jetzt habe ich keine Arbeit mehr und ich brauche doch das Geld,
um meine Schulden weiter abzahlen zu können.
Ich bitte dich um eine neue Arbeit.

Auch die Situation mit meiner Freundin, Herr, wird immer schwieriger. Ich bitte dich, dass sie ihre eigene Wohnung bekommt.

Ich danke dir, dass du uns die ganze Zeit so gut durchgetragen hast. Jesus Christus, vergib mir meine Schuld, wenn ich mich falsch verhalten habe. Ich vergebe auch meiner Chefin, ich will nicht nachtragend sein. Danke für alles. – Amen.

Die Situation hatte sich zwar noch nicht geändert, aber ich hatte wieder die Kraft, um mit allem klarzukommen. Jetzt konnte ich beruhigt nach Hause gehen und die Neuigkeit verkünden.

Alle waren bestürzt, doch das brachte mich nicht aus der Ruhe: Ich hatte mein Vertrauen auf Gott gesetzt, und er würde mich nicht hängenlassen. Es war einfach Zeit gewesen, diese Arbeitsstelle zu verlassen. Ich war überzeugt: Es hatte seinen Grund. Und es dauerte nicht allzu lange, bis Gott mein Gebet erhörte.

Rita konnte im Nachbarort ein älteres Haus mieten. Die Räume mussten komplett tapeziert und gestrichen werden. Der Vermieter hatte alles bereitgestellt, da er ein eigenes Malergeschäft hatte. Gemeinsam renovierten wir mit viel Spaß Zimmer für Zimmer. Erst spät in der Nacht kamen wir manchmal nach Hause! Wir leisteten viel und waren erstaunt, was wir doch alles konnten. Da ich gerade keine Arbeitsstelle hatte, konnte ich ihr viel helfen. Als wir mit den Renovierungsarbeiten fertig waren, fand ich wieder eine Arbeit.

Gott hat mich immer bestens versorgt; außer während der Renovierung von Ritas Wohnung war ich nie ohne Arbeitsplatz. Eine gute Freundin hat mir einmal etwas gesagt, und davon bin ich bis heute überzeugt:

Der Herr lässt mich nicht im Stich. Der Herr kommt nie zu spät, er kommt immer rechtzeitig.

Sieben Wochen hatte Rita bei uns gelebt, und nun konnte sie endlich in ihr neues Heim einziehen und die anderen beiden Kinder zu sich holen. Beide Familien waren froh, wieder unter sich zu sein.

Nach und nach gewann ich neue Erkenntnisse: Es stellte sich heraus, dass Rita unaufrichtig war und mit allen nur ihre Spielchen spielte. Sie wirkte so glaubwürdig und wenn sie ihre Lage schilderte, hörte es sich sehr dramatisch an. Aber ich hätte mich durchaus fragen dürfen: Entsprechen ihre Aussagen wirklich der Wahrheit? Wer ist sie in Wirklichkeit? Ist sie wirklich das Opfer?

Einerseits war Rita sehr hilfsbereit und gab sich absolut liebenswürdig; andererseits war sie auch ganz schön ichbezogen, und nach zwei Jahren musste ich feststellen, dass sie mein Vertrauen missbrauchte und hinter meinem Rücken schlecht über mich redete. Auch anderen erging es so. Ritas Neid trieb immer noch sein Unwesen und forderte Opfer.

Nun konnte ich ihr nichts mehr glauben, geschweige denn ihr vertrauen. Unsere Wege trennten sich für immer. Ich habe ihr vergeben, doch die Konsequenzen wird sie selbst tragen müssen. Das muss sie mit ihrem eigenen Gewissen abmachen, sich vor Gott verantworten. – Ich hoffe nur, dass sie zur Einsicht kommt. Doch bereue ich nicht, dass ich ihr geholfen habe. Ich habe ihr aus ehrlicher Freundschaft und christlicher Nächstenliebe geholfen.

Ehrenrunde

Ritas Wohnung war also renoviert, und jetzt las ich in einer Zeitungsanzeige, eine größere Reinigungsfirma suche eine Putzkraft für eine Schule für behinderte Kinder.

Sollte das meine neue Arbeit sein? Wie immer fragte ich im Gebet den Herrn und bat ihn um seine Hilfe und um seinen Schutz. Ich konnte es kaum erwarten und bewarb mich umgehend, und schon bald bekam ich die Zusage.

Das war keine leichte Arbeit, aber immerhin etwas. Meine Kollegin war eine sehr nette Frau und wir konnten sogar gemeinsam zur Arbeit fahren; seltsam war nur, dass wir beide wirklich gut fertig wurden mit unseren Aufgaben, aber es sollte noch eine dritte Kraft eingestellt werden! Was sollte denn die zusätzliche Mitarbeiterin noch tun? Das konnten wir uns nicht vorstellen.

Nach drei Wochen war es so weit, die dritte Mitarbeiterin sollte kommen. Im Auto sagte ich meiner Kollegin, sie wollten mich sicher hinauswerfen. Doch das konnte sie nicht glauben, sie lachte mich aus. Aber ich erklärte ihr, dass die Bezirksleiterin hinter mir her war und mir noch den letzten Staub aus den Ecken kratzte.

Als wir ankamen, wurden wir schon im Foyer erwartet, und sie teilten mir mit, ich müsse gehen. Wie ich es vorausgesagt hatte! Ich sagte der Bezirksleiterin die Meinung – das sei von vornherein ausgemachte Sache gewesen. Verlegen stritt sie das ab, aber ihr roter Kopf sagte mir, dass ich recht hatte.

Wir waren ja gemeinsam hergekommen, aber der nächste Bus fuhr erst in einer Stunde. Also setzte ich mich draußen auf eine Bank. Kurze Zeit später kam meine Kollegin. Sie war sauer: „Gerade hast du noch gebetet und jetzt bin ich auch arbeitslos!"

Damit hatte ich nicht gerechnet! Offensichtlich musste auch sie gehen, weil sie mich kannte. Das tat mir leid, und das sagte ich ihr auch: „Es ist, weil ich Christ bin und der Teufel mag es nicht, dass du mich kennst." Und dann tröstete ich sie noch: „Du wirst sehen, die werden alle so miteinander streiten, dass sie uns anrufen, ob wir wieder kommen würden." Wieder lachte sie mich aus, aber auf die Schnelle war mir wirklich nichts anderes eingefallen.

Fünf Wochen später riefen sie uns beide tatsächlich an, ob wir wieder zur Arbeit kommen könnten! Wir konnten. Die neue Bezirksleiterin erzählte uns, was geschehen war und dass ihnen noch mehr Personal fehlte. Ich staunte nicht schlecht: Es war genau so gekommen, wie ich es vorhergesagt hatte. Meine Kollegin konnte es nicht fassen!

Nach einigen Tagen erzählte sie der Bezirksleiterin, was sich alles zugetragen hatte. Sie erzählte auch von meinem Glauben an Gott und dass ich zu ihm beten würde und was ich nach der Kündigung gesagt hatte und dass wir tatsächlich genau deshalb wieder eingestellt worden seien. Sie solle doch einmal mit mir reden, mein Gott hätte sicher eine Lösung.

Und tatsächlich, die Bezirksleiterin kam auf mich zu und bat mich, zu meinem Gott zu beten, damit sie wieder jemanden bekommen würden. Ich erklärte ihr, Gott sei nicht nur mein Gott, sondern auch ihrer. Und dass er mir sicher Eindrücke geben würde, die würde ich ihr mitteilen. Sie ließ mich allein und ich betete, wie sie mich gebeten hatte. Nach einer Weile fragte sie, ob ich schon eine Antwort hätte. Ja, ich hatte einen Eindruck bekommen: Sie sollte auch die anderen beiden wieder einstellen! – Das ginge nicht, die seien vors Arbeitsgericht gezogen, antwortete sie mir. Ich widersprach, das könne man doch auch wieder zurückziehen. Darauf meinte sie, das würde der Chef nicht zulassen. – Ob sie ihn schon gefragt habe. – Nein, das hatte sie nicht.

Es war ihre Idee gewesen, dass ich Gott fragen sollte, und ich hatte ihr seine Antwort mitgeteilt. So beendete ich unser Gespräch: „Nun gut, wenn Sie meinen, das würde nicht gehen, dann lassen Sie es eben. Aber dann ändert sich auch nichts."

Nur eine Woche später kam sie und erzählte mir freudestrahlend, es hätte geklappt! Sie bedankte sich für das Gebet, und auch ich dankte Gott und lobte ihn für seine wunderbare Hilfe.

Eineinhalb Jahre lang ging ich gerne in die Schule, machte sauber und streute den Samen des Evangeliums aus. Ich war überrascht, wie positiv er aufgenommen wurde! Diese Stelle war ein wahrer Segen, die Arbeit war sauber und angenehm. Gott gab mir auch hier das Beste.

Dann spürte ich, dass ich diese Arbeit wieder aufgeben sollte. Sie gefiel mir zwar immer noch gut, aber ich wollte doch wieder etwas in der Nähe haben. Es war ein herzlicher Abschied von den Kolleginnen und den Lehrern. Und wieder bat ich Gott um eine Arbeitsstelle.

Nicht mit mir!

Es ging nicht lange, und mein Gebet wurde erhört: Nicht weit von zu Hause bekam ich eine Anstellung in einem Restaurant, es war eine Tätigkeit hinter der Theke. Diese Arbeit gefiel mir sehr gut: Ich hatte mit Menschen zu tun und konnte arbeiten, wenn die Kinder in der Schule waren. Eigentlich ideal! Aber auch hier hatte ich meine Anfangsschwierigkeiten.

Der Wirt war ein sehr liebenswerter Mensch, doch wenn ihm etwas nicht passte, reagierte er cholerisch. Einmal, ich übte ja noch, war das Bier nicht so schön eingeschenkt. Er fuhr mich an, wurde laut und grob. Wofür hielt er mich eigentlich? Ich bot ihm die Stirn und machte ihm deutlich, dass er seine Grenzen überschritten hatte, drohte zu gehen. Das war etwas Neues für ihn! Noch nie hatte sich jemand gewehrt.

Von da an kamen wir gut miteinander aus, ich blieb aber beim „Sie", damit die gegenseitige Achtung besser gewahrt blieb. Hatte er Kummer, vertraute er mir alles an. Auch ihm konnte ich das Evangelium nahebringen, ich hatte viele gute Gespräche mit ihm, konnte für ihn beten und erfuhr Gebetserhörungen. Die Entscheidung überließ ich ihm; mir war nur wichtig, dass er das Evangelium zumindest hörte.

Mit der Zeit wurde ich in jedem Bereich eingesetzt, und sie riefen mich auch an, wenn sich Chaos auszubreiten drohte. Teller, Geschirr, Besteck – alles stand dann kreuz und quer und zum Teil waren sogar noch die Essensreste drauf. Die Theke und selbst der Fußboden waren so voll, dass ich mir erst einmal einen Überblick verschaffen musste! Doch mit ein paar Eimern und flinken Handgriffen war der Normalzustand bald wiederhergestellt. – Ich konnte Ruhe bewahren und wieder Ordnung schaffen, und das schätzten sie sehr.

Auch meine Beziehung zu den Kolleginnen war gut. Was war das nur, dass sie alle zu mir kamen, wenn sie ein Problem hatten? Sogar die Mutter des Wirts, die gelegentlich mithalf, schüttete ihr Herz bei mir aus.

Ein halbes Jahr war ich dort, dann veränderte sich wieder Entscheidendes und es war an der Zeit, auch diese Arbeitsstelle zu verlassen. Gott hatte mich ja immer wieder wunderbar versorgt: Ich hatte nie zu viel, doch immer genug zum Leben, sodass meistens sogar etwas übrig blieb. War mein Geldbeutel doch einmal leer, ging ich mit meiner Not zu Gott, und er versorgte mich bestens – meistens dadurch, dass ich bezahlte Überstunden machen oder irgendwo aushelfen konnte.

Die Währung wurde umgestellt, statt in Mark wurde nun in Euro bezahlt. Jeder kannte den Umrechnungskurs, aber anstatt den genauen Gegenwert auszubezahlen oder sogar geringfügig aufzurunden, rundete der Wirt unseren Lohn ab! Ich sprach ihn darauf an, aber er zeigte keine Einsicht. So ritt ich nicht weiter darauf herum, sondern beendete das Arbeitsverhältnis in gegenseitigem Einvernehmen.

Seine Frauengeschichten kosteten eben eine Menge Geld und das versuchte er bei den Personalkosten einzusparen. Aber das konnte auf Dauer nicht funktionieren. Bald waren alle Servicekräfte gegangen.

Wieder zu Hause, wieder ohne Arbeit. Und wieder ging ich zu Gott und fragte ihn, ob er für mich eine neue Aufgabe hätte.

Ich hatte ja keine Ahnung, was Gott mit meinem Leben vorhatte …

Glaube versetzt Berge und gibt Vertrauen.

In den Sorgen verherrlicht sich Gott.

Kapitel 34

Veränderungen im Nachbarhaus

Unsere nette alte Nachbarin von gegenüber war gestorben und das Haus sollte verkauft werden. Meine Kinder und ich fragten uns, was für Nachbarn wir wohl bekommen würden:

Ein Ehepaar? Alt oder jung? Eine Familie vielleicht? Oder eine Einzelperson? Ob sie nett sind? – Wir ergingen uns in Spekulationen.

Aber auch um nette, freundliche Nachbarn kann man beten – und das tat ich nun. Eines Tages erfuhren wir vom Nachlassverwalter, das Haus sei jetzt verkauft. An einen jungen, freundlichen Ingenieur. – Warum war der Titel so wichtig? Ich war nicht begeistert. Der war bestimmt ganz schön eingebildet, dachte ich mir so. Dabei kannte ich ihn noch gar nicht, nur wegen seiner Ausbildung machte ich mir schon mal ein negatives Bild von ihm. Trotzdem konnte ich mir meine Neugier bewahren und ich wollte ihn so schnell wie möglich kennenlernen.

Es sollte nicht lange dauern, bis sie befriedigt wurde: Mein Mann war gerade von der Arbeit nach Hause gekommen und ich hörte, wie er sich draußen bestens unterhielt. Aber mit wem? Vielleicht mit jemandem, den ich kannte? Durch das Fenster konnte ich sein Gegenüber nicht wirklich erkennen, also nahm ich den Mostkrug zur Hand und machte mich auf den Weg zum Keller. Um zum Keller zu gelangen, musste ich nämlich den Hof überqueren. Na, diesen Mann kannte ich definitiv nicht! Als ich vorüberging, begrüßte er mich freundlich und stellte sich als den neuen Nachbarn vor. Der war ja wirklich nett! Erleichtert ging ich weiter in Richtung Mostfass, um meine Tarnung zu wahren.

Das Haus musste aber erst gründlich renoviert werden, es hatte weder Bad noch WC, nur das Plumpsklo in dem winzigen Häuschen hinter dem Haus. Sehr umweltfreundlich zwar, aber am Ende des zwanzigsten Jahrhunderts doch nicht mehr so ganz zeitgemäß!

Plötzlich Hauskäufer

Karl erzählt:

Schon einige Jahre ging ich mit einem Freund regelmäßig angeln, oft auch in Sabines Ort. Wir sind uns aber nie begegnet.

Eines Tages erfuhr ich von einem Bekannten, dass da ein Haus zu verkaufen sei. Die Besitzerin war verstorben und sein Vater war einer der Erben. Als ich kurz darauf zufällig seinen Vater traf, bot der mir gleich das Haus an, hätte es mir am liebsten sofort gezeigt. Allerdings hatte ich nicht das Bedürfnis, eine alte Hütte zu kaufen! Der Gute ließ aber nicht locker, und so tat ich ihm den Gefallen und wir vereinbarten eine Besichtigung.

An einem sonnigen Nachmittag zeigte er mir das Haus und anschließend gingen wir in das nahe Gasthaus. Alles ging sehr schnell. Eigentlich zu schnell – per Handschlag wurde der Kauf beschlossen.

Was war das? Fast fluchtartig verließ ich das Lokal und erst auf der Straße wurde mir richtig bewusst, dass ich jetzt ein Haus gekauft hatte, das ich doch gar nicht wollte. Gott sei Dank war es nicht teuer, und ich würde es eben als Lager nutzen. Auf eine Renovierung wollte ich mich nicht einlassen, alles, nur das nicht!

So schnell, wie es begonnen hatte, ging es mit dem Hauskauf aber doch nicht voran. Immer wieder gab es neue Probleme, der Notartermin wurde ein um das andere Mal verschoben, da einer der Erben einen höheren Kaufpreis haben wollte. Mir konnte das nur recht sein; insgeheim hoffte ich, dass der Handel irgendwann platzen würde! Nach mehreren Wochen war ich dann doch offiziell der Hausbesitzer.

Daran musste ich mich erst noch gewöhnen, und ich ließ mir Zeit, meinen Erwerb näher zu begutachten! Nach ein paar Wochen hatte ich das Gefühl, heute Abend nichts Wichtigeres zu tun zu haben, also konnte ich mich ja mal ein bisschen um mein Haus kümmern. Und mir ansehen, was drum herum so los war.

Mit mir hielt noch ein Auto, genau gegenüber. Das musste der Nachbar sein! Dem wollte ich mich gleich mal vorstellen. Nach ein paar Takten kam seine Frau dazu. Gut, das war also schon mal erledigt.

Im Frühjahr fing ich mit der Garage an. Eigentlich hatte ich gedacht, das wäre schnell vorbei, aber da hatte ich sozusagen die Rechnung ohne den Wirt gemacht: Beim Ausgraben stieß ich auf puren Fels …

Zwei Jahre später kam die Heizung dran – inzwischen hatte ich beschlossen, dass ich doch kein Lager brauchte, und so unkonventionell, wie ich zu dem Haus gekommen war, ging ich auch bei der Modernisierung vor! Die Renovierungen zogen sich hin, und nach und nach fand ich Gefallen an dem Haus – man könnte sagen, ich entwickelte eine Liebe zu ihm. Immerhin hatte es eine ganz besondere Lage; vielleicht würde ich doch selbst einziehen. Jedenfalls beschloss ich, es erst einmal zu modernisieren, und dann würde man ja sehen.

Nach und nach brachte ich mein Haus auf den neuesten Stand. Von außen sah es aber unverändert aus, als würde sich niemand um die Hütte kümmern; kaum jemand bemerkte, was drinn vor sich ging. Ich legte auch keinen Wert darauf, im Ort groß bekannt zu werden. Erst als die inneren Renovierungen weitgehend abgeschlossen waren, kamen die äußerlichen Veränderungen dran.

Heute bin ich überzeugt, dass der Hauskauf eine Führung Gottes war. Er hatte mit mir etwas vor, und nicht nur mit mir …

Brennholz und Mostkrug

Der neue Nachbar kam nur selten und man sah sich kaum. Über einen kleinen Smalltalk zur Wetterlage kamen wir nicht hinaus. So vergingen zwei Monate. Dann fragte einer seiner Freunde, ob er von uns nicht etwas Brennholz haben könnte, sie wollten seinen Geburtstag feiern und ich sei auch herzlich eingeladen. Ich gab ihm Holz, so viel er brauchte, und als Antwort ein „Vielleicht". Eigentlich konnte es nicht schaden, mal kurz reinzuschneien, um einander etwas besser kennenzulernen, dachte ich.

Als ich mich dann auf den Weg machte, sah ich gerade noch, wie mein Mann mit einer Flasche Schnaps in der Hand ins Nachbarhaus ging. Nein, das wollte ich mir nun doch nicht antun! Jeder privaten Begegnung meines Mannes ging ich aus dem Weg. Also drehte ich mich um und ging wieder ins Haus.

Am nächsten Tag fragte mich der Mann, dem ich das Holz gegeben und der mich eingeladen hatte, warum ich nicht gekommen sei. Mit ein paar Worten erklärte ich ihm, dass mein Mann und ich getrennt lebten und ich ihm bei solchen Anlässen aus dem Weg ginge. Das verstand er.

Von Renovierungsarbeiten am Haus war noch nichts zu sehen, doch der Nachbar, an dessen Grundstücksgrenze das Toilettenhäuschen stand, wollte es weg haben. Mehrere Männer halfen, das Toilettenhäuschen abzubrechen. Es war ein heißer Tag. Die Helfer sahen alle ziemlich geschafft aus und ich dachte, jetzt bringe ich ihnen einen frischen kalten Most zur Abkühlung. Sie freuten sich nicht nur sichtlich, sondern hörbar darüber! Es war sicher nicht verkehrt, gute Nachbarschaft zu pflegen. – Nach ein paar Sätzen ließ ich sie wieder allein.

Einige Wochen später war Reifenwechsel angesagt. Die Schrauben saßen sehr fest und ich quälte mich wirklich damit. Gerade fuhr der neue Nachbar in seinen Hof, und als er sah, was ich da machte, bot er mir gleich seine Hilfe an! Dieses Angebot konnte ich nicht ausschlagen, und nun ging es wirklich flott.

Plötzlich kam mein Mann aus der Werkstatt gerannt, als wäre wer weiß was hinter ihm her. Er rannte auf uns zu und schrie: „Die kann ihre Reifen selber wechseln!" Bestürzt schaute der neue Nachbar meinen Mann an, entsetzt über so ein Verhalten, über diese Tonart. Trotzdem ließ er sich nicht davon abhalten, die Schrauben wieder gut anzuziehen. Ich war so froh über seine Hilfe. Ich hätte mindestens die doppelte Zeit dazu gebraucht. Als Dankeschön backte ich ihm einen Kuchen.

Den ganzen Sommer über sahen wir uns nicht mehr, erst im Herbst kreuzten sich unsere Wege wieder: Ich kam von einem Spaziergang und er wollte gerade wegfahren. Als er mich sah, hielt er noch kurz an, um mich zu begrüßen. Irgendwie kamen wir auf das Thema „Glauben" und unser Gespräch ging länger als gedacht. Es war interessant, seine Einstellung zu hören. Ich freute mich, dass er gottesfürchtig war, dass Gott sein Leben bestimmte.

Dann war lange Zeit wieder nichts mehr von ihm zu sehen. Weil er nie da war, parkte ich mein Auto immer in seinem Hof – aus reiner Bequemlichkeit, hier hatte es einfach mehr Platz. Meinem Mann passte das gar nicht, aber das war mir egal. Ich ließ ihn schimpfen und ging meiner Wege. Hätte er es mit Respekt gesagt, dann hätte ich schon auf ihn gehört, aber nicht in diesem Ton.

Eines schönen Frühlingsabends kam der neue Nachbar und wollte wie immer in seinen Hof hineinfahren, aber da stand schon mein Auto. Also stellte er seines eben dahinter. Ich hatte ein schlechtes Gewissen, aber wenn ich am nächsten Tag mein Auto benutzen wollte, musste ich zu ihm. Oje, jetzt war er bestimmt verärgert. Noch einen Feind brauchte ich wirklich nicht!

Schnell ging ich hinüber, um mich bei ihm zu entschuldigen. Mit klopfendem Herzen und schlechtem Gewissen stand ich vor seiner Tür. Als er vor mir stand, klopfte mein Herz noch mehr. Demütig entschuldigte ich mich und erwartete seine Zurechtweisung. Aber es kamen nur verständnisvolle und freundliche Worte. Es machte ihm gar nichts aus. Er war die Ruhe selbst.

Mit so viel Gelassenheit hatte ich nicht gerechnet! Ich war erleichtert. Etwas mutiger fragte ich ihn, ob ich vielleicht auch weiterhin in seinem Hof parken dürfte, wenn er nicht da wäre. Er hatte nichts dagegen. Er war überhaupt nur sehr selten zu sehen und alle wunderten sich, wozu er dieses Haus überhaupt gekauft hatte.

Von außen war keinerlei Veränderung zu sehen. Einmal sprach ich ihn darauf an, wie er mit seinen Bauarbeiten vorankäme und was er schon gemacht hätte. Daraufhin zeigte er mir voller Stolz seinen fertigen Heizraum. Ich staunte: Als Erstes die Heizung! Nun ja, eigentlich schlau. Lieber zuerst die Zentralheizung einbauen und dann die Fußböden legen … besser als Mäuseparadiese anlegen. Kein Wunder, dass man von außen nichts sah und dass die Leute dachten, da passiere ja gar nichts.

Doch auch sie sollten auf ihre Kosten kommen: Ein Gerüst wurde aufgestellt und die Veränderungen wurden auch außen sichtbar. „Bald zieht er ein, dann kann ich nicht mehr in seinem Hof parken. Schade, das ist doch so bequem“, dachte ich.

Kapitel 35

Rehe, Kurschatten und mein Dachfenster

Auch bei mir hatte sich einiges geändert: Schwiegermutter, die ich neben meiner Erwerbstätigkeit auch noch mit versorgt hatte, war inzwischen gestorben, und mein Mann beschloss, die Wohnung selber zu nutzen. Aber zuvor ließ er sie von einem Handwerker teuer renovieren. Das ärgerte mich maßlos! Früher hatte er immer alles selbst gemacht, aber jetzt gab er das Geld mit vollen Händen aus und ich musste mit siebenhundert Mark Haushaltsgeld auskommen.

Doch damit nicht genug: Mir schwand jede Hoffnung. Wenn er aus der Wohnung auszog, wie sollte dann meine Ehe jemals wieder in Ordnung kommen? Ich versuchte, mit ihm darüber zu sprechen, legte ihm nahe, seine Entscheidung noch einmal zu überdenken. Doch ohne Erfolg. Ich schrieb ihm einen Brief, aber auch darauf reagierte er nicht. Einerseits machte es mir Angst, ja. Andererseits war es auch ein befreiendes Gefühl, ihm nicht mehr ständig über den Weg zu laufen.

Doch auch weiterhin ließ er keine Gelegenheit aus, mich anzufeinden, und immer wieder drohte er mir die Scheidung an. Als könnte ich mich glücklich schätzen, mit ihm verheiratet zu sein!

Aber wenn er sich tatsächlich scheiden lässt? Finde ich in meinem Alter noch eine Arbeit, von der ich leben kann?

Was wird mit den Kindern? Kerstin war noch ein Kind, und auch die beiden Großen waren zu jung, um auf eigenen Füßen zu stehen. ***Kann ich dann weiterhin hier wohnen oder muss ich ausziehen?***

Ich machte mir Gedanken, legte mir Pläne zurecht, was ich tun könnte, wenn es tatsächlich so weit kommen sollte. Mein Bruder Bruno war Landschaftsgärtner und selbstständig. Vielleicht könnte ich bei ihm arbeiten und wohnen. Oder sollte ich lieber zu meinem ältesten Bruder Andreas gehen? Der hatte eine Pension und auch dort könnte ich vielleicht arbeiten und wohnen. Hier bleiben? Nein, das wollte ich nicht, so in Alfreds Reichweite. Zu Stiefmutter? Auf gar keinen Fall, die hielt ja nicht zu mir, sondern zu Alfred.

Viele Gedanken plagten mich, und die Situation machte mir Angst.

Ich bereitete auch die Kinder auf diesen Fall vor. Mit der Ältesten konnte ich ausführlich reden. Sie unterstützte mich, wir beteten oft zusammen. Die Kleinste war noch zu klein dafür und der Sohn hatte nicht den Glauben dazu. Ich ging mit all meinen Sorgen und Ängsten zu Gott. Wenn ich gebetet hatte, zog wieder Frieden in mein Herz ein und ich fühlte mich voller Glaubenskraft.

Alfred war zwar ausgezogen, aber er konnte immer noch jederzeit unsere Wohnung betreten. Plötzlich stand er dann da und wir waren seinen Launen ausgesetzt. Die Wohnungstür zu verändern und ihn damit auszusperren, das wagte ich anfangs noch nicht; ich hatte Angst, dass er im Rausch oder aus Zorn die Tür mit Wucht aufstoßen könnte. Ich wollte nicht noch Öl ins Feuer gießen, sondern den oberflächlichen Frieden wahren.

Thea unterstützte mich im Gebet und war für mich da. Am Tag der Ladeneröffnung war sie die allererste Kundin gewesen und inzwischen war sie mir zur treuen Freundin geworden. Drei Mal konnte ich kurzfristig mit meinen drei Kindern bei ihr übernachten! Bewundernswert. Was blieb mir auch anderes übrig? Wenn Alfred angetrunken war, war er sehr unberechenbar, und die Auswirkungen wurden immer heftiger. In dieser bedrohlichen Zeit konnte ich aber auch spüren, wie Jesus mir ganz nahe war.

Damals war mir bewusst geworden, dass ich als jemand, der an Jesus Christus glaubt, im Namen Jesu beten darf, und welch ein Vorrecht das ist.

In dieser Zeit der häufiger werdenden Scheidungsdrohungen bekam ich viele Eindrücke von Gott und er gab mir viele Zeichen – Eindrücke und Zeichen von der Art, die Gott einem Gläubigen nur in diesem Moment zu erkennen gibt und die nur für ihn selbst bestimmt sind. Die Zeichen für mich hatten Tiergestalt: Jedes Mal, wenn ich gebetet hatte, zeigte sich ein Reh hinter dem Haus. Seit achtzehn Jahren wohnte ich schon hier und nie hatte ich ein Reh am Haus gesehen! Ich wusste genau: Die Rehe hatten etwas zu bedeuten. Aber was?

Eines Morgens trug ich die Zeitung aus. Es war noch dunkel. Am Ortsrand bog ich in eine Seitenstraße ein, und direkt am Weg saß in der Wiese ein Reh. Die Scheinwerfer hatten es geblendet und es blieb sitzen. So etwas hatte ich zuvor noch nie erlebt. Das war einzigartig – für ein so scheues Tier war dieses Verhalten untypisch. Ich fuhr bis auf einen Meter an das Tier heran, öffnete das Fenster und redete mit ihm: „Hat der Herr dich geschickt?"

Was wollte Gott mir damit sagen? Ich spürte deutlich, dass Jesus mir durch dieses Reh etwas zeigen wollte.

Was werde ich erleben, Herr?

Ich bekam den Eindruck, dass Jesus mir heute ganz nah sein würde und dass ich mich nicht zu fürchten hätte. Heute? Spannend! Was stand mir da bevor? Es war Alfreds fünfzigster Geburtstag! Ich spürte, das war wirklich ein außergewöhnlicher Tag. Wann kann man schon ein Reh aus nächster Nähe ansehen?

Ich nahm mir noch einen Moment Zeit, um diesen Anblick in mich aufzunehmen. Dann musste ich aber weiterfahren. So verabschiedete ich mich von dem Reh: „Ich muss noch eine Zeitung wegbringen und wenn ich zurückkomme und du bist noch da, dann weiß ich, dass der Herr dich geschickt hat." Im Rückspiegel sah ich: Das Reh blieb sitzen – und als ich zurückkam, kaum zu glauben, saß es immer noch in der Wiese! Wieder öffnete ich das Fenster und genoss den Anblick. Irgendwann sagte ich zu dem Reh: „Ich muss weiter, muss Silvia zum Bus bringen." Im Rückspiegel sah ich, wie das Reh aufstand und weglief.

Zu Hause machte ich mir Gedanken, was wohl passieren würde. Nach der Schule fragte Silvia mich, ob ich sie übers Wochenende zu ihrer Freundin aus der Gemeinde fahren dürfe, die habe sie eingeladen. Aber heute sei doch Vaters Fünfzigster. Ich wusste auch nicht, was richtig war, leider konnte ich ihr keine andere Antwort geben außer dieser: „Gott wird uns eine Lösung zeigen." So setzten wir uns hin und baten Gott um eine Lösung.

Ich sollte bald erfahren, was das Reh zu bedeuten hatte: Am Spätnachmittag hörte ich im unteren Stockwerk ein Poltern. Vorsichtig ging ich die Treppe hinunter, um nachzusehen, was Alfred vorhatte. Da stand ein Koffer im Flur! ***Was hat er vor, wo will er hin?***

Aufgeregt ging ich wieder in meine Wohnung zurück und erzählte den Kindern, dass er verreisen würde. Ich war sowas von wütend. Mit uns wollte er nie in Urlaub gehen – „Zu wenig Geld", hatte er sich immer herausgeredet. Je mehr ich darüber nachdachte, umso größer wurde meine Wut. Ich lief im Wohnzimmer hin und her, schaute zum Fenster hinaus und betete:

Jesus, ich weiß, du bist jetzt bei mir. Sei du mein Schild und Schutz.
Ich lege dir jetzt alles auf deinen Altar.
Übernimm du die Führung.

Als ich anschließend wieder aus dem Fenster schaute, fuhr eine Frau an unserem Haus vorbei. Die Autonummer kannte ich nicht; ich wusste: Das war für Alfred. Ich ging zu ihm hinunter und stellte ihn im Flur zur Rede, bat ihn, nicht wegzufahren, sondern den Kindern ein gutes Vorbild zu sein. Aber das konnte ihn nicht aufhalten. Ich ging ihm nach und ließ meinem Zorn freien Lauf.

Mein Nachbar, der auf dem Gerüst stand, verschwand taktvoll um die Ecke. Sollte er über mich doch denken, was er wollte, das war mir jetzt völlig egal!

Zielstrebig ging ich auf das fremde Auto zu, öffnete die Tür, und immer noch in voller Lautstärke fragte ich die Fahrerin, ob sie sich denn nicht schäme, den Kindern den Vater wegzunehmen, und ob sie keinen unverheirateten Mann finden könne. Vor Wut zitterte ich am ganzen Körper.

„Wissen Sie nicht, dass Sie meinen Mann zum Ehebruch verführen? Wenn Sie ihn nicht in Ruhe lassen, dann wird es Ihnen hundertmal schlimmer ergehen, als es mir erging!" Ich schrie sie an, sie sei eine Hure. Aber was ich auch von mir gab, sie lachte mich nur aus.

Alfred schien das alles ziemlich gleichgültig zu sein. Erst als ich zu ihm sagte, er würde Ehebruch begehen, und vollends, als ich mich in meiner Erregung in der Wortwahl wirklich vergriff, da wurde er gefährlich laut und rannte mir drohend hinterher, aber ich brachte mich schnell in Sicherheit. Ich wunderte mich über seine Reaktion: Seine Freundin hatte er nicht in Schutz genommen, er wurde erst aggressiv, als ich ihn selbst angriff.

Als die beiden weggefahren waren, brach ich in Tränen aus. Und dann wurde mir bewusst, dass der Nachbar ja noch immer auf dem Gerüst stand. Er hatte alles mitbekommen! Hoffentlich sonst keiner. Die Kinder hatten es vom Fenster aus beobachtet. Nun konnte Silvia in aller Ruhe zu ihrer Freundin fahren. Und wir brauchten uns keine Gedanken mehr zu machen, was wir an seinem Geburtstag tun sollten.

Am nächsten Tag wollte ich in seine Räume, um herauszufinden, wohin er gefahren war. Frank wusste, wo sich der Schlüssel befand, und gab ihn mir. Ich durchsuchte alles. Es lagen verschiedene Reiseprospekte auf dem Schreibtisch, aber davon wurde ich auch nicht klüger. Er hatte kein Wort gesagt, dass er überhaupt verreisen wollte. Ich war so sauer auf meinen Mann. Wie oft hatten wir über Urlaub gesprochen und nie hatte er Geld dafür gehabt. Und jetzt fuhr er sogar mit dem Reisebüro weg!

In solch einem Moment kommen einem Gedanken von Wut, Hass und Neid. ***Was hat diese Frau, das ich nicht habe?***

Mir war klar: Dies war das Ende unserer Ehe.

Ich suchte weiter und fand Fotos von genau dieser Frau. Aha, sie waren schon seit Jahren zusammen, seit seiner Kur. Kurschatten nennt man das wohl. Deshalb also war er damals so freundlich zu mir, er rief mich fast jeden Tag an, verbot mir aber, ihn zu besuchen. Als er zurückkam, war er anders als zuvor, nicht nur im Bett: Er hatte edle Klamotten gekauft, brachte mir teure Geschenke mit. Das alles hatte mich stutzig gemacht, aber ich konnte nichts beweisen.

Im Falle einer Scheidung wollte ich etwas in der Hand haben. Also suchte ich jetzt in seinen Unterlagen nach allem, was mir bei einer Scheidung von Nutzen sein könnte. Ich wollte es wenigstens kopieren, wollte mich absichern. ***Aber wo sind all die Papiere?*** So viel ich auch suchte, alles war weg. Klar, er hatte alles bewusst beseitigt, damit er mich bei der Scheidung über den Tisch ziehen könnte. Also legte ich unverrichteter Dinge alles wieder an seinen Platz zurück.

Jetzt machte ich mir richtig Sorgen: ***Bald ist es so weit, und dann?*** Dieser Gedanke erdrückte mich förmlich und ich ging mit meinen Sorgen zu unserem Vater im Himmel. Wohin auch sonst? Wenn einer mir helfen konnte, dann nur Gott! Alles, was mir durch den Kopf ging, machte ich zu einem Gebet: Ich tat Buße über meine ungehaltenen Worte, über mein Verhalten am Auto und über meinen Zorn. Ich bat Gott, mich und meine Kinder zu schützen, uns zu versorgen und mir zu helfen, dass ich ihm vergeben konnte.

Beim Beten bekam ich wieder neuen Mut. Ich dachte: Egal wie es ausgeht, der Herr wird mit uns sein und es wird uns an nichts mangeln. Ich sehnte mich nur noch nach Frieden und Ruhe.

Ich beschloss, die nächsten Tage zu genießen. Kein Geschrei, keine Vorwürfe, keine Angst! Und ich erinnerte mich an das Reh in der Frühe. Jetzt wusste ich: Das war ein Zeichen vom Herrn – ich brauchte mich wirklich nicht zu fürchten. Dieses Erlebnis gab mir sehr viel Kraft und es stärkte mein Vertrauen auf den Herrn.

In diesem Jahr sah ich immer wieder Rehe, zu ungewöhnlichen Zeiten und an ungewöhnlichen Orten, und das stärkte meinen Glauben sehr. Es war toll! Dabei spürte ich jedes Mal eine Schwere, aber die war nicht unangenehm und nicht erdrückend. Eher wichtig. Ich wusste: Das schickte mir der Himmel; ich sollte daran erkennen, dass Gott mit mir war. Das kann man auch Einbildung nennen, doch ich weiß, das war real.

Eines Tages sah ich mittags zum Dachfenster auf der Bergseite hinaus und betete zum Herrn. Alles Mögliche besprach ich mit ihm, und plötzlich merkte ich, dass mir wieder ganz schwer wurde.

Vater im Himmel, was ist los? Willst du mir etwas sagen?

In diesem Moment kam ein Reh den Berg herunter, bis ganz nah an unseren Balkon.

Schickst du das Reh wieder als Zeichen für mich?

Jetzt wurde mir noch schwerer, als wäre ich voller Blei.

Herr, soll ich etwas für dich tun?
Heiliger Geist, zeige mir, was.
Amen.

Plötzlich kam mir meine Schwägerin in den Sinn.

Herr, ist es jetzt an der Zeit, mich bei ihr zu entschuldigen?

Als ich diesen Satz ausgesprochen hatte, wurde mir richtig übel. Das hatte mich kalt erwischt! Seit Jahren hatte ich Gott darum gebeten, dies zu ermöglichen, aber wie sollte ich es angehen, was sagen?

Herr, dein Wille soll geschehen. Jesus Christus, sei du bei mir.
Ich mache keinen Schritt aus dem Haus, wenn du nicht bei mir bist!
Herr, ich weiß gar nicht, was ich sagen soll. Ich bitte dich, gib du mir
die Worte in den Mund. Herr, ich brauche auch eine Bestätigung,
dass du hier zu mir redest, dass wirklich du es bist.
Lass jemanden anrufen, der mit mir betet.
Amen.

Die ganze Zeit, als ich dort am offenen Fenster betete, stand das Reh da. Es ging erst weg, nachdem ich Amen gesagt hatte. Ich schloss das Fenster – und das Telefon klingelte. Es war Thea. Ich erzählte ihr, was ich gerade erlebt hatte, und sie betete für mich. Lachend sagte sie noch zu mir: „Du wirst sehen, sie bittet dich vielleicht sogar ins Haus herein." Das war mir nicht wirklich ein Trost. Diesen Gang zu tun, das fiel mir sehr schwer. Ich legte auf und bereitete mich vor.

Den ganzen Weg betete ich zu Jesus, dass er mit mir sein solle. Meine Angst war in den Beinen angekommen: Die Knie wurden weich, mir war übel vor Angst. Je näher ich zu ihrem Haus kam, desto stürmischer schlug mein Herz. Ich klingelte und wartete.

Da endlich ging die Tür auf. Mit zitternder Stimme sagte ich zu meiner erstaunten Schwägerin: „Ich komme im Namen des Herrn Jesus Christus. Ich möchte mich bei dir entschuldigen für mein Vergehen mit deinem Mann. Es tut mir unsagbar leid und ich bin dankbar, dass eure Ehe noch besteht. Bitte vergib mir." Das hätte sie nie gedacht, dass mich diese Sache immer noch plagte, ihr fehlten die Worte. Schließlich sagte sie: „Muss ich ja wohl." Dann bat sie mich herein und wir sprachen im Haus weiter.

Sie sagte, was ich gerade getan habe, das hätte sie nie tun können. Und dass so etwas in der Verwandtschaft passieren könnte, hätte sie nie für möglich gehalten. Allerdings sei Alfred auch nicht gut zu mir gewesen, aber er sei eben ihr Bruder und deshalb würde sie auch weiterhin zu ihm stehen. – Glücklich, wer eine Familie hat! Wie sagt man doch? Blut ist dicker als Wasser.

Dieser Gang war einer der schwersten in meinem ganzen Leben. Aber jetzt war ich erleichtert! Auf dem ganzen Weg nach Hause lobte ich meinen Gott.

All das machte mich stark. Es verging kein Tag, ohne dass ich betete. Am liebsten betete ich an dem Dachfenster in meinem Zimmer. Jeden Abend und oft auch tagsüber stand ich an meinem großen Dachfenster mit dem bequemen Fensterbrett Richtung Straße, von wo aus man das Nachbarhaus sehen konnte, und betete. Hier fühlte ich mich unbeobachtet, hier konnte ich dem Herrn laut alles sagen, was mein Herz bewegte. An dem offenen Fenster hatte ich das Gefühl, Gott ganz nahe zu sein. Dort las ich auch in meiner Bibel und konnte nebenbei die frische Luft genießen, meine Gedanken baumeln lassen und beobachten, was vor dem Haus alles geschah.

Wieder einmal stand ich am Dachfenster und genoss die Aussicht. Ein Möbelwagen fuhr vor und sie trugen ein Sofa hinein. Da wusste ich: Jetzt zieht er in sein renoviertes Haus ein. Ganze fünf Jahre, nachdem er das Haus gekauft hatte! Er hatte es wohl nicht eilig gehabt. Jetzt war es vorbei, jetzt konnte ich nicht mehr in seinem Hof parken.

Als ich das Sofa meines Nachbarn sah, kam mir eine Idee: Alfred war ja ausgezogen, nun würde ich meine Wohnung neu gestalten. Ich brauchte Veränderung! Alles wurde frisch gestrichen, neuer Teppichboden selbst verlegt, Vorhänge genäht, und ich konnte einige schöne gebrauchte Möbel organisieren. Mir fehlte nur noch ein gebrauchtes Sofa. Die, die ich angeschaut hatte, gefielen mir nicht. Nun, Gott wusste schon, was er tun wollte.

Eine Bekannte hatte gerade ein gebrauchtes Sofa bekommen und ich verliebte mich sofort darin. Darf man das? In den Zehn Geboten steht, man solle nichts haben wollen, was einem anderen gehört. Ich gönnte es ihr ja, aber genau so eines wollte ich gerne haben!

Herr, das wäre genau das Richtige für mich,
die Größe und die Farbe.

Meiner Freundin war das Sofa zu groß und sie fragte mich, ob ich es vielleicht gebrauchen könnte. Ich war überglücklich! Ausgerechnet dieses Sofa! Gott ist so gut.

Mit der Umgestaltung der Wohnung wollte ich ein Zeichen setzen, dass für mich ein neues Leben begonnen hatte. Es war viel Arbeit, und ich machte alles allein. Aber da war noch die lose Steckdose hinter dem Schrank, den hatte ich damals genau an diese Stelle gerückt, um die Kinder nicht zu gefährden. Achtzehn Jahre lang war Alfred, der gelernte Elektriker, nicht imstande gewesen, sie ordentlich zu montieren! Das konnte ich nicht selbst machen, und für einen Handwerker hatte ich kein Geld. Ich stand wieder an meinem Gebetsplatz am Fenster:

O Herr, du siehst diese gefährliche Steckdose. Zu wem könnte ich gehen, dass er mir das umsonst macht? Zeige mir, wohin ich gehen soll. Ich bitte dich, hilf mir! – Amen.

Ich könnte doch den Nachbarn fragen!

O Herr, meinen Nachbarn? Den kenne ich doch kaum. Wieso sollte der es einfach so machen? Ich bin mir nicht sicher. Soll ich wirklich ihn fragen? Bitte zeige es mir eindeutig. – Amen.

Meine Gefühle änderten sich, und jetzt trieb es mich regelrecht dazu, den Nachbarn zu fragen. Der Gedanke ließ mich nicht in Ruhe.

Okay, Herr, aus Gehorsam zu dir gehe ich zu ihm und frage ihn. Jesus, gehst du mir voran? Ohne dich mache ich keinen Schritt. Amen.

Ich brauchte ja nur die Straße zu überqueren. Als ich so vor seiner Türe stand, bekam ich es mit der Angst zu tun! Ich traute mich nicht. Er hatte noch keine Klingel installiert, aber im Glauben klopfte ich doch an. So schlimm würde es schon nicht sein, mehr als Nein sagen konnte er nicht.

Da ging auch schon die Tür auf und er bat mich herein. Das ließ ich mir nicht zweimal sagen! Ich kannte ja das Haus von früher und es interessierte mich sehr, was er daraus gemacht hatte. Wie nebenbei trug ich ihm mein Anliegen vor.

Selbstverständlich wollte er mir helfen, aber gerne doch! So gingen wir in meine Wohnung, um das Problem anzusehen, und schon am nächsten Tag war alles in Ordnung. So schnell! Ich war begeistert. Ich fragte ihn, was ich ihm für seine Dienste schuldig war, aber er sagte nur ein Wort: „Nichts!"

Um mich doch irgendwie erkenntlich zu zeigen, brachte ich ihm etwas Selbstgebackenes. Nun war das Eis gebrochen und unsere Unterhaltungen wurden häufiger und länger. Von nun an nannten wir uns beim Vornamen. Er hieß Karl.

Wenn Alfred von seiner Reise zurückkam, wollte ich ihm nicht mehr groß über den Weg laufen müssen. Aber in seinem Bad stand noch die Waschmaschine, in der ich unser aller Wäsche wusch. Das musste sich ändern, die Waschmaschine musste in unser Bad!

Dazu fehlte allerdings noch der Wasseranschluss, aber das Waschbecken gehörte sowieso schon lange ersetzt, so konnte das in einem Abwasch erledigt werden. Die Waschmaschine war das kleinere Problem, mit vereinten Kräften hievten wir sie die Treppe hinauf. Die beiden älteren Kinder waren ja schon fast erwachsen. Aber wer würde mir für wenig Geld die Sanitär-Installationen machen?

Wen kann ich bitten?

Ich legte mein Anliegen vor Gott hin:

Vater im Himmel, ich bitte dich im Namen Jesu Christi: Du siehst meinen Plan, bitte hilf mir. Ich will meinem Mann nicht mehr in die Quere kommen und möchte in Zukunft oben bei uns waschen. Wer könnte das für wenig Geld oder umsonst montieren? Doch wenn du es nicht willst, tragen wir die Maschine auch wieder an den alten Platz zurück. – Amen.

Nach kurzer Zeit kam mir wieder mein Nachbar Karl in den Sinn.

Oh nein, Herr, nicht schon wieder! Was soll er von mir denken? Ich kann doch nicht immer zu ihm gehen. Ich möchte nicht, dass er denkt, ich würde ihn ausnutzen. Bitte zeige mir jemand anderes. Amen.

Aber wie ich auch betete, es blieb beim Nachbarn. Ich sagte zum Herrn:

Also gut, dann frage ich ihn eben. Jesus, bitte geh mir voran.

Aufgeregt und mit einem mulmigen Gefühl im Bauch klopfte ich wieder an seine Tür. Ob er mir vielleicht noch einmal helfen könnte? Er kam mit und ich zeigte ihm, worum es ging. Na klar, das sei doch eine Kleinigkeit. – Ich war erleichtert!

Er kam gleich am nächsten Tag und war bestens ausgerüstet, auch für die Komplikationen: Das neue Waschbecken passte nicht mehr in die alte Halterung und musste neu gesetzt werden. Aber er hatte die Bohrmaschine dabei, kein Problem. Ups, da war ein riesiges Loch in der Wand! Das war ihm noch nie passiert und er konnte es sich auch nicht erklären, wie das überhaupt sein konnte. Lange dauerte es, bis das Waschbecken an der Wand hing. Ich hatte schon ein schlechtes Gewissen, dass ich seine Zeit so beanspruchte, er hatte ja im eigenen Haus noch eine Menge zu tun.

Am Ende war alles so, wie ich es mir vorgestellt hatte. Ich war glücklich! Es fehlte nur noch eine Dichtung. Er meinte, das wäre aber nicht so schlimm, ich könnte trotzdem waschen, es wäre nur zur Sicherheit und er würde die Dichtung besorgen und einbauen. Nach einem Probedurchlauf war er zufrieden und ging wieder nach Hause.

Ich war so froh, dass ich unten jetzt nur noch Alfreds Wäsche aus seinem Bad holen musste, und das konnte ich machen, wenn er nicht da war. Alles andere konnte ich in meiner Wohnung erledigen. Eine große Last fiel von mir ab.

Es war Ostern, Alfred war noch im Wirtshaus. Ich glaubte an die Auferstehungskraft Christi und ich wollte sie erleben, genau jetzt in dieser Situation: Ich wollte vom Herrn wissen, was mit Alfred los war, ob ihn finstere Mächte beherrschten. Das sollte der Herr mir während der Feiertage aufdecken. Heute denke ich, dieses Gebet war so überflüssig wie gefährlich. Ich hätte es wissen können, aber ich hatte keine Ahnung, was ich mir damit antat.

Am Abend des Ostermontags stellte ich die Waschmaschine an, und alles schien normal zu sein. Kurz vor Mitternacht, ich saß noch vor dem Fernseher, stürmte plötzlich mein betrunkener Mann in mein Wohnzimmer und brüllte mich an, ich solle mitkommen. Weil ich mich weigerte, packte er mich am Oberarm und zerrte mich die Treppe hinunter in seinen Flur: Ich solle anschauen, was ich da angerichtet hätte! Was meinte er nur? Dann sah ich es: Von der Decke kam Wasser.

Eine Katastrophe. Irgendetwas war undicht geworden. Ich blieb ganz ruhig und entschuldigte mich, das sei keine Absicht und er bräuchte nicht so zu brüllen, sondern nur den Haupthahn zu schließen. Alles Weitere könne am nächsten Tag geregelt werden. Meine Ruhe und Gelassenheit reizten ihn und er wurde richtig bösartig. Er dachte nicht daran, den Haupthahn zuzudrehen, also ging ich in den Keller und tat es selber. Das Wasser hörte auf zu fließen.

Für mich war die Sache damit erledigt und ich schickte mich an, wieder in meine Wohnung zu gehen. Aber das sah er anders: Er brüllte mich weiterhin an und beleidigte mich zutiefst. Jetzt platzte auch mir der Kragen, ich nannte ihn einen Lügner und Betrüger. Daraufhin wurde er noch wilder.

Ich wollte die Treppe hinaufgehen, aber er verfolgte mich, packte mich am Kragen, schmetterte mich gegen die Tür und versuchte, mich aus dem Haus zu werfen. Ich hatte größte Angst und keine Zeit, einen klaren Gedanken zu fassen, wollte mich nur losreißen und rannte dann die Treppe hinauf. Er sprang mir hinterher und packte mich am Fuß, doch auch dieses Mal konnte ich mich losreißen und kam bis zur obersten Stufe. Als er mich dort wieder festhalten wollte, drehte ich mich um und gab ihm eine leichte Backpfeife. Jetzt wurde er aber richtig wild! Mit voller Wucht schlug er mich mehrmals auf den Kopf. Das waren keine Ohrfeigen mehr, das waren richtige Schläge. Er war dick und bärenstark, und seine Hand war um einiges größer als meine.

Silvia hatte alles mit angesehen. Sie schrie ihren Vater an: „Willst du Mami umbringen? Mami hat dir nur eine leichte Ohrfeige gegeben, aber du hast sie richtig geschlagen!" Wie mutig von ihr!

Alfred verpasste ihr dafür eine heftige Ohrfeige. Sofort rappelte ich mich auf und stellte mich vor sie: „Warum schlägst du sie? Vielleicht, weil sie die Wahrheit sagt?"

Ich schickte Silvia weg, sie sollte sich in Sicherheit bringen. Alfred holte nochmals aus und schlug mich ein weiteres Mal auf die gleiche Stelle. Jeden Schlag quittierte ich mit einem stillen Lob auf Gott den Allmächtigen, schließlich sagte ich es auch hörbar:

Danke, Jesus!

Es klang wohl wie ein Siegesgeschrei. Das war zu viel! Bei diesem Namen schnaubte mein Mann wie ein wild gewordener Stier, sein Kopf wurde hochrot wie eine Ampel, er drehte sich um und lief davon. Ich betete noch ein Dankgebet und ging in mein Zimmer.

Ich war überwältigt, wie Silvia für mich Partei ergriffen und mir geholfen hatte. Das berührte mich sehr. Aber von Frank war ich enttäuscht. Das Geschrei war so laut gewesen, dass man es bestimmt auf der Straße hören konnte. Frank war in seinem Zimmer, er hatte Besuch von einem Freund aus der Nachbarschaft. Die beiden waren größer als ich. Wie beschämend, wenn man genau weiß, dass vor der Zimmertür die Mutter geschlagen wird, und nichts dagegen unternimmt! Ich war immer so stolz auf ihn gewesen, aber nach diesem Vorfall änderte ich meine Meinung. Offensichtlich war ich auch ihm egal. Er hatte ja immer zum Vater gehalten.

Als ich zur Ruhe kam, wurde mir bewusst, um was ich gebetet hatte: Gott sollte mir aufzeigen, ob in meinem Mann finstere Mächte am Werk waren. Nun hatte ich die Antwort! In Zukunft würde ich mir besser überlegen, was ich betete. Nicht auszudenken, was im Eifer des Gefechts hätte passieren können! Ich stand ja direkt am oberen Ende der Treppe, und die war nicht aus Kiefernholz mit Teppichbelag, das war eine Steintreppe! Als Stiefmutter einmal diese Treppe hinunterfiel, brach sie das Schlüsselbein und zog sich noch eine schwere Gehirnerschütterung zu – und dabei hatte sie noch viel Glück gehabt! Wenn ich unter den Schlägen das Gleichgewicht verloren hätte, hätte es schlimm ausgehen können. Ich dankte dem Herrn, dass er mich trotz meines dummen Gebetes beschützt hatte, aber er hatte mir auch eine Lektion erteilt.

Am nächsten Morgen ging es mir nicht gut: Meine ganze rechte Kopfhälfte tat mir weh, sie war rot und geschwollen und fühlte sich pelzig an. Als mein Nachbar das sah, er verließ das Haus zur gleichen Zeit wie ich, fragte er, was geschehen sei. Ich erzählte ihm alles. Daraufhin sagte er mir, er habe ein ganz schlechtes Gewissen, denn die Dichtung fehle noch. Er hätte in den letzten Tagen zwar daran gedacht, aber, naja … Er bat mich um Vergebung. Ich erklärte ihm, worum ich gebetet hatte und was mir klar geworden war. Sein Versäumnis hatte dazu gedient, dass mein Gebet erhört wurde.

Kapitel 36

Ein heißer Dezember

Nach wie vor stand ich jeden Tag zu den unterschiedlichsten Zeiten am Dachfenster. Die tägliche Zeit mit Gott war mir sehr wichtig geworden. Das Erlebnis mit den Rehen und den Vorfall an Ostern konnte ich nicht vergessen. Ich erkannte, dass sich seitdem etwas verändert hatte: Ich bekam alles, worum ich bat.

Ich musste Gott noch besser kennenlernen! Auch die Gebete am Dachfenster dienten diesem Zweck.

Unter anderem betete ich für meine Kinder und ihre Berufswahl. Dafür habe ich viel gebetet. Es sollte ihnen nicht so gehen wie mir; ich war ja nur froh gewesen, dass ich einen Ausbildungsplatz hatte, ohne zu fragen, was denn am besten zu meinen Gaben und Fähigkeiten passen würde.

Im Rückblick kann ich sagen: Ich bin Gott dankbar, dass er mir geholfen hat, meine Kinder in der wichtigen Frage der Berufswahl gut zu beraten. Bei jedem Kind habe ich Gott gefragt, welchen Beruf es wählen soll; der Rest ergab sich dann von selbst – Gott ist so gut!

Und ich glaube, dass jeder von ihnen den richtigen Beruf ergriffen hat. Jedenfalls arbeiten alle drei noch auf dem Beruf, den sie selbst gewählt haben, und sie sind glücklich und haben Erfolg.

Wenn ich am Fenster betete, konnte ich nebenbei die Aktivitäten meines Nachbarn beobachten.

Eines Tages stand ich wieder an meinem Fenster. Ich nahm mir vor, ihn jedes Mal zu grüßen, wenn ich ihn sah. In diesem Jahr sah ich ihn einige Male, wenn ich am Dachfenster stand; vielleicht brachte er den Abfall raus oder er holte die Zeitung. Jedes Mal sprach ich ihn an und grüßte ihn. Wir versuchten auch immer, ein paar Worte zu wechseln, dazu gab es viel Gelegenheit: Ich schlief bei offenem Fenster und hörte ihn morgens, wenn er die Tür öffnete und zum Auto ging. Dann stand ich auf, einfach nur für ein „Hallo, wie geht's?".

Doch war die Verständigung schwierig, wenn er unten an der Straße stand und ich oben am Dachfenster. Da es mir sowieso oft langweilig war, ging ich immer wieder zu ihm hinunter. Jemand, mit dem ich mich über den Glauben unterhalten konnte, das kam mir gerade recht! Entweder standen wir dann bei mir am Haus, an der Mauer des Misthaufens, oder wir saßen auf den Stufen vor meiner Haustür.

An einem Abend war es richtig mild, bis weit in die Nacht hinein, und wir hielten es lange aus. Stundenlang tauschten wir unser Wissen und unsere Erfahrungen aus, vor allem ging es dabei um das Wort Gottes und den Glauben. Irgendwann schaute ich auf die Uhr. Oje, in einer Stunde musste ich wieder aufstehen, Zeitungen austragen! Doch er meinte, das wäre jetzt sicher keine gute Idee, dann wäre es nur so schwer aufzustehen. Wir könnten unsere Unterhaltung doch fortsetzen, bis die Zeitung käme.

Ich wendete ein, er müsse doch auch früh aufstehen, aber er entschied sich zu bleiben. So saßen wir weiterhin auf der Außentreppe, bis die Zeitung geliefert wurde. Für mich war es okay, ich konnte ja anschließend schlafen gehen.

Ich genoss unsere nächtlichen Unterhaltungen. Es tat so gut, einmal mit jemandem über den Glauben zu sprechen, der einen verstand und nicht verspottete.

Durch diese Unterhaltungen lernten wir uns besser kennen. Obwohl selten, waren diese Gespräche sehr ungezwungen und vertraut, als wären wir schon lange befreundet. Ich verschwieg ihm nicht, dass meine Ehe gescheitert war. Das war ihm nichts Neues: All die vielen Streitereien zwischen meinem Mann und mir – und dann war ja noch die Szene, als mein Mann von seiner Geliebten abgeholt wurde. Karl hatte auf dem Gerüst gestanden und ich war wahrlich laut genug gewesen. Er erzählte mir, er hätte dieses Auto schon öfter gesehen gehabt. Zwar hatte ich es mir gedacht, aber das zu hören tat doch weh.

Ich sagte ihm, dass Gott für mich das Wichtigste im Leben sei, dass ich seinen Weg gehen wolle. Es war klar: Für mich kam kein Mann mehr infrage, da laut dem Wort Gottes eine Geschiedene allein bleiben sollte. Mit einer Ausnahme:

> *Wenn aber der Ungläubige sich scheidet, so lass ihn sich scheiden. Der Bruder oder die Schwester ist nicht gebunden in solchen Fällen. Im Frieden aber hat uns Gott berufen.* 1. Korinther 7,15

Ich hatte immer noch Hoffnung, dass der Herr unsere Ehe heilen würde, und deshalb wollte ich die Scheidung mit allen Mitteln verhindern. Noch war es ja nicht so weit. Falls es doch zu einer Scheidung kommen sollte, was ich nicht erhoffte, wäre ein anderer Mann für mich undenkbar. Auf gar keinen Fall wollte ich meine Beziehung zu Gott gefährden, schon gar nicht durch einen Mann! Außerdem wollte ich sowieso keine Ehe mehr eingehen: Ein zweites Mal sich binden und diesen Schmerz womöglich nochmals erleben, nein, das wollte ich wirklich nicht. Ich hatte kein Vertrauen mehr für eine Ehe.

Auch Karl gestand mir, dass er keine Frau mehr wolle – aus welchen Gründen auch immer, das ging mich nichts an. Die Fronten waren also geklärt und ich genoss die ungezwungenen Gespräche. Ich freue mich sowieso immer, wenn sich jemand für das Evangelium interessiert.

Das Schöne war, dass er seine eigenen Erfahrungen mit Gott gemacht hatte. Ich war etwas neidisch auf ihn: Von Kind auf hatte er an Gott geglaubt! Das sagte er mit einer solchen Gewissheit, dass man neidisch werden konnte. Ich dagegen hatte Jesus erst mit dreißig Jahren kennengelernt. Aber das spielte keine Rolle, ich war glücklich, dass ich Gott überhaupt erlebt habe. Ich genoss unsere Diskussionen, denn bisher war ich bei Bekannten, Freunden und Verwandten meist auf taube Ohren oder auf Ablehnung gestoßen, wenn ich über den Glauben sprach.

Es war kurz vor Mitternacht. Ich hatte mein Gebet beendet, schloss mein Dachfenster und ging zu Bett. Da, ein Gepolter! Jetzt ließ mir meine Neugierde keine Ruhe, ich musste wissen, was das für ein Krach war. Karl war es peinlich: Zu dieser späten Stunde hatte er seinen Schutt wirklich leise in die Tonne gleiten lassen wollen, aber der machte sich selbstständig – und das war das Ergebnis. Und nun machte ich gerade jetzt das Fenster auf!

Ob ich nicht noch eine Weile herunterkommen würde. – Warum eigentlich nicht? Ich konnte sowieso noch nicht schlafen. So setzten wir uns wieder auf die Treppenstufen vor dem Haus, ich im Schlafanzug. Aber es war sowieso Nacht, da störte es keinen.

Gemeinsam lachten wir über das kleine Missgeschick, und dann kamen wir auf die Bibel zu sprechen. Viel konnte ich ihm darüber erzählen und welch gutes Werkzeug sie im Alltag ist. Ich riet ihm, sich selber zu überzeugen: Jeder sollte mindestens einmal in seinem Leben die Bibel von vorne bis hinten durchlesen und sich einen Überblick verschaffen, was überhaupt darin steht, und auch, was nicht drin steht.

Weil Karl noch keine eigene Bibel besaß, holte ich schnell meine erste Bibel, die ich schon durchgelesen hatte, und gab sie ihm zum Lesen. Er solle einfach einmal darin lesen und er könne sie gerne so lange behalten, bis er seine eigene hätte. Im Stillen dachte ich, ich könnte ihm ja eine schenken. Aber er kam mir zuvor und sagte, er würde sich gleich selber eine kaufen. Nun, das konnte er auch bei mir tun, ich hatte vom Laden noch viele Übersetzungen und Ausgaben in verschiedenen Ausführungen da. Ich bot ihm an, bis zum nächsten Gespräch die Bibeln herzurichten.

Bis wieder ein Gespräch zustande kam, vergingen mehrere Wochen. Eines Abends, es war schon spät, lag ich im Bett, war aber noch wach. Da! Ein leises Knirschen!

Was ist das? Knabbert da wieder eine Maus an der Isolierung?

Dieses Geräusch machte mich ganz nervös. Ich hämmerte ein paarmal gegen die Wand, um die Maus zu vertreiben und Ruhe zu schaffen. Doch diese Rechnung ging nicht auf: So oft ich auch an die Wand schlug, das Geräusch war immer noch da! Ich drückte mein Ohr gegen die Wand, horchte sie systematisch ab. Gott sei Dank konnte mich keiner sehen! Aber wie sehr ich mich auch bemühte, dem Geräusch nachzuforschen, ich konnte es nicht ausfindig machen.

Kam es vielleicht von draußen? Schnurstracks ging ich zum Fenster und, was sah ich da: Karl zerkleinerte Styropor! Wieder staunte er, dass ich das Geräusch überhaupt gehört hatte. Als ich ihm erklärte, was ich zuerst vermutet hatte, musste er lachen. Ich nutzte die Gelegenheit und brachte ihm die versprochenen Bibeln, es war ein ganzer Korb voll.

Dieses Mal gingen wir in seine Küche, weil es draußen schon ziemlich kühl war. Er gab mir meine Bibel wieder zurück und ich fragte ihn, ob er schon angefangen hätte, darin zu lesen. Als Antwort stellte er mir ein paar Fragen, die ich ihm leider nicht spontan beantworten konnte, diese Fragen waren mir noch nicht gekommen. Es imponierte ihm, wie ich meine Bibel bearbeitet hatte, ich hatte viele Notizen gemacht.

Wie immer wurde ein langes Glaubensgespräch daraus. Ein paar Tage danach brachte er den Korb zurück, er hätte sich zwei Bibeln ausgesucht. Interessant, genau diese beiden Bibeln hatte ich in diesem Jahr angefangen zu lesen. Das konnte er aber nicht wissen.

Einmal lud ich Karl ein, am Freitagabend zum Gottesdienst in der Freikirche mitzukommen. Er äußerte sich jedoch nicht dazu, und ich beließ es dabei. Bevor es Herbst und damit kälter wurde, trafen wir uns noch ein paar Mal vor dem Haus und unterhielten uns über das Wort Gottes. – Im Winter sahen wir uns kaum.

Die Ungewissheit machte mir zunehmend zu schaffen. Ich fühlte mich gar nicht gut und machte mir Gedanken, wie es weitergehen sollte mit Alfred. Ich hatte keine Kraft mehr, um meine Ehe zu kämpfen. Doch wollte ich wissen, was Gott darüber dachte.

Um mit dem Schmerz und der Traurigkeit fertigzuwerden, ging ich zum Herrn. Unter Tränen ging ich in meinem Zimmer auf die Knie und flehte zu Gott, dass er mir hilft:

Vater im Himmel, ich komme zu dir im Namen Jesu Christi und ich bitte dich, erhöre mich. wie lange muss ich seine Bosheit noch ertragen?

Wie soll ich je erfahren, was wirkliche Liebe ist, wenn ich nirgends willkommen bin? Ich hatte noch nie ein wirkliches Zuhause, das wirklich diesen Namen verdient hätte. Alle lehnen mich ab, die ganze Familie, um deines Namens willen. Wie soll ich Kraft schöpfen, wenn ich nur unter Feinden bin?! Ich bin allein und hier ist keiner, der mir wirklich beisteht.

Bitte gib mir ein Zeichen, ob ich weiter um meine Ehe kämpfen soll. Ich werde noch einmal versuchen, mit ihm zu sprechen. Ein kleiner Hinweis genügt, ein nettes Wort oder ein Lächeln, irgendetwas, das mir Mut macht, weiter zu warten. Herr, ich warte bis Jahresende, genau bis 24 Uhr, und wenn bis dahin nichts kommt, dann weiß ich, dass du mich aus dieser Ehe entlässt.

Herr, dein Wille geschehe, nicht mein Wille.
Jesus, vergib mir alle meine Sünden. – Amen.

Meine Tränen flossen und wurden immer mehr. Ich betete noch lange und ging schließlich im Frieden zu Bett.

Zunächst tat sich nichts. Dann, es war kurz vor Heiligabend, spürte ich ein diffuses Unwohlsein. Ich fragte den Herrn, was er von mir wolle, und stellte mich unter den Schutz Gottes. Der Tag neigte sich und Alfred kam nach Hause. Mir wurde klar, heute war der Tag, an dem ich mit meinem Mann über unsere Ehe und über einen Neuanfang reden musste.

Vor Angst machte ich fast in die Hose! Ich hatte keinen blassen Schimmer, was ich ihm sagen sollte und wie ich am besten vorgehen konnte.

Jesus, bitte gehe du mit mir. Heiliger Geist, bitte lege mir die richtigen Worte in den Mund, zeige mir, was ich sagen soll.

Mit der Gewissheit und im Glauben, dass Jesus bei mir ist, klopfte ich an Alfreds Tür. Er öffnete – und wie er so vor mir stand, war ich plötzlich ganz ruhig und ohne

Angst. Ich fragte ihn, ob er Zeit hätte, ob wir miteinander reden könnten. Ja, er hatte, ja, wir konnten. Wir setzten uns bei ihm an den Küchentisch.

Ich bat ihn um Vergebung für meine Fehler und schlug vor, es mit unserer Ehe doch noch einmal zu versuchen. Er lachte mich aber nur aus und sagte, er würde sich scheiden lassen, „gleich am ersten Januar". Als ich das Datum hörte, wusste ich sofort: Das war das Zeichen von Gott! Am 1. Januar kann man sich ja nicht scheiden lassen, nicht einmal die Scheidung einreichen.

Aber ich hatte gebetet, dass ich bis 24 Uhr in der Silvesternacht auf das Zeichen warten wollte. Deshalb redete ich ihm zu, es noch einmal zu überdenken, doch er blieb dabei. Für mich war das Gespräch damit zu Ende.

Beim Hinausgehen spürte ich, wie eine Hälfte von mir gestorben war und abfiel. Von da an war mir klar: In Zukunft würde ich meinen Weg allein gehen! Es wäre vorbei mit der Quälerei. Ich sprach auch mit den Kindern darüber, dass ihr Vater sich von mir scheiden lassen wolle.

Das war in diesem Jahr sozusagen mein Weihnachtsgeschenk. Solange ich konnte, wollte ich den Kindern ihre Herzenswünsche erfüllen und ihnen ein besonders schönes Weihnachtsfest bescheren. Wir feierten schon die Besorgungen: Wenn ich ein Geschenk aussuchte, nahm ich immer ein anderes Geschwisterkind mit. Kerstin wünschte sich ein ganz besonderes, sehr teures Puppenhaus. Frank wollte mich dabei begleiten, und wir freuten uns riesig, dass wir dem Mädchen diesen Wunsch erfüllen konnten.

So schön wie das Einkaufen war auch das Fest selbst: Es herrschten unbeschreibliche Freiheit und Freude! Zuerst waren wir bei uns zu Hause, dann bei Stiefmutter und ihrem Sohn. Ich wurde richtig verwöhnt. Diese Tage waren für mich ein einziges Verwöhn-Programm.

Nach Weihnachten machte Silvia ihre Fahrprüfung. Das verriet sie mir aber nicht, sie wollte mich damit überraschen. Leider wurde nichts daraus; sie fiel durch und kam heulend nach Hause. Ich tröstete sie, das sei nicht so schlimm, es wären ja schon mehr Leute durchgefallen und sie könnte die Prüfung doch wiederholen.

Das war an meinem Vierzigsten. Ich saß mit meinen Kindern, mit Stiefmutter und ein paar Freunden beim Geburtstagskaffee, da klingelte es an der Tür:

Karl gratulierte mir zum Geburtstag und überreichte mir sein Geschenk. Ich bat ihn herein, aber er wollte nicht. So brachte ich ihm am nächsten Tag einen Teller mit Kuchen. – Ob ich nicht hereinkommen wolle? Er hatte gerade Besuch von einem Freund, und wir redeten ein paar Takte.

Ich wollte gerade gehen, da sah ich durch das Fenster das Auto der Freundin meines Mannes in unseren Hof fahren. Zu dritt standen wir da und beobachteten das Geschehen. Die beiden beobachteten auch meine Reaktion, doch ich war die Ruhe selbst. – Ob ich bleiben könne, bis diese Frau im Haus wäre? – Klar doch! Wir unterhielten uns noch ein wenig, dann verabschiedete ich mich und ging. Das war unsere letzte Begegnung in diesem Jahr.

Silvester feierte ich mit den Kindern vor dem Fernseher. Kurz vor Mitternacht, um diese Zeit gingen wir sonst immer gemeinsam zu Stiefmutter, erklärte ich ihnen, wegen der bevorstehenden Scheidung wolle ich ein paar Minuten vor und nach Mitternacht allein mit Gott verbringen, um mein altes Leben zu begraben und das neue mit Gott zu beginnen. Meine Kinder verstanden das. Ich begleitete sie bis vor die Haustür und kam eine Viertelstunde später nach. Stiefmutter machte mir Vorwürfe – wie ich das den Kindern nur antun könne! Ich konnte verstehen, dass sie das unerhört fand, aber ich musste das tun, was ich für das Wichtigste hielt.

Sie musste mich ja auch gar nicht verstehen. Das waren meine Erlebnisse mit Jesus, all das und noch viel mehr. Gott ist mir wichtiger als alles andere auf der Welt und ihm gebührt zuerst alle Ehre.

Er hatte meine Gebete erhört. Ich hatte das Zeichen bekommen, um das ich Gott gebeten hatte, und ich wusste: Alfred wird mich verlassen.

Jetzt hatte ich mich sozusagen offiziell von meiner Vergangenheit verabschiedet und das kommende Jahr und den ganzen neuen Lebensabschnitt Gottes Händen anbefohlen. Nur Gott allein konnte mir helfen, in welcher Situation ich mich auch befand.

Es war ein schöner Übergang ins neue Jahr.

Kapitel 37

O Herr, bitte nicht den!

Gleich im neuen Jahr zog mein Mann in eine der beiden Wohnungen, die er in der Scheune ausgebaut hatte. Wie ich ihn so beim Umzug beobachtete, hatte ich eine unbeschreibliche Mischung an Gefühlen: Frieden, Erleichterung, aber auch Wut auf mich selbst. So viele Jahre hatte ich verplempert mit Streit und Ablehnung.

Vater im Himmel, hier bin ich. Bitte versorge du mich und hilf mir auf meinem Weg. Verhilf du den Kindern zu geeigneten Lehrstellen und dass sie für das Reich Gottes gewonnen werden. Wenn es dein Wille ist, dass ich nicht allein bleiben soll, dann suche du die richtigen Leute für mich aus. Ich bin dazu nicht imstande, das kann man an meiner Vergangenheit deutlich sehen. Ich bereue alles, was ich Falsches getan und wo ich das Rechte nicht getan habe.

Mein Leben war bisher eine einzige Katastrophe. Herr, hilf mir, ein geregeltes, friedliches und geordnetes Leben zu führen. Hilf du mir, dir zu gehorchen und dir treu zu sein. Lass mein Leben gelingen. Herr, ich gehöre dir. – Amen.

Diese traurige Zeit hatte, außer dass mir drei wunderbare Kinder geschenkt wurden, nur *ein* Gutes: Ich hatte zum Glauben an den lebendigen Gott gefunden.

Jesus sprach zu ihm: Ich bin der Weg und die Wahrheit und das Leben; niemand kommt zum Vater denn durch mich. Johannes 14,6

Diese Bibelstelle wurde mir zur Antwort auf meine Fragen. Jesus ist der Weg zum Vater, er ist Mittler und Fürsprecher. Mir war klar geworden: In Zukunft sollte Jesus bei mir an erster Stelle stehen, erst dann kam alles andere. Wer Jesus im Herzen hat, hat Gott an seiner Seite. Und Gott allein weiß, was einem wirklich gut tut. Durch den Heiligen Geist wird man dann geführt.

Ich habe den Samen des Evangeliums an meine Kinder weitergegeben, das ist eine Elternpflicht. Ich bin der Überzeugung und habe die Hoffnung, dass dieser Same nicht verloren geht. Auch wenn der Glaube meiner Kinder noch in den Kinderschuhen steckt: Ich vertraue ich darauf, dass Gott ihn festigt.

Die ersten Tage genoss ich es, allein im Haus zu sein, und versuchte, nicht an die bevorstehende Scheidung zu denken. Ich vertraute ganz auf den Herrn und auf seine Führung.

Aber nach ungefähr zwei Wochen wurde ich unruhig. Ich verstand nicht, was plötzlich mit mir los war. Irgendetwas trieb mich. Fast kopflos lief ich durchs ganze Haus und ich konnte anstellen, was ich wollte, es wurde immer schlimmer. Selbst zum Fernsehen hatte ich keine Lust! Das war ungewöhnlich, manchmal konnte ich nämlich stundenlang vor dem Ding sitzen.

Ich zog mich in mein Zimmer zurück und betete am Dachfenster. Das hatte mir immer geholfen, Frieden zu finden. – Aber dieses Mal war es anders: Meine innere Unruhe verstärkte sich immer mehr. So lief ich wieder kreuz und quer durchs Haus, putzte, legte Wäsche zusammen und brachte das Altpapier in die Garage, aber auch das half nicht.

Frank wollte mich trösten: „Ach Mami, das ist bei mir auch manchmal so, solche Tage hat man halt." Echt süß. Aber auch seine lieben Worte halfen nicht.

Wieder ging ich in mein Zimmer, um am Dachfenster zu beten. Dieses Mal fragte ich Gott, was los war:

Vater im Himmel, was ist mit mir los? Willst du mir irgendetwas sagen oder zeigen? Schaffe du mir Frieden. Ich habe eigentlich keinen Grund, unruhig zu sein, und doch bin ich es und ich weiß nicht, warum. Es geht mir nicht gut. Zeig mir den Grund dafür, ich bitte dich, Herr. – Amen.

So ging es den ganzen Tag bis in die Nacht hinein. Bevor ich zu Bett ging, stand ich fast eine Stunde am Fenster. Die frische Luft und die leise Lobpreismusik im Hintergrund taten mir gut. Da ging plötzlich die Haustür des Nachbarhauses auf und Karl sah mich am Dachfenster stehen. Er fragte mich, wie es mir ginge, und ich antwortete: „Schlecht." Er fragte mich, ob ich nicht herunterkommen wolle. Ja, das war jetzt wohl das Richtige, ich wollte gern mit jemandem reden! Wir setzten uns an den Küchentisch und er erzählte mir, vor genau sieben Tagen habe er von mir geträumt: Ich hätte an seiner Tür geklingelt. Er hätte mich gefragt, wie es mir ginge, und ich hätte – richtig! – mit „Schlecht" geantwortet. Na so was.

Wir unterhielten uns noch sehr lange. Nebenbei fragte ich ihn, ob er nicht einmal in die Freikirche mitkommen wolle, jetzt am Wochenende wäre ein Gastredner da. Auf dem Weg nach Hause spürte ich: Es ging mir wieder besser.

Am Wochenende klingelte es und Karl stand vor der Tür: Er habe es sich überlegt und wolle gerne mitkommen. So fuhren wir am Abend gemeinsam zum Gottesdienst. Unterwegs versuchte ich, ihn auf die andere Art von Gottesdienst vorzubereiten, besonders auch darauf, dass er in der Regel zwei bis drei Stunden ging. Das konnte er sich nicht vorstellen, sonst war ihm die eine Stunde in der Kirche schon zu lang.

Auf dem Heimweg sagte er kein einziges Wort. Hatte ich einen Fehler gemacht? War es ihm zu lange gewesen, hatte ich ihn überfordert? Ich fragte, wie es ihm gefallen habe. Die Antwort war kurz: „Gut." Was war denn mit ihm los? Aber okay, so schwieg ich eben auch und drang nicht weiter in ihn.

Zu Hause angekommen verabschiedete Karl sich kurz angebunden und ohne mich anzusehen – und verschwand ganz schnell in seinem Haus. Ich wusste nicht, was ich davon halten sollte. Was war denn das? Ich fühlte mich schuldig. Wahrscheinlich war das das erste und das letzte Mal, dass er in einer Freikirche war! In meinem Zimmer ging ich auf und ab und betete für Karl:

Vater im Himmel, was ist geschehen? Jesus, vergib mir, dass ich ihn dorthin mitgenommen habe. Warum ist er so schnell im Haus verschwunden? War der Gottesdienst anstößig für ihn? Bitte hilf ihm. Berühre, heile, befreie ihn. Ich bitte dich, Jesus. – Amen.

Über eine Stunde lang betete ich für ihn, erhoffte eine Wendung zum Guten.

Am nächsten Abend wollte ich gerade zum Auto gehen, als es an der Haustür klingelte. Siehe da, es war Karl! – Ob er mitfahren dürfe? Verwundert, aber auch sehr erleichtert stimmte ich zu.

Am liebsten hätte ich ihn gefragt, warum er am Vorabend so schnell verschwunden war. Ich konnte es kaum aushalten, hätte es doch zu gern gewusst, aber ich konnte mich gerade noch bremsen. Ein paar Minuten lang.

Auf der Landstraße musste ich mir dann doch Luft machen und fragte ihn nach dem Grund seines gestrigen Verhaltens. Es kam aber keine zufriedenstellende Antwort; er meinte nur, es habe ihm gefallen. Nichts Neues eigentlich, das hatte er mir gestern schon mitgeteilt, aber es beruhigte mich doch, das zu hören. Also beließ ich es vorerst dabei. Er würde es mir schon irgendwann erzählen, was am ersten Abend geschehen war. Immerhin war er wieder mitgekommen.

Im Gottesdienst schaute ich ab und zu mal zu ihm hinüber und stellte fest, dass er ganz bei der Sache war. Leise dankte ich Jesus dafür. Dann kam ein Mann auf mich zu, ich kannte ihn nicht. Er segnete mich und sagte, ich sei frei und an nichts mehr gebunden. Diese Worte überraschten mich; sie waren ein weiteres Zeichen, um das ich Gott am Jahresende gebeten und worauf ich gewartet hatte. Ich nahm es mir zu Herzen und dankte Gott dafür.

Nach diesem zweiten Gottesdienst fühlte sich Karl sichtlich wohl. Er war gesprächig, ganz wie ich ihn kannte. Zu Hause lud ich ihn zu einem kleinen Essen ein, das ich vor dem Gottesdienst vorbereitet hatte. Dabei erzählte er mir, was am ersten Abend geschehen war: Er hatte Mühe gehabt, seine Tränen zurückzuhalten, und das ging den ganzen Abend weiter und bis in den nächsten Tag hinein. Das hatte er noch nie erlebt und er konnte es sich nicht erklären.

Ich war erleichtert und freute mich darüber. Ich erklärte ihm, das sei eine Berührung von Gott gewesen, und erzählte ihm von meinen Begegnungen mit Gott.

Regelmäßig besuchte ich Rita im Nachbarort. Wir beteten gemeinsam und ich half ihr, wo ich nur konnte.

Ihre Launenhaftigkeit machte mir aber schwer zu schaffen: mal war ich willkommen und beim nächsten Mal konnte sie ein richtiges Ekel sein. Wir stritten viel miteinander, versöhnten uns dann wieder. Ihren Launen wollte ich mich eigentlich nicht mehr aussetzen, und es störte mich, dass sie oft keine Lust zum Beten hatte. Ich dachte, sie wolle auch so gern mit mir beten wie ich mit ihr, ihr Verhalten sagte mir aber etwas anderes.

Außerdem hatte ich vor Kurzem erfahren, dass Rita schlecht über mich redete. Nicht nur mein Vertrauen missbrauchte sie; auch andere konnten davon ein Liedchen singen. Durch ihren Neid machte sie einiges kaputt. Ich konnte ihr nichts mehr glauben, geschweige denn ihr vertrauen oder mit ihr zusammen beten.

Ich hatte mich trotz aller Launenhaftigkeit und obwohl die Beziehung zu Rita so einseitig war, lange dagegen gesträubt, diese Freundschaft zu beenden. Ich wollte sie nicht im Stich lassen und ich hatte ihr ja so viel zu verdanken – durch Rita hatte ich zu Jesus gefunden! Aber sie wollte nicht einsehen, dass sie zu weit gegangen war, und so trennten sich unsere Wege für immer.

Ich habe ihr vergeben, doch die Konsequenzen wird sie selbst tragen müssen. Das muss sie mit ihrem eigenen Gewissen abmachen, sich selbst vor Gott verantworten.

Ich hoffe nur, dass sie zur Einsicht kommt.

Doch bereue ich nicht, dass ich ihr damals geholfen habe, als sie ohne Wohnung dastand. Ich habe ihr aus ehrlicher Freundschaft und christlicher Nächstenliebe geholfen.

Nun brauchte ich also wieder jemanden, mit dem ich beten konnte. Jemanden, der zuverlässig war und gerne mit mir betete, jemanden, dem ich vertrauen konnte. Auch diese Bitte brachte ich zu Gott; wie so oft betete ich auch dieses Mal am Dachfenster. Dort konnte ich meine Sorgen ungestört bei Gott loswerden:

Vater im Himmel, Jesus Christus, du siehst meinen Einsatz für Rita. Mal war ich ihr lästig und dann hieß sie mich wieder begeistert willkommen. Nie wusste ich, woran ich bei ihr bin. So oft hatte sie keine Lust zum Beten. Ich dachte, sie sei eine Freundin, aber ich glaube, das war nur eine Einbahnstraße. Und jetzt zieht sie auch noch hinter meinem Rücken über mich her.

So kann ich ihr nicht mehr vertrauen. Herr, ich vergebe ihr, aber ich sehe auch, dass ich so nicht mehr mit ihr beten kann. Vater im Himmel, bitte kümmere du dich um sie.

Ich bitte dich um jemanden, mit dem ich Freundschaft und Gebetsgemeinschaft haben kann, jemanden, der mit mir die Bibel liest und bei dem ich jederzeit willkommen bin. Der mich akzeptiert, so wie ich bin. Der mir nicht in den Rücken fällt. Und bitte, gib mir jemanden aus diesem Ort, damit ich nicht immer ins Auto steigen muss, um mit jemandem zu beten. Ich bitte auch um jemanden, der mir zur Seite steht und mir wenn nötig hilft.

Herr, und falls ich je wieder einen Mann bekommen sollte, dann suche du ihn aus, einen, der treu ist und der Jesus mehr liebt als mich. Herr, ich suche keinen Mann mehr, außer es ist dein Wille, aber dann suche du mir jemanden. Dein Wille geschehe, und nicht, was ich will. Denn du weißt am besten, was gut für mich ist. Du siehst ja, was für ein Chaos ich angerichtet habe.

Herr, zeige du mir, in welche Richtung ich schauen soll. Gib mir ein Zeichen, dass du es tun wirst, lass genau jetzt auf der Straße ein Auto vorbeifahren. Danke – Amen.

Kaum hatte ich Amen gesagt, fuhr auch schon ein Auto vorbei! Ich war verblüfft – und redete weiter mit Gott. Ich wartete und schaute dabei mit meinen Augen in verschiedene Richtungen, legte mein Vertrauen immer wieder in Gottes Hände, aber es kam kein Eindruck. Nur gegenüber fiel mir auf, dass das Licht im Flur ständig an und aus ging. Immer wieder schaute ich auf dieses Licht. Ich schüttelte den Kopf. Sollte er doch gleich das Licht anlassen, wenn er hin- und her lief!

Immer wieder schaute ich auch in die anderen Richtungen, ob der Herr mir irgendeinen Eindruck geben würde, wer es sein könnte. Im Ort gab es noch zwei Frauen und zwei Männer, mit denen ich schon öfter über den Glauben gesprochen hatte. Ich war mir sicher, hier musste es eine Person geben, mit der ich Gebetsgemeinschaft haben konnte.

Geduldig wartete ich am Fenster und genoss den milden Frühlingsabend. Es war ja schon ein verrücktes Gebet, das ich da gesprochen hatte, aber ich wollte es wissen – ob Gott auch für solche Bitten offen ist. Wie über alles sprach ich eben auch darüber mit Gott. Solche Gebete, die einem Gespräch gleichen, dienen zur Stärkung des Glaubens. Dieses Gebet sollte zudem meinem Leben eine entscheidende Wendung geben, aber das ahnte ich damals noch nicht.

Ich wollte schon das Fenster schließen und zu Bett gehen, als mir plötzlich doch noch ein Eindruck kam: Das Licht im Nachbarhaus! *Er* war derjenige, den Gott für mich ausgesucht hatte! Mir wurde ganz anders. Das ging doch nicht. Das war ein Mann und dazu lebte er nicht direkt nach der Bibel und war sehr kirchlich-traditionell eingestellt. Darüber musste ich nochmals mit Gott reden.

Oh Herr, bitte nicht den. Er ist so kirchlich-traditionell eingestellt und davon habe ich eigentlich genug. Und dann ist er auch noch mein Nachbar. Ich wollte doch eher eine Frau als Gebetspartnerin.

Herr, wenn du das wirklich willst, dann gib mir bitte ein Zeichen. Ich muss ganz sicher sein, ob der Eindruck wirklich von dir ist! Wenn ich jetzt, in diesem Moment, das Dachfenster zumache und mein Nachbar kommt aus dem Haus und spricht mich an, dann weiß ich, dass dieser Eindruck von dir kommt.

Herr, ich brauche Gewissheit, dass es ganz sicher nicht meine Einbildung ist. Herr, nur dein Wille geschehe. – Amen.

Jetzt war ich wirklich gespannt! Ich streckte mich und machte mich daran, das Fenster zu schließen, und siehe da: Bevor es ganz zu war, öffnete sich gegenüber die Tür und Karl kam heraus. Ob ich noch ein Weilchen kommen wolle? Eindeutiger ging es wohl nicht mehr. Meine Zweifel waren verschwunden. Das war das Zeichen, auf das ich wartete! Jetzt hatte ich Gewissheit, aber wie sollte ich es ihm beibringen? Noch schnell ein Stoßgebet:

Heiliger Geist, ich bitte dich im Namen Jesu Christi, gib du mir die richtigen Worte in den Mund, dass ich mich nicht blamiere. Ich lege es jetzt in deine Hand. Bitte führe mich.

Mich befiel eine große Unsicherheit und ich wusste nicht, wie ich ihm das beibringen sollte, was Gott mir gerade gezeigt hatte. Mein Herzschlag war auf hundertachtzig. Wieder saßen wir am Küchentisch und Karl stellte mir gleich so manche Fragen zur Bibel. Wieder einmal Fragen, die ich nicht beantworten konnte. Gott sei Dank hatte er den Anfang gemacht!

So nebenbei fragte ich ihn, ob er schon angefangen habe, in seiner Bibel zu lesen. Wie sollte ich es ihm nur sagen? Ich wollte wirklich nicht mit der Tür ins Haus fallen, sondern eine gute Gelegenheit abwarten. Doch spürte ich plötzlich ein starkes Drängen, mein Anliegen sofort vorzutragen. So begann ich ziemlich unsicher, ihm von meinem Gebet zu erzählen und von dem Eindruck und dem Zeichen, das Gott mir gegeben hatte.

Oje, wie würde er reagieren? So gut kannten wir uns nun auch wieder nicht. Ich war wirklich aufgeregt! Dann nahm ich allen Mut zusammen und schlug ihm vor, wir könnten doch auch gemeinsam in der Bibel lesen, schließlich sei es sicher kein Zufall, dass wir die gleichen Bibeln besäßen.

Er war einverstanden, außer in einem Punkt: In meiner Nervosität erwähnte ich beiläufig, wir könnten vielleicht auch mal miteinander Pizza essen gehen. Das hatte ich mir erträumt im Rahmen einer Freundschaft mit einer Frau, und nun war es mir ihm gegenüber herausgerutscht. Wie peinlich! Natürlich entschuldigte ich mich sofort dafür, ich wollte mich ihm wirklich nicht aufdrängen und noch viel weniger ihn und uns beide ins Gerede bringen.

Von da an trafen wir uns jeden Abend, wenn bei mir im Haus Ruhe eingekehrt war, um in der Bibel zu lesen. Zuerst beteten wir gemeinsam, danach las einer laut vor und der andere konnte mitlesen und das immer im Wechsel. Zwischendurch sprachen wir über das, was wir gelesen hatten. Nach nicht einmal einem Jahr waren wir durch die ganze Bibel gekommen.

Jeden Samstagabend fuhren wir gemeinsam zum Gottesdienst. Wieder einmal war ein Gastsprecher gekommen. Dieser erzählte so manches aus seinen Erfahrungen mit dem Gebet, unter anderem sagte er auch, finstere Mächte seien zwischen Mitternacht und drei Uhr früh besonders aktiv; in dieser Zeit gebe es besonders häufig Angriffe aus der unsichtbaren Welt – und wir Christen sollten wachen und beten. Daraufhin richteten wir in der Gemeinde ein Nachtgebet ein, immer in der Nacht zum Samstag, von Mitternacht bis drei Uhr in der Frühe. Das sprach mich an, und ich fühlte mich dazu gerufen.

So fuhr ich jeden Freitagabend zum Nachtgebet. Wir beteten für die Familien, für Deutschland, für unsere Regierung und vieles mehr. Karl wollte sich nicht direkt beteiligen, aber wir trafen uns jedes Mal vorher und beteten zu zweit. So unterstützte er mich, denn ich fühlte mich immer schlecht, bevor ich losfuhr. Manchmal war es mir speiübel! Diese Anfechtungen waren teilweise wirklich heftig, und uns beiden war klar: Dem Teufel war das Nachtgebet ein Dorn im Auge, und er wollte mich davon abhalten. Aber jedes Mal, wenn wir gemeinsam im Gebet widerstanden, ging es mir wieder gut und ich konnte ohne Schwierigkeiten zum Nachtgebet fahren.

Ich konnte es einordnen, dass ich immer vor dem Nachtgebet diese Anfechtungen hatte. Nur einmal war alles in Ordnung. Was war los? Wie immer fuhr ich zum Nachtgebet – und schnurstracks wieder nach Hause: Aus irgendeinem Grund fiel es dieses Mal aus. Eine eindeutige Bestätigung, dass die unsichtbare Welt Realität ist!

> *Denn wir kämpfen nicht gegen Menschen. Wir kämpfen gegen unsichtbare Mächte und Gewalten, gegen die bösen Geister, die diese finstere Welt beherrschen.* Epheser 6,12 (GNB)

Nach einiger Zeit wurde das Nachtgebet um eine Stunde vorverlegt – auf Wunsch von Pastor Michaels Frau. Daraufhin hatte ich den Eindruck, der Herr wolle es aber von Mitternacht bis drei Uhr früh, und eine andere Person bestätigte es mir, auch sie hatte diesen Eindruck bekommen. Sie wollte ihn aber nicht dem Pastor mitteilen, so ging ich allein hin. Nicht gerade mit fliegenden Fahnen! Ich sagte Gott, dass ich das nur aus Gehorsam tat, und bat ihn um seinen Beistand.

Ich erzählte Pastor Michael von meinem Eindruck und dass ich damit nicht die Einzige sei. Aber er winkte nur ab: Seine Frau wäre immer so müde und deshalb würden wir eine Stunde früher mit dem Beten beginnen. Es ginge ja trotzdem bis weit über Mitternacht. Schade, dass er meine Worte so in den Wind schlug, ohne darüber nachzudenken! Ich war so enttäuscht, dass Pastor Michael mich nicht für voll genommen hatte, aber auf der Heimfahrt legte ich auch das vor Gott hin. Von da an blieb ich dem Nachtgebet fern und betete stattdessen mit Karl. Keinem schien aufzufallen, dass ich nicht mehr kam, und bald wurde das Nachtgebet ganz eingestellt.

An einem Samstagabend, nachdem Karl, Kerstin und ich vom Gottesdienst zurückgekommen waren, hatte ich große Lust auf Apfelkuchen. Zu Mittag hatte Stiefmutter einen gebacken, und der schmeckte einfach nach mehr! Also beschloss ich, mir auch noch einen zu machen und ihn am Sonntag mit den Kindern zu verspeisen. Ich hatte so viel Apfelkuchen im Kopf, dass ich auch Karl davon in Kenntnis setzte. Als Kerstin im Bett war, machte ich mich ans Backen. Die ganze Küche duftete nach dem Kuchen!

Beim Frühstück fragte ich die Kinder, ob wir am Nachmittag den leckeren Kuchen gemeinsam essen sollten. Alle waren begeistert – aber am Nachmittag war keines mehr da; eins nach dem anderen war dem Ruf seiner Freunde gefolgt. Da stand ich nun mit meinem Apfelkuchen, und jetzt hatte ich auch keine Lust mehr.

Vater im Himmel, was soll ich jetzt tun? Keines meiner Kinder hat Zeit und ich bin allein. Mit wem könnte ich den Kuchen teilen? Wen könnte ich fragen, der Zeit hätte? Ich kenne nur Verheiratete und die sind mit ihren eigenen Familien beschäftigt.

Ich wüsste schon, wen ich fragen könnte, doch ich wollte dich um Erlaubnis bitten: Du hast gesagt, mein Nachbar wäre derjenige, den du mir an die Seite stellst und bei dem ich willkommen bin. Wenn es dein Wille ist, dann wird er kommen. – Amen.

Eigentlich war es mir unangenehm, ich wagte es kaum. Unsicher nahm ich den Telefonhörer in die Hand und wählte zaghaft seine Nummer. Er wird mich für aufdringlich halten, murmelte ich vor mich hin.

Was sollte ich überhaupt sagen? Ich kam mir vor, als spräche ich zum ersten Mal mit ihm, aber dann sprudelten meine Worte nur so hervor. Er lehnte die Einladung aber ab, er wolle ausgehen. Irgendwie hörte es sich wie eine Ausrede an. Mit gedämpfter Stimme signalisierte ich Verständnis und beendete das Gespräch. Ich ärgerte mich über mich selbst!

Vater im Himmel, jetzt habe ich mich zum Affen gemacht. Den rufe ich nie wieder an. Ich dachte, du hättest ihn mir an die Seite gestellt und ich könnte ungezwungen zu ihm gehen, aber das ist wohl doch anders.

Herr, wenn er doch derjenige sein soll, dann bitte ich dich,
Heiliger Geist, zieh du ihn hierher zum Apfelkuchenessen.
Herr, dein Wille geschehe – Amen.

Ich war sehr energisch bei diesem Gebet! Um meinen Ärger abzureagieren, räumte ich noch die Spülmaschine aus, dann schaute ich einen schönen Film an. Ja, jetzt war ein Stück Apfelkuchen genau das Richtige! Kaum hatte ich es mir bequem gemacht, klingelte das Telefon. Erstaunt vernahm ich die Stimme von Karl! Ob das Angebot noch bestehe?

Ich tat gleichgültig, aber meine Stimme verriet vielleicht doch mehr, als mir lieb war: „Und wie kommt es zu diesem Sinneswandel?" Kurz darauf kam er. Bei einem Stück Apfelkuchen erklärte er mir, er habe warum auch immer nicht fahren können, es habe ihn regelrecht zum Telefon gezogen, er habe einfach zu mir kommen müssen. Ich war überrascht von Gottes Wirken.

Und jetzt ging es ganz schnell: Wir trafen uns öfter als bisher, nicht nur zum Bibellesen, sondern auch einfach so. Bald folgte der erste Spaziergang und wir gingen zum ersten Mal miteinander aus – Pizza essen! Anschließend wollten wir den Gottesdienst einer anderen Gemeinde besuchen, die überwiegend aus Afrikanern bestand. Die Pizza war gut und wir unterhielten uns prima. Ups, schon so spät?

Pessimistisch sagte Karl: „Das schaffen wir doch nie, pünktlich anzukommen." Wir mussten durch die ganze Stadt fahren, und da waren so viele Ampeln. Aber ich ließ mir den Mut nicht rauben. Siegessicher erwiderte ich ihm: „Der Heilige Geist bringt uns pünktlich dorthin – und wenn er alle Ampeln auf Grün stellen muss." Tatsächlich mussten wir an keiner einzigen Ampel anhalten! Fünf Minuten vor Gottesdienstbeginn kamen wir an.

Der Leiter begrüßte uns herzlichst, er erinnerte sich sogar an uns und war überrascht, dass wir tatsächlich gekommen waren. Er war es, der uns am Nachmittag gesagt hatte, wann der Gottesdienst beginnen sollte. Nach dem Gottesdienst wurden wir von einigen Gemeindegliedern begrüßt und sie baten uns, doch unbedingt wiederzukommen. Was wir auch taten.

In dieser Stadt besuchten wir noch einen anderen Gottesdienst. Der war noch nicht zu Ende, da kam der Pastor zu uns, um uns zu segnen. Wir saßen aber nicht ganz vorne, sondern in einer der hintersten Reihen! Wir staunten – und fragten uns was das wohl zu bedeuten hatte.

Wir erinnerten uns, was am Anfang dieses Jahres über mich ausgesprochen worden war: Ich sei frei von allen Bindungen. Diesen Eindruck hatte ich in meinem Herzen bewahrt. Das war an dem Abend, als Karl zum ersten Mal zum Gottesdienst mitgekommen war und den er so schweigsam hatte ausklingen lassen. Karl hatte es damals auch mitbekommen, wir saßen ja nebeneinander. Die Person, die das ausgesprochen hatte, konnte nichts wissen von all dem, worüber ich betete, wie ich wartete und dass Alfred sich jetzt endgültig von mir scheiden lassen würde. – Dass dieser Satz einmal unser beider Leben beeinflussen würde, davon hatten wir damals noch keine Ahnung.

Bei einem anderen Gottesdienst ging es um die Stelle mit den Freunden, die sich in Wölfe verwandeln:

> *Siehe, ich sende euch wie Schafe mitten unter die Wölfe, darum seid klug wie die Schlangen und ohne Falsch wie die Tauben.* Matthäus 10,16

Das berührte uns und wir ahnten, es würden Schwierigkeiten kommen. Irgendwann warnte mich Thea, ich solle aufpassen. Ja, der Herr habe uns zusammengestellt, aber es sollte seine Ordnung haben und wir sollten nichts überstürzen.

Ich hatte zu viel erlebt, um diese Warnung einfach in den Wind zu schlagen. Also ging ich auch damit zu Gott, um zu hören, was er dazu zu sagen hatte. Lieber würde ich diesen Mann aufgeben, als meine Beziehung zu Gott aufs Spiel zu setzen! Ich wollte hundertprozentig sicher sein, dass diese Beziehung zu Karl Gottes Wille war. Ich wollte nur den Willen Gottes tun.

Thea hatte das aus Besorgnis gesagt, weil ich noch nicht rechtskräftig geschieden war. Für mich war diese Ehe aber endgültig vorbei: Mein Mann hatte eine andere Frau, ich hatte das Gespräch mit ihm gesucht, damals hatte er aber nur seinen Scheidungswillen bekräftigt, und ausgezogen war er auch. Außerdem hatte ich das mehrfache Reden Gottes.

Und doch – ich wollte nichts gegen Gottes Willen tun, und ich wollte mich warnen lassen. Also ging ich schweren Herzens zum Telefon, um die Freundschaft mit Karl zu beenden, bevor sie überhaupt richtig angefangen hatte. Ich sagte noch zu Gott:

Herr, du bist mir wichtiger als alles andere auf der Welt und darum verzichte ich auf diesen Mann, wenn es dein Wille ist. Denn dein Wille geschehe: Entweder ist es dieser Mann, den du mir gezeigt hast, oder ich bleibe allein mit dir. Einen anderen will ich nicht.

Ich kann es nicht mehr ertragen, mich noch einmal in jemanden zu verlieben und ihn gleich wieder zu verlieren! Herr, ich weiß, du versorgst mich, egal was kommt. Ich habe keine Angst, allein zu bleiben, wenn du bei mir bist. Ich gehe jetzt ans Telefon, um es zu beenden. Steh mir bei und hilf ihm, dass er gut darüber hinwegkommt. Amen.

Das war der schwerste Schritt, den ich je getan habe: Da verspüre ich zum ersten Mal eine richtige, ehrliche und tiefe Liebe – und muss darauf verzichten! Doch ich konnte nicht anders. Dieses Telefonat war schrecklich. Am Telefon spürte ich seine Bestürzung und den Schmerz.

Es zerriss mir fast das Herz. Ich überlegte, wie ich ihm in Zukunft aus dem Weg gehen konnte; vielleicht war es das Beste, ganz wegzuziehen.

Dann hatte ich den Eindruck, ein letztes klärendes Gespräch mit Alfred zu führen. Der erste Januar war ja schon lange vorbei und der zweite auch, aber bis jetzt hatte er noch nichts unternommen. Sobald er nach Hause gekommen war, forderte ich Alfred zu einem Gespräch auf, um das weitere Vorgehen zu klären; ich würde jedenfalls keine Scheidung einreichen. So saßen wir wieder einmal an einem Tisch und sprachen über die Zukunft.

Er lachte, als er mir eröffnete, dass ich bei einer Scheidung leer ausgehen würde. Ich erwiderte ihm, wenn er das tun wolle, solle er es so machen. Es war mir irgendwie egal, denn das letzte Hemd hat sowieso keine Taschen und Gott ist mein Versorger. Das war kein schönes Gespräch, aber ich blieb ruhig.

Als dann noch Silvia weinend nach Hause kam, sie war mit dem Auto unterwegs gewesen und hatte einen Unfall gehabt, dachte ich: Dieser Tag ist einer der traurigsten, den ich jemals erlebt habe, am liebsten würde ich ihn einfach streichen. Zurück in meinem Zimmer, erhob ich meine Hände und ging auf und ab.

Vater im Himmel, der heutige Tag war sehr bewegt. Silvia hatte einen Unfall, Alfred hat mir zugesichert, dass ich nichts bekommen würde. Ich habe keinen richtigen Job und kein Geld und die Kinder entgleiten mir. Außerdem habe ich die Freundschaft mit meinem Nachbarn beendet.

Hier bin ich, Herr, nackt, ohne etwas zu besitzen. Herr, ich vertraue dir und ich bitte dich darum und zugleich weiß ich es sicher, dass du mich versorgst. Was soll ich jetzt tun? Führe mich und weise du mir deinen Weg.

Herr, wenn ich diesen Nachbarn nicht zum Mann bekommen soll, dann will ich auch keinen anderen mehr haben und bleibe lieber, allein mit dir'. Ich will mich nicht noch einmal an etwas Neues gewöhnen, das ich dann doch wieder loslassen muss. Ich mache diese Schmerzen nicht noch einmal mit.

Herr, ich handelte im Glauben, dass mein Nachbar derjenige ist, der an meiner Seite sein sollte. Entweder er oder keiner! Hilf mir und auch ihm, alles zu vergessen. Herr, hier bin ich und ich gehöre dir. Dein Wille geschehe. Danke – Amen.

Das war ein sehr intensives Gebet gewesen. Jetzt hatte ich keine Ahnung, wie es weitergehen würde. Zum ersten Mal in meinem Leben hatte ich eine Liebe gespürt, die sich „richtig“ und „echt“ anfühlte – aber an erster Stelle stand für mich Gott, und ich war bereit, für Gott auch diesen Mann aufzugeben.

Nun bekam ich den Eindruck, dass Gott keine Unordnung liebt und dass er uns als Ehepaar zusammen haben möchte. Aha, so war das gemeint mit der Warnung. Aber auch diesen Eindruck gab ich Gott wieder zurück mit dem Gedanken: ***Wie soll das gehen?***

Ich wartete ab, bis Karl von der Arbeit kam, um mit ihm persönlich über alles zu sprechen. Ich vermittelte ihm, was geschehen war und welchen Eindruck ich bekommen hatte. Es war mir peinlich, denn ich wusste nicht, wie er reagieren würde. Wollte ja nicht mit der Tür ins Haus fallen; andererseits: Was konnte schon passieren? Es gab nur zwei Möglichkeiten: Ja oder Nein. Ich nahm meinen ganzen Glauben zusammen – und machte mich auf den Weg ins Nachbarhaus.

Was ich da erleben sollte, damit hatte ich überhaupt nicht gerechnet!

Er eröffnete mir: Sofort, schon nach unserem ersten gemeinsamen Bibellesen, habe er gewusst, eine Frau wie mich würde er heiraten. Und dann vertraute er mir noch an, was er nach meinem letzten Anruf gebetet hatte: Er wolle entweder mich haben oder gar keine Frau, und ich solle jemanden finden, der an meiner Seite sein würde. Das berührte mich zutiefst – er würde wirklich ebenfalls verzichten und mir sogar noch einen anderen guten Mann wünschen! Das kann nur jemand sagen, der einen wirklich liebt. Auch er hatte sich Gedanken darüber gemacht, wie er mir in Zukunft aus dem Weg gehen könnte.

Wir hatten beide die gleichen Gedanken gehabt. Jetzt waren wir der festen Überzeugung, füreinander bestimmt zu sein, und versprachen einander die Ehe. Wir legten unser Vorhaben vor Gott hin und baten ihn um seinen Schutz und dass er alles in seine Hand nehme.

Am nächsten Tag erzählte ich es den Kindern, und sie fanden es in Ordnung. Die Jüngste meinte, den Nachbarn hätte sie sowieso viel lieber als den Papa. Die beiden Großen waren schon in der Ausbildung und würden weiterhin im Haus wohnen.

So begann ich, unseren Umzug vorzubereiten und zu planen. Zuvor beteten Karl und ich gemeinsam:

Vater im Himmel, beschütze uns vor dem Gerede der Leute und
beschirme den Umzug, damit es keiner mitbekommt, bis wir offiziell
verheiratet sind. Beschütze auch unser Eheversprechen
und halte alle fern, die es zerstören wollen.
Vater, dein Wille geschehe, nicht unser Wille. – Amen.

Gleich am nächsten Tag machte ich mich an die Arbeit, und nach und nach brachten Kerstin und ich unsere Sachen ins Nachbarhaus. Dabei war es Karl und mir klar, dass wir bis zur Hochzeit getrennte Schlafzimmer haben würden. Wir staunten, wie Gott uns die ganze Zeit über beschirmt hatte, dass kein Mensch diesen Umzug bemerkte, obwohl ich die Sachen am helllichten Tag über die Straße trug. Ich war die ganze Zeit nur am Staunen, schließlich war ich noch nicht einmal geschieden.

Kurz vor und nach der Hochzeit sollte sich bewahrheiten, was Jesus seinen Jüngern gesagt hatte und was uns in dem Gottesdienst zugesprochen worden war:

Siehe, ich sende euch wie Schafe mitten unter die Wölfe. Matthäus 10,16

Pastor Michael und seine Frau wollten mit mir sprechen, und zwar nur mit mir. Ich wusste: Es ging um meinen vorzeitigen Umzug und damit auch um Karl, und deshalb wollte ich ihn dabei haben. Doch das lehnten sie ab. Es ist aber unfair, wenn man über jemanden redet, der nicht dabei ist, deshalb lehnte ich das Gespräch ab. Sie wären mir zu stark geworden, hätten mich unter den Tisch geredet. Daraufhin wurde ich aus der Gemeinde ausgeschlossen.

Karl und ich wollten so leben, dass unser Tun und Lassen vor Gott bestehen kann. Aber man muss nicht alles verteidigen, was man tut, und man braucht auch nicht alles nach außen zu tragen.

Doch das sahen die Frauen, die mit mir auf dem Glaubensweg gingen, anders. Nach der Hochzeit lud ich sie zu einem gemeinsamen Frühstück ein. – Es war ein Fiasko! Ich war wie unter Wölfen. Es fing damit an, dass eine der Frauen mich anrief und mich fragte, ob ich das Frühstück wirklich abgesagt hätte. Davon wusste ich nichts. Ein Grund zu beten!

Thea hatte Anweisung bekommen, meine Gäste auszuladen; außer ihr kamen nur noch zwei Frauen und zu dritt wollten sie mich zurechtweisen. Doch auch das verlief anders als geplant.

Dieses Frühstück hatte noch lange Nachwirkung. Thea schrieb mir einen Brief; so kannte ich sie überhaupt nicht und ich sprach mit ihr darüber. Die Frau, die mein Frühstück so torpediert hatte, hüllte sich in Schweigen. Die dritte entschuldigte sich am nächsten Tag, es sei einiges nicht gut gelaufen.

Dieses Frühstück schlug noch jahrelang Wellen. Aber ich spürte Gottes Schutz. Er hatte vieles nicht zugelassen.

Uns war klar, dass wir Fehler gemacht hatten. Als das Karl und mir bewusst wurde, haben wir es vor Gott bereinigt.

Eigentlich wollte ich ursprünglich, dass alle meine Kinder ins neue Heim einziehen. Doch Silvia und Frank lehnten ab. Sie waren keine Kinder mehr, und da ich gegenüber wohnte, konnten sie jeden Tag bei allen Mahlzeiten mitessen und jederzeit zu mir kommen. Doch auch das wollten sie nur gelegentlich annehmen. Daraufhin gab ich ihnen ein ganzes Jahr lang zweihundert Euro im Monat, damit sie ihr Auskommen hatten. Ich tat alles, um meine Kinder zu versorgen, wollte mir nichts nachsagen lassen. Im Gegenzug besaß Alfred die Dreistigkeit, Kerstin von der Krankenversicherung abzumelden, aber das ging nicht.

Die Scheidung verlief reibungslos. Mein Noch-Ehemann kam mit einem abgelaufenen Ausweis an, schöne Blamage! Nach 19 Jahren Ehe bekam ich tatsächlich nichts außer dem Unterhalt für meine Jüngste, für Kerstin, und weil ich umgezogen war, hatte er sogar diese Zahlungen eigenmächtig eingestellt. Die Anwaltschaft war entsetzt, so ginge das nun wirklich nicht!

Mein Anwalt versuchte, doch noch etwas für mich herauszuholen, wollte aber keine Garantie übernehmen – ihm schien, mein Mann habe irgendetwas gedreht, damit ich leer ausgehen sollte. Der lehnte selbst mein Angebot, meine Forderungen den Kindern zukommen zu lassen, ab. Seine Kinder waren ihm egal. Für ihn zählte nur Geld.

Er forderte auch das Kindergeld für die beiden Großen, da sie ja im Elternhaus wohnen blieben, sie waren 17 und 18 Jahre alt. Nun, ich wollte ihm nichts schuldig bleiben. Im Gegenteil: Beim Umzug hatte ich nur meine Kleider und meine Aussteuer mitgenommen. Was ich darüber hinaus mitnahm, ersetzte ich den Kindern vollständig, es sollte ihnen an nichts fehlen.

In dem Prozess verlor ich kein Wort über sein Alkoholproblem und alles, was damit zusammenhing, auch nicht, dass er mich geschlagen hatte. Ich wollte keine schmutzige Wäsche waschen. Ich wollte nicht, dass er das Sorgerecht für seine Kinder verlor.

Doch schon die Saufereien hätten ausgereicht, dass ich das alleinige Sorgerecht bekommen hätte; damit hätte ich vielen Problemen aus dem Weg gehen können.

Im Nachhinein sehe ich: Das war dumm von mir.

Kapitel 38

(Stief-)Muttertag

Wieder einmal schaute ich bei Stiefmutter vorbei. Sie hatte Besuch – Alfred war zum Kaffee gekommen! Als er gegangen war, fragte ich sie, warum sie das tat, ob sie vergessen hätte, dass Alfred die Scheidung eingereicht habe und wie er all die Jahre gleichgültig und lieblos mit mir umgesprungen sei, und ich wäre doch ihre Tochter, sie müsste doch zu mir halten. Darauf erwiderte sie nur: „Ich will noch etwas von ihm." Und zwar ein angrenzendes Grundstück, als Bauplatz für ihren leiblichen Sohn – meinen Stiefbruder. Für einen Bauplatz fiel sie mir in den Rücken? Das konnte ja wohl nicht wahr sein. Ich kam mir richtig verkauft vor! Hatte sie denn gar keine Liebe für mich übrig?

Das war mir zu viel. Ich ging.

Am Muttertag, einige Wochen, nachdem Karl und ich einander die Ehe versprochen hatten, kam es zwischen Stiefmutter und mir vollends zum Bruch. Wahrscheinlich musste es so sein, damit ich von ihr loskam und nicht länger um ihre Liebe bettelte.

Ich hatte sie am Vortag besucht. Der letzte Streit war noch nicht bereinigt, aber sie war freundlich wie immer. Wir setzten uns mit einem Kaffee in den

Garten. Dort redeten wir über dies und das und ich erzählte ihr noch, am Muttertag würde ich mit den Kindern frühstücken und anschließend zu ihr kommen. Sie nahm es zur Kenntnis, ohne einen Kommentar.

Der Muttertag war angebrochen und Kerstin war mit großem Eifer dabei, das gemeinsame Frühstück vorzubereiten. Das Telefon klingelte, es war Stiefmutter: Sie wolle mit uns essen gehen, das hätte sie mit Silvia so besprochen. Wie kam sie dazu, dies mit meiner Tochter zu bereden, Silvia war doch mein Kind und nicht ihres.

Ich war außer mir! Stiefmutter hatte über meinen Kopf hinweg entschieden und es mit meiner Tochter besprochen. Wieder einmal eine schwerwiegende Grenzüberschreitung! Stiefmutter wusste genau, dass Kerstin ein Muttertags-Frühstück vorbereiten wollte und dass das für sie tabu war. Und wie wichtig mir das war, an so einem Tag meine Kinder um mich zu haben und mit ihnen zusammen das aufwändig vorbereitete Frühstück zu genießen.

Stiefmutter setzte alles daran, und das immer mit Erfolg, die ganze Aufmerksamkeit auf sich zu ziehen; deshalb wollte ich sie nicht dabei haben. Warum hatte Silvia nicht zu mir gehalten? Warum hatte sie mir nicht wenigstens von Stiefmutters Plänen gesagt? War meine Stiefmutter ihr wichtiger als ich? Ich fühlte mich wieder einmal verraten und verkauft! Silvia bekam von Stiefmutter all das, worum ich als Kind vergeblich gebettelt hatte: ihr Vertrauen und ihre Liebe. Ich war neidisch und ich schämte mich dafür.

Eigentlich wurde Silvia von Stiefmutter nur benutzt: das Ausspielen und diese Lügerei und all die Heimlichtuerei. Aber sie bemerkte es nicht. Wenn ich ehrlich bin, ging es mir doch lange genug auch nicht anders. Silvia war einfach noch zu jung, um das zu erkennen.

Kerstin hatte alles so wunderschön für mich vorbereitet, und nicht nur für mich – das sollte die erste offizielle Einladung für Karl werden. Und jetzt sollten wir mit Stiefmutter ausgehen?

Karl riet mir, keine Szene zu machen und ihrem Vorschlag Folge zu leisten. Wir könnten auch später noch alle beisammen sein und uns aneinander freuen. Eigentlich gab ich ihm recht, und doch: Ich konnte mir einfach nicht verkneifen,

Stiefmutter zu fragen, warum sie mir nichts davon gesagt hatte. Immerhin war ich ja noch am Vortag bei ihr gewesen.

Das hätte ich mir wirklich sparen können, hätte wissen müssen, dass dabei nichts Gutes herauskommen würde! Doch ich kam mir wieder einmal so übergangen vor, immer wieder hatte sie ihre Grenzen überschritten und sich Dinge herausgenommen, die ihr als Oma nicht zustanden. Ich musste sie konfrontieren, und zwar sofort.

In vorwurfsvollem Ton bekam ich schließlich zu hören: „Du verdirbst mir meinen Muttertag!" Nun platzte mir wirklich der Kragen und ich fragte sie: „Und was ist mit *meinem* Muttertag? Das sind schließlich meine Kinder und nicht deine!" Das war zu viel.

Ein Wort gab das andere. Ich machte ihr klar, dass sie seit Jahren wusste, dass das Muttertags-Frühstück bei uns immer etwas Besonderes ist. Und dass Kerstin schon alles vorbereitet hatte. Ich gab ihr zu verstehen, dass sie sich mit ihrem Egoismus und ihrer missachtenden Einstellung mir gegenüber unmöglich gemacht habe, und ging dann zu Karl, um mich bei ihm auszuweinen.

Ich konnte doch nicht so tun, als sei alles in Ordnung, und mit Stiefmutter und den Kindern zusammen an einem Tisch sitzen und glückliche Mutter spielen, wo Stiefmutter keinerlei Einsicht zeigte. Das wäre doch Heuchelei gewesen.

Ein kleines „Es tut mir leid" von ihr hätte alles geschlichtet und ich wäre mitgegangen. Aber so – nein, das konnte nicht angehen, dass Stiefmutter immer nur austeilte und von den anderen immer eine Entschuldigung erwartete, aber selber nie um Verzeihung bat. Mir ging es ums Prinzip: voreinander ehrlich sein und die Wahrheit sagen.

Als Oma hatte sie genauso Grenzen einzuhalten wie ich und die Kinder.

Heute tut mir diese Auseinandersetzung leid. Ich habe ihr vergeben und sehe die Dinge etwas gelassener. Aber dazu brauchte es einen tiefen Schnitt.

Die Kinder gingen mit Stiefmutter zum Essen. Kerstin, sie war elf, verließ das Lokal als Erste – mit den Worten: „Ich gehe jetzt zu Mami, sie ist bestimmt traurig.“ Als sie kam und mir das sagte, das war das schönste Muttertagsgeschenk, das sie mir machen konnte! Kerstin stand zu mir. Durchs Fenster sah ich zufällig, wie nach dem Essen Silvia und Frank mit Stiefmutter ohne einen Blick an meiner Haustür vorbei zu ihrem Haus gingen, wo sie den Rest des Tages verbrachten. Als wäre meine Stiefmutter ihre eigentliche Mutter. Das war bitter.

Ich vergab ihnen und versuchte, mit ihnen darüber zu sprechen, aber sie verstanden es nicht. Nur Kerstin verstand, was ich ihnen sagen wollte.

Von da an ging ich nicht mehr so häufig zu Stiefmutter. Meine Kindespflicht wollte ich schon erfüllen, aber wie sehr ich mich auch anstrengte, es war nie genug. Jedes Mal, wenn ich bei ihr gewesen war, hätte ich hinterher weinen können. Schon Stunden vor dem Besuch war da diese Angst: „Was hat sie heute wieder für einen negativen Kommentar?“ Besonders dann, wenn ich längere Zeit nicht mehr bei ihr gewesen war, machte sie mir ein schlechtes Gewissen.

Schließlich riet mir Karl, nicht mehr zu ihr zu gehen.

Von da an besuchte ich Stiefmutter nicht mehr. Ich sorgte aber dafür, dass Kerstin hinging, was wiederum Karl nicht verstand. Kerstin kehrte für Stiefmutter die Straße und verdiente sich ein paar Euro damit. Sie sollte lernen, Wort zu halten: Wenn man eine Arbeit annimmt, sollte man sie auch ausführen.

Doch das sollte sich als verkehrt herausstellen, denn Kerstin kam meistens weinend nach Hause, wenn sie bei Stiefmutter gewesen war. Wenn ich fragte, was geschehen war, wich sie mir immer aus. So konnte das nicht weitergehen, das musste ein Ende haben. Ich war überzeugt, dass es etwas mit Stiefmutter zu tun hatte. Vielleicht hatte sie über mich schlecht geredet. Vielleicht …

Ich beriet mich mit Karl und ließ Kerstin daraufhin nicht mehr zu Stiefmutter. Von da an war Kerstin wie ausgewechselt und wir hatten wieder Frieden im Haus.

Auch ich hatte längere Zeit keinerlei Kontakt zu Stiefmutter.

Nach ein paar Monaten, inzwischen hatten Karl und ich geheiratet, war ich zu einer Versöhnung bereit und lud Stiefmutter zu mir nach Hause ein. Ich machte ihr deutlich, dass sie die Oma war und nicht die Mutter, und sagte ihr, wie sie sich meiner Jüngsten gegenüber zu verhalten habe.

Auf dieses Gespräch hatte ich mich gut vorbereitet, mir sogar eine Liste gemacht, um keine Einzelheiten zu vergessen. So unterbreitete ich ihr jeden einzelnen Punkt: Sie solle einfach Oma sein. Sie müsse mich als die Mutter meiner Kinder respektieren und dürfe nicht so tun, als wäre sie die Mutter. Sie solle meine Autorität als Mutter nicht untergraben. Dazu gehöre in erster Linie, dass sie meine Erziehung respektieren müsse, anstatt sie zu unterlaufen. Sie solle die Kinder nicht mit Geschenken überhäufen und meinen, sie müsse sich selbst übertreffen und mich übertrumpfen. Am besten wäre es, sich wegen der Geschenke mit mir abzusprechen. Und sie solle die Kinder nicht zum Lügen verführen, ich würde alles offen und ehrlich mit ihnen bereden. – Viele dieser Punkte hatten schon seit Jahren viel Streit verursacht.

Dann fragte ich sie nach ihrem Sohn und ob der in seinem Leben alles richtig gemacht habe. Stiefmutter wusste von seinem sexuellen Übergriff auf mich; ich hatte es ihr schon länger erzählt und von da an war sie an Weihnachten und am Geburtstag immer mit besonderen Geschenken angekommen. Als wollte sie mir Schweigegeld zahlen. Auf meine Frage sagte sie „Ja". Als ich damit nicht zufrieden war und noch eingehender auf ihren Sohn zu sprechen kam, wurde es ihr zu viel und sie verließ fluchtartig das Haus; dabei warf sie mir noch zu, sie würde nur noch zu Kerstins Geburtstag kommen. Aber sie kam nie wieder.

Wie konnte es auch anders sein: Sie machte sich bei meinen Brüdern Luft. Einer von ihnen schickte mir eine beleidigende E-Mail, und dann kam er sogar noch persönlich, um mich anzuklagen. Bis dahin hatte sich keiner meiner Geschwister um mich gekümmert, nie auch nur gefragt, wie es mir ging! Man sollte meinen, Geschwister halten zusammen, besonders elternlose Geschwister, wie wir es waren. Ich hatte mehr Zusammenhalt erwartet. Und nun kam mein Bruder tatsächlich zu mir – um mich fertigzumachen! So hatte ich wieder einmal Anlass, mich in Vergebung zu üben. Ich erzählte ihm vieles aus meiner Sicht und verschwieg auch nicht die Übergriffe seines Stiefbruders, auf den er doch immer so viel gehalten hatte. Er war entsetzt und wollte ihn zur Rede stellen. Ob er es irgendwann noch hinbekommt?

Stiefmutter war hilfsbereit, stolz und egoistisch und wusste über Abwesende viel Schlechtes zu sagen. Von Angesicht zu Angesicht war sie aber immer die Freundlichkeit in Person. Ich nenne so etwas Heuchelei.

Meine Schwester besuchte mich öfter, und es waren immer schöne Stunden. Doch dann erfuhren Karl und ich zufällig, dass auch sie über uns herzog. So machte sie es übrigens auch mit Stiefmutter: Sie besuchte sie regelmäßig und tat ihr schön, ließ aber sonst keinen guten Faden an ihr. Darin stand sie Stiefmutter in nichts nach.

Beim Stiefbruder war meine Schwester konsequenter: Der hatte einmal ihren Mann beleidigt und von da an mied sie jeden Kontakt mit ihm. Wenn er erwartet wurde, blieben sie und ihr Mann dem Familienfest fern.

Wie würden meine Geschwister wohl reagieren, wenn sie wüssten, was Stiefmutter mir einmal gesagt hat: Sie bereue, uns großgezogen zu haben!? Als ich das hörte, war ich entsetzt, und damals redeten wir intensiv darüber. Oft zog sie über meine Geschwister her, nur von meinem Bruder Uwe sagte sie, er wäre ihr wie ein eigener Sohn. Hätte ich nur zwei und zwei zusammengezählt, dann hätte ich auch gewusst, was sie über mich dachte. Sie sagte auch einmal, Alfred bleibe für sie immer ihr Schwiegersohn, obwohl sie wusste, dass ich jetzt mit Karl zusammen war.

Einmal zeigte sie mir ihr wahres Gesicht, als sie mir sagte, was sie von mir hielt: „Du bist nichts, du hast nichts, du wirst nie etwas haben, und dein Jesus kann dir auch nicht helfen!“ Die letzte Aussage wollte ich nun doch nicht unwidersprochen hinnehmen, und ich erwiderte: „Und mein Jesus wird mir helfen!“ Ich fragte sie dann noch, wie sie so etwas sagen könne. Wer sein Kind liebt, der segnet es doch. Aber was sie da gesagt hatte, öffnete mir die Augen. Das war eine Grenzüberschreitung, die unter die Gürtellinie ging.

Eigentlich hatte ich das schon immer vermutet; und doch war ich entsetzt. Ich hatte ihr vertraut. Ich hatte versucht, alles für sie zu tun. Und nun das! Aber auch wenn es wehtut: Es ist gut, wenn man die Wahrheit kennt. Schon allein die beiden Tatsachen, dass sie Karl nie als ihren Schwiegersohn ansehen würde und dieser fluchartige Satz, den sie über mich ausgesprochen hatte, waren Grund genug, ihr nichts von unserer bevorstehenden Hochzeit zu sagen.

Heute sehe ich das etwas gelassener. Ich weiß, dass ein unbegründeter Fluch nicht eintrifft:

Ein unverdienter Fluch trifft nicht ein. Sprüche 26,2

Mich stimmt es immer wieder traurig, wenn jemand über den Glaubensweg lacht oder ihn für lächerlich hält, wie Stiefmutter und auch meine Geschwister.

Weil ich denn rufe, und ihr weigert euch ... und lasst fahren allen meinen Rat ... so will ich auch lachen in eurem Unglück und euer Spotten, wenn da kommt, was ihr fürchtet ... wenn über euch Angst und Not kommt. Dann werden sie nach mir rufen, aber ich werde nicht antworten; sie werden mich suchen, und nicht finden. Darum dass sie hassten die Lehre und wollten des HERRN Furcht nicht haben ... Wer aber mir gehorcht, wird sicher bleiben und genug haben und kein Unglück fürchten. Sprüche 1,24–29.33

Das sind klare Warnungen, aber die Menschen wollen weithin nichts davon wissen. Sie meinen, es wäre lächerlich zu glauben und zu beten. Aber es ist nicht lächerlich. Die meisten wissen nicht Bescheid, weil sie die Bibel nicht kennen und sie auch nicht lesen wollen. Sie glauben einfach nicht mehr daran, fühlen sich als Mitglieder der heutigen Wohlstandsgesellschaft darüber erhaben.

Meine Familie hat sich von mir abgewendet. Und viele andere auch. Jesus hat gesagt: „Wer nicht für mich ist, der ist gegen mich" Matthäus 12,30 (GNB). Ich habe gelernt, jeden, der gegen Jesus ist, auch selbst mit Vorsicht zu genießen. Auch wenn es enge Verwandte sind: „Und des Menschen Feinde werden seine eigenen Hausgenossen sein" (Matthäus 10,36).

Jesus hat es klar gesagt: „Und ihr werdet gehasst werden von jedermann um meines Namens willen. Wer aber bis an das Ende beharrt, der wird gerettet werden" (Matthäus 10,22).

Aber in der Bibel steht auch, und zwar hundertfach:

„Fürchte dich nicht!"

Dazu schreibe ich jetzt keine Adresse, denn das steht so oft im Wort Gottes. Jemand hat es nachgezählt und er kam auf 366 Mal – für jeden Tag des Jahres einmal, und Gott hat sogar an den 29. Februar gedacht! Darum habe ich keine Angst. In Psalm 103,6 steht: „Der HERR schafft Gerechtigkeit und Gericht allen, die Unrecht leiden.“ Außerdem bin ich nicht mehr allein. Jetzt habe ich einen Mann, der mich versteht.

Das waren meine Gründe, warum Karl und ich im engsten Kreis heirateten; nur meine Kinder waren dabei. Keiner sollte es im Voraus wissen. Wir wollten nicht riskieren, dass Stiefmutter noch einen Fluch über unsere Ehe aussprach oder mit ihren negativen Gedanken den Tag verdarb. Karl und ich wollten, dass Gott der Vater und Jesus Christus ihre schützende Hand über diesen Tag und über diese Ehe hielten. Und alle hielten dicht: die Kinder, die Bürgermeisterin.

Der Tag unserer Hochzeit war so friedlich und wunderschön. Die Mädchen halfen mir beim Ankleiden. Bevor wir zum Standesamt gingen, übergaben wir unsere bevorstehende Ehe in Gottes Hände und baten um seinen Segen – denn es ist so ein Unterschied, ob man mit Gott lebt oder ohne ihn auskommen muss. Dabei standen wir im Kreis und hielten uns an den Händen.

Nach unserer Hochzeit tauchten nach wie vor Schwierigkeiten auf, doch jetzt war ich nicht mehr allein. Wenn wir in Not sind, beten Karl und ich miteinander und sehen, wie Gott uns durchträgt. Wir durften jede Menge Gebetserhörungen erleben.

In meinem kurzen Leben habe ich schon so viel Schmerz, Enttäuschung und Ablehnung erlebt. Nirgends war ich willkommen. Wenn mir jemand schöne Worte gab, war es meistens nur Heuchelei.

Jetzt erlebe ich, wie es sich anfühlt, vollkommen unter dem Schutz Gottes zu stehen und seinen Segen zu erleben. Wir nehmen unser Leben mit Gott sehr ernst und sind darauf bedacht, ein gottesfürchtiges Leben zu führen.

Gott hat mir Frieden geschenkt und wenn Schwierigkeiten auftauchen (und die sind nicht ausgeblieben), bin ich nicht allein. Durch gemeinsames Gebet im Glauben an Gott haben wir jede Menge Gebetserhörungen erlebt.

Ich sage nicht, dass es immer leicht war, wobei Schwierigkeiten *mit* Gott viel erträglicher sind, als wenn man sie ohne Gott meistern will. Das habe ich vorwärts und rückwärts durchbuchstabiert!

Es ist nicht leicht, an etwas zu glauben, das man nicht sieht. Aber dass Jesus lebt, das kann man erleben! Dafür lohnt es sich allemal, an ihn zu glauben und ihm zu gehorchen.

Ich habe die Bibel jetzt schon ein Dutzend Mal durchgelesen und ich kann es nur wärmstens empfehlen! Ob Sie an Jesus glauben oder nicht, ob Sie gerne zur Kirche gehen oder nicht, ob Sie mit Ihrem Leben zufrieden sind oder nicht: Lesen Sie die Bibel zumindest einmal durch! Fangen Sie im Neuen Testament an und lesen Sie am besten jeden Tag ein Stück. Aus eigener Erfahrung würde ich empfehlen, dass Sie sich im Alten Testament Zeit lassen sollten, damit es keine Überforderung wird. Vielleicht lesen Sie parallel jeden Tag zusätzlich im Neuen Testament. Wenn Sie nicht alles verstehen, kann ich Sie trösten: Das ging mir auch so. Bleiben Sie einfach dran; wenn möglich, lesen Sie jeden Tag, und der Inhalt dieses wertvollen Buches wird sich Ihnen erschließen.

Kapitel 39

Rote Fäden

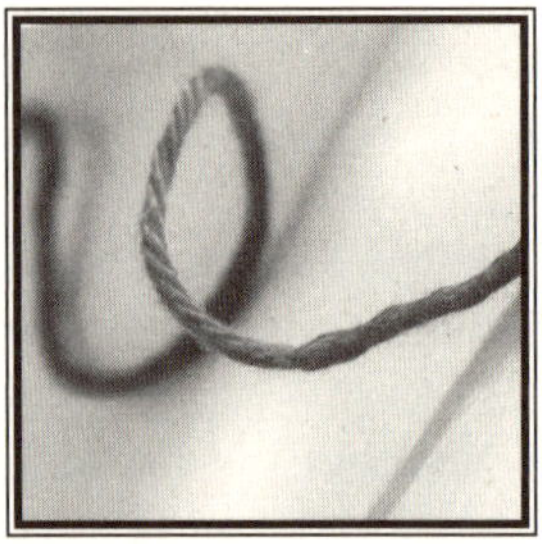

Das sind Geschehnisse, die sich in unserem Leben ständig wiederholen. Dinge, denen man nicht entkommen kann, als ob sie an einen gekettet wären; manche nennen es auch „Schicksal“. Aber es ist kein unentrinnbares Geschick! Mit Gottes Hilfe können wir vergeben, und das ist ein wichtiger Schritt zur Freiheit.

Roter Faden 1: „Mutter“ – Sehnsucht nach Liebe

Für mich ist so ein roter Faden das Problem „Mutter“ oder „nicht geliebt zu sein“; dieses „Schicksal“ habe ich jahrzehntelang mit mir herumgeschleppt:

- **Meine Mutter** hatte mich zwar geliebt, aber dann war sie nicht mehr da, wo ich sie doch gebraucht hätte, besonders ihre Liebe.
- **Meine Stiefmutter** liebte mich nicht und wusste meine Schwachheit gut auszunutzen: Ich tat alles, um wenigstens etwas Liebe und ihre Zuneigung zu bekommen – doch vergeblich.
- **Meine Schwiegermütter** mochten mich nicht wirklich, Alfreds Mutter nicht und Karls Mutter auch nicht. Ich erhielt ein gewisses Maß an Anerkennung und Annahme, doch die Liebe fehlte, nach der ich in meiner Sehnsucht so süchtig war.

Interessanterweise haben meine beiden Ehemänner, Alfred und Karl, ebenso ein „Mutterproblem“: Auch sie wurden von ihren Müttern nicht wirklich geliebt – und falls doch, dann konnten diese ihre Liebe jedenfalls gut verbergen.

Mein Ex-Mann konnte sein Problem mit seiner Mutter nicht lösen. Er hatte es verpasst, Frieden mit ihr zu schließen, und darunter litt er sehr.

Gott sei Dank hatte ich bei meiner Schwiegermutter aus der ersten Ehe einen friedvollen Abschluss.

Karl, mein jetziger Mann, hat noch damit zu kämpfen, wie er seine Mutter erlebt hat, aber Gott kann eine gute Lösung schenken.

Ganz egal, wie stark solch ein „roter Faden“ zu sein scheint, er kann durchgetrennt werden, wenn man den ersten Schritt macht und vergibt – und vielleicht ist ja auch das Gegenüber bereit, Frieden zu schließen.

Roter Faden 2: Ungerechtigkeit und Frauenhass, nicht für voll genommen werden

Jeder weiß, dass das Leben eine Berg- und Talfahrt ist, und ich glaube, dass jeder Mensch ein tränendes und ein lachendes Auge hat. Für jeden gibt es Hoffnung, auch wenn es noch so hoffnungslos aussieht.

Mein ganzes Leben hindurch hatte mich Ungerechtigkeit begleitet, das war auch so ein „roter Faden“.

Die ersten Ungerechtigkeiten, dass meine Brüder ständig vorgezogen wurden, blieben nicht allein; es war, als bekämen sie ständig Junge: Minderwertigkeitskomplexe, falsche Entscheidungen, Fehlhaltungen; in meinem Betteln um Liebe und Anerkennung war ich bereit, mich selbst aufzugeben und jede Unterdrückung und jede Demütigung zu ertragen. Zum Dank erntete ich Gleichgültigkeit und ich wurde nicht für voll genommen – ein wahrer Teufelskreis.

Seit mir das bewusst wurde, habe ich viel darüber nachgedacht: „Was wäre gewesen, wenn …?“ Warum musste ich eigentlich auf meine Eltern verzichten? So eine Ungerechtigkeit!

Ein adoptiertes oder in Pflege gegebenes Kind ist besonders schutzbedürftig. Bei solchen Kindern sind ungerechte Behandlung und Demütigungen wie vorprogrammiert und ziehen dann ihre Kreise.

Ich fühlte mich total ausgeliefert, auf der ganzen Strecke – an Lehrer, an meine Stiefmutter, an meinen Stiefbruder, der wohl auch meinte, einen Freibrief zu haben, mich nicht für voll nehmen zu müssen. Dieser rote Faden, nicht für voll genommen zu werden, riss auch in meiner ersten Ehe nicht ab. Weiter ging es bei meiner Schwiegermutter und ihren Kindern, bei meinen Geschwistern bis hin zu Freunden und Arbeitgebern. Es hörte einfach nicht auf!

Unter dem Druck der erlittenen Ungerechtigkeit traf ich falsche Entscheidungen und war ungehorsam gegen Gott. Das ist heute für mich das Schlimmste an allem: dass ich Gott ungehorsam war. Mein Ungehorsam führte dazu, dass ich einen Beruf und einen Mann aussuchte, die überhaupt nicht zu mir passten. Unter dem ständigen Druck war ich wehrlos, hatte keine klare Sicht.

Das tränende Auge wurde so oft zum Weinen gebracht. Und doch hat Gott schon immer alles gesehen, was mir an Ungerechtigkeit widerfuhr. Ich habe mich gefragt, warum er dann das alles zuließ, wenn er es vorhersah. Heute bin ich überzeugt, dass Gott für jeden einen Plan hat, auch für mich und auch für Sie! Durch meinen Taufspruch wurde mir das besonders bewusst:

> *Fürchte dich nicht, ich bin mit dir; weiche nicht, denn ich bin dein Gott; ich stärke dich, ich helfe dir auch, ich erhalte dich durch die rechte Hand meiner Gerechtigkeit.* Jesaja 41,10

Auch mein jetziger Mann hat viel Ungerechtigkeit erfahren. Dass Karl 14 Jahre nach meiner Taufe denselben Taufspruch bekommen hat wie ich, bestätigte mir einmal mehr, dass Karl der Richtige ist. Das ist für mich kein Zufall!

Gott will uns durch sein Wort führen, es hat uns etwas zu sagen; deshalb nehme ich meinen Taufspruch ernst, und ich schätze ihn sehr. Sollten wir uns nicht durch die Bibel ansprechen und von Gott leiten lassen?

Deshalb nehme ich meinen Taufspruch Wort für Wort in Anspruch: Ich glaube, dass Gott mich in seiner Gerechtigkeit erhält, dass er mich stärkt und mir hilft und dass ich mich nicht zu fürchten brauche, egal was kommen mag.

Gott ist ein Gott, der Treue hält. Er sah meine vielen Irrwege und die roten Fäden, in denen ich gefangen war, und hat mich dennoch nicht verworfen, sondern ist mir nachgegangen und hat mich in vielen Gefahren bewahrt – ich erinnere nur an das Erlebnis beim Trampen und an meinen Selbstmordversuch.

Jetzt erst, Jahrzehnte nachdem ich zu Gott gefunden und mich für Jesus entschieden habe, erkenneich: Ich hatte der Ungerechtigkeit freien Lauf gelassen. Den Einzigen, der mir hätte helfen können, ließ ich jahrzehntelang links liegen, betete nie zu Gott um Hilfe. Ich fand keinen Ausweg mehr, konnte mich nicht mehr selbst befreien; zu sehr war ich eingewickelt in meine roten Fäden der Ungerechtigkeit und meiner sündigen Reaktionen wie Lüge, Neid und Resignation.

Aber Gott war gnädig, er war barmherzig zu mir. Er sah, dass ich allein da nicht herauskam. Er hatte einen Ausweg für mich. Er sah meinen inneren Schrei – und schickte mich ins Krankenhaus, damit ich die Botschaft von Jesus hören sollte. Gott gibt nicht auf. Was für eine Gnade!

Allen, die keinen Ausweg mehr sehen, keine Hoffnung mehr haben, sich in ihren roten Fäden eigener und fremder Sünde verheddert haben, wünsche ich, dass sie über ihr Leben nachdenken können und dabei Gottes Gnade finden. So wie ich. Unser himmlischer Vater half mir durch seinen Sohn Jesus Christus.

Es fängt damit an, dass man auf Gott den Herrn vertraut. Dann kann man Ungerechtigkeit leichter ertragen, wenn man gedemütigt und nicht für voll genommen wird; man kann trotzdem aufrecht gehen und auch Grenzen setzen, weil man gewiss sein darf, dass man letztlich doch die besseren Karten hat: Gott selbst nimmt einen in Schutz. Er kommt und hilft sofort, wenn man ihn anruft!

Daran kann man erkennen, dass man für Gott wichtig ist. Und wenn das die richtige Reaktion ist, hilft einem diese Sicherheit, auch Nein zu sagen, anstatt wie bisher in der Hoffnung auf ein bisschen Liebe immer nur nachzugeben oder zu resignieren.

Gott ist Liebe, und er liebt jeden Menschen, er will uns seine Liebe schenken.

Daran können Sie nicht glauben? Auch der Glaube ist ein Geschenk von Gott, das er gern gibt, wenn wir es haben wollen. Bitten Sie ihn darum.

Gott, der Herr, hat mich aus meinem Tal herausgezogen, und nach und nach hört mein Auge auf zu tränen. Gott trocknet meine Tränen.

Das tut er bei jedem, der zu ihm kommt.

Kapitel 40

Vergebung

Nach neun Jahren beschloss ich: Heute will ich den ersten Schritt auf Stiefmutter zugehen und wieder Frieden schließen. Es musste doch möglich sein, sich gegenseitig Vergebung auszusprechen! Seit einer geraumen Zeit beschäftigte mich dieses Thema sehr, es ließ mir keine Ruhe.

Aber dieser Schritt machte mir Angst. Eines wusste ich: Ohne Gott geht das nicht. Also bat ich Gott um seinen Beistand und seinen Schutz und dass er mich dorthin begleiten und mir die richtigen Worte in den Mund legen sollte. Ich war aufgeregt, während ich auf Stiefmutters Haus zuging, hatte das „Vaterunser" auf der Zunge. Es war nicht einfach, vor ihrer Tür zu stehen. Wie sollte ich sie nach so langer Zeit begrüßen? Mein Herz klopfte.

Würde sie mich einlassen, dann sollte der Friede Gottes mit hineinkommen.

Würde sie mich nicht einlassen, dann würde ich den Staub von meinen Füßen abschütteln, wie es im Wort Gottes steht:

Und er sprach zu ihnen: Wo ihr in ein Haus gehen werdet, da bleibet, bis ihr von dort weiterzieht. Und wenn sie euch nicht aufnehmen noch hören, so gehet von dort weg und schüttelt den Staub ab von euren Füßen zum Zeugnis wider sie. Markus 6,10–11

Sie ließ mich ein! Schon bald merkte ich, dass die Zeit sie einiges hatte vergessen lassen. Wir einigten uns darauf, die Vergangenheit ruhen zu lassen und einen Neuanfang zu machen. Doch die Vergangenheit wirklich ruhen lassen, geht das überhaupt? Ich versuchte es zumindest. Allerdings ist es schwierig, wenn beim anderen keinerlei Einsicht da ist. Zum Abschied nahm ich Stiefmutter von Herzen in den Arm.

Wenn nur wir beide zusammen sind, ist es einigermaßen gut. Vor meinem Stiefbruder und meinen Geschwistern äußert sie sich anders: „Hoffentlich kommt sie nicht ständig.“ Man weiß nie wirklich, wie es in ihrem Herzen aussieht.

Aber ich versuchte, meinen Teil der Vergebung zu tun, um unsere Beziehung von meiner Seite in Ordnung zu bringen. Dazu brauche ich Gottes Gnade sowie viel Geduld und Liebe für sie.

Stiefmutter macht es einem wirklich nicht leicht mit ihren provozierenden Aussagen. Bei der letzten Begegnung hatte sie wieder einmal so eine Äußerung auf Lager, die sie nicht nur innerhalb der Familie von sich gibt: Silvia wäre ihre Tochter! Wieder eine Grenzüberschreitung. Das konnte ich nicht so stehenlassen. Ich widersprach ihr, stellte es richtig. Leider sah sie es nicht ein. Mit einem tränenden Auge im Herzen verabschiedete ich mich mit freundlichen Worten – und beschloss, nicht mehr so häufig zu ihr zu gehen.

Ich habe ihr vergeben. Sie tut mir leid und ich bin traurig, wenn ich an sie denke, aber ich spüre auch eine Liebe für sie. Das ist nur möglich, weil ich meiner Stiefmutter vergeben habe. Ich kann jetzt ruhig bleiben bei Äußerungen, bei denen ich früher ausgerastet bin. Ich bin ein neuer Mensch, Gott hat mich verändert und er heilt mein Herz. Trotzdem tut es jedes Mal weh, wenn von ihr wieder eine Breitseite kommt. Das tränende Auge ist noch nicht ganz trocken.

Woran erkennt man, dass man vergeben hat?

Wenn man der betreffenden Person in Liebe begegnen kann, ohne schlecht über sie zu denken, auch wenn sie wieder schlecht über einen redet.

Das darf ich erleben. Das tränende Auge weint zwar immer wieder einmal, doch ich weiß, wo ich Trost finde: bei Gott, bei Jesus Christus. Das nenne ich Gnade.

Ich wünsche allen meinen Lesern, dass Sie vergeben können. Und ich bitte Gott den Allmächtigen in Jesu Namen, dass er jedem von Ihnen hilft, zu vergeben und sich mit Ihren Mitmenschen zu versöhnen. Und dass Sie die Kraft haben zu beten, wenn Ihr tränendes Auge weint.

Gott hört jedes Gebet.

Gott segne Sie!

Nachwort

40 Jahre in der Wüste

Inzwischen ist meine Stiefmutter gestorben. Auch dabei zeigte Gott seine Gnade: Ich war gerade von einer Reha zurückgekommen, erst seit einer Woche war ich wieder zu Hause, da klingelte mein Bruder Uwe an der Tür und teilte mir mit, Stiefmutter liege im Sterben.

Na, da muss ich wohl zu ihr … Aber wenn sie mich nicht sehen will? Wenn sie allein ist und ich komme, dann ist es ja gut, aber man kann nie wissen – jetzt sind ja noch andere dabei. Oder wenn der Stiefbruder mich hinauswirft? Diese Befürchtung war nicht unbegründet, er hatte sich einmal in dieser Richtung geäußert.

Doch Uwe meinte, Mutter würde mich bestimmt sehen wollen; es gehe um sie und nicht um unseren Stiefbruder. Und dann fügte er mit Nachdruck hinzu: „Wer ist hier eigentlich die Gläubige?“

Seine Worte trafen mich; ich musste zugeben, dass er recht hatte. Also ging ich gleich am nächsten Tag zu Stiefmutter hinüber.

Ich war überrascht, wie freundlich sie mich begrüßte, und dass sie mich erwartet hatte! Sie war schon sehr geschwächt und das Reden fiel ihr sichtlich schwer. Wir hatten eine gute Zeit; ich fragte, ob ich für sie beten dürfe, und sie willigte ein. Also betete ich für sie und las ihr einen Psalm vor. Dann merkte ich, dass sie jetzt wieder Ruhe brauchte, und verabschiedete mich mit einem Kuss auf ihre Stirn.

Mit letzter Kraft bat sie mich, am nächsten Tag wieder zu kommen. Zu Hause beteten Karl und ich noch gemeinsam für sie.

Ich bin so dankbar für diese letzten Tage mit ihr. Es war ein Geschenk.

Am nächsten Tag konnte sie fast nicht mehr sprechen. Ich las ihr aus der Bibel vor, bis sie mich unterbrach und mit letzter Kraft sagte, ich solle die Tür schließen – und als ich das getan hatte, sagte sie: „Jetzt kannst du mich segnen."

Ich segnete und salbte sie im Namen Gottes des Vaters, des Sohnes und des Heiligen Geistes. Nach einem Gebet verabschiedete ich mich und versprach, am nächsten Tag wiederzukommen. Es war der Vorabend des Todestages meines Vaters.

Auch am nächsten Tag ging ich zu Stiefmutter. Dort saßen sie in der Küche beieinander, wie früher: Stiefbruder und seine Frau, die Haushaltshilfe, die jahrelang alles für sie gemacht hatte, und die Pflegerin, die wir für die letzte Zeit angestellt hatten.

Stiefbruder sagte mir, Stiefmutter sei um neun Uhr vormittags gestorben; ob ich sie nochmals sehen wolle? Nein, das wollte ich nicht; ich setzte mich lieber zu ihnen, und wir erzählten aus ihrem Leben.

Nebenbei erwähnte ich, heute sei der Todestag meines Vaters, und das sei jetzt genau 40 Jahre her. Auf den Tag genau! Das machte sie nachdenklich.

> *Und du sollst an den ganzen Weg denken, den der Herr, dein Gott, dich diese 40 Jahre in der Wüste hat wandern lassen, um dich zu demütigen, um dich zu prüfen und um zu erkennen, was in deinem Herzen ist, ob du seine Gebote halten würdest oder nicht.* 5. Mose (Deuteronomium) 8,2

Vierzig Jahre. So lange war das Volk Israel in der Wüste; nach 40 Jahren kamen sie in das gute Land, das Gott ihnen geben wollte. Auch für mich war nun das Ende meiner Wüstenzeit gekommen. Meine „Wüste" begann mit dem Tod meines Vaters; damit war ich Stiefmutter ausgeliefert gewesen. Und nun, vierzig Jahre später, war dieser Lebensabschnitt abgeschlossen.

Das Datum ihres Sterbetags gleicht einem Wunder – und dass ich mit Stiefbruder wieder an einem Tisch sitzen konnte, ohne Groll zu verspüren, das gleicht einem Wunder, das ist nur durch Vergebung möglich.

Ich spürte Trauer, aber auch Befreiung. Und ich war so dankbar, auch dass Gott mir einen guten Abschluss mit meiner Stiefmutter ermöglicht hatte.

Das ist für mich Gnade.